탈문법화

탈문법화

탈문법화
Degrammaticalization

뮤리엘 노드 지음

김진수 박미자 이숙의 이연옥 옮김

역락

이 책의 논의 대상인 탈문법화(degrammaticalization)에 관한 이해를 위해서는 탈문법화의 반대 개념인 문법화(grammaticalization)에 관한 이해가 필요하다. 문법화에 관한 연구는 Millet(1912)를 비롯하여 이 책의 곳곳에서 참고·인용된 Hopper & Traugott의 논저에서 알 수 있듯 이미 오래전부터 언어현상에 관한 범 시각적이고 체계적인 연구 분야로 자리 잡았다.

국어에서도 격조사의 의미변화에 관한 홍윤표(1981, 1984), 이태영(1985)과 연결어미의 변화에 대한 구현정(1996), 리의도(1989)의 연구, 조사와 종결어미의 변화에 관한 허웅(1988), 본용언의 보조용언으로의 발달에 관한 김미영(1996), 명사의 문법화에 관한 안주호(1996), 문법화에 관한 국내외 이론을 종합한 이성하(1999) 등에서 여러 주제와 관련한 국어 문법화 연구가 활기를 띠고 있다. 90년대 말에 이르러서는 문법화에 관한 번역서가 출간되었고(김은일 외(1992)), 국내에서 개별언어인 국어의 문법화에 관한 성과물이 꾸준히 나오고 있으며, 국외에서도 Falsgraf & Park(1994), Strauss(1997) 등의 연구가 있을 정도로 국어의 문법화 연구는 꾸준한 주목을 받아오고 있다. 이렇듯 국어의 한 형태소가 어휘적 지위에서 문법적 지위로 층위 및 범주가 바뀌는 현상에 관한 연구가 국어 연구의 한 분야로 자리 매김한 지 오래이다.

한 형태소의 범주 전환에 관한 연구가 매력적인 이유는 문법화에 관한 연구가 공시적 또는 통시적 언어 연구라는 전통적 구획화에서 벗어났을 뿐만 아니라, 음운, 형태, 문법, 의미 가운데 어느 한 분야에 국한되지 않는 범언어학적 현상에 관한 통찰을 요하기 때문이다.

문법화의 반대 개념인 탈문법화도 언어 현상을 공시적 혹은 통시적으로 이분하는 부분적인 연구가 아니며 음운, 형태, 문법에 관련한 언어의 역사적 변천과 화자의 인식과 사용이라는 측면까지도 포함한다는 점에서 매우 포괄적이며, 동시에 언어 사용의 변천이라는 측면에서 보더라도 언어 변화의 동기와 관련한 인식의 전환과 흐름이라는 점까지 포함하는 거시적 분석 분야이다. 문법화와 반대 방향의 과정을 겪는 탈문법화에 관한 국내외의 연구는 그 정도가 아직까지 미진한 편이긴 하지만, 이 책에서 소개되듯, 영어를 비롯한 북부 유럽의 언어와 일부 일본어(본 책에서는 일본어의 연결어 dakara)에서 탈문법화의 현상에 해당되는 형태소의 범주 전환에 관한 역사적 통찰과 논의가 이루어지고 있다.

이 책은 Lehmmann의 매개변수와 같은 엄격한 범주를 기준으로 음운, 형태, 통사, 의미론적 층위에서 문법형태소에 어떤 변화가 일어나는지를 체계적으로 정리하여 탈문법화의 발생 동기 및 결과에 관한 탐색이 가능하도록 하였다. Muriel Norde가 이 책의 마지막에서 밝히고 있듯이 여기에서는 주로 인도 유럽어족에 속하는 언어를 대상으로 탈문법화를 실증적으로 연구하면서 이론적인 특징을 다루려고 노력하였다.

언어의 사용과 변화가 순환적이라는 점에서 언어의 변화 방향은 단일 방향적인 동시에 역방향적일 가능성이 있음은 분명하다. 또 문법화와 탈문법화는 언어 변화의 역사 속에서 끊임없이 발생하는 보편적인 언어현상임에 틀림없다. 따라서 현재는 그간 언어 연구자들의 관심이 탈문법화보다는 문법화 현상에 주목되어 왔던 점을 더 이상 간과하기 어려운 상황이다. 이러한 면에서 보편적 언어현상의 전체를 설명 가능한 과학적 이론으로 입증해야 하는 언어학자들은 이제 탈문법화 현상에 관한 실증적 연구와 이론화에 눈을 돌릴 필요성이 있다는 데에 공감하고 있다. 아쉽게도 이 책에서는 국어의 탈문법화 현상에 관한 논의는 다루지 않았다. 이것은 다분히 국어학자의 몫이다.

아직까지 곳곳에 번역의 서투름이 눈에 띄고 논증의 대상이 된 개별 언어에 관한 이해가 부족한 탓으로 매끄럽게 전달되지 못한 부분이 많다. 그러나 최대한 원서의 내용을 그대로 담고자 하여 문장의 매끄러움을 위해 내용의 정확성을 감소시키는 일은 하지 않았음을 밝힌다. 부족하지만 이 책이 탈문법화에 관한 전반적 이해를 도모하는 데 도움이 되고자 하며 국어의 탈문법화 현상에 관한 연구에 작게나마 도움이 되길 바란다. 마지막으로 이 책의 번역을 흔쾌히 허락해 주신 저자 Muriel Norde와 출판을 기꺼이 도와주신 도서출판 역락에 진심어린 감사를 표한다.

2012년 9월
역자 일동

저자 서문

이 책은 본래 2003년 5월 코펜하겐(Copenhagen) 대학의 문법화 네트워크(Grammaticalization Network)가 준비한 워크숍에서 발표했던 논문이다. 필자는 이후 여러 번 이 논문을 발표해 오면서, 더 많은 사례들을 지속적으로 추가하고 필자의 생각들을 발전시켜 가면서, 이 주제를 완성하는 데 여러 해가 걸릴 것이라는 생각이 점점 분명해졌다. 이 모든 과정 동안 개념을 형성하고 수정하는 데 도움을 주었으며 내가 작업을 계속할 수 있도록 용기를 주었던 여러 사람들에게 큰 빚을 졌다.

무엇보다 책이 완성되기 전 두 번째 초고에 대한 자세한 보고서와 책과 관련해서 여러 제안을 해 주신 Laurel Brinton, Olga Fisher, Elizabeth Traugott, 그리고 David Willis에게 감사한다. 여러 제안과 건설적인 비평은 원고의 많은 잘못된 부분에 대해 헤아릴 수 없이 많은 논쟁에 대처할 수 있게 해 주었다. 그들의 조언과 도움이 있었기에 이 책은 훨씬 더 나은 책이 될 수 있었다.

특정 이론적 관점에 대한 토론에서 그들의 의지를 보여주고, 이 책에 필요한 자료를 제공해 주었던 그리고 언어에 대한 그들의 기본지식이나 전문 지식을 관대하게 공유해 준 많은 동료들, Ante Aikio, Henning Andersen, Jóhanna Barðdal, Anders Bay, Heike Behrens, Aidan Doyle, Pattie Epps, Külli Habicht, Cornelius Hasselblatt, Bernd

Heine, Tette Hofstra, Peter Houtzagers, Dmitri Idiatov, Bob de Jonge, Sebastian Kürschner, Stefanie Kuzmack, Thérèse Leinonen, Thérèse Linndström-Tiedemann, Mark Louden, Ferdinand von Mengden, Helle Metslang, Heiko Narrog, Karl Pajusalu, Harm Pinkster, Liefke Reitsma, Henrik Rosenkvist, Mara van Schaik-Radulescu, Hindrik Sijens, Katerina Stathi, Freek van de Velde, Gunther de Vogelaer, Hein van der Voort, Jussi Ylikoski, and Jan-Wouter Zwart 모두에게 감사한다. 말할 필요도 없이 위에 언급한 사람 중에 어느 누구도 이 책에서 제기한 모든 주장에 대해 동의하지는 않으며, 이 책의 모든 잘못된 부분은 전적으로 필자에게 있다.

이 책은 NWO(네덜란드 과학 연구 조직위원회(승인 번호 365-70-016))의 재정적인 지원 없이는 쓸 수 없었을 것이다. 고맙게 여긴다. 아낌없는 격려를 보내 준 OUP의 John Davey에게도 감사를 드린다. 마지막으로, 사랑과 지지를 보내주고 촉박한 마감일에 힘들어 할 때 아이들을 돌보아 준 나의 모든 가족들에게도 감사의 인사를 전하고 싶다. 나의 삶과 나의 가정을 지탱하는 남편 Peter에게 가장 큰 고마움을 느낀다. 그는 엄마인 내가 컴퓨터 스크린 앞에서 일에 몰두하던 주말 내내 묵묵히 아이들과 셔플보드와 보드 게임을 해주었다. 책을 집필하는 것이 언제나 가장 훌륭한 작업이라고 변함없이 지속적으로 믿음을 보내준 가장 사랑하는 나의 딸 Mara와 Erin에게도 고맙다는 말을 전하고 싶다.

차례

제3장 탈문법화의 정의 defining degrammaticaliazation ▎185

Chapter 1

서론 introduction

1.1. 역사에서 탈문법화의 성쇠(downs and ups in the history of degrammaticalization)

이 책은 문법화 연구의 미운 오리격인 탈문법화에 대한 것이다. 문법화가 여러 편의 논문들과 어휘부(Heine & Kuteva 2002), 그리고 그와 관련된 국제학회의 실제적 흐름으로 역사 언어학에서 확고하게 주목받는 주제로서 자리를 잡고 있는 반면에, 탈문법화는 많은 논란의 대상이다. 1980년대 문법화에 대한 관심이 커지면서 언어학자들은 초기에는 문법화가 어휘에서 문법으로의 단일방향적 과정이며 반대 방향으로의 변화는 불가능하다고 주장했다. 그럼에도 불구하고, 이러한 존재하지 않는 현상에 대한 용어는 Lehmann의 기초 문법화 연구논문에서 다음과 같이 처음으로 언급되었다.

Various authors ⋯⋯ have claimed grammaticalization is unidirectional; that is, an irreversible process ⋯⋯ there is no degrammaticalization. (Lehmann 1995 [1982]: 16, emphasis original)

여러 학자들은 문법화는 단일방향적, 즉 이전상태로 되돌릴 수 없는 과정으로 탈문법화란 존재하지 않는다고 주장하고 있다.

처음부터 의도한 것은 아니지만, Lehmann이 탈문법화란 용어를 처음으로 언급 한 후, 사람들은 실제로 탈문법화의 사례를 찾기 시작했으며 실제로 찾아냈다. 문법화 변화와는 반대로, 탈문법화 변화에 대한 상대적인 희소성은 많은 학자들로 하여금 처음에는 그것들을 중요하게 생각하지 않게했다. 오히려 문법화에 대한 일부 주요 논문에서, 예를 들어 Bernd Heine의 논문에서 탈문법화란 '통계학적으로 중요하지 않은 것'으로(Heine, Claude & Hünnemeyer 1991: 4f.; Kuteva 2001: 110; Heine & Kuteva 2002: 11), 혹은 단순히 '부적당한 분석의 결과'로(Heine, Claude & Hünnemeyer 1991: 5) 간주되었다.

그러나 다른 논문들은 일찍부터 탈문법화의 존재를 문법화의 이론에 포함시켜야할 변화의 또 다른 형태로 인식했다. 예를 들어 Ramat(1992: 553)는 "우리가 다루어야 할 문제는 왜 문법화와 탈문법화가 자연언어에서 공존하는가에 대한 것"이라고 말한다. Traugott와 Heine(1991: 7) 또한 Greenberg(1991)와 Campell(1991)에 수록된 역방향성의 증거에 대한 논쟁에서 Greenberg와 Campell이 제공한 보기들은 '문법화의 진정한 사례들로 간주되어질 가능성이 있는 것에 대한 경계를 시험해 본 것'이라고 언급한다. 마찬가지로 Hopper와 Traugott(1993: 126)도 '비록 단일 방향성의 증거가 광범위하다 할지라도, 그것은 절대적인 원리로 간주될 수 없으며 또한 몇 가지 반증들도 존재하는데, 반증의 존재와 반례들의 상대적인 희소성은 사실 원형적인 문법화가 무엇인지에 대한 개념을 정의하는 데 도움을 준다.'고 주장한다.[1]

 탈문법화 degrammaticalization

그 후 여러 해 동안 계속해서 많은 양의 증거들이 제시되었는데, '어떠한 탈문법화도 존재하지 않는다'라는 단일 방향성 가설은 현재 거의 모든 이론화 과정에서 제외되고 있는 것처럼 보인다. 현재는 '가정된 절대적 보편성이 통계적 보편성으로 약화되었다'는 의견에 대체로 일치한다(Haspelmath 2004: 23). Traugott(2001: 1)도 문법화를 '확고한 경향에 대한 가설'로 정의한다. 결론적으로, 20여 년 동안 탈문법화는 변화의 독립적인 형태로서 존재하지 않는 것으로 믿었던 현상에 대한 하나의 거대한 도약으로 점점 인식되고 있다.

1.2. 목적과 개요(aims and outline)

탈문법화 사례연구의 첫 번째 발표 이후로 탈문법화에서의 사례연구는 단일 방향성 가설에 대한 논쟁에서 주요 관심 대상이 되고 있다. 이 가설은 Hopper와 Traugott(2003: 7)의 유명한 '문법성의 연속변이'에서 다음과 같이 설명하고 있다.

> (1) content item > grammatical word > clitic > inflectional affix
>   (내용어)   (문법어)   (접어)   (굴절접사)

(1)에서 '>'기호는 어휘부에서 문법으로의 변화에 대한 단일 방향성을 나타낸다. 이 연속변이에는 왼쪽에서 오른쪽으로의 이동만 존재하는데, 예를 들어 내용어는 문법어로 발달되고, 이어서 점점 결합성이 커짐으로써 점차 특수화된 문법 기능들을 갖게 되지만 반대 방향으로는 이루어지

---

1) 유사한 설명을 보려면 Hopper & Traugott(2003: 132)을 참조하시오

지 않는다는 것이다. 반대 방향으로의 변화는(접사에서 접어로, 혹은 문법어에서 내용어로) 이러한 연속변이로의 보편성에 분명하게 이의를 제기하는 것이고, 앞 절에서 살펴 본 대로 탈문법화의 존재가 절대적인 보편성에서 통계적인 보편성으로의 단일 방향성 가설을 약화시키는 것이다. 문법화 변화가 '역방향적인' 탈문법화 변화보다 훨씬 더 빈번하다는 것은 분명하다. 그러므로 이 책의 첫 번째 목적은 단일 방향성의 개념을 검토하는 것이 될 것이다. 단일 방향성의 속성은 무엇인가? 그것은 모든 언어학 분야(의미론, 화용론, 형태론, 통사론, 음운론)에서 관찰되어질까? 이러한 질문들은 2장에서 다룰 것이다.

이 책의 두 번째 목표는 탈문법화를 정의하고 분류하는 것이다. 탈문법화 존재에 대한 일반적인 합의가 있다 하더라도 거의 없으며, 설령 있다 해도 그것이 무엇을 수반하고, 어떤 변화가 탈문법화의 타당한 예로 간주되는지에 대한 합의는 거의 없다. 탈문법화란 용어는 많은 다른 현상들, 그 중 몇몇은 완전히 관계가 없는 현상들을 언급하는 데 사용되어 왔다. 이것은 탈문법화에 대한 모든 언급이 이런 용어 목록들을 논의하고, 그것들에 대한 정의를 제공하는 것으로 시작해야만 하는 뜻하지 않은 결과를 가져왔다. 따라서 3장에서는 초기의 탈문법화의 정의를 재검토하는 것으로 시작할 것이며, 그 후에 기존의 의견보다 더 제한된 의견을 제시할 것이다. 그러나 이러한 정의는 아직까지도 서로 매우 다를 수 있는 일련의 변화들을 남겨 놓았다는 것을 알게 해줄 것이며, 그것은 그 변화들이 더 자세한 분류를 필요로 한다는 것을 분명하게 해줄 것이다. 이 문제는 van der Auwera로 인해 문법화 학자들의 논제가 되었는데, 그는 다음과 같이 언급하고 있다.

  탈문법화 degrammaticalization

I have argued two decades of relatively intensive research on grammaticalization have shown that degrammaticalization exists ······ and that it should be studied in it's own right, and not a as a quirky, accidental exception to grammaticalization. One of the tasks on the agenda is to compare the properties of grammaticalization and degrammaticalization. Another one is to classify all types of degrammaticalization(van der Auwera 2002: 25f.).

나는 20여 년 동안의 문법화에 대한 집중적인 연구가 상대적으로 탈문법화가 존재한다는 것을 보여줬고, 탈문법화는 문법화에 대한 기발하고도 돌발적인 예외가 아니라, 독립적으로 연구되어져야 한다고 주장해 왔다. 그 난제에 대해 해야 할 과제중의 하나는 문법화와 탈문법화의 속성들을 비교하는 것이며, 또 다른 하나는 모든 유형의 탈문법화를 분류하는 것이다(van der Auwera 2002: 25f.).

이것은 체계적인 방식으로 이러한 사례들을 단순히 대조함으로서 이루어질 수 있다. 이것은 이전에는 행해진 적이 없다. 보통 탈문법화에 대한 논문들은 단일 사례(혹은 몇 가지 관련된 사례들)에 대해 상세히 기술하는데 초점을 맞추거나 사례의 단순한 열거와 관계가 있다. 차이와 유사성에 대한 체계적인 비교는(언어학적인 관찰의 다른 단계에서) 탈문법화의 분류를 용이하게 할 것이다. 이 분류법은 Lehmann의 '문법화에 대한 매개변수들(parameter)'과(Lehmann 1995 〔1982〕: 122ff.) Anderson(2005, 2006, 2008)의 최근 논문을 근거로 한다. 이 책에서 정의된 대로(3장을 참조), 탈문법화로 제시되어왔고 탈문법화의 정의를 충족시키는 사례는 세 가지 분명한 유형들로 구분되는데, 그 세 가지 유형들에 대해서는 탈문법(degrammation), 탈굴절화(deinflectionalization), 그리고 탈결속(debonding)이라는 용어를 사용할 것이다.

탈문법(degrammation)은 웨일즈어(Wales)에서 유래하는 다음의 보기처

럼 종종 화용론적인 추론의 결과로서 기능어가 내용어로 재분석되는 변화
이다(Welsh 2007: 294, 297).

> (2) a. Yna yd   aeth   y   gweisson *yn ol* y   varch
>   then PART went   the lads   after   his horse
>   a   ′e   arueu   y   Arthur
>   and his   weapons for Arthur
>   'Then the lads went after / went to fetch his horse and his
>   weapons for Arthur'
>
>   b. Nolwch   y   Brenin I ′w   examnio
>   fetch-2PL.IMP   the king   to 3MASC.SG   examnine-INF
>   'Fetch the king to be cross-examined'

(2a)에서 원래 부치사(adposition)였던 구 *yn ol*은 'after'와 'fetch' 사이
에서 그 뜻이 중의적이다. 이 중의성은 동사로서 *yn ol*을 재해석하게 만든
다. 동사 *yn ol*은 *nol*로 축약되었고, (2b)와 같은 중의적이지 않은 문맥
속에 나타난다. 탈문법은 드물지만 특별히 흥미로운데, 왜냐하면 증가하
는 문법화와 관련된 몇몇 변화들(화용론, 굴절, 음운론적 약화)이 점점 증가하
는 탈문법화 과정에서 목격되었기 때문이다. 제 4장에서 더 자세하게 이
런 형태의 변화들이 논의될 것이다.

마찬가지로 드물지만 탈굴절화도 굴절접사가 덜 의존적일 때 일어나,
의미적, 기능적인 자질을 동시에 얻게 된다. 이런 형태의 가장 많이 알려
진 예는 *s*-속격으로 그것은 영어나 스칸디나비아 본토어에서 발견된다
(Norde 2006a: 205).

(3) a. ens   riks   mans   hws
       a-MASC.SG.GEN   rich-MASC.SG.GEN   man-MASC.SG.GEN   house
                                                                        Old Swedish
    b. en   rik   mans   hus   Modern Swedish
       [a   rich   man]′   house
       ʻa rich man′s house′

   고대 스웨덴어의 굴절접사와 현대 스웨덴어의 전접속격을 대조할 때 많은 변화들이 일어났었다는 것을 알 수 있다. 첫 번째 변화는 통사론적 영향권에서의 증가로 굴절속격은 단일어(명사나 형용사)에만 영향을 주었고 (3a)처럼 실질명사구안에 있는 모든 요소에 첨가되어야 했다. 반면에 현대 스웨덴어의 전접속격에서는 전체 명사구에 영향을 주므로 (3b)에서처럼 단지 한번만 쓰였다. 두 번째 변화는 한정사 기능의 발달이다. 고대 스웨덴어의 속격 한정사들은(형용사 따위) 명사구를 앞에서 한정하지 않았지만, 현대 스웨덴어에서 그에 상당하는 어구들은 앞에서 한정을 했다. 비굴절화의 예들은 제5장에서 논의 될 것이다.

   마지막으로, 탈문법화의 가장 흔한 형태는 의존형태소(굴절이나 파생접사, 접어)와 관계가 있다. ʻwe′를 뜻하는 독립대명사 ʻmuid′로 발달한 아일랜드어(Irish)의 굴절복수(Irish 1PL.) 동사 접미사의 경우에서처럼, 이 의존형태소들은 자립형태소가 된다(Doyle 2002: 68).

(4) a. molfa-maid   Early Modern Irish
       praise. FUT-1PL
    b. molfaid   muid   Comtemporary Connemara Irish
       praise. FUT   we
       ʻwe will praise′

이런 형태의 변화는 6장에서 다룰 것이다. 제 7장에서는 이전 장들의 결론과 함께 향후 연구에 대한 견해를 제공할 것이다. 이 장의 나머지 부분에서는 이 연구에서 다룰 이론적인 예비조사를 다루고자 한다.

1.3. 예비정의들과 관찰들(preliminary definitions and observations)

1.3.1. 문법화(grammaticalization)

'탈문법화'라는 용어는 문법화라는 용어에서 파생되었기 때문에, 탈문법화라는 용어의 정의는 어느 정도 문법화라는 용어에서 그 기원을 찾아 볼 수 있다. 이 절에서는 몇 가지 기본적인 문법화의 정의에 대해 조사한 내용을 제공할 것이며, 문법화와 관련된 초기의 변화에 대한 자세한 논의는 다음 장에서 다루게 될 것이다.

잘 알려진 바와 같이, 문법화란 용어는 새로운 문법적인 형태를 만들어 내기 위한 두 가지 과정 중의 하나를 언급하기 위해서 1912년 Meillet가 만들었다.[2] (다른 형태인 유추는 1.3.6절을 참조하라). Meillet(1926 〔1912〕: 131)는 이 과정을 '완전한 자립적 단어에 문법적 특징을 부여하는 것'('l' attribution du caractere grammaticale a un mot jadis autonome') 혹은 문법적 주체자들의 역할로서 자율적 단어들의 전환('le passage de mots autonomes au role d'agents grammaticaux')이라고 정의했다. 또한 다른 논문에서 Meillet(p.133)는 다음과 같이 서술한다.: '몇몇 단어들의 문법화는 새로운

---

2) 비록 그 용어가 Meillet에 의해서 만들어졌다 할지라도, 그 현상 자체는 훨씬 더 초기에 von der Gabelentz(1901: 255)에 의해 언급되었었다. '오늘날 접사는 무엇인가. 그것은 독립적인 말이었다. 이후 기제와 심적과정을 통해 그 위치가 아래로 하락하게 되었다. Heine, Claudi & Hünnemeyer(1991: 5ff.)는 소위 문법화라는 연구는 그 유래가 18세기로 거슬러 올라간다고 언급한다.

형태들을 만들어내고 언어학적 표현이 없는 몇몇 범주들을 도입하고 시스
템 전체를 변형시킨다.'('la "grammaticalization" de certains mots crée des
formes neuves, introduit des catégories qui n'avaient pas d'expression
linguistique, transforme l'ensemble du systeme.') 결론적으로 Meillet는 처음
으로 문법화라는 용어를 사용했을 뿐만 아니라, 문법화와 문법의 혼합을
전체로 간주한 최초의 학자였다.

50여년 후에 Kuryłowicz는 다음과 같은 유명한 이원론적 정의를 출간
했다.

> (5) 문법화란 어휘에서 문법적인 지위로 혹은 문법에서 더 문법적인 지위
> 로 발전하는 형태소 범위의 증가에 달려있다. (Kuryłowicz 1975
> [1965]: 52)

이 정의의 중요성은 문법화란 어휘 항목에서 기능어로의 변화와 관련되
어있을 뿐만 아니라 문법형태소[3]가 '더 문법적'이 될 때 변화들이 연속적
으로 일어날 가능성이 있다는 Kuryłowicz의 연구에 기반을 둔다. '문법적
인' 것과 '더 문법적인' 것의 개념은 1.4.1절에서 재검토할 것이다. 최근의
몇 가지 문법화에 대한 정의들은 다음과 같다.

> (6) 우리는 문법화라는 용어에 대해 언어 단위가 필연적으로 의미적 복합
> 성, 화용적 중요성, 통사적인 자립과 음성적인 자질을 각각 상실하는
> 진화로 언급한다. (Heine & Reh 1984: 15)

> (7) 언어학에는 두 갈래의 분파가 있다: (i) 언어에서의 어휘적, 구조적

---

3) 'gram'(grammatical morpheme)이라는 용어는 조동사 be going to와 같은 구 문법 항
   목을 포함해서 모든 문법형태소(기능어, 불변화사, 접어, 접사)를 아우르기 위해 Bybee,
   Perkins와 Pagliuca(1994: 2)에 의해서 채택되었다.

그리고 문법적인 자료 사이의 관계를 통시적으로 그리고 공시적으로,
언어를 특별하고 범언어적으로 연구하는 조사틀(framework), 그리
고 (ii) 어휘 항목과 구문들이 문법적인 기능을 하기 위해 특정한 언
어학적 상황에 관여하게 되고, 일단 문법화되면, 새로운 문법적인 기
능을 계속해서 발달시키는 변화를 언급하는 용어. (Hopper & Traugott
2003: 18)

(8) 언어학적 기호로서의 문법화는 언어적인 체계의 제약에 더 종속됨으
로서 자립성을 잃어버리는 과정이다. (Lehmann 2004: 155)

(9) 문법화는 통시적인 변화로 그 변화에 의해서 구조적인 스키마의 부분
들은 더 강한 내적 의존성을 가지게 된다. (Haspelmath 2004: 26)

위의 정의로부터, 문법화란 일부 층위에서의 변화와 관련이 있다는 것
이 분명해진다(Heine & Reh 1984; Lehmann 1995[1982]; Croft 2000: 157). 문
법화의 원형적인 예는 (10)에서 예시된 영어의 *be going to*이다(Fisher
and Rosenbach 2000: 3).

(10) a. I am going (to Haarlem) to visit my aunt
     b. I am going to marry (tomorrow)
     c. I am going to like it
     d. It is going to rain
     e. I am going to go there for sure
     f. I'm gonna go

(10a)의 예에서, *go*는 방향의 의미를 가진 동사 어휘로 기능한다.
*going to*와 부정사가 인접해있는 문맥 속에서, *going to*는 화용론적인 추
론에 의해서 ((10b)에서처럼) 시간 의미로 발전했다. 즉, 만일 누군가가
특정한 목적을 가지고 어디론가 가는 중이라면, 이 사건은 본질적으로 미

래에 일어날 것이다. 일단 이러한 새로운 의미가 만들어졌으므로, *to be going to*는 (10c)에서처럼 목적성 의미가 더 이상 가능하지 않은 문맥 속에서 나타나기 시작했고 그 문맥 속에서 더욱더 일반화가 되었다. 미래조동사로서 *be going to*는 *gonna*(10f)로 축약될 수 있다(이것은 어휘로서의 동사 go는 더 이상 가능하지 않다는 것을 나타낸다. * *I'm gonna Haarlem*).

미래조동사로서 *to be going to*의 발전은 문법화의 많은 전형적인 특징들을 드러낸다. 첫 번째로, 그것은 여러 언어학적인 분야인, 음운론적(*going to>gonna*), 형태론적(*to be going to*라는 분사적인 구조만이 미래의미로 발전되며, 그것의 통사적인 위치는 어휘 *go*의 위치보다 더 고정적이 된다), 기능적인(*to be going to*는 많은 비방향성 문맥 속에서 사용된다.) 변화와 관련된다. 두 번째로, 그것은 문법화란 통시적, 공시적인 차원이라는 것을 보여준다. (10)에서의 구문들은 공시적인 변이와 Hopper(1991: 22)가 층위화(layering)라는 용어를 도입했던 현상에 의해서 반영되는 통시적인 연쇄현상을 형성한다. 마지막으로 미래표지로서 *go*의 발전은 많은 다른 언어에서도 발견된다(예: *gaan* in Dutch, *aller* in French; Heine and Kuteva 2002: 161ff에서 더 많은 예를 찾아 볼 수 있다). 이러한 범언어적인 중복은 의미론적 변화에서 나타나는 규칙적인 경향을 보여주는 것이라고 알려져 있다.

문법화의 다른 전형적인 예는 신체부위 명사(예: 덴마크어 *bag* 'back'>'behind')로부터 위치 부치사(adposition)의 상승, 부정관사(예: English *a(n)*)로부터 수사 'one'의 발전, 혹은 명사 'man'의 부정대명사(예: Latin *homo*>French *on*)로의 변화를 포함한다. Heine와 Kuteva(2002)는 전 세계 언어들의 문법화에 대해 광범위한 관찰을 했다.

내용어에서 기능어로의 그러한 변이와는 별도로 훨씬 더 정밀한 변화의 연쇄가 발견되었는데, 그 중에서 가장 잘 알려진 변화는 불어의 굴절미래

(라틴어동사 *habere* 'to have')이다. 그러한 연쇄변화는 2장에서 더 자세하게 다룰 것이다.

1.3.2. 탈문법화(degrammaticalization)

지난 20여 년 동안 탈문법화란 용어는 광범위한 현상의 범위를 언급하는데 사용되어 왔지만, 일부 현상들은 관련성이 없다. 이러한 정의상의 혼동은 3장에서 논의 될 것이다. 이 절에서는 3장에서 논의하게 될 하위유형들과 관련된 변화들의 목록을 제공하지 않고, 단지 연구해 온 탈문법화의 정의를 제시할 것이다. 또한 초기부터 제안해 왔던 정의(Norde 2001a, 2002)를 확장할 것이다. 그것은 (1)에서 언급한 Hopper와 Traugott(2003: 7)의 문법성의 연속변이(cline of grammaticality)를 기반으로 하며, 편의를 위해 다시 한 번 언급할 것이다. 비록 연속변이가 논쟁의 여지가 있고 충분한 진단(diagnostic)을 받지 않았음을 2.2.1절에서 보여주게 될지라도, 그것은 더 나은 분석을 위한 좋은 출발점이 될 것이다.

(11) content item > grammatical word > cliltic > inflectional affix (>∅)[4]
     (내용어)   (문법어)   (접어)   (굴절접사)

(11)을 기초로 해서 탈문법화는 잠정적으로 이 연속변이에서는 오른쪽에서 왼쪽으로의 단일변화로 정의될 것이다. 이 시점에서 탈문법화의 세 가지 속성이 언급될 필요가 있다. 첫 번째는, '연속변이의 모든 과정을 밟

---

4) 제로단계(zero stage)는 공식적으로 Hopper & Traugott의 연속변이의 부분을 형성하지 않지만, 형태 혹은 기능의 상실이 문법화의 마지막 부산물로 간주되어지기 때문에 여기에 첨가되어 진다(Hopper & Traugott 2003: 172ff.). 상실이 문법화된 형태소(예 굴절 어미)에 대한 유일한 선택인지 아닌지에 대한 문제는 Norde(2002)에서 논의되었다.

는' 탈문법화의 예는 없다는 것으로, 다시 말해 접미사에서 어휘 항목으로의 탈문법화 연쇄는 지금까지 입증되지 않았다는 것이다. 탈문법화의 두 유형(탈문법(degrammation)과 탈굴절화(deinflectionalization))은 문법성의 연속변이에서 왼쪽으로 한 지점 더 나아가는 단일전이를 포함한다. 세 번째 유형(탈결속(debonding))에서 문법형태소는 중간단계를 뛰어 넘을 수도 있다.

두 번째로, 문법화 속에서의 구조와 그 요소들의 위치에 대한 독자성은 문법화에서 항상 보존된다는 Haspelmath(199a: 1064)의 연구는 탈문법화 변화와도 관련이 있다. 결과적으로 탈문법화 변화는 재분석을 허용하는 중의적인 문맥 내에서 접사에서 접어로 혹은 접어에서 문법어로의 변화이다.

문법어에서 내용어로의 전이는 탈문법화된 항목의 구조적인 독자성이 보존된다면 탈문법화로서의 자격을 부여받게 될 것이고(적어도 처음에는) 기능어나 의존형태소가 '그것들이 속해있는 문맥에서 제외되는' 내용어로의 변화는 탈문법화가 아니라 어휘화(lexicalization)로 간주될 것이다(1.3.3절 참조). 이것은 이차적 어휘부류에서 일차적 어휘부류로(*pros and cons, to up, to down*), 그리고 파생접사에서 상위명사(*isms, ologies*)로의 '상향'(upgrading)을 포함한다.

세 번째로, 탈문법화는 새로운 문법형태소로 귀착되어야 한다는 것이다. 즉, 문법형태소가 항상 주변에 있었지만 소외되어져 왔던 덜 문법적인 기능을 하는 것을 보여줄 때, 그 변화는 탈문법화의 경우로 자격을 얻지 못할 것이다. 이러한 변화의 한 예는 Haspelmath(2004: 33ff.)가 축약(retraction)이라고 칭한 영어 '*man*'의 역사이다. 원래 이것은 명사였지만 고대 영어에서 그것은 부정대명사 'one'(cf. German *man*)으로 문법화 되어졌고, 어떤 시기에 그 대명사는 심지어 명사보다 더 빈번하게 등장했다. 그러나 후에 대명사 *man*은 폐기되었고, 현재 영어에서 *man*은 단지 명사

로서만 사용된다. Newmeyer(1988: 273)는 이것을 단일 방향성으로의 반
례라고 주장하지만, Haspelmath는 그것을 인정하지 않는다. 왜냐하면 탈
문법화된 *man*은 결코 언어에서 사라지지 않았기 때문이다. 축약의 또 다
른 사례는 3.4절에서 논의하고자 한다.

1.3.3. 어휘화(*lexicalization*)

탈문법화라는 용어를 정착시킨 것은 어휘화(Lexicalization)이다(지금까지
의 광범위한 조사에 대해서는 Brinton & Traugott 2005를 참조). 예를 들어 우선
어휘부를 분석할 수 없는 전체로서(거시적 접근 방식) 간주하든, 의미의 최
소구성성분을 구성하는 것으로(구성성분 접근법) 간주하든 어휘화의 정의는
어휘부의 개념에 의존한다(Brinton & Traugott 2005: 9ff.를 참조). 후자의 접
근법에서 어휘 항목 boy는 +HUMAN, -ADULT, +MALE의 구성 성분으로 구성
된 것으로 보는데 그것은 '세상에 알려진 방식을 결정하는 심상의 생득적
특질로서 간주된다'(Brinton & Traugott 2005: 10).

또 다른 중요한 구별은 어휘와 문법범주사이에서 어휘적이라는 것은
(lexical) (ⅰ) 전체목록에 속하는 것이거나, (ⅱ) 특정하고, 구체적인 의미
(Brinton and Traugott 2005: 11, Lehmann 2002: 14에서 있용되고 있는)를 가지
는 것을 뜻할 수 있고, 문법적이라는 것은(grammatical) (ⅰ) 문법규칙을
따르거나, (ⅱ) 추상적, 구조적이거나 기능적인 의미(Brinton & Traugott
2005: 11)를 가지는 것을 의미할 수 있다. Brinton과 Traugott가 연구한
기능적이고 유형론적 접근법에서 어휘와 문법범주들 사이에는 어떠한 경
계도 존재하지 않는다. 그들은 연속모형이 일련의 아주 작은 단계에서 일
어난다는 점에서 일반적으로 점진적이고 역사적인 변화와 일맥상통한다고
기술한다.

Brinton과 Traugott(2005: 32ff)는 어휘화에 대한 그들의 연구조사에서 광범위하게 어휘화에 대해 세 가지로 정의를 내리고 있다.

(i) *어형성의 일반적인 과정*

복합어(compounding(backboard)), 파생어(derivation(문법적인 의미를 가진 형태로 unhappy에서 un-와 같은 순수한 의미에서 행위자(-er in swimmer)와 같은 범위포함)), 전환(conversion(범주 변화, e.g. from N to V (to calender) or from Conj to N (ifs))), 약어(clipping(phone<telephone)), 생략(ellipsis(pub<public house)), 혼성어(blending(bit<s(inary)+(dig)it)), 역성어(back formation (enthuse <enthusiasm)), 두문자어(acronyms scuba<s(elf) c(ontaining) u(nderwater) b(reathing) a(pparatus))), 차용어구(loan translations(Gm einmütig "ne-minded" <Lat unanimus)), 신조어(coinage(hobbit))와 상위언어적인 인용구(meta-linguistic citation(*There are two e's in my name*))를 포함해서 전통적으로 어휘화와 어형성의 통상적인 과정사이에는 차이점이 거의 없었다.

(ii) *구성성의 감소를 초래하는 융합(fusion)의 과정*

융합으로서의 어휘화는 어의 변화를 가지거나 혹은 어의 변화 없이 복잡한 구조가 더 간단해지려는 것을 의미한다. 그러한 구조 단순화의 예는 통합관계에서 어휘소나 단일어화(mother-in-law)로, 또는 복잡한 어휘소에서 단순한 어휘소(*lord*< OE *half* 'loaf'+*weard* 'guardian')로의 발달이다. 후자의 형태는 형용사적 접미사 -ly(from OE *lic* 'body')와 같은 파생형태소를 야기 시킬지도 모른다. 융합은 합류(coalescence)와 형태소 경계의 소실로 이어지는 음운론적인 분절음의 상실이 뒤따를 가능성이 있다. 영어에서의 예들을 살펴보면 hussy(< OE *hus* 'house+*wif* 'wife')나 awake(< OE *on*+

wacan)(Brinton & Traugott 2005: 54) 등이 있다. Brinton과 Traugott의 연구에서는 이러한 형태만을 어휘화로 간주한다.

(iii) *자립성이 증가하는 분리과정*

분리로서의 어휘화는 의존형태소에서 벗어나 자립형태소가 되는 것에 관한 것이다(Brinton and Traugott 2005: 57ff). 보통 이것은 (12)의 예에서와 같이 단어의 일부분이 생략되어 약어(abbreviation)가 된다.

> (12) a. *ade* 'fruit juice' (*lemonade, orangeade*)
>   *ism* 'doctrine, theory, pracrice' (<fascism, socialism, communism)
>   *ology* 'subject of study' (zoology, sociology)
>   *onomy* 'area of knowledge' (<economy)
>   *ocracy* 'form of rule or influence' (aristocracy, bureaucracy)
>   *itis* 'sickness' (<appendicities, bronchitis)
>   *burger* (<hamburger)
>   *hoad* (<neighbourhood)
>   b. *bi* (<bi-sexual)
>   *ex* (<ex-husband, ex-wife)
>   *teen* (<teenager)

(i)과 (iii) 그리고 (ii) 사이의 중요한 차이는 전자는 동시적이지만, 반면에 후자는 그 변화가 일련의 작은 변화를 구성한다는 면에서 점진적이다(Hopper & Traugott 2003: 134 참조). 그래서 많은 학자들(Lehmann 2002, Brinton & Traugott 2005)은 융합의 과정에 대한 용어를 제한하려는 노력을 하고 있다.

> (13) 어휘화는 구성단위에 대한 거시적인 접근이며, 내적분석의 포기를
>   수반한다.5)

 탈문법화 degrammaticalization

(14) 어휘화는 변화이다. 그 변화에 의해서 화자는 특정한 언어학적 문맥
    속에서 형식적이고, 의미론적인 속성을 지닌 새로운 구성 형태로 통
    사론적 구문이나 어형성을 이용하게 되는데 그것은 구문이나 어형
    패턴의 구성 요소로부터 완전히 파생적이거나 예측가능하지 않은
    것으로, 시간이 지남에 따라 내적 구성성분의 소실이 일어나 그 항
    목은 더 어휘적이 될 가능성이 있다.(Brinton & Traugott 2005:
    96)

  그러나 현재의 연구에서, 어휘화란 용어는 파생과 같은 생산적이고 규
칙적인 어형과정을 제외하고, 위의 (ⅰ)~(ⅲ)에서 언급된 대부분의 변화
를 포함하는 아주 폭넓은 의미로 사용 될 것이다((ⅰ)의 *un-*과 *-er* 유형을 말
함).6) 이런 이유로 약어(clipping)와 전환(conversion)과 같은 변화들이 새
로운 어휘소(lexeme)로 되는데, 그것의 의미는 그것들이 진화해온 단어로
부터 전혀 예측할 수 없음은 물론 그것들을 형성한 어형성 과정의 본질에
서도 예측이 가능하지 않다. 예를 들어 부사에서 동사로의 전환은 어형의
규칙적인 과정을 형성하지는 않는데, 왜냐하면 (ⅰ) 모든 부사는 전환되
어질 수 없고(예를 들어 up과 down은 전환될 수 있지만, left와 ahead는 전환될 수
없다), (ⅱ) 동사의 의미는 색다른 것일 수도 있기 때문이다(to down, 'to
finish (a drink)과 마찬가지로'). 기능어(전환(conversion))와 접사(약어(clipping))
의 어휘화는 3.3.3절에서 다루고자 한다.

---

5) 이 정의는 같은 학자에 의한 초기의 정의보다 더 제한적임을 나타낸다: 즉 '하나의 단
   위가 어휘부로 이동하는 모든 것이 어휘화이다.'(Lehmann 1989: 15).
6) 그러나 그러한 항목들은 후기단계에서 어휘화될 가능성이 있다는 것을 말한다. 예를
   들어 접사가 어간과 융합할 때 그 접사는 더 이상 개별적인 형태소로서 인정되지 않는
   다.(*length*에서 이전의 명사화 접미사 (PGmc *-iþo))

1.3.4. 중복영역(areas of overlap)

어휘화와 문법화 사이에는 많은 유사점이 있고 이미 이루어진 변화를 어떻게 특징지어져야 하는지에 대한 접근이 항상 쉬운 것도 아니다. 그럼에도 불구하고 피상적으로 유사한 단어들과 구들은 다른 과정의 결과라고 할 수 있다. 이것은 영어에서 어휘화되거나 문법화 될 가능성이 있는 복합서술어로 설명된다. *lay hold of*(~을 잡다)나 *curry favour with*(비위를 맞추다, ~의 환심을 사다)와 같은 서술어들은 어휘화되는데, 왜냐하면 그것들은 비생산적이고, 비관용적이며 통사적인 변이성(variability)이 부족하기 때문이다(he laid hold of the rope-*hold was laid of the rope by him). 그러나 *take a bath/shower/walk/rest/drink* 등은 그 패턴이 상적 기능을 발달시키는 동사와 함께 매우 생산적이기 때문에 문법화 된다.

문법화와 어휘화가 쉽게 구별되지 않는 제 일차적 이유는 그것들이 융합(fusion), 합류(coalescence), 탈동기화(demotivation)와 같은 많은 특징들을 공통적으로 가지고 있기 때문이다(Brinton & Traugott 2005: 110). 그 결과로 하나 이상의 공통적인 특징들을 포함하는 변화들은 문법화와 어휘화로 다루어져 왔다. 예를 들어 이것은 *today*(<OE to+dæge 'at day-DAT')나 독일어의 *heuer*(<OHG hiu jaru this year -dat'; Brinton & Traugott 2005: 63)와 같은 단일어화(univerbation) 혹은 *maybe*나 스웨덴어의 *kanske* (<*kan ske* 'can happen'; Norde 2007)와 같은 인식부사와 관련된 경우에서 찾아볼 수 있다.[7] Lehmann(2002: 15)은 다음과 같이 문법화와 어휘화 사이의 주요한 차이점에 대해서 언급한다.

---

7) Brinton & Traugott는 이러한 경우를 어휘화로 간주한다(p.100).

Both are reduction process(Lehmann 1989), but in a different sense. Grammaticalization reduces the autonomy of a unit, shifting it to a lower, more strictly regulated grammatical level ······ Lexicalization reduces the inner structure of a unit, shifting it into the inventory.

다른 의미로 둘 다 축약 과정(Lehmann 1989)이다. 문법화는 더 하위적이고 더 엄격하게 규정된 문법층위로 단위를 전이시키면서 그 단위의 자율성을 축소시킨다······ 어휘화는 단위를 목록으로 전이시키면서 그 단위의 내적 구조를 축소시킨다.

Himmelmann(2004: 21)은 문법화와 어휘화라는 용어를 기술하는데 큰 기여를 했는데, 그는 두 가지의 공통된 은유를 상자은유(The box metaphor)와 과정은유(the process metaphor)로 표현했다. 상자은유에 의하면 어휘부와 문법은 그 항목들이 외부와 내부로 이동할 수 있는 두 개의 별개 상자이며, 과정은유는 어휘화와 문법화가 상호간에 관계없이 독립적으로 존재하는(완전히 독립적인) 과정임을 의미하는데, 그 과정은 유사한 발달 경로를 따르면서 어휘 항목들 혹은 문법적인 구문들에 영향을 미칠 가능성이 있다.

Himmelmann은 상자은유(the box metaphor)에 많은 문제가 있다고 말한다. 가장 중요한 것은, 이 은유는 특히 이것이 문법적인 항목(기능어, 굴절)이나 파생접사와 어형규칙을 포함하든 포함하지 않든 어휘화의 정의[8]에 지나치게 의존한다는 것이다.

Himmelmann은 문법과 어휘목록이 일관되게 정의되지 않을 때, 상자

---

8) Himmelmann은 어휘목록에 대한 그의 논의를 '문법학자들의 어휘목록'으로 제한하고 있다. 예를 들어 '생산적인 규칙에 의해 파생될 수 없는 모든 의미형성 쌍'(Himmelmann 2004: 23). 즉 '어휘론자들의 어휘'와 '심적어휘'는 그의 관점에서는 그 논쟁과 관련성이 없다.

은유는 문제가 된다고 주장한다. Himmelmann은 어휘화와 문법화 사이의 주요 공통점은 두 과정들이 모두 담화에서 어휘 항목의 자연발생적이고 생산적인 결합이라는 공통된 유래를 가지고 있다는 것이다. 이 과정들은 연속되는 단계에서는 다르게 나타난다. 즉 어휘화에서는(이것이 großer Wurf 'big success'와 같은 단일어화나 구의 화석화를 구성할 때) 두 요소들이 한 단위를 형성하는데, 그 단위에 의해서 통합적 문맥은 변화하거나 변화하지 않을 가능성이 있고, 의미−화용론적 변화는 비방향성을 띤다는 것이다. 즉 어휘화는 모든 종류의 축제를 언급하는데 사용되어질 수 있는 OHG *diu hōha gezît* 'high time'에서의 *Hochzeit* 'wedding'에서처럼 일반화(*großer Wurf*)와 특수화 둘 다를 포함 할 가능성이 있다는 것이다 (Hommelmann 2004: 36). 반면에 문법화에서는 한 요소가 다른 부류의 요소들과 결합하며 통합적인 문맥은 보통 확대되고 의미−화용론적 변화는 단일 방향성을 띤다(더 특수한 것이 더 추상적인 것으로).

Fisher(2008: 352)는 어휘화는 토큰층위에서 작용하고, 반면에 문법화는 타입/토큰층위(type/token level)에서 일어난다고 주장한다. 그 결과로 특별한 토큰(고대 영어 *Þa hwile Þe* 'that time that'>현대 영어 while)에 영향을 미치는 발달은 문법화보다 어휘화에 훨씬 더 근접하고 있다고 Fisher는 주장한다. Fisher의 관점에서, 문법화의 진정한 사례는 MENTE에서의 로망스어(Romance) 부사의 발달일 것이다. 그 접미사는 라틴어 명사 *mens* 'mind'의 탈격 단수형에서 발달했다(1.6.5절 참조). 여기에서 변화는 어휘 항목에서 접미사로의 변화뿐만 아니라 타입(type)에 영향을 미치는 변화이다. 즉 형용사류에 접미사로서 MENTE를 붙이는 것이다. 비록 어휘화는 토큰들과 관련이 있고 문법화가 항상 타입(type)에 영향을 끼쳤다는 Fisher의 주장이 옳다 하더라도 그것은 설득력이 없다고 생각한다. 왜냐하면 그것은 문법화의 타당한 예로서 어휘소에서 문법어로의 많은 변화들을 효과적으로 제거할 것이기 때문이다. 예를 들어 토큰인 개별 어휘소나 구(*pending*이나 *on the top*과 같은)에서 전치사의 상승이 왜 타입(type)들인 지 시대명사의 어형변화부류에서 한정사의 어형변화부류의 상승보다 문법화의 덜 원형적인 사례인지는 분명하지 않다. Lehmann의 매개변수(parameter)에 의하면(3.5.1절 참조), 그것들은 아주 유사해서 첫 번째 것을 어휘화로 간주하는 것은 이러한 사실을 모호하게 한다는 것이다.

문법화와 어휘화 사이에서 특별하게 문제가 되는 중복영역은 파생이다. 일부 학자들은(Brinton & Traugott 2005) 이런 문제를 해결하기 위해 노력해 왔지만 만족할 만한 결과를 얻지는 못했다.

간단히 말하면 그 문제는 다음과 같다. 즉 파생접사가 발생할 때(전형적으로 복합 구성소에서), 일반적으로 문법화라고 특징지을 수 있는 탈색(bleaching)(2.6.1절 참조), 탈범주화(decategorization)(2.6.2절), 형태소화(morphologization)(2.6.3절), 그리고 음운론적 축약(phonological reduction) (2.6.4절)과 같은 몇 가지 과정들을 관찰할 수 있다는 것이다. 사실 파생접사의 상승이 여러 연구에서 문법화라는 용어의 사용을 초래했다(Anttila 1989: 150; Lehmann 1989: 17; Heine, Claudi, & Hunnermeyer 1991: 96; Ramat 1992: 558; Giacalone Ramat 1998: 120; Giacalone Ramat & Hopper 1998: 2).

다른 한편으로, 파생접사는 새로운 어휘소를 창조하기위한 생산적인 수단이고, 파생된 형태는 정의에 따라서(1.3.3절 참조) 어휘화의 예로 간주될 수 있다. 어형성으로서의 어휘화의 정의에서, 모든 파생된 단어는 어휘화의 예가 된다. 그러나 융합으로서의 어휘화의 정의에서도, 파생된 형태는 그것들이 관용어화(*lovely, friendly, lively*)와 같은 영어 형용사적 접미사 *-ly*)가 되었을 때 어휘화의 자격을 가지게 된다. 더불어 복잡하게 만드는 한 가지 요인은 굴절(문법화와 가장 연관되어있는)과 파생(가장 어휘화와 관련되어있는) 사이에는 분명한 경계가 없다는 것인데, 특정한 접미사들이 분류를 더 문제가 되게 만든다(굴절과 파생사이의 논의는 5.2.1절을 참조). 형용사적 접미사 -ly의 부사적 접미사(quickly, legally, extremely)로의 발달은 때때로 굴절상태로의 이동으로 간주되기 때문에 파생어를 어휘화로 간주하는 학자들에 의해서 이것은 문법화로 여겨진다(Brinton & Traugott 2005: 132 ff).

문제가 되는 파생의 지위에 대한 또 다른 이유는, 그 용어가 파생접미사 per se(-wise), 하나로 파생된 형태(clockwise)나 어형과정 혹은 접미사의 역사적인 발달을 가리키는지가 항상 분명하지 않다는 것이다.9) 예를 들어 Brinton & Traugott(2005)는 전체로 파생된 형태를 어휘화로 간주하고, 어형과정을 선행 어휘화로 간주한다. 그러나 그들이 접미사와 접미사의 역사적 발달을 어떻게 생각했는지는 분명하지 않다. 그들의 전형적 어휘화표에 의하면, 파생접미사의 발달은 주관화(subjectification)를 제외하고 모든 문법화의 특징으로 긍정적인 평가를 받는다.10) 예를 들어 그것들은 의미적으로 탈색되고, 탈범주화되며(그것들은 굴절과 같은 형태통사론적인 특징을 상실한다), 융합되고 종종 음운론적으로 축소된다.

그리고 결정적으로 어휘화된 항목과는 달리 문법화 된 항목처럼, 그것들은 생산적이고 출현 빈도가 높다. 따라서 Brinton과 Traugott는 단어 부류로 변화하는 파생형태소를 문법화 된 형태소로 간주한 반면에 다른 파생형태소들은 어휘화의 예로 언급했다. 그러나 어떤 기준을 근거로 해

---

9) 유사한 주장을 보기 위해서는 Himmelmann(2004)를 참조하라.
10) 공통점이 있는 문법화와 어휘화의 속성들은 다음과 같다: 점진성, 단일 방향성, 융합, 합류, 탈동기화, 은유화, 환유화. 문법화를 특징이지만 어휘화의 특징은 아닌 속성은 다음과 같다: 탈범주화, 탈색, 주관화, 생산성, 빈번함, 유형학적 일반성.

 탈문법화 degrammaticalization

서 파생접사들이 어휘화나 문법화로 분류되는지는 분명하지 않다.

그러나 만약 파생접사, 어형성 과정, 그리고 파생된 형태사이를 분명하게 구분한다면, 파생접사를 문법화의 결과로, 그 파생된 형태를 규칙적인 어형성의 결과나 어휘화의 결과로 간주할 것을 제안한다(파생된 형태의 의미가 더 이상 그 구성요소로부터 예측될 수 없을 때). 그러므로 Himmelmann(2004: 28)이 파생이 문법화, 어휘화, 혹은 어휘화도 문법화도 아닌 '고유한 과정'의 사례인지에 대해 의문을 가진다면, 여기에서 그 과정은 어휘화와 문법화 둘 다를 의미한다는 면에서 고유한 과정이라고 말할 것이다.

이것은 또한 Douglas Lightfoot(2005: 594)이 독일어 접미사 *-heit*의 역사적인 발달에 대해 자세히 분석한 후에 채택한 입장이기도 하다. 이 접미사는 고대 고지 독일어(Old High German: OHG)[11] 명사 *heit/heid*에서 파생하며, 그것은 광범위한 의미를 포함한다(way, nature, appearance, property, characteristic, person, position, rank, honor). 명사로서 *heid*를 포함하는 예는 (15)에 제시된다(the OHG Isidor에서, c. 790-800).

(15) oh in dhem   dhrim heidim scal   man   ziuuarre eina
     but in the   three persons one   shall indeed   one
     gotnissa   beodan
     deity   proclaim
     'but in the three persons (i.e. the holy Trinity) one shall
     indeed proclaim on deity'

이러한 독립적인 용도와는 별도로, *heit/heid*는 *magadheit* 'position, rank of a young girl'과 같은 복합어에서도 입증되었다. 그런 합성어들

---

11) 고대 고지 독일어(The Old High German) 시기는 대략 750부터 1050년까지 계속되었다.

로부터 파생어로의 단계는 상대적으로 부차적 단계이다. 그래서 *uuizenheit* (*'knowing'-heit*)와 같은 단어는 합성적 의미 'knowing person'와 파생적 의미 'knowledge, consciousness' 사이에서 중의적이다. OHG 시기 중에, 파생적인 *-heit*는 합성구성요소로서 heit를 사용하게 됨으로써 점차로 사용빈도수가 높아졌다가 중세 고지 독일어(the Middle High German: MHG)[12] 때 후자의 용법은 사라졌다. 이때쯤, *-heit*는 유사한 기능을 가진 *-ī*와 *-ida*와 같은 아주 오래된 파생접미사로 대체되기 시작했다.

Lightfoot(603ff.)은 문법화와 어휘화의 두 속성을 모두 가진 것으로써 파생접미사 *-heit*의 발달을 계속해서 연구하고 있는데, 왜냐하면 어휘화에서는 파생접미사 *-heit*가 새로운 어휘소를 파생시키고, 문법화에서는 파생접미사 *-heit*가 일부 층위에서 자립성의 상실을 수반하고 있기 때문이다.

어휘화와 문법화 사이의 관계에 대한 마지막 연구는 어휘화와 문법화가 사건의 연쇄 속에서 연속적인 단계들을 형성할 가능성이 있다는 것이다. 그러므로 어휘화는 독일어 *aufgrund* 'on the basis of'(Lehmann 2004: 169)처럼 문법화에 포함될 수 있다. 우선, 구 auf Grund는 자신의 내적구조를 상실하고 단일어가 되어 어휘부에 저장되며(lexicalization), 이어서 *aufgrund*는 자신의 명사적 속성을 상실하고 전치사가 된다(grammaticalization).[13]

반대로 문법화도 어휘화에 포함될 수 있다(Moreno Cabrera 1998: 218ff.). *-ens*에서의 라틴어(Latin) 현재분사들에 대한 사례들을 생각해 보라. 그것

---

12) 중세 고지 독일어(The Middle High German) 시기는 대략 1050부터 1350년까지 계속되었다.
13) 문법화에 반영되는 더 많은 어휘화 사례들을 살펴보려면 Rostila(2004)를 참조하라.

 탈문법화 degrammaticalization

들은 명사 한정사로 문법화되었지만(PROCESS meaning에서 QUALITY meaning으로 변화시키면서), 차후 단계에서 행위자 명사들을 형성하기 위해서 그것은 명사화소로서 기능하기 시작했다. 스페인어의 *camante* 'sedative'(from *calmar to soothe*)나 *viajante* 'salesman'(<*viajar* 'to travel') 등이 그 예들이다. 대부분의 이러한 명사들은 더 이상 형용사로 사용되어 질 수 없고, 사전에 실질명사로 목록화되었다. 또한 *viajante*의 예에서 볼 때, 그 명사는 특이한 의미를(동사의 의미에서 직접적으로 파생되지는 않는다) 획득했다는 것을 나타내는데, 그것은 어휘화의 전형적인 형태이다.

1.3.5. 통시적 점진성과(diachronic gradualness) 공시적 변화율(synchronic gradience)

대부분의 문법화를 이론화 하는 과정에서 널리 알려져 있는 기능적이고 유형학적인 접근법에서, 언어변화는 전형적으로 점진적인 것으로 간주된다. 예를 들어 Brinton & Traugott(2005: 6)와 Hopper & Traugott의 틀연구에서, 변화는 전형적으로 (16)처럼 보인다.

(16)   a > {A/B} > (B)

(16)에서의 연속변이는 변화가 한 구조에서 다른 구조로의 갑작스러운 대체(substitution)가 아니라 나란히 이전의 형태와 새로운 형태가 항상 공존하는 변이(variation)와 관계가 있다는 것을 보여준다. 이러한 점진적 변화의 공시적 반영을 변화율(gradience)이라고 한다(Traugott & Trousdale 2008).

Brinton과 Traugott(2005)는 변화의 점진성과 빈도의 점진성을 구분했다. 점진성의 변화는 역사적인 자료에서 중의적인 구문들에 의해 입증되었는데 텍스트적인 증거는 많은 변화가 오래된 용법과 새로운 용법이 눈에 띄게 분명하지 않은 상대적 불확정성의 시기와 관련이 있다는 것을 암시한다. 다시 말해 그 단계는 처음에는 일시적인 현상일 가능성이 있다는 것이다. 오히려 처음 단계는 다수의 화자(화자 공동체)에 의해서 받아들여져야 된다는 면에서 결코 변화로 이어지지 않을 수도 있다(Brinton & Traugott 2005: 26). 예를 들어 Helsinki 코퍼스에 있는 16, 17세기의 텍스트에서 *be going to*의 대부분의 예들은 동작동사와 미래 조동사 사이에서 중의적이며, 빈도의 점진성은 변화가 언어의 체계 속으로 확산되는 속도가 일반적으로 느리다는 것을 보여준다. *Be going to*의 경우에, 이러한 구조는 동사나 대상을 함께 쓴다는 사실과 관련이 있는데 그것들은 동작을 나타내는 동사 to go의 원래의 의미와는 양립하지 못한다(Brinton & Traugott 2005: 30; 빈도의 역할에 대한 더 자세한 설명은 Bybee 2003을 참조).

문법상의 변화에 있어서 점진성에 대한 가장 근본적인 표현은 의심할 여지없이 Hopper의 '출현 문법(emergent grammar)'이다.

Because grammar is always emergent but never present, it could be said that it never exists as such, but is always coming into being. There is, in other words, no 'grammar', but only grammati-calization-movements towards structure …… It goes without saying that many phenomena which we would agree to call grammatical are relatively stable and uniform. That is not in dispute. The point again is that any decision to limit the domain of grammar to just those phenomena which are relatively fixed and stable seems arbitrary.(Hopper 1987: 148)

문법은 항상 나타나고 있지만 결코 현재에 남아있지 않기 때문에, 그런 방식으로 존재하지는 않지만 항상 생성되고 있다고 말할 수 있다. 다시 말해서, 문법은 없고 단지 구조의 이동인 문법화만 있을 뿐이다. 문법적이라고 부르는데 동의한 많은 현상들은 상대적으로 안정적이고 단일 방향성을 띤다는 것은 말할 필요조차 없으며 그것은 논쟁의 여지가 없다. 요점은 비교적 고정적이고 안정적인 그런 현상들로 문법의 영역을 제한하려는 결정이 자의적인 것처럼 보인다는 것이다.

점진성은 문법화뿐만 아니라 어휘화의 전형적인 현상으로 여겨지고 있다. Brinton과 Traugott의 어휘화와 문법화의 통합적 접근법에서, 주목을 받고 있는 문법성과 어휘성의 세 가지 층위는 공시적인 변이성과 통시적인 변화의 속성으로 설명된다.

표 1.1. Brinton & Traugott의 공시적 변이와 통시적 변화

Level of grammaticality (문법성의 층위)	Level of lexicality (어휘성의 층위)
G1 periphrases(be going to) (우언법)	L1 partially fixed phrases(lose sight of) (부분적으로 고정된 어구들)
G2 semi-bound forms, such as function words and clitics (must, 'll) (기능어와 접사와 같은 준 의존형태들)	L2 complex semi-idiosyncratic forms (unhappy, desktop) (복합 준특이 형태)
G3 affixes (both inflectional and deivational (접사들(굴절과 파생))	L3 simplexes and unanalysable idiosycrstic forms (desk, over-the-hill) (단일 비분석 특이 형태)

점진성의 개념은 모국어 습득을 언어변화의 유일한 장소로 생각하고, 본질적으로 갑작스럽게 변화를 한다는 생성론적 접근법과 극명한 대조를 보인다. 이 문제는 2.7.3절에서 다루고자 한다.

1.3.6. 재분석(reanalysis)과 유추(analogy)

1.3.6.1. *재분석(reanalysis)*

문법화에서 대부분 현재의 이론화는 재분석과 유추라는 두 가지의 중심적인 기제(mechanisms)들을 명확히 하고 있다(Hopper & Traugott 2003:

39ff., Brinton & Traugott 2005: 7). 일부 논문(Harris & Campell 1995, Hopper & Traugott 2003)에서 재분석은 유추를 통한 변화의 실행을 위해 필요한 전제조건이기 때문에 가장 중요한 기제로 간주된다(Hopper & Traugott 2003: 39).14) Langacker(1977: 58)의 전통적인 정의로 살펴볼 때, 재분석은 '표면 현상의 직접적이고 본질적 수정과는 관계없는 표현 구조나 표현 부류에 있어서의 변화'와 관련이 있다(유사한 정의를 참조하려면 Harris와 Campell 1995: 61참조). Brinton과 Traugott(2005: 7)는 다음과 같이 세 가지의 하위유형을 분류했다.15)

(17) a. 구성요소에서의 변화(syntatic or mophologial rebracketing)
     b. 범주 명칭에서의 변화(main verb > auxiliary)
     c. 경계상실(be going to > gonna)

이 모든 유형은 문법상의 변화에서 일어나는 것으로 관찰된다. 통사론적 재괄호화와 범주 재분석은 (18)의 예에서처럼 어휘 항목이 기능어로 재분석되어질 때 전형적으로 발견되는데, 예 (18)에서 앞의 명사 back이 전치사로 재분석될 때 back은 of와 함께 하나의 구성 성분을 형성한다.

(18) a. [[back] of the barn] >
     b. [back of [the barn]]

---

14) 그러나 이러한 관점은 논란의 여지가 있다. 문법화를 재분석과 관련지을 필요가 없는 이유에 대한 논쟁을 살펴보려면 Haspelmath(1998)을 참조하라.
15) Langacker(1977: 64ff.)는 더 이론에 의존적인 분류를 한다. 그 분류법은 두 가지의 기본적인 형태로 구별된다. 즉 '재분절화'(3가지의 하부형태: '경계상실', '경계창조', '경계 변이')와 '통사/의미론적 재공식화'로, 그것은 더 추상적인 규칙면에서 재분석이거나, 의미와 통사론적 범주 혹은 의미 또는 통사론적 배치(예: 수형도)이다. 이러한 관점에서, 재공식화는 보통 경계변화와 관련되지만, 반드시 그런 것은 아니다.

예를 들어 문법화된 기능어가 연속적으로 이전 혹은 다음에 이어지는 단어와 융합될 때(gonna에서처럼), 경계 상실은 문법화 연쇄 후반 단계에서 더 전형적인 양상을 보여 준다.

1.3.6.2. *유추(analogy)*

문법화에 있어서 두 번째 주요 기제는 유추이다. 재분석과 달리 오히려 유추는 분명한데, '여러 면에서 유추는 변화가 일어나고 있는 언어화자와 언어학자에게는 중요한 증거가 된다'(Hopper & Traugott 2003: 64). 이 절의 내용에서 벗어나는 논쟁으로 여러 형태의 유추가 있다(Hock & Jeseph 1996). 그러나 이것들 또한 탈문법화에서 증명되었기 때문에 그것에 대한 몇 가지 예들이 제시될 것이다. 상대적으로 유추의 체계적인 형태 중에서 가장 중요한 형태들은 '평준화(levelling)'와 '사분유추(four-part analogy)'이다(Hock & Joseph 1996: 154ff.). 평준화는 형태음운론적인 변이의 축약(reduction)과 탈락(elimination)이다. 예를 들어, 게르만 어족의 강변화 동사 변화표에서 s~r 교체는 (Verner의 법칙에서 소개된) 대부분의 독일어에서 평준화되었다. 따라서 고대 영어 *ćeōsan~coren*은 현대영어 *choose~chosen*으로 평준화되었고, 반면에 독일어(archaic) *kűren~gekiren*에서 *r*은 일반화되었다(Hock & Jeseph 1996: 156).[16] 사분유추(four-part analogy)와 비율유추(proportional analogy)에서 한 패턴은(굴절패턴) 다른 패턴의 모형으로 변화되는데, 그것은 다음과 같이 도식화될 수 있다(Hopper & Jeseph 1996: 160f.).

---

16) 네덜란드어는 몇몇 동사에서의 s~r 교체를 유지해 왔다. 예를 들어, verliezen 'to lose' ~ verloren 'lost'가 그 예이다.(그러나 Kiezen ~gekozen 'choose, chosen'에서는 아님)

(19) a : a'
　　 b : X (> b')

　사분유추는 영어에서 *kine*(cow의 복수형)과 같은 일부 불규칙적인 복수형의 상실과 관계가 있지만 결정적인 것은 아니다. 왜냐하면 많은 불규칙 복수형은 유지되고 있기 때문이다(*foot~feet/*foots*). 또한 그 모형의 패턴이 최소의 유표적인 패턴이 될 필요는 없다. 예를 들어, 영어의 많은 방언들이 무표적인 약변화활용형(bring~*bringed~*bringed) 대신에 *bring~brang~brung*(sing~sang~sung의 모형)에서 bring~brought~brought로 대체되고 있다.

　일부 학자들은 유추를 문법화에 있어서 기본적인 것으로 간주한다(Kiparsky 2005와 Fisher 2007, 2008을 참조하라). 예를 들어 Fisher(2008: 350)는 '유추는 기제와 원인 둘 다로 간주되어야 한다. 유추에 의해서 우리는 구조와 어형변화표의 내용을 변화시키지만, 학습자가 더 추상적인 형태나 스키마를 형성하도록 유도하는 것 또한 유추이다. 다시 말해 학습 모형에서 유추는 주요 원동력이다(재분석이 아니라)'라고 주장 한다.

　유추가 문법화에 있어서 주요 원동력이라는 논의는 여기에서 살펴보지는 않을 것이다. 탈문법화에서 때때로 유추는 초기에 나타나는 것처럼 보이는데(위의 (4)의 보기 Irish 1PL -*muid* > free pronoun *muid*의 탈문법화를 참조하라), 다른 경우에서 그것은 재분석으로 간주한다(보기 (2)의 Welsh *yn ol* 'after' > nôl 'to fetch'의 탈문법화를 참조하라). 이 문제는 7장에서 논의하고자 한다.

1.4. 논쟁의 중심에 있는 문법화의 유형들(controversial types of grammaticalization)

1.4.1. 이차적 문법화('secondary' grammaticalization)

Lehmann(1995: 9ff.)은 문법화라는 용어가 지금은 그것을 대체하는 것이 바람직하지 않게 여겨질 정도로 확실하게 자리를 잡았지만, '몇 가지 측면에서 보면 타당하지 않다'고 지적한다. 문자 그대로 그것은 한 요소가 문법적이 된다는 것, 다시 말해 그것은 어휘 항목이 기능어가 되는 변화를 언급할 뿐, 추상성과 결속을 증가시키는 연속적인 단계를 포함하지는 않는다는 것을 가리킨다.

일부 학자들은 후반 단계는 문법화에 포함되어서는 안 된다고 주장하고 있다. 그들에게는(Detges & Waltereit 2002: 188; Von Mengden 2008), Kuryłowicz의 정의 첫 부분만 고유한 문법화로 언급된다. 이러한 관점에서, 계속되는 변화(접어화, 접사화)는 단지 어휘소(lexeme)에서 문법어로의 변화를 따르거나 따르지 않을 가능성이 있는 증가하는 결속의 사례들일 뿐이다.17) 어떤 경우에서는 이러한 관점은 옳다. 예를 들어 접어화된 'm 은 의존성을 띠고 통사적으로 축약되지 않은 *am*보다 더 제한적이지만 의미에 있어선 어떤 변화도 없다.18) 그러나 다른 경우에서 다른 층위에 있

---

17) Von Mengden(2008)은 훨씬 더 복잡한 모형을 제안하는데, 그 모형에서 문법화는 단지 일련의 상호 연결된 과정중의 하나이며, 그 과정을 그는 문법적인 변화의 '모듈'로 생각한다. 이 모형에서, 문법화는 다른 변화(재분석, 음운론적 속성)가 포함된 기능 혹은 의미에서의 변화로 주로 간주된다. 몇몇의 모듈사이에 결정적인 관계가 존재하는지, 그리고 모듈이 되돌릴 수 것인지는 여전히 연구되어져야 할 문제이다. Lehmann 의 문법화 파라미터처럼 이러한 모듈식 접근법은 문법화에 있어서 초기의 변화와 그 변화들 사이의 관계를 알아보는 데 이점이 있다.

18) 예를 들어, 'm은 비교 (He's younger than I am / *I'm), 또는 생략된 답변에서는 (who's in charge? I am / *I'm) 사용할 수 없다.

는 변화들은 관찰되어질 수 있다. 본문에 나오는 문법화의 예들 중 하나인 노르웨이어(Norwegian) 굴절 수동 -s(t)[19]는 아주 적합한 사례로, 이 접미사는 3인칭단수 재귀대명사(3SG reflexive pronoun)에서 파생하는데, 이 재귀대명사는 점점 의존적이 될 뿐만 아니라(굴절 접미사로 끝남) 잘 알려진 경로를(재귀대명사(REFLEXIVE)>반사역동사(ANTICAUSAIVE)>수동형(PASSIVE)) 따르면서, 문법적인 의미에서도 몇 가지 변화를 겪는다(스칸디나비아 언어에서의 발달에 대한 세세한 부분은 Heine & Kuteva 2002: 4; enger 2002, 2003; Faarlund 2005를 참조하라). 다시 말해서 문법형태소에 대한 접어화(그리고 연이은 접사화)는 단순한 형태론적인 변화가 아니지만 어휘소가 문법어로 문법화될 때 시작되는 의미론적 변화의 연쇄 과정을 지속시킬 수도 있다.

어쨌든, Kuryłowicz의 정의에 언급된 두 주요 단계를 구별하는 것은 유용하다. Traugott(2002: 26f.)는 이러한 두 단계에 대해 일차적 문법화(primary grammaticalization)(구문과 어휘범주의 특정한 형태 통사론적 문맥에서 기능범주로의 발달)와 이차적 문법화(secondary grammaticalization)(논의가 되고 있는 범주와 관계있는 형태음소적인 "구조"의 발달)로 용어를 정리할 것을 제안한다.[20] Traugott의 관점에서 이차적 문법화는 형태론적인 결속, 음운론적인 축약, 그리고 의미론적인 탈색의 정도와 관련이 있지만, 그 용어는 시제표지와 상표지의 고급 문법화를 언급하는 데도 사용되고 있다(Kranich 2008, in prep.).

Traugott는 문법화의 두 가지 하위 유형들은 여전히 이해될 수 있는 방

---

19) 동등접미사는 다른 스칸디나비아의 언어에서 발견된다.
20) '이차적 문법화(secondary grammaticalization)'란 용어는 Givón이 한 문법범주에서 다른 문법범주로의 발전을 나타내기 위해서 Traugott가 채택한 용어보다 조금 다른 측면에서 도입되었다. 예를 들어, 주격표지들은 거의 직접적으로 문법화하지 않지만, 전형적으로 소유격에서 능격표지로 파생된다.

 탈문법화 degrammaticalization

법으로 연결되어 있다고 언급한다. 그러나 일반적으로 유형 B의 변화들은 유형 A의 변화들보다 더 늦거나, 적어도 유형 A의 변화와 같은 시기에 시작하지 그 전에 시작되지는 않는다(Traugott 2002: 27f.; emphasis mine). 일차적 그리고 이차적 단계가 같은 연쇄 작용의 일부분을 형성할 가능성이 있기 때문에, Detges와 Waltereit가 제안한대로, 전자만 '문법화'로 간주할 이유는 없다고 본다. 또한 탈문법화와 관련해서, 일차적 탈문법화와 이차적 탈문법화를 구별하고자 한다(3장 참조).

1.4.2. 화용론화(pragmaticalization)

이차적 문법화보다 더 논쟁의 여지가 있는 것은 때때로 화용론화로 일컬어지는 담화표지의 발달이다(Traugott 1982; Traugott 1997a; Tabor & Traugott 1998; Brinton & Traugott 2005: 136ff.). 담화표지에 대한 역사적 출처는 SUBJECT + VERB 절(*I say, you know*), 명령법(*Look'ee*), 부사절이나 관계절(*as it seems*) 그리고 부사적 전치사구(indeed)를 포함한다(Brinton & Traugott 2005: 137). 이러한 사례들은 종종 분화(divergence), 층위화(layering), 탈범주화(decategorialization), 형태론화(morphologization)와 음운론적인 축약(phonological reduction)을 보여주기 때문에 문법화로 여겨진다. 이것은 (20a-c) 예에서 볼 수 있는 영어 *look(you)*의 발달로 설명할 수 있다 (Brinton 2001, Brinton & Traugott 2005: 138에서 인용). Brinton & Traugott 는 (20a)에서 *lok*은 'attend to'를 의미하는 명령모형절(imperative matrix clause)이고, (20b)에서 Shakespeare의 *Romeo and Juliet*에서 발췌한 *look you*는 삽입어구로 제시되어 화용론적인 지시형(be careful)으로 기능하면서 탈의미론화되고 있으며, (20c)는 화자의 성급한 태도를 전달하면서 융합(fusion)과 보다 상세한 주관화(subjectification)를 보여준다고 주장

한다.

(20) a. But lok thou dele nought withl   [c. 1386]
        but look you deal not   therwith
        'see to it that you do not deal with it'
     b. Look you, she loved her kinsman tybalt dearly, / And so
        did I

                                                    [1594-1596]
     c. Look'ee serjeamt, no Coaxing, Wheedling, d'ye see [1706]

그러나 담화표지는 (21)의 예에서 보듯이, 몇 가지 면에서 문법화의 다른 사례들과는 차이가 있다(Brinton & Traugott 2005: 138f.; Ocampo 2006: 316f).

(21) a. 그것들은 영향권(scope) 약화 대신에 영향권 증가를 보여 준다.
        (They show scope increase instead of scope reduction.)
     b. 그것들은 통사론적 고정대신에 통사론적 자립에서의 증가를 보
        여 준다.
        (They show an increase in syntactic freedom instead of
        syntactic fixation.)
     c. 그것들은 전통적으로 문법적이라고 여겨지는 범주에 속하지는 않
        는다.
        (They do not belong to categories traditionally considered
        'grammatical'.)
     d. 그것들은 패러다임의 일부분이 되지 않는다.
        (They do not become part of paradigm.)
     e. 그것들은 규칙에 지배되지 않는다.(어떤 강제성도 없다)
        (They do not become rule-governed (i.e. there is no
        obligatorification.)
     f. 그것들은 또 다른 구성성분과 융합하지 않는다.21)
        (They do not fuse with another constituent.)

화용론화와 문법화(의 다른 유형들) 사이의 유사성과 차이점에 대한 평가는 몇 가지 논쟁을 야기시킨다. 첫 번째로, 담화표지의 발달을 문법화에서 완전히 분리된 과정으로 간주한다는 것인데, Aijmer(1997)와 Ocampo(2006)는 이러한 입장을 지지한다. 또 다른 관점은, Wischer(2000)가 제안했던 대로 문법화Ⅰ(형태론으로의 이동)과 문법화Ⅱ(담화로의 이동)를 구분하는 것으로 화용론화를 문법화의 하위유형들 중의 하나로 간주하는 것이다.22) 세 번째 논쟁은 (21)에서의 몇 가지 변화들을 문법화의 특성이 아니라고 생각하는 것이다. 이것은 단지 영향권 변화들일 뿐이라는 것이다((21a)). 예를 들어, 영향권 축소의 개념이 문법화에서 도전받고 있다고 주장하는 Brinton & Traugott(2005: 138 & 참고문헌)를 참조하라.

그러나 비록 영향권이 문법화의 매개변수(parameter)가 아니라는 것을 인정한다 해도, 여전히 화용론화는 문법화와는 다르다는 실질적인 매개변수는 남겨진다. 화용론을 문법화의 한 형태로 반대하는 것에 대한 또 다른 논쟁은, 담화와 문법이 Givón(1979: 209)의 연속변이의 정반대를 형성한다는 것이다.

(22) discourse > syntax > morphology > morphophonemes > zero
    (담화)   (통사론)   (형태론)   (형태음소론)   (영형태)

---

21) 이것은 담화표지는 융합을 드러낸다는 보기 (20)에 대한 Brinton과 Traugott의 주장과는 모순되게 보일지도 모른다. 그러나 *look´ee*에서 입증된 그러한 융합의 종류는 문법화에서 입증된 종류와는 결정적으로 다르다. 문법화에서는 문법화되는 항목이 그 항목을 지배하는 구성요소와 융합한다. 예를 들면 미래조동사는 굴절미래를 형성하기 위해서 본동사와 융합한다. *Look´ee*는 구의 어휘화에서 흔히 발견되는 단순한 단일어화의 사례이다(forget- me-not, no-show, etc).

22) 이런 용어들은 이전 절에서 논의했던 일차적 문법화, 이차적 문법화와는 혼동되어지지는 않는다.

마지막 흥미로운 논점은 Ocampo(2006: 317)가 확신한대로, 화용론화는 단일방향으로 나타나지 않는다는 것이다. 몇 가지 역사적인 기록으로 알 수 있는 언어를 포함해서, 다양한 범위의 언어에서 등위접속사(co-ordinating conjunctions)에 대한 Mithun(1988)의 연구를 인용하면서 Ocampo는 담화 표지에서 파생한 접속사의 몇 가지 예를 제공한다. 결론적으로, 담화의 이 동은 본질적으로 문법의 이동과 다르므로 그 둘은 별개로서 유지될 때가 가장 좋다.

1.4.3. 절 결합(clause combining)

보문소의 상승은 문법화의 사례로 빈번하게 인용된다. 범언어적으로, 보문소는 (23)의 예(Diewald 1997: 12) 독일어에서처럼 전형적으로 지시사 에서 발달하거나(Heine & Kuteva 2002: 106f.), 예 (24)에서처럼(Anttila 1989: 151)[23] 핀란드어 부사에서 발달했다.

    (23) a. Ich   weiß   das: Er   kommt.   (pronoun)
            I   know   that: he   comes.
         b. Ich   weiß,   daß   er   kommt.   (complementier)
            I   know   that   he   comes.

    (24) a. Minälunch   että.   Sinä   tulet.   (adverb)
            I   think   thus. You come.
         b. Minälunlen, että   sinä   tulet   (complementier)
            I   think   that   you come.

이 절의 목적은 보문소의 발달은 생각하는 것처럼 문법화의 원형적인

---

23) 종속접속사로서의 문법화의 다른 예들은 Cristofaro(1998)을 참조.

예가 아닐 수도 있다는 것을 보여주는 것이지만, 먼저 어떻게 절결합이 현재 이론화되고 있는지에 대해 약술할 것이다.

예 (23)과 (24)에서 Hopper & Traugott(2003: 175ff.)가 예시한 보문소의 발달은 절결합구문의 연속변이와 함께 절에 영향을 미치는 문법화의 예로 간주된다.

(25) parataxis   >   hypotaxis   >   subordination
      (병렬구문)   (종렬구문)   (종속구문)
      -dependent   +dependent   +dependent(의존)
      -embedded   -embedded   +embedded(내포)

Hopper & Traugott(2003: 177)는 다음과 같은 방식으로 절결합 연속변이에서의 세 가지 다발점(cluster points)에 대해 정의한다.

(a) 병렬구문(parataxis): 의미가 통하는 것과 관련성의 화용론에 의해 제약되어질 때를 제외한 상대적인 독립.
(b) 종렬구문(hypotaxis): 한 개의 핵과 혼자서는 독립할 수 없는 한 개 이상의 절이 있지만 상대적으로 상호 의존성을 띤다. 그러나 전형적으로 그것들은 핵의 어떤 구성 요소 안에 완전히 포함되지는 않는다.
(c) 종속구문(subordination): 주변이 전적으로 핵의 구성요소 안에 포함되는 완전한 의존성을 띤다.

절결합의 세 유형은 아래 (26)에 예시되어 있다. 예 (26a)는 두 개의 완전히 독립적인 절이 병렬 배치된 병렬구문이며, 그 두 구문사이의 의미적 관계는 단지 추론의 하나이다. 반면에, (26b)에서 부사절 *Before leaving Krishnapur*는 독립할 수 없고 의존적이지만 완전히 내포되지는 않는다. 왜냐하면 두 절은 순서가 바뀔 수 있기 때문이다(The collector took a strange decision before leaving Krishnapur). 또한 의미적으로, 종렬절은 종속절보다 덜 의존적이다. 왜냐하면, 예를 들어 종렬절은 그 절 자체의 사건을 보여주기 때문이다. 그러므로 (26b)의 *the before leaving Krishnapur*는 before noon과 같은 단순한 시간 부사절이 아닌, 한 사건을 독립체로서 제시하는 *before his departure*와 같은 부사절에 의해서만 대체될 수 있다. 마지막으로, (26c)에서 절 *That the titanic sank*는 주절에 의존적이기도 하고 그 절속에 내포되어 있기도 하다. 통사적으로 그리고 의미적으로 that 절은 하나의 구성요소로서 기능하며, (26c)에서는 그 절의 주어로서 기능한다.

> (26) a. Sumter has been fired on. My regiment leaves at dawn.
>
> $\qquad\qquad\qquad\qquad\qquad\qquad\qquad\qquad\qquad\qquad$ [parataxis]
>
> b. Before leaving Krishnapur, the collector took a strange decision. $\qquad\qquad\qquad\qquad\qquad\qquad\qquad$ [hypotaxis]
>
> c. That the Titanic sank was unexpected. $\qquad$ [subordination]

병렬구문과 종렬구문 그리고 종속구문 사이의 차이는 변화율 중의 하나이다. 그리고 그 연속변이에서의 마지막 두 다발점 사이의 선은 통시적으로도 공시적으로도 특별히 추론하기는 어렵다. (27)의 예에서 제시하는 것처럼 역사에 근거한 데이터는 중의적일 수도 있다(from the Anglosaxon chronicle, ma.A).[24]

> (27) Đa   on   morgenne gehierdun Þæt   Þæs   cynings
>
> $\quad$ when/then in   morning   heard-PL   this   that-GEN   king-GEN
>
> $\quad$ Þegnas   Þe   him   beæftan   wærun Þæt   cyning
>
> $\quad$ thanes   who   him   behind   were   that   the king

---

24) 해석은 이 문장의 구조를 분명히 하기 위해 다소 수정되어 진다.

 탈문법화 degrammaticalization

ofsægen   wæs, Þa   ridon   hie   Þider
slain   was then   rode   they   thither
'Then in the morning the king's thanes heard this (these thanes
had been left behind): that the king had been slain. Then they
rode up there.'

Hopper & Traugott(2003: 191)에 의하면, 위에 제시된 예 중에서 첫 번째 *Þæt*는 두 번째 *Þæt*를 예상하게 하는 대명사이다. 두 번째 *Þæt*로 도입된 절은 포함되지는 않지만 그러나 그것은 이미 단순한 병렬 그 이상이므로, the *Þæt*+*Þæt*-구문은 종렬구문으로서 가장 잘 분석되어진다. 그들에 의하면, 주어로서 기능하는 *Þæt* 절이 있는 (26c)의 상당어구는 아직 명백하게 증명되고 있지 않다. 현재 영어에서 *that* 절의 문법화는 주어로서 *that*절의 발생 과정에서 약간의 제약이 있기 때문에 아직 완성된 자연스러운 과정은 아니다(*Did that John showed up please you?).

그러나 Fisher(2008: 358ff.)는 *that*절의 발달이 문법화의 한 예라고 주장했다. Fisher는 두 개의 Þæt구문의 소실은 중세 영어에서 SOV에서 SVO로의 변화의 당연한 결과라고 말한다. 왜냐하면 SVO문장에서 첫 번째와 두 번째 that은 서로 나란히 있기 때문에, 그것은 어색한 반복(I want that, that you come with me)을 이끌어낼 뿐만 아니라 이유들을 처리하는데 필요하지 않다(그것은 (27)문장에서 첫 번째 the Þæt이 발생하는 이유들 중의 하나라고 Fisher 언급한다).25) Fisher가 절결합을 비전형적인 것으로 간주한 또 다른 이유는 그것이 의미론적 탈색이나 탈범주화같은 공통적인 문법화의 특징을 보여주지 않는다는 것이다.

---

25) 이 관점에 대한 논쟁은 두 개의 'that'이 여전히 네덜란드어와 같은 SOV 언어에서는 가능하다는 것이다.

절결합은 문법화의 다른 유형과는 너무 달라서 문법화에 포함 시킬 수 없다는 Fisher의 의견에는 동의하지만, 이것이 탈색이나 축약과 같은 처음의 변화와 관련 되어 있기 때문에 지시사 *that*에서 보문소 *that*으로의 변화 역시 문법화가 아니라는 Fisher의 시각에는 동의하지 않는다(지시사 that과는 달리, 보문소 that은 더 이상 강조되어질 수 없다).26) 절결합은 이 책에서 논의된 탈문법화 변화와 관계가 없으므로 이것은 나중에 논의하고자 한다.

1.5. 문맥(context)과 구문(constructions)

21세기 초기에 나온 많은 연구는 문법화에 있어서 문맥의 중요성을 강조하고 있다(Heine 2002; Diewald 2002, 2006; Bybee 2003; Traugott 2003; Haspelmath 2004; Himmelmann 2004; Lehmann 2004; Brinton & Traugott 2005: 24ff.; hopper 1998). 예를 들어 Himmelmann(2004: 31)은 문법화(탈색, 형태론화, 음운론적 축약)에 대한 '주요 진단(diagnostics)'이 문법화하는 요소에 초점을 맞추고 있는 것을 조사한다. 그에 따르면 문법화가 적절하게 응용되는 단위는 고립된 어휘 항목이 아니라 구문이라는 것이다. 고려되어야 할 필요가 있는 문맥은 명사구층위(관사의 문법화)에서 절층위(부치사의 문법화), 그리고 담화층위(절 연결어들의 문법화)까지 그 범위가 다양하다. Croft(2000: 162)는 다음과 같이 초기 문법화 연구에서의 문맥의 방치에 대해 설명한다. '물론 그것은 전체로서 구문과 연관이 된 의미를 표현할 때 대화자에 대해서 해석되어지는 구문과 관련된 특정한, 특히 불변하는

---

26) 지시사에서 보문소로의 변이는 범위에 대한 매개변수에는 문제가 되지만, 그것은 또 다른 문제이다(3.5.2절을 참조).

형태소이다. 문법화가 개개의 형태소와 그것들이 파생되어 나온 어휘소에 영향을 미치는 과정이라는 인상을 주는 것은 사실이다.' 예를 들어 영어 *be going to*의 경우, *to gonna*로 축약되는 것은 *going to* 인데, 왜냐하면 그것이 이 구문의 가장 특징적인 요소이기 때문이다. 그러나 그것은 다른 문맥에서가 아니라 단지 이 문맥 속에서만 축약된다.

문맥의 역할은 Heine(2002)와 Diewald(2002, 2006)의 논문에서 형식화 되었다. 다음에서는 문법화 과정에서 4단계를 구별하는 Heine의 모형을 간략하게 논하고자 한다.[27] Heine의 모형에서 구문의 의미는 3가지의 연속적인 단계로 변화한다. 출발점은 원래의 의미만 존재하는 시작단계이 다. 두 번째 단계에서는, 교량문맥(the bridging context)으로 새로운 의미 (목표의미 'target meaning')가 화용론적 추론의 결과로 생겨난다. 세 번째 단 계에서는, 전환문맥(the switch context)으로 구문의 원의미가 사라진다. 네 번째와 마지막 단계에서 목표의미는 관습화 되고 문맥에서 더 이상 제한 을 받지 않게 되는데, 그 목표의미는 초기 문맥에서 나타났었다.

Heine가 제시한 여러 예들 중 하나는 이러한 단계들을 설명하는데 사 용될 것이다. 이 예는 독일어의 시간부사 *dabei*(Heine 2002: 91ff.)와 관련 이 있는데, 그것은 양보표지(concessive marker)의 추가적인 기능을 발달시 켰다.

(28) Ⅰ. Karl geht schlafen; dabei trägt er einenSchlafanzug.
Karl goes sleep thereby wears he a pyjama

---

27) Heine의 단계는 주로 의미론에 기반을 두지만, 반면에 Dieward는 문맥의 형태 통사 론적 속성을 고려한다. 그러므로 Diewald가 구분하는 그 단계들은 1: 1방식으로 Heine의 단계와 연관시킬 수가 없다(Diewald 2002: 117). 그 논의는 이 연구의 범위 에는 포함되지 않는다.

      'Karl is going to bed; (at that occasion) he is wearing
      pyjamas.'
II. Karl geht schlafen; dabei ist er gar   nicht müde
    Karl goes sleep   thereby he is at.all not   tired
    'Karl is going to bed; still, he is not tired   at all'
                                  [target meaning]
    'Karl is going to bed; at that time he is not tired at all'
                                  [source meaning]
III. Karl geht schlafen; dabei   geht er   um diese   Zeit
    Karl goes sleep;   thereby goes he   at   this   time
    nie   sleep
    neversleep
    'Karl is going to bed; although he never goes to bed
    at this time
IV. Karl geht schlafen; dabei   war   er eben   noch
    Karl goes sleep;   thereby was   he just   still
    überhaupt night   müde
    at.all   not   tired
    'Karl is going to bed; although a moment ago he was not
    tired at all'

위의 (28) I 단계에서 *dabei*는 (동시성의) 시간적 해석을 가장 잘 수용하는 것 같다. 그리고 그것은 절 처음과 정형동사 뒤에서(er trägt dabei einen Schlafanzug) 발생할 수 있다. II단계에서 *dabei* 절은 일상적인 경험(one does not normally go to bed when one is not tired yet)을 부정하면서 대조를 나타내며, '*obwohl er gar nicht müde* 'although he is not tired at all.'과 같은 양보절로 바꾸어 표현될 수도 있다. II단계는 시간적인 의미가 양보의미(목표의미)보다 덜 이치에 맞더라도, 시간적인 의미(원 의미)가 여전히 가능하다는 점에서 교량문맥(a bridging context)이다. 그러나 III

단계에서는 시간적인 해석이 제외되고 구문이 양보의미로 전환되어진다.
Ⅱ와 Ⅲ단계에서 *dabei*는 절의 처음위치에 고정되어 지고, 마지막으로 Ⅳ
단계에서 양보적인 의미는 더 이상 문맥 의존성을 띠지 않는다(이전의 두 단
계에서처럼). 즉 현재는 절에 사용되어질 수 있는데, 그 절에서 동시성은 부
사적 어구 *eben noch* 'a moment ago'에 의해서 명백하게 제외된다. 문법
화에 있어서 문맥의 역할에 대한 최근의 접근법은 문법화 연구와 구문문
법의 통합이다(Traugott 2007, 2008; Trousdale 2008a). 아래는 구문문법에서
두 개의 주요 교재에 있는 '구문(construction)'에 대한 두 가지 정의이다.
(29)의 예(Goldberg 2006: 5)는 상당히 좁은 관점의 정의이며, 최근에 같은
학자에 의해서 정의된 예는(Goldberg 2006: 5) (30)에 나와 있다. (30)에
정의되어 있는 예는 그 정의가 완전히 복합적인 패턴을 포함한다는 점에
서 분명히 덜 제한적인 성격을 띠는데 그 패턴들은 빈번하게 나타난다.[28]

(29) C is a CONSTRUCTION iff$_{def}$ C is a form-meaning pair $\langle F_i \; S_i \rangle$
such that some aspect of F_i or some aspect of S_i is not
strictly predictable from C's component parts or from other
previously established constructions.

(30) 언어학적인 패턴의 형태와 기능의 몇 가지 측면들이 그 패턴의 합성
부분이나 존재한다고 인식된 다른 구문으로부터 엄격하게 예측되지
않는 한 그 언어학적인 패턴은 구문으로 인지되어 진다. 더불어, 그
패턴들이 아주 빈번하게 발생하는 한 그것들이 완전히 예측된다 할
지라도 구문으로 저장된다.

현재 주요 문제는 구문이 단순히 문법화를 위한 문맥인지 아니면 구문

---

28) Troudale (in prep.)는 Glodberg의 1955년 정의가 더 전형적인 어휘화 구조인 반면,
그녀의 2006년의 정의는 더 전형적인 문법화 구조라는 흥미로운 사실을 발견한다.

그 자체가 문법화에 종속되는지에 대한 것이다(Trousdale, in prep.). 그런데 구문들은 형태소에서 복문까지 그 크기가 다양할 수 있다(Traugott 2007: 525).

문법화에 대한 구문문법 접근법은 문법화가 의미에서의 변화 못지않은 형태에서의 변화임을 강조한다.[29] 물론 이것은 획기적인 관점은 아니지만, 구문문법이 생성문법보다 잠재적으로 더 적합한 문법화의 변화를 형식화하는 수단을 제공한다. 왜냐하면 생성문법은 단일방향적인 경향이나 층위화에 대처할 수가 없는(절 2.7.3을 참조) 반면, 구문문법은 구문문법 용어로 쉽게 설명될 수 있기 때문이다(Trousdale, in prep.). 이 방면의 연구에 대한 저작물은 이 책이 끝나기 직전에 나타나기 시작했다. 그러나 그것은 문법화 연구에 대한 가장 가능성 있는 새로운 방향처럼 여겨진다. 5.3.4절에서는 구조에 근거한 접근법과 형태에 기반을 둔 접근법이 어떻게 다른 관점과 같은 변화를 제공할 수 있는지에 대한 보기를 제공할 것이다.

1.6. 방법론적인 문제들(methodological issues)

1.6.1. 과정(processes) 대 결과(results)

일부 학자들, 특히 Fisher(2000), Joseph(2001, 2003, 2004)와 Newmeyer (1998, 2001)는 문법화가 변화에 대한 개별 과정이 아니라고 주장했다. Newmeyer(1998, 232)는 용어 'process'는 일련의 고유한 설명 장치를 요구하는 분명한 현상으로 언급되어져야 하지만, 문법화 변화 과정에 있어

---

29) 그럼에도 불구하고 일부 문법화에 대한 접근 방식은 그것을 주로 의미론, 화용론적으로 동기화되어진 것으로 간주한다. Fisher(2008: 340)을 참조하라.

서 용어 'process'는 종종 비공식적으로 "설명된 현상"만 의미하는 데 사용된다고 주장한다. 그 대신에 Newmeyer(1998, 235)는 문법화를 일부 독립적인 이론에서는 벗어난 '필수적으로 독립적이고 역사적인 발달의 부수적인 결과'로서 특징짓는다. Newmeyer는 또한 의미론적 변화, 음성학적 축약, 그리고 재분석은 서로 독립적으로 발생할 가능성이 있기 때문에, 이러한 변화가 동시에 일어날 때 분리력(separate dynamic force)을 추정할 근거는 없다고 주장한다. 같은 이유로, 그는 또한 '문법화 이론(grammaticalization theory)'을 위해서는 어떤 것도 필요하지 않다고 주장한다.

문법화에 있어서의 일부 상투적인 사례들에 대한 논쟁에서(그 예들 중에서 잘 알려진 그리이스어 미래표지 완전동사 *thélo* (want)에서 유래한 *tha*의 발달), Joseph(2001, 2003, 2004) 또한 이 변화는 전통적이고 역사적인 언어학의 틀 안에서 완전히 설명되어질 수 있으므로 문법화는 '기껏해야 독립적으로 필요한 변화 기제들에 대한 결과의 특별한 유형에 부여된 명칭붙이기'라고 주장한다(Joseph 2004: 51).

Fisher(2000: 51)도 다음과 같이 비슷한 주장을 한다.

One of the problems I have with the way grammaticalization has been dealt with in the literature is that the mechanistic side of it has been overemphasised, with the result, I think, that the mechanism has become too powerful as an explanatory tool or as a description of a diachronic process of linguistic change······ Althougth I would agree······ that reanalysis and analogy, or metonymic and metaphorical processes, are important in language change······ I still cannot see that there is room for a separate or 'independent' process of grammaticalisation. Where most linguists see a unidirectional process from concrete to abstract, a process that cannot be cut up into segments, I can only see a more or less accidental concurrence.

문법화가 문헌에서 다루어져 온 방식에 내가 품고 있는 문제들 중의 하나
는 기제적 측면이 지나치게 강조되어 왔고 그 결과로 그 기제가 설명 도구로
서나 언어학적인 변화의 통시적인 과정을 묘사하는 데 영향력을 너무 미치
고 있다고 생각한다. 비록 내가 재분석, 유추나 환유와 은유의 과정들이 언
어 변화에서 중요하다는 것에 동의한다 할지라도, 나는 여전히 문법화의 개
별적이고도 독립적인 과정에 대한 기회는 있다고 보지 않는다. 대부분의 언
어학자들이 단일방향 과정을 구체적인 것에서 추상적인 과정으로 보는데 그
과정은 분절음으로 자를 수 없는 과정으로 나는 어느 정도 그것은 우연한 동
시 발생일 뿐이라고 생각한다.

최근의 논문에서 Fisher(2008: 337)는 '문법화의 개념은 지금까지 언어
에 발생한 변화를 발견하고 왜 변화가 종종 유사한 경로를 따르는지를 이
해하게 해주는 탐구 장치로서 유용할 수 있지만', '문법화를 더 높은 위치
로, 그리고 변화의 독립적인 기제로 상승시키는 것은 옳지 않다고' 주장한
다.30)

이런 측면의 비판을 Haspelmath(1992a: 1062), Heine, 그리고 Kuteva
(2002: 2f)는 수용하지 않았다. Heine와 Kuteva(2002: 2f)는 '문법화 이론
의 주요 과제는 문법적인 형태와 구문들이 그것들 나름의 방식으로 구성
되는 이유를 설명하는 것이다. 그리고 고려해 볼 수 있는 다른 많은 기제
와는 반대로 네 가지의 기제들(아래 (31)의 예를 참조)은 그런 해석을 하는
것과 관련이 있는 것으로 알려져 있다'고 언급한다.

---

30) 그 대신에, Fisher(2008: 338)는 문법화는 필수적으로 언어변화와 언어습득이 일어
　　나는 더 기본적이고 인지적인 원칙에서 파생되는 것이라고 주장한다. 이것은 참신하
　　고도 흥미로운 접근법이지만, 현재의 연구에서는 논의될 수없는 접근법이다.

(31) 문법화와 관련된 주요 기제(Heine & Kuteva 2002: 2):
   1. 탈의미화나 의미론적인 탈색-구체적인 의미의 상실
   2. 확장 혹은 문맥의 일반화-새로운 문맥 속에서의 사용
   3. 탈범주화-통사형태론적인 속성 (예: 굴절)
   4. 침식 혹은 음성학적인 축약-음성학적 자질의 상실

Heine & Kuteva(2002: 3f)에 의하면 (31)에서의 기제들은 분명히 밀접하게 연관되어 있다. 문법화 초기의 단계는 추상적인 항목으로서 문맥 속에서 유도되어지는 구체적인 항목의 재해석을 포함하며 그러한 재해석은 은유적인 확장으로 종종 설명될 수 있다. 예를 들어, 'back'과 같은 신체부위명사는 공간적인 개념 'behind'를 설명하는 데 사용되어진다. 의미적인 탈색은 구체적인 의미에서 추상적, 문법적인 의미로의 전이 결과이다. 일단 그러한 형태가 문법적인 의미를 획득하게 되면, 그것들은 탈범주화와 음성적인 축약에 지배된다(그 이유는 문법적인 형태들은 보통 강세가 없기 때문이다). 다시 말해서, 비록 (31)에 제시된 네 가지 기제가 독립적으로 발생하는 것이 관찰되었다 해도, 그것들은 문법화에서는 서로 독립적이지 않은데, *Linguist List*에 수록된 논평에서 Dahl(1996)은 그것을 다음과 같은 방식으로 설명한다.

This to me seems like saying that since love and sex can occur without each other, they are totally different phenomena. For [Newmeyer's] argument [in an earlier posting, against grammaticalization as a process] to go through, he would have to show not only that the process can occur independently but also that they are unrelated even in the well-documented cases when they show up together. What some of us have claimed is that the things that happen in grammaticalization do so in an orderly fashion which not only predicts what changes can occur but also puts constraints on what synchronic grammatical systems are found.

이것은 나에게 love와 sex는 서로 아무런 연관성이 없이도 일어날 수 있기 때문에 그것들은 완전히 다른 현상이라고 말하는 것처럼 들린다. 살펴보게 될 Newmeyer의 논쟁에서(과정으로서 문법화에 반대하는, 초기의 posting에서), 그는 그 과정들은 독자적으로 일어날 뿐만 아니라, 그 과정들이 함께 나타날 때 기록으로 잘 정리된 경우에서조차 그것들은 서로 연결되어 있지 않다는 것을 보여 주었다고 주장한다. 일부 학자들이 주장해 온 것은 문법화에서 일어나는 것들은 어떤 변화가 일어날 수 있는지 예측할 수 있을 뿐 아니라 어떤 공시적 문법체계가 발견되는가에 제약을 두는 질서 정연한 방식으로 이루어진다는 것이다.

Heine(2003b: 579) 또한 변화와 관련된 Newmeyer와 Campbell의 비판은 문법화에서는 독특한 것이라고 인정하지 않는다. 그러나 그는 '그 변화들이 발생하는 문법화에 공동으로 책임이 있고', 그래서 '그 변화들은 다른 구성성분들을 그리고 동일한 과정을 구성할 수 있다'고 지적한다.

지금까지의 논쟁을 종합해 볼 때, Heine, Kuteva 그리고 Dahl에 의해 제기된 주장들은 문법화를 특유의 원동력을 가진 과정으로 간주되도록 하는데 충분한 설득력을 얻고 있다고 생각한다. 그럼에도 불구하고, 세 가지 주의해야 할 사항이 있다. 첫 번째로, 문법화를 과정으로 인정하는 것은 문법화를 하나의 '원동력'이라고 언급하는 것과 같지는 않다는 것이다. Bybee, Perkins, 그리고 Pagliuca(1994: 298)가 '문법화로 이끄는 과정들이 그 과정 자체를 위해 언어사용에서 발생한다는 것, *다시 말해 과정들의 누적효과가 문법의 발달로 일어난다는 것*'(mine 강조)이라고 언급했을 때 그것은 핵심을 찌른 것이었다고 생각한다.

두 번째로(이것은 문법화 문헌에서 빈번하게 강조되어 진다), 문법화에 대해 결정적인 것은 아무것도 없다는 것이다(Traugott 2001을 참조하라). 다시 말해,

위에서 살펴 본 것처럼, 각각의 단계가 불가피하게 다음 단계로 이어진다
는 점에서가(이런 필연성의 부재가 '분명한 과정(a distinct process)'으로서의 문법
화에 대한 관점을 거부한 Newmeyer(1988: 251)의 주요 주장) 아니라 특정한 순서
로 발생하는 일련의 연속단계를 포함한다는 점에서 문법화는 하나의 과정
이라고 말할 수 있다. Traugott(2001: 3)는 '변화는 발생할 필요가 없다는
식'으로 그것을 설명한다. 변화들은 또한 완성될 필요도 없는데 다시 말해
일단 변화들이 연속변이를 시작하면, 그 변화들은 연속변이 내내 이동할
필요도, 혹은 심지어 계속할 필요도 없다는 것이다.[31] 덧붙여, 문법화는
음운층위에서의 변화를 포함할 필요가 없다(최소한 초기에는 아니다). 예를
들어 분사 *considering*(we are considering going to Denmark)과 *considering*
의 접속사로서의 문법적인 형태사이에는 발음에 있어서 어떠한 차이점도
없다(Considering her age she is still quite active). 어찌 됐든 이런 일이 일
어난다면, 문법화된 형태가 음성학적으로 축약되기까지는 실제로 시간이
오래 걸릴 가능성이 있다. 예를 들어, 현대 스웨덴어(Swedish) 전치사인
bland 'among'은 현재 축약에 대한 어떤 징후도 보여주지 않고 있는데,
그것은 지금은 폐어가 된 명사 *bland* 'blend'에서 오백년 전 쯤 문법화되
었다(Norde 2000).

마지막으로, 문법화를 과정이라고 말하는 것이 문법화의 보편적인 통로
가 존재한다는 것을 의미하지는 않는다는 것이다. Heine와 Kuteva의
World Lexicon of Grammarticalization(2002)은 범언어적으로 비슷한
문법화 변화의 매우 귀중한 자료처럼 보일지도 모르지만, 이 논문에서 인
용된 많은 사례들이 그러한 보편 경로에 대한 주장들을 입증하기 위해 충

---

31) 변화가 일어날 필요는 없다는 Traugott의 첫 번째 요지는 Kuryłowicz의 인용에서 잘
    묘사되어져 있다(1996: 174. cited in Lass 1997: 302에서 인용됨).

분히 자세하게 연구되어 오지 않았다는 것에 주목해야 필요가 있다. 거의 혹은 전혀 문헌의 역사가 없는 언어에서 이런 일은 물론 가능하지 않지만, 문서화가 잘된 인도 유럽어들 중에서 유래한 몇몇 pet의 예들도 철저히 검토해 보면 성립이 안 되는 것들이 존재한다. 예를 들어, Enger(2002, 2003)는 현대 스칸다니비아 본토어에서 수동 의미를 지닌 동사 접미사 -*s(t)*으로의 원시 스칸디나비아어(the Proto-Scandinavian)의 재귀대명사 *sik* (3SG. ACC)의 발달은 일반적으로 가정해 볼 때(Hopper & Traugott 2003: 159ff.), 자립 형태에서 접어로 또는 접미사로의 단순한 발달이 아니었다는 것을 보여주고 있다. Enger는 많은 고대 노르웨이어의 *st*-동사들은 굴절형 태보다는 오히려 자립형태(free form) > 접어(clitic) > 파생접미사(derivational suffix) > 굴절접미사(inflectional suffix)와 같은 특이한 경로를 나타내는 파 생형태로 간주되어져야 한다고 주장한다.

또 다른 적절한 예는 시간과 이유의 의미를 가진 현대 핀란드어 접속사 *kun*이다. 이러한 동음이의어에 근거해서, Traugott와 König(1991: 197) 그리고 Herlin와 Kuteva(2002: 291)는 이유 의미는 시간의미에서 추론되 어졌다고 결론을 내린다. 그러나 이 접속사 *kun*의 역사를 실제로 조사했 었던 Heine와 Kotilainen(2004)의 최근의 논문에서 현대 핀란드어에서 그 문제에 대한 상황을 살펴 볼 때, 그것은 보편적인 의미론적 경로를 따르는 내부적인 발달의 결과가 아니라 인도 유럽어에서 유래한 동족어에 영향을 받은 표준화의 결과라는 것이 분명하다고 밝히고 있다. 이유 의미는 한때 *kun*의 비교 기능과 유사 기능에서 발달했거나 강조 불변화사로서의 용법 에서 발달해 왔을 것이다. 비교와 유사 의미들은 원래 *kun*의 이형태인 접 속사 *kuin*으로 제한된다. 더불어, *kun*에게는 대조 의미가 부여되었다. 이 와 같이 *kun*과 *kuin*의 인위적인 구별은 19세기 핀란드 언어 개혁자들에 의해서 소개되었는데, 그들은 그들과 같은 구분을 했던 인도 유럽어(주로 스웨덴어)에서 영감을 받았다.[32]

이 세 가지 사례가(그 목록들은 쉽게 확장되어 질 수 있다)[33] 보여주는 것은 문법화 연구에서조차 사람들은 변화 그 자체에 대한 자세한 조사보다 오히려 결과(처음과 마지막 상태에 대한 피상적인 비교)에 근거해서 분석을 하려는 경향이 있다는 것이다. 그러므로 보편적인 경로, 규칙이나 원리보다는 경향에 대해 말하는 것이 더 적절하다고 본다(Traugott 2001: 1; Joseph 2003: 486f.; Fisher, Norde, and Perridon 2004: 13; 그리고 1.6.3절을 참조).

마지막으로, 탈문법화에 대해서 어느 누구도 보편경로가 존재한다는 것을 주장하기를 원치 않을 것이다. 왜냐하면 탈문법화 변화는 드물고 일반적으로 단일어에서는 유례가 없기 때문이다. 탈문법화가 하나의 과정인지조차 분명하지 않다. 7장에서 이 문제를 논의하고자 한다.[34]

1.6.2. '이론'으로서의 문법화(grammaticalization as a 'theory')

문법화에 대한 연구는 문법화 이론(grammaticalization theory)으로서 빈번하게 언급되어 왔는데(Newmeyer 1998: 234ff.와 references there), 문법화 이론이 단지 '용법의 부주의(carelessness of usage)'를 반영할 뿐이라고 Newmeyer(1998: 240)는 주장한다. 지금까지의 문법화에 대한 가장 격렬한 비판을 Janda(2005: 47)는 다음과 같이 언급하고 있다.

---

32) 스웨덴어 *medan* 'while'(시간과 대조), *än* 'than'(비교), 그리고 *som*(유사)를 비교하라.

33) 예는 Detges(2004) & Tsangalides(2004)를 참조하라

34) 이렇게 언급되고 있으므로, 필자는 'X는 탈문법화한다' 혹은 'Y는 탈문법화이다'와 같은 어구를 계속해서 사용할 것이다. 그리고 대부분의 독자들이 이런 것들은 'X는 언어사용자의 (비의도적인) 행위에 의해 야기된 변화의 결과이다'와 같은 무미건조한 공식화에 대한 은유임을 이해할 것이라는 것을 가정한다.

The fervency of grammaticalization 'theorists' makes grammaticalization studies feel almost like a religion, while criticisms by perceived outsiders provoke reactions suggesting that critics are heretics······ he [i.e. Richard Janda] should, for the record, state: Grammaticalization phenomena exist, and occur frequently, but all valid generalizations concerning them result from the interaction of other, primary linguistic elements, and so grammaticalization is neither ubiquitous nor monolithic······ Many alchemists made non-optimal use of scholarly time due to distraction by the notion 'philosopher' stone'; grammaticalization 'theorists' have an equivalent obsession: fixed grammaticalization 'path(way)s'/ 'chains' as putative guarantees for accurate reconstruction.

문법화 이론가들은 열정적으로 문법화 연구를 거의 종교처럼 느끼게 만들면서, 지각 있는 비평가들은 단지 이단자들이라는 것을 암시하는 반응을 보인다. Janda는 문법화 현상은 존재하며 빈번하게 발생하지만, 그것들과 관련 있는 모든 타당한 일반화들은 주로 언어학적인 다른 요소들의 상호작용의 결과라고 공개적으로 언급했다. 왜냐하면 문법화는 단일체가 아니라 다른 과정들의 결과물이기 때문이다. 그래서 문법화는 어디에나 있는 흔한 것도 아니고 획일적인 것도 아니라는 것이다. 많은 연금술사들이 'philosopher's stone'이라는 개념의 혼란스러움 때문에 학자로서의 시간을 제대로 이용하지 못했듯이, 문법화 이론가들도 정확한 재구조화에 대해 추정할 수 있는 것으로 생각되는 문법화 '경로'나 '연쇄'와 같은 어휘에 상당한 집착을 보인다.

Janda는 분명히 과장하고 있지만, 필자는 '이론'이라는 용어의 사용이 혼란으로 이어질 가능성이 있다는 데 동의한다. 예를 들어 Heine(2003b)는 (32), (33)과 같이 서술하고 있다.

(32) 문법화 이론은 언어에 대한 이론도 아니고 언어변화에 대한 이론도 아니다. 그것의 목표는 시공간을 통해서 발달하는 방식으로 문법화를 기술하는 것이고, 그 형태들이 존재하는 방식으로 그것들이 왜

조직화되었는지를 설명하는 것이다(Heine 2003b: 575).

(33) 초기에 관찰한 대로, 문법화 이론은 어느 정도 문법적인 범주들이
   어떻게, 그리고 왜 발생하고 발달하는지에 대한 해석의 근거를 제공
   하는 것이다(Heine 2003b: 578).

Haspelmath(2004: 23)는 문법화가 '부분적으로 타당한' 이론은 아니라는 비판을 한다. 왜냐하면 문법화는 상호 연결된 가설들의 정의가 왜곡될 수 있는 체계라는 면에서 이론이 아니기 때문이다. 그는 또한 문법화를 연구하는 학자들은 문법화가 유일하게 획기적인 이론이라고 생각하지는 않지만 유사한 의미론적, 형태통사론적인 변화의 커다란 흐름을 이해하고 설명하려고 노력했다고 언급한다. 그래서 Haspelmath는 문법화 이론 (theory)보다는 문법화에 대한 이론화(theorizing)라는 용어가 더 적절할거라고 주장한다.

결론적으로 문법화가 비록 이론은 아니라 할지라도, 기술적인 틀로서의 가치는 논쟁할 여지가 없다고 생각한다. 더욱이 문법화 연구의 역할은 문법화 현상 그 자체의 기술에 한정하지는 않는데, 예를 들어 Tomasello (2003: 13f)가 다음 인용에서 증명한 대로 진화론적 언어학과 같은 언어학의 다른 분야에 반영될 가능성이 있다.

Generative grammarians believe that the human species evolved
a genetically based universal grammar common to all peoples and
that the variability in mordern languages is basically on the surface
only ⋯ The alternative is the usage-based view, in which there is
no need to posit a specific genetic adaptation for grammar because
processes grammaticalization and syntactization can actually create
grammatical strucures out of concrete utterances—and grammaticali-

zation and syntactization are cultural-historical processes, not biological ones. Thus, it is a historical fact that the specific items and constructions of a given language are not invented all at once, but rather they emerge, evolve, and accumulate modifications over historical time as human beings use them with one another and adapt them to changing communicative circumstances.

생성언어학자들은 인간은 유전적으로 모든 인간에게 공통적인 기초 보편 문법을 진화시켰고 현대 언어에서의 변이성은 기본적으로 단지 표면적인 것이라고 믿는다. 대안은 용법에 기반한 관점인데, 그 관점에서는 문법화와 통사론화의 과정이 실제로 구체적인 발화로부터 문법적인 구조를 창출해 낼 수 있기 때문에 문법에 대한 특정한 생성론적 적용을 받아들일 필요가 없고, 문법화와 통사론화는 생물학적인 과정이 아니라 문화 역사적인 과정이라는 입장이다. 결론적으로 구 언어의 특정한 항목들과 구문들은 갑자기 생성되는 것이 아니라는 것은 역사적으로 입증된 사실이다. 즉, 인간이 그것들을 서로 사용하고 의사소통적 환경을 변화시키는데 그것들을 적용시킴에 따라 역사적인 시간의 흐름 속에서 그것들이 나타나서 진화하고 수정한 것들을 축척한다는 것이다.

2.7.3절에서 문법 변화의 생성론적 접근법에 대한 용법 기반 접근법의 이점을 살펴보고자 한다.

1.6.3. 변화와 대응(changes and correspondences)

If I drive from Edinburgh to London, make some stops for petrol, and take a brief trip east on the way to visit a friend in Cambridge, I can still be said (from the point of view of 'the accomplishment', or juxtaposition of initial and final states) to 'have driven from Edinburgh to London.' How I got there is another (kind of) story ⋯⋯ We seem usually to be thinking of marco-stories when we talk about 'change'; but the micro-stories are of enormous theoretical importance as well. (Lass 1997: 288)

내가 만약 Einburgh에서 London으로 차를 운전하고 가면서 기름을 넣
기 위해 잠깐 멈추고, Cambridge에 있는 친구를 방문하러 가는 도중에 잠
깐 휴식시간을 가진다 해도, 나는 여전히 ('수행'의 관점에서, 혹은 처음과
마지막상태의 병치관계에서 볼 때) 'Einburgh에서 London으로 가려고 운
전하고 있다'라고 말할 수 있다. 내가 거기에 도착한 방법은 또 다른 종류의
이야기이다. 우리는 보통 우리가 변화에 대해 얘기할 때 거시적으로 생각하
는 것처럼 보인다. 그러나 거시적인 사고 역시 이론적으로는 아주 중요하다
(Lass 1997: 288).

위의 인용은 역사언어학에서는 중요한 차이점을 분명히 보여주고 있다.
Andersen(2002: 228)의 표현으로 그것은 '통시적인 대응'과 '변화' 사이에
대한 차이이다. 통시적인 대응은 '언어적 전통에서 두 개의 시간 순으로
분리된 공시적 상태에 속하는 동족요소 사이의 관계이다.' Andersen은
Lass의 관점과 비슷한 입장을 취한다. 그는 언어 역사가들이 종종 '변화'
에 대해 말하는데, 그때 그들이 말하고자 하는 것은 공시적인 대응으로,
그것은 변화가 아니라 변화의 결과라는 것이다. 반면에, '진정한' 변화란
'발화가 시간이 지남에 따라 다양하게 변화하는 언어적 전통에서는 역사적
인 사건이다'라는 것이다. 변화는 그것들이 발생할 때(비록 그 변화들이 언어
공동체의 일원들이 알아채지 못할 지라도), 그리고 그 변화들은 공시적 변이 혹
은 통시적 대응에 반영되어 질 때 관찰될 가능성이 있다. 그러나 문법화에
대한 많은 연구가 안고 있는 문제는 변화와 대응사이의 차이가 항상 관찰
되지는 않는다는 것이다.

To some extent, a basic problem here, as I see it, is that either
by working from synchronic data and drawing even well-reasoned
historical inferences (i.e., making a claim of grammaticalization
based on internal reconstruction) or by comparing two stages

somewhat distant in time and trying to infer what the pathways from one stage to the other were, one is falling into the trap discussed by Andersen…… of confounding a diachronic correspondence with an actual innovation or change. While this is not a problem that is restricted to grammaticalization studies, it is a real one, and, speaking just impressionistically here, it is one that proponents of grammaticalization, with its appeal to universally applicable pathways of change that in essence do the work of historical investigation for one, seem rather prone to fall victim to. (Joseph 2004: 52)

여기에서의 기본적인 문제점은 공시적인 데이터로 연구하면서 타당하고 역사적인 추론을 끌어내거나(예를 들어 내적 재구조에 기반을 둔 문법화에 대한 주장), 다소 시간적으로 멀리 떨어진 두 단계를 비교함으로써 그리고 한 단계에서 다음 단계로의 경로가 무엇인지 추론하려고 노력함으로써 사람들은 실제적인 혁신이나 변화와 통시적인 대응을 혼동하고 있는 Andersen이 주장한 논점에 빠지고 있다는 것이다. 이것은 문법화 연구를 제한하는 문제가 아니라 실재하는 문제이다. 또한 그것은 본질적으로 문제에 대한 역사적인 조사 작업을 하면서 보편적으로 적용할 수 있는 변화의 경로에 관심이 있는 문법화를 지지하는 사람들이 오히려 희생자가 되기 쉽다는 것이 문제이다. (Joseph 2004: 52)

Janda & Joseph(2003: 13)은 심지어 세 가지 방식으로 구별을 할 것을 제안하는데 그것은 '통시적인 대응(diachronic correspondence)(잠재적으로 인접해 있지 않은 두 가지 상황) 대 혁신(innovation) (특정한 시기에 개인에 의해 시작된) 대 변화(change) (시간이 지남에 따라 많은 사람들이 채택하기를 요구하면서)'이다. 비록 이러한 삼분법이 본질적으로 다른 현상이라는 것이 의심할 여지 없는 사실일지라도, 통시적인 언어학에서 혁신과 변화를 구별하는 것이 항상 용이한 일은 아니다. 대부분의 경우, 새로운 특징들은 그 특징들이 언어 공동체의 다른 화자들에게로 확산될 때까지 일반적으로 기록되지 않으므로 새로운 혁신을 감지하는 것은 정말 불가능하기 때문이다(예를 들어, *going to* 대신에 축약된 변이형인 *gonna*를 사용한 최초의 영어화자는 누구인가?). 그러므로 여기서는 혁신(innovation)과 확산(spread) 둘 다를 포함하는 '변화'를 택할 것이다.

문법화 현상이나 탈문법화 현상과 같은 복잡한 현상이 안고 있는 다른 추가적인 문제는 그것들이 전형적으로 몇몇 언어학적 층위(의미-화용론적, 형태 통사론적, 음운학적)에서 미시적 층들(Lass의 전문 용어에서)과 관련이 있다는 것이다. 이 책의 나머지 부분에서, 문법화와 탈문법화 변화를 언급하기 위해서 복합변화(composite change)를, 언어적 층위에서의 변화를 언급하기 위해서 근본적 변화(Primitive change)라는 용어를 사용할 것이다. 복합변화는 항상 몇몇 근본적 변화를 수반한다. '대응 함정(correspondence trap)'을 피하기 위해 3장에서 탈문법화에서의 근본적 변화들을 구분하기 위한 분류 모형을 개괄할 것이다.

이것은 근본적 변화에 대한 역사적 증거들이 가능하다면 제공되어져야 한다는 것을 의미하지만, Joseph이 언급한 대로 이것은 표준 관행은 아니다. Joseph(2004: 47)은 개별 발달 과정에서 그 단계에 대한 전체 정보의 범위를 적절히 고려하지 않고, 공시언어학에서만 다양한 현상을 연구하려는 많은 반역사적인 문법화에 대한 연구를 비난한다. 이런 경고는 분명 문헌의 역사가 전혀 없는 언어에서 효력을 지니며 그리스어나 로망스어와 같이 문헌 기록이 있는 언어에서도 마찬가지이다. 그러한 피할 수 없는 과도단순화의 예로, 필자는 문법화 연구에 있어서 *pet*의 예들 중의 하나를 논의 할 것이다. 그것은 1.6.5절에서 논의한 라틴명사 *mens* "mind"의 탈격 단수형에서 로망스어의 접미사 *-ment(e)*의 발달로 설명될 수 있다.

1.6.4. 근거로서의 재구조화(reconstruction as evidence)

문헌의 역사가 없는 언어에서는 변화만이 재구조화될 수 있다. 문법화 연구에서 재구조화에 대한 분명한 보기는 부랴트족의 몽골리안어(Buryat Mongolian)에서 동사와 관련된 인칭과 수에 대한 어미들의 격인데(Comrie 1980에 근거해서 Hopeer & Traugott 2003: 141에서 인용), 표 1.2에서 보여준 대로 그것은 인칭과 수를 일치시켜야 하는 대명사와 놀랄 만큼 흡사하다.

표 1.2. Burat 몽골리안어의 대명사와 동사어미(hopper & Traugott 2003: 141)

	대명사(Pronoun)	동사어미(Verbal ending)
1인칭 단수형 (1SG)	*bi*	*−b*
2인칭 단수형 (2SG)	*ši*	*−š*
1인칭 복수형 (1PL)	*bide*	*−bdi*
2인칭 복수형 (2PL)	*ta*	*−t*

그러한 재구조화들은 문법화를 이론화할 때 아주 흔하지만, 재구조의 잠재적 순환성에 대해서는 강한 비판을 받고 있다. 예를 들어 Newmeyer (1998: 279ff.)는 보편적인 경로에 대한 증거로 재구조화된 경로를 이용하는 것은 받아들일 수 없다고 지적하는데, 그것은 나중에 더 발달한 재구조에 대한 근거로서의 역할을 한다. Janda(2005: 46)에 의하면, 재구조화는 빈 과거(the lacunar past)에 기반을 둔 데이터가 풍부한 현재시제(the data-rich present)를 언어학자들에게 이해할 것을 강요한다고 주장한다. 그리고 Lehmann(2004: 156)도 문법화 비판에 동의하는 것처럼 보이는데, 그는 '초기의 형태가 재구조화되는 통시적인 변이의 사례들은 역사적 증거로 간주되지 않는다'라는 의견을 피력했다.

재구조화가 안고 있는 한 가지 분명한 문제는 비슷해 보이지만 서로 뜻이 다른 단어들이다. 노르웨이어에서의 소유격 구문은 이것에 대한 적절한 보기이다. 소유를 표현하는 다양한 방식 중에서 두 구조는 표면적으로 유사하다(Fiva 1987: 42).

(34) a. den gamle mannen med skjeggets   hus
        [the old   man-DEF with beard-DEF]=gen house[35]
     b. den gamle mannen med skjeggets sitt hus
        the   old   mam-DEF with beard-DEF poss house
     'the house of the old man with the beard'

(34a)의 예는 *s*-속격(s-genitive)을 나타내고, (34b)는 소위 재서소유대명사(resumptive possessive pronoun)를 포함하고 있다(Norde 1997: 55ff.). 비록 두 구조 사이에는 분포상 차이점이 있다 하더라도(Venås 1989; Torp 1992; Norde 1997: 79ff.) 몇 가지 두드러진 유사점들이 있다. 즉 노르웨이어의 재서소유대명사 구조는 소유자가 생물체에 제한되고, *s*-속격 또한 생물체를 강하게 선호하는데, (34)에서 예시된 대로, 둘 다 단체 속격구문에서 발생한다(5.3절을 참조하라). 덧붙여, -s가 재서소유대명사의 축약된 변이형이라는 것은 음운론적으로 타당하다(비중성 피소유자에게는 *sin*, 중성 피소유자에게는 *sitt*). 지리학적으로 말하자면, 그것들은 상보적 분포를 이루지만, 만약 대명사가 접어화 되고 일부 방언에서만 음운론적으로 축약된다고 가정한다면, 이것이 대명사의 축약된 변이형으로서 *s*-속격을 재구조화하는데 문제가 되지는 않는다. 실제로, 일부 노르웨이 학자들은 그러한 재구조를 제안했다(Fiva 1987: Lødrup 1989). 역사적인 기록의 부재 속에서, 이것은 표 1.2에서 예시된 부랴트족의 몽골리안어(Mongolian) 격만큼 타당한 시나리오가 될 것이다. 그러나 노르웨이어는 역사적인 증거를 가지고

---

35) <= GEN > 표기법에 대해서는 절 3.5.2를 참조하라.

있는데, 그것은 (i) (전접어) *s*-속격은 축약된 대명사가 아니라 이전 굴절 속격 접미사 -s의(Trosterud 2001: 176ff.) 직접적인 연속이라는 것, 그리고 (ii) *s*-속격은 중세 게르만 어에서 차용된 것 같은 sin 소유격보다 선행한다는 것을 보여주고 있다(Nesse 2002: 170ff.). 이런 이유들 때문에 재구조 *sin/sitt* > -s는 무시해도 무방할 것이다.

이 절의 나머지 부분들에서는 형태소 순서의 재구조화와 관련된 몇 가지 추가적인 위험에 대해 논의할 것이다. 재구조화의 이러한 형태는 '오늘날의 형태론은 어제의 통사론이다'라는 Givón의 슬로건에 영향을 받았다(Givón 1971: 413).[36]

비록 이런 슬로건이 아무리 매력적이라 해도, 결코 예외가 없는 것은 아니다. 첫 번째로, 이것은 고립어에 절대 적용하지 못하며 고립어들은 '전형적으로 어제의 통사론이 오늘날의 형태론이 되는 것을 허용하지 않는다'는 것이다(Ansaldo & Lim 2004: 345; Bybee, Perkins & Pagliuca 1994: 118).[37] 두 번째로, 화자들은 특히 언어를 습득하는 동안에 상대적인 배치를 형태소 순으로 재분석할 가능성이 있다는 것이다(Comprie 1980; Bybee 1985a: 30ff). 스페인어 비강세 목적격 대명사의(Enrique-Arias 2005) 문서화된 형태론화 예는 적절한 사례이다. 반면에 고대 스페인어에서 비

---

36) 실제로, Givón의 슬로건은 중국어가 고립어였다는 것이 알려지자마자, '슬퍼하지 마라, 왜냐하면 오늘의 통사론은 내일의 형태론이다'라고 논평했다고 전해지는 Lao Tse 가 표현한 경구에 영감을 받았다(Givón 1971: 413n.). 슬로건들이 퍼져나감에 따라, Givón의 슬로건은 종종 다른 말로 바꾸어 표현되어 왔다. 이렇게 하여 Ramat(1992: 557)은 '오늘날의 문법은 내일의 어휘부가 될 지도 모른다'라고 주장한 반면, Janda (1995: 119)는 '때때로 "오늘날의 형태론은 내일의 통사론이다."'라고 말한다.

37) 그러나 이것은 문법화가 이러한 언어에서는 발생하지 않는다는 것을 의미하지는 않는다. 비록 형태론 층위에서의 축약이 별개의 음절 경계와 음소 배열론의 제약 때문에 금지된다 할지라도, 축약은 모음 자질과 초분절 자질에서 관찰할 수 있다(예를 보기를 원한다면 Ansaldo & Lim 2004 참조하라).

강세 대명사(라틴 대명사나 지시사에서 파생)들은 다양한 숙주어들(hosts)(동사
들(verbs), 보문소들(complementizers), 부정표지들(negation markers), and 명사
구 (NP's))로 접어화될 수 있는 반면, 그 비강세 대명사의 위치와 분포는
(35)에서 설명하는 것처럼 그것들이 정형동사 형태 앞에서 그리고 비정형
동사 형태 뒤에서 발생하는 현대 스페인어에서는 훨씬 더 제한을 받게 된
다(별표가 있는 예들은 고대 스페인어에서 가능했다). 이것을 근거로 해서, 언어
학자들은 그 대명사를 접어로서가 아니라 동사에 대한 굴절일치 표지들로
취급할 것을 제안해 왔다(Enrique-Arias 2005: 68과 참고 문헌).

    (35) a. Juan lo   hizo /   *hízo-lo
            John it   did /   did-it
            'John did it'
        b. Juan vino   para   hacer-lo / *lo   hacer
            John came   to   do-it   / it   do
            'John came to do it'

비강세 대명사가 정형동사 형태로 되는 이러한 형태론화의 통시적인 연
구에서, Enrique-Arias(2005)는 이러한 어순이 단지 초기의 통사적 문형
의 반영이 아니라는 것을 보여주었다. 오히려 대명사의 위치는 주로
(a)Pro_V_{fin}나 V_{fin}_Pro 둘 중 하나가 우세한 통사적 문맥의 빈도[38]와 (b)
운율학과 같은 두 요소에 의해 결정된다고 보았다. 따라서 스페인어의 역
사를 통해 Pro_V_{fin}이 더 일반적인 통사적인 문맥 때문에, 심지어 대명사
가 동사 위에 위치하는 문맥에서조차 이러한 순서는 현대 스페인어에서

---

38) Enrique-Arias(2005: 69) 연구에서, 그는 13개의 통사적 문맥을 구별했다. 이것들
    중에서, 4가지의 형태는 대부분 V_{fin}-pro였고(호격 후에), 6개는 V_{fin}-Pro와 Pro-V_{fin}
    이었으며(부사어나 전치사구 후에), 3개의 형태는 오로지 Pro-V_{fin} 형태였다(종속절).

표준이 되었다. 그리고 Pro_V$_{fin}$과 Vin$_{fin}$_Pro는 스페인어에서 가장 자연스러운 운율 패턴과 일치한다. Enrique-Arias가 확신을 가지고 주장한 것처럼, 스페인어의 격이 보여주는 어순의 유형은 형태학적 재구조에서 신뢰할 수 있는 도구가 아니라는 것이다. 현대 형태론적 패턴의 적절한 이해를 위해, 개개 언어의 자세한 역사적 재분석은 필수적이다.

형태소 순서는 또한 어간에 의존형태소로 표현되는 범주의 관련성에 의해 결정되는데(Bybee 1985a), 범주의 관련성은 그것을 생성하는 의미 변화의 양과 연관이 있다. 즉 범주가 명사나 동사에 더 많이 연관되면 될수록, 그것은 명사나 동사의 의미에 더 많이 영향을 미칠 것이다. 생성학적으로 그리고 지역적으로 관련이 없는 50개의 언어에서 동사에 대한 형태론적 범주의 관련성에 관한 Bybee의 연구에서, Bybee는 서법, 인칭, 수, 그리고 상이 가장 자주 동사에 굴절해서 나타난다는 것을 알게 되었다(각각의 연구 샘플에서 그 언어의 64%, 56%, 54%, 그리고 52%). Bybee는 굴절체계의 가장 흔한 형태는 서법과, 시제 혹은 상 중의 하나이거나 둘 다를 포함하는 형태라고 주장했다(Bybee 1985a: 24). 그리고 형태소의 순서를 정하는 것이 가능할 때,39) 상 표지는 시제, 서법, 그리고 인칭표지보다 어간에 더 근접하며, 시제표지는 서법표지와 인칭표지 둘다보다 더 근접해서 발생하고, 서법표지는 어간에 인칭표지보다 더 가깝다는 것을 알게 되었다(Bybee 1985a: 25f).

대부분의 경우 형태론적 순서는 통사적 순서를 반영하는데, Bybee의

---

39) 다음과 같이, 형태소의 상대적 순서는 확립될 수 있다: (i) 혼성표현의 경우(시제와 상, 혹은 서법과 인칭을 동시에 표현한 형태소에서 특히 흔하다); (ii) 형태소가 동사의 어간에 다른 편에 나타난 경우; (iii) 형태소가 서로 배제되는 경우이다. 어떤 범주는 굴절해서 나타나고 어떤 범주는 어간의 변이로서(중복이나 모음 변화) 나타날 때, 그 후자가 어간에 더 밀접한 것으로 여겨진다(Bybee 1985a: 25).

 탈문법화 degrammaticalization

관련 원칙에 따르면, 본동사와 법조동사 혹은 조동사의 의미론적 관련성의 정도와 그 동사와의 근접성 사이에는 분명한 관계가 존재한다고 서술한다. 그러나 Bybee는 또한 '형태론이 단지 화석화된 통사론이고 거기에서 멈춘 것이라고 가정할 수는 없다'고 언급한다.

형태소 순서의 재구조화를 복잡하게 만드는 마지막 요소는 '갇힌 형태론(trapped morphology)' 현상으로, 그 현상 속에서 굴절은 재순서화되거나 (Haspelmath 1993; Faarund 2005: 66f., 71n) 상실된다(Harris & Faarund 2006). Haspelmath는 어간과 또 다른 의존형태소 사이에서의 굴절이 구체화되는 다양한 언어에서의 많은 사례들에 대해 논의한다. 예를 들어, 접미사 *-pse*가 지시사의 굴절된 형태에 첨가되는(MASC.SG.ACC *eum-pse*, FEM.SG. NOM *ea-pse*, FEM.SG.ACC *eam-pse*에서 입증된 것처럼) 고전기 이전 강조 대명사 (Emphatic pronoun)의 라틴형태에서와 같이, 접어가(후에 접사가 될 가능성이 있는) 굴절 어간에 첨가되어질 때 이런 일이 일어난다. 고전 라틴어에서 외적, 내적으로 굴절된 형태인 '혼성어' 형태의(증명된 예들: MASC.SG.ACC *eum-ps-um*, FEM.SG.NOM *ea-ps-a*, FEM.SG.ACC *eam-ps-am*) 중간단계로 그 굴절들은 구체화(MASC.SG.ACC *ipsum*, FEM.SG.NOM *ipsa*, FEM.SG.ACC *ipsm* 비교하라) 된다. Haspelmath에 의하면, 그러한 변화들은 만약 복합어의 굴절접사들이 그 복합어의 파생접사들보다 어근에서 더 멀리 떨어져 있다면, 형태론적으로 복합어가 더 선호된다고 설명하는 '굴절 외부의 파생 원리(inflection-outside-derivation principle)'와 같은 독립적인 원리들에 의해 동기화된다.[40]

스칸디나비아어의 본토어에서 한정어에서의 격굴절의 상실(예: 고대 노르웨이어 *hest-s=in-s* [horse-GEN=DEF-GEN] > 노르웨이어 *hest-en=s* [horse- DEF=

---

40) 그러한 선호 원리들은 '굳어진' 제약이 아니라는 것에 주목하라. 그렇지 않으면 외부 파생형태의 상승이 첫 번째로 차단되어질 것이기 때문이다(Haspelmath 1993: 304).

GEN] 'the horse's')과 그루지아어의 한정명사에서의 능격표지의 상실이(예: *saxl-n=man {house-ERG=DEF.FRG] > saxl-man 'the house' [ergative]) Harris & Farrund(2006)가 논한 예들이다. 그들의 논문에서 토의된 모든 보기들에서, Harris & Farrund는 변화는 사실상 형태학적으로 이루어져야 한다고 결론을 내린다. 왜냐하면 갇힌 형태소(trapped morpheme)의 상실에 대한 어떤 타당한 음운론적 설명이 없고 형태소 전체가 목표가 될 필요도 없기 때문이다('보통의' 음운적 침식에서 그 전체 형태소는 격이 될 필요가 없다).

1.6.5. 사례 연구(case study): 로망스어의 MENTE

문법화의 일부 예들은 그것들이 언어의 총체적 기억의 일부분이 되는 것처럼 보이는 문법화 연구에서 아주 흔하게 인용된다. 일반적으로, 문법화의 예들은 모든 사람들이 최소한 그것의 발달에 대해 모호한 개념을 가지고 있기 때문에 별다른 언급 없이 인용된다. 그 결과 문법화 연구에서 그 예들은 두드러진 특색을 보여주면서 생겨났는데, 그것들이 정말로 전형적인 예인지에 대한 의문은 고사하고, 사람들은 그러한 발달의 세세한 것에 대해 거의 신경쓰지 않는 것처럼 보인다.

이전 절에서 논의된 몇 가지의 방법론적인 문제들을 설명하기 위해서 로망스어의 접미사 MENTE의 역사에 대해 다시 살펴보고자 한다. 이 절의 목적은 역사적인 세세한 사항이 고려되고 그것이 광범위한 보편적인 주장에 대해 주요한 영향을 미친다면, 문법화의 분명한 사례처럼 보이는 것은 사실은 훨씬 더 복잡할 가능성이 있다는 것을 보여주는 것이 될 것이다.

루마니아어를 제외한 모든 로망스어에서 부사격 접미사가 된 라틴명사 *mens*의 탈격 형태인(GEN mentis) *mente*의 발달은 가장 인용이 많이 되는 파생접미사에 대한 문법화 사례들 중 하나이다(Hoenigswald 1966: 44;

Hopper and Traugott 1993: 131; 2003: 141f.; Lehmann 1995: 87; Giacalone Ramat 1998: 120). 현대 로망스어에서 발췌한 예들은 프랑스어 *hereusement* 'fortunately', 포루투갈어 *cruamente* 'cruelly', 스페인어 *distintamente* 'distinctly', 이태리어 *raramente* 'rarely', 프로방스어와 카탈로니아어의 *bellamen(t)* 'beautifully', 그리고 사르데냐어 *finalmenti(s)* 'finally'이다. 소수의 현대 로망스어에서 뿐만 아니라 일부 고대 로망스어에서, 예를 들어 고대 스페인어 *solamientre* 'only'나 롬바르드어의 *longamentre* 'long'(Bauer 2003: 440)에서처럼, 우리는 *-m(i)entre*에서 그 형태들을 찾아 볼 수 있다. 이런 공식적인 변이 때문에, 추상적인 MENTE의 표기는 어떤 특정한 언어나 방언이 논의되어질 때 일반적으로 형태소를 언급하는데 사용될 것이다.

접미사 어휘의 기원은 이전 형용사의 여성형태[41](*mens*는 여성 명사이다)와 일부 부사의 강세 패턴에 의해 나타난다(예: 스페인어의 *fácilmente* 'easily' (Bauer 2003: 440)).[42]

역사적으로 아주 자세하게 접미사에 대한 연구를 해왔다 하더라도 (Karlsson 1981; Detges 1998; Hummel 2000; Bauer 2003), 그것의 실제적 발달에 관한 몇 가지 의문점은 남아있어 MENTE를 문법화의 완벽하지 못한 예로 만들고 있다. 이 절에서는 MENTE의 문법화에 관한 세 가지의 주요한 문제점에 대해 논의 하고자 한다. 즉, (i) 라틴어에서 로망스어로의 실제적인 발달은 아주 자세하게는 알려져 있지 않다는 것, (ii) 일부 로망스어에서 MENTE의 형태론적 지위는 분명하지 않다는 것, 그리고 (iii) 현대 로

---

41) 즉, 형용사가 탈격 단수형에서 남성형과 여성형을 구별하는 어형변화에 속할 때.
42) 만약 이것이 어휘적 결합이었다면, 다른 스페인 부사, 예를 들어 *lentamente* 'slowly'에서 처럼 끝에서 두 번째 음절만이 강세를 받을 것이다(Bauer 2003: 440f).

망스어에서 분포의 차이는 MENTE가 문법화의 예로 인용될 때 보통 무시된다는 것이다.

 (i) *라틴어에서 로망스어로의 실제적인 발달은 자세하게 알려져 있지 않다.* 라틴어 탈격 *mente*에서 로망스어 MENTE로의 발달은 문법화 기록에서 일반적으로 제시된 것보다 훨씬 더 복잡하다. *mente*와 함께 쓰인 구문은 고전 라틴어에서 부사적 어구의 한 형태일 뿐인데, 그것은 인간의 정신적인 상태를 언급하는데 명사의 탈격을 사용한다.43) 그것은 전통적으로 오비드의 변화(Ovid's Metamorphoses) XIII에서 발췌한 다음 구절에 의해서 설명 된다.

(36) consolor   socios   ut   longi taedia belli
     encourage-1SG   allies-ACC   so. that   long-GEN
     boredoms-ACC   war-GEN
     mente   ferant   placida
     mind-ABL   bear-SUBJ.3PL   quiet-ABL
     'I encourage our allies so that they may bear the boredom of the longwar with a quiet mind'

 (36)에서, 부사어구들은 특정한 심적 상태를 나타내지만, 그 의미 'mind'는 다음 행에 나오는 환유적 은유에 의해 'manner'에 그 자리를 내주는 것이 일반적이다(Detges 1998).

---

43) 이러한 종류의 다른 부사적 어구들은 명사 *pectus* 'breast; spirit', *cor* 'heart', *animus* 'soul, mind'를 포함한다. 즉 *laetanti pectore* 'with rejoicing breast' → 'joyfully', *immiti corde* 'with a rude heart' → 'harshly', *studioso animo* 'with a zealous mind' → 'eagerly'(Karlsson 1981: 42f.). 그러나 *pectore*와 corde는 주로 Catullus의 시에서 발견되었고, *studioso animo*는 또한 Catullus에 의해서 사용되어졌다(Harm Pinkster, p.c).

 탈문법화 degrammaticalization

(37) 'mental state of the participant in the event' > 'way in which
(사건 참여자의 정신적인 상태)　　　　　> (그 사건이 인식되는 방법)
the event is perceived' > 'manner in which the event takes place'
　　　　>　　　(그 사건이 일어나는 방식)

그러한 은유적 추론은 문법화의 첫 단계에서 전형적이다(Hopper & Traugott 2003: 87ff.). 일단 새로운 의미 'manner'가 정착되면, *mente*는 행위자나 경험자의 태도를 나타내지 않는 형용사와 결합될 수 있다. 곧 *mente*가 있는 부사적 어구는 고전 라틴 부사 접미사 *-e*와 *-iter*로 형성된 많은 부사들로 대체되었다(Elcock 1960: 159).

그러나 MENTE의 발달에 있어서 중요한 것은 Bauer가 언급한 대로 '그 것이 직선(a straight line)을 나타내지 않는다는 것이다.' 왜냐하면 부사로 서의 [Adj-SG.FEM.ABL +*mente*]가 결합기능인지 아닌지가 항상 분명하지 않기 때문이다. Bauer(2003: 447ff.)의 불가타 성서(Vulgata bible)(문학과는 반대로 평범한 라틴어로 AD 400년경에 번역된 성서)연구에서, Bauer는 탈격 *amino* 'mind'를 포함하고 있는 중의적이지 않은 부사적 어구 Adj-N구문 들이 그것들에 상응하는 *mente*보다 훨씬 더 흔하다는 것을 알게 되었다. 그것들로부터 Bauer는 '어떤 것도 *mente*가 로망스어에서 부사적 접미사 가 되려고 하는 것을 나타내는 것처럼 보이지는 않는다고 결론을 내린다.' 이것은 훨씬 더 빈번할 뿐만 아니라 더 부사적인 *amino*가 아니라 왜 *mente*가 접미사로 발전했는지에 대한 의문을 제기한다.44)

또 다른 논란의 여지가 많은 문제는 구문(construction)의 기원과 관계된 것이다. Lausberg(1972: 100)는 부사 *mente*의 일반화는 구어에서 유래한

---

44) 그러나 Harm Pinkster는 *amino*와 *mente*의 상대적인 빈도로부터 결론을 이끌어 내는 것은 어렵다는 것을 지적한다. 왜냐하면, 그것들은 다른 그리스어나 헤브라이어 단어들에 대해 번역이 다르게 될지도 모르기 때문이다.

다고 가정한다. 그러나 이것은 부사 *mente*가 법률이나 종교적인(Christian) 텍스트에서 빈번하게 나타난다고 지적한 Hummel(2000: 464)에 의해서 반박되었다. 더욱이, *prona mente* 'pronely' 혹은 *devota mente* 'devoutly' 와 같은 그런 공식화는 특별히 구어적이지는 않다. 부사 *mente*의 확산에 대한 주요 자료로서의 라틴 문어에 대한 마지막 논쟁은 그 부사들이 루마니아에서 발견되지 않았다는 것이다. 루마니아에서는 라틴어가 주요 전례 언어로 사용되지 않았다(Hummel 2000: 465). Hummel(pp.465ff.)은 또한 동사의 수식어로서 부사 *mente*가 현대 로망스어 구어에서는 비교적 희귀 하다는 것이 관찰된다고 말한다. 형용사로부터 동사를 수식하는 부사로 파생하는 가장 일반적인 방법은 영전환(zero conversion)이다(rápido 'fast (ADJ)' > rápido 'fast (ADV)'). 그러나 부사 *mente*는 문장부사로서(스페인어 *naturmente* 'naturally') 그리고 형용사의 수식어로서(스페인어 *totalmente innecesario* 'totally unnecessary') 빈번하게 발생한다.[45] Hummel(p.466)은

---

45) Hummel(pp.467f.)은 edma과 같이 이러한 분포적인 차이를 설명한다. 즉 부사가 동사를 수식할 때(Mirar *rápido al coche* 'look quickly at the car'에서 처럼), 그 것이 동사를 수식하는 부사라는 것이 *rápido*의 위치에서는 분명하다. 그래서 그것은 부사적 접미사에 의해서 표시될 필요는 없다. 반면에, 부사가 형용사를 수식할 때, 접미사 *mente*의 첨가는 그 구문은 Adj+Adj가 아니라, Adv+Adj라는 것을 분명하게 해준다. 마지막으로, 문장부사가 필요로 할 때는, 영전환은 불가능하다. 왜냐하면, 그 해석은 다음의 프랑스어 예에서 보여지주듯이 형용사처럼 될 것이기 때문이다.

(i) Curieux   il   ne   l'   a   pas   fait
    curious-MASC   he   NEG   it   has NEG   done
    '(although he was) curious, he did not do it'
(ii) Curieuse   elle ne   l'   a   pas   fait
    curious-FEM   she   NEG   it   has NEG   done
    '(although she was) curious, she did not do it'
(iii) Curieusement, il ne l'a pas fait
    'Curiously, he did not do it'

이러한 문맥에서 구체적인 의미 'mind'가 사라졌고, mente가 다른 형용사로 확산되었다고 가정한다. 이러한 확산은 부사 *mente*가 특히 재건(renewal)에(Lorenz 2002; Hopper & Traugott 2003: 122) 지배를 받는 부사의 형태인 강조사(intensifier)로서 사용될 수 있다는 사실에 의해 탄력을 받게 될지도 모른다. 그러나 Harm pinkster는 라틴어에서 부사 *mente*의 기원에 대한 논쟁은 결코 해결되지 않았다고 언급한다. 만약 일상언어(colloquial)와 전례언어(liturgical language) 사이에 분포의 차이가 존재한다면, 사람들은 서민을 위한 설교와 *De civitate dei*와 같은 학술논문을 썼던 성 Augustine (354-430)의 작품집에서 그러한 차이점을 찾아낼 수 있어야 한다. 그러나 지금까지 그러한 연구는 이루어진 적이 없다.

(ii) 일부 로망스어에서 MENTE의 형태론적 지위는 분명하지 않다. MENTE는 보통 접미사로 간주되지만, 이러한 분석이 MENTE의 모든 현상에 대해 문제가 안 되는 것은 아니다. 예를 들어, 스페인어 *-mente*에 대해 Torner(2005)는 세 가지의 대립되는 형태론적 분석을 한다. 즉, 파생접미사로서 복합어의 두 번째 구성원으로 간주되거나, 구 접미사로서 간주되거나 둘 중의 하나라는 것이다. 여기에서 각각의 지위를 인정하는 논쟁에 대해 간단히 언급하고자 한다.

-*mente*가 합성요소(compounding element)라는 관점에 찬성하는 첫 번째 논쟁은, 그것이 등위접속사구문에서 삭제될 수 있다는 사실이다.46)

---

46) 등위접속구문에서의 MENTE의 삭제는 다른 로망스어에서도 또한 입증된다(Karlsson 1981: 58ff., 101ff., 121ff.; Bauer 2003: 441). 고대 이탈리아어에서처럼 cominci detto suo pianamente e soave 'he begins his speech slowly and smoothly' (Karlsson 1981: 122), 일부 로망스어에서는, 두 개의 co-ordinated 부사의 첫 번째에 접미사를 붙이는 것이 가능하기조차 하다.

(38) Lo   hice   rápida   y   cuidosamente[47]
     it   did-ISG   quick   y   carefully
     'I did it quickly and carefully'

접미사는(파생접미사 포함) 스페인어에서 구의 영역을 뛰어넘을 수는 없지만, 복합어들은 그럴 수 있다. 또 다른 복합어 분석에 대한 논쟁은 부사 -mente의 억양에 관한 것이다. 즉, 파생접미사와는 달리 일부 합성어들처럼 -mente는 제 2강세를 받는다.

-mente가 파생접미사라는 관점은 아마 더 널리 알려졌을 것이다. 첫 번째로, -mente와 이전 형용사 사이의 단어 내적 관계는(통사적, 의미론적 모두) 파생어와 유사하지만, 복합어와는 유사하지 않다. 예를 들어 -mente는 그것의 기저로 파생접미사처럼 특별한 문법적인 범주(형용사)를 선택한다. 두 번째로, -mente는 파생형태소의 전형적인 특징인(5.2.1절 참조) 문법범주(형용사에서 부사로)를 변화시킨다. 마지막으로, -mente는 상당히 생산적인 반면, 스페인어의 복합어는 보통 많은 제약에 지배를 받는다.

Torner(2005)는 자립어와 의존형태소 사이의 혼성어적 작용 때문에 스페인어 -mente를 구 접사(phrasal affix)로 취급할 것을 제의한다. 그러나 이러한 분석 역시 문제가 없는 것은 아니다. 왜냐하면 굴절접사와 접어가 있는 구의 특성을 가진 구 접사들은 대개 그들의 접사적인 속성을 공유하기 때문이다. 그러나 -mente가 접어로 발달했다는, 혹은 이전에 역사의 어느 시점에서 접어였다는 것을 나타내는 공시적, 통시적 증거는 없다. 또

---

47) 스페인어의 -mente는 또한 disjunctive co-ordination(directa o indirectamente 'directly or indirectly')와 비교구문에서 삭제될 수 있다: Lo han resuelto tanto tecnica como teóricamente 'They have solved it both technically and theoretically' (Torner 2005: 117).

한 *-mente*는 어떤 접어적인 운율도 가지고 있지 않다(-mente는 강세 액센트를 가지고 있는데, 그것은 스페인어의 접어에서는 이례적이다).

그러므로 스페인어의 MENTE는 초기 합성 단계의 흔적으로서 (38)과 같은 구조를 가진, 아직 완전히 문법화되지 않은 파생접미사로서 가장 적절하게 분석된다고 볼 수 있다.

(iii) *현대 로망스어에서 분포의 차이는 MENTE가 문법화의 한 예로 인용되어 질 때 보통 무시된다는 것이다.* MENTE는 극단적으로 단순화한 '로망스어의 접미사'로 언급되지만, 이러한 특징은 세 가지 이유 때문에 옳지 않다. 우선, 접미사가 범로망스어는(로망스어를 전부 포함하지는 않는다) 아니다. 왜냐하면 그것은 루마니아에서는 발견되지 않았기 때문인데, 그 언어에 존재하는 소수의 예들은 차용어들이다(bauer 2003: 439). 두 번째로, 우리가 살펴본 대로, 그 접미사들은 다양한 형태로 쓰이기 시작하는데 그것들은 항상 인정되지 않았다는 사실이다. 세 번째는, 발달의 다양한 단계가 다른 언어에서 입증되었다는 것으로, 그것은 접미사가 모든 로망스어에서 유사한 속도로 발달하지 않았다는 것을 의미한다. 그 변화는 대략 부사 *-mente*가 일반적으로 한 단어로 쓰여진 18C 이후에 고대 프랑스어의 텍스트에서는 완료된 것처럼 보인다. 대조적으로(스페인어(Spanish), 포루투칼어(Portuese)), 다른 언어에서 그 변화는 현재까지 완전하게 완성되지 않았다(Karlsson 1981). 또한 원래의 명사(mens and its successors)는 일부 언어에서 자립 어휘소로서 사라졌지만(프랑스어(French)), 다른 언어에서는 그렇지 않다는 점이다(Italien: imparare a mente 'to learn by heart (Bauer 2003: 446); Spanish lo tendré en mente 'I'll keep it in mind'(Bob de Jonge, p.c.)). 따라서 MENTE의 발달은 각각의 언어에 대해 개별적으로 연구되어

야 한다. 그 이유는 한 언어에서 사실인 것도 다른 언어에서는 사실이 아 닐 수도 있기 때문이다. 그리고 마지막으로 일부 언어에서는(스페인어, 이태 리 남부 방언들) 라틴어 *mente*에서 접미사에 이르기까지 지속적으로 어떤 발달도 전혀 이루어지지 않았다는 것이다. 왜냐하면, –*mente*의 형태는 차 용어였기 때문이다(Karlsson 1981: 100; Jeseph 2004: 54; Torner 2005: 139). 예 를 들어 스페인어에서는 13세기 중반 후부터 모국어 형태들이 –*mientr(e)*와 –*mient(e)*를 대체하면서 –*mente*가 차용되었다(아마 아라곤어나 카탈루냐어, 프랑스어에서 차용했을 가능성이 있다; Karlsson 1981: 99ff.).

결론적으로 로망스어 MENTE의 발달은 보통 단순한 변화로 취급되었는 데, 사실 그것은 대응(correspondence)이다(그 변화에 대한 자세한 사항은 아직 알려지지 않았다). 첫 번째로, 로망스어 MENTE의 역사는 매우 복잡하며 많은 미결 문제들은 계속 연구될 필요가 있다. 두 번째로, 개별 로망스어에서의 연속적인 발달은 상당히 다를 수 있고, 심지어 지속되지 않을 가능성도 있 다는 것이다(스페인어에서서처럼, –*mente*의 형태는 초기에 –*mientr(e)*와 –*mient(e)*를 대체하기 위해서 차용되었다). 이런 분화하는 발전 과정 때문에 접미사들 또한 다양한 단계로 문법화해왔고, 그것들을 같은 범주로 보는 것을 자제하는 또 다른 이유가 된다. 모든 MENTE 접미사들은 어휘성(2.2.1절 참조)의 연속 변이에서 어떤 지점에 위치하고 있는 형태소로서 특징지어지는데, 그것들 이 형성되는 언어에 따라서 접미사들의 정확한 위치가 결정된다.

1.7. 요약(summary)

첫 장에서는 탈문법화 연구의 이론적인 토대에 대한 개요를 서술했다. 탈문법화는 별개로 따로 연구되어질 수 없다. 그것은 본질적으로 두 개의 다른 주요 형태의 문법변화인 문법화 및 어휘화와 연결되어 있는데, 탈문법화는 두 속성들을 어느 정도 공유하기도 하지만 결정적으로 두 속성들이 서로 다른 차이를 드러낸다. 셋 모두 재분석의 몇 가지 형태를 수반하며, 유추는 문법화와 탈문법화 과정에서 관찰할 수 있다. 문법화와 탈문법화(그리고 어휘화의 몇 가지 형태)는 완성되는데 수세기가 걸릴 지도 모르는 일련의 여러 작은 단계들을 아우른다는 면에서 점진적인 성격을 띤다. 더불어, 문법화와 탈문법화는(반드시 어휘화가 포함되지는 않는다) 문맥 속에서의 변화임을 점점 더 인정하고 있는 추세이다. 초기의 연구가 주로 형태소를 토대로 한 연구였다면, 최근의 구문을 토대로 하는 접근방식은 상호 보완적인 증거를 제공하는 데 유용하다는 것이 증명되었다.

문법화에서는 중간 단계들은 어떤 특정한 순서로 발생한다는(화용론-의미론적 변화가 먼저 일어면서) 증거가 있는데, 그것이 문법화 과정에 대해 언급하는 것을 타당하게 보이게 한다. 그러나 문법화에서의 모든 입증된 규칙적인 패턴에도 불구하고, 관련된 변화와 비슷한 많은 변이가 여전히 존재하기 때문에 보편 경로라고 언급하는 것은 적절하지 않다. 그러한 보편 경로가 없다는 것은 아주 신중하게 언어 재구조가 취급되어져야 한다는 것을 의미한다. 더구나 아직 문법화의 타당한 예로 간주될 수 있는 보편적인 합의는 존재하지 않는다. 절에 대한 문법화, 특히 화용론화는 여전히 논란의 여지가 있는 주제이다.

또한 문법화에는 두 가지의 하위 형태, 즉 일차적 문법화(어휘소(lexeme) > 문법소(grammatical word))와 이차적 문법화(의미와 음운론적 축약이 동반된 결합)가 있다는 것을 살펴보았다. 이러한 형태들은 사건(event)의 연쇄를 형성할 가능성이 있지만, 그러나 그럴 필요가 있는 것은 아니다. 이차적 문법화가 계속 이어져야 한다는 점에서 일차적 문법화에 대해 결정적인 것은 아무것도 없다. 일차적, 이차적 문법화 역시 존재한다는 것에 대해서 뒷장에서 논의하고자 한다.

문법화, 어휘화, 그리고 탈문법화는 모두 복합변화로 그것들은 몇몇 언어 층위에서 일어나는 초기 변화를 구성한다. 만약 단순한 대응(correspondence)이 아닌 변화를 논하기를 원한다면, 이러한 초기 변화를 알아보는 것은 중요하다. 어떤 방식으로 문법화, 어휘화, 탈문법화가 방향성과 이러한 변화의 본질에 대해 다른지는 계속 다루어져야할 문제이다. 변화의 방향성은 2장에서 알아보고자 하며, 기준으로서 초기 변화를 사용하는 탈문법화의 형태를 분류하는 모형은 간략히 3장에서 서술하고자 한다.

Chapter 2

단일 방향성 unidirectionality

2.1. 도입(introduction)

Martin Amis는 그의 소설 *Time's Arrow*에서, 한 나치 의사의 삶에 대한 이야기를 죽음에서 시작하여 출생이라는 시간 역행 방식으로 서술한다. 그 소설은 눈을 떼지 못하게 하는 특이한 이야기로, 전체 줄거리의 반전과 모든 사건에 대한 내용 전개는 다음 두 단락이 설명하는 것처럼 독자들을 완전히 혼란스럽게 한다.

> Maybe is considering Vietnam. Vietnam might him good. The gibbering hippies and spaced-out fatsoes who go there, they come back looking all clean and sane and fine···(p.68)
>
> I'm on a train now, heading south at evening. The American Atlantic moves past me. All business is concluded. I don't know where we're going: our ticket, dispensed with a contemptuous flick by the station trashcan, bears the name of our starting point, not our destination. (p.90)

Tod는 베트남을 고려하고 있다. 베트남은 그에게 잘 맞을 지도 모른다. 그곳으로 가는 반쯤 넋이 나간 히피들과 둔해 보이는 뚱보들이 모두 깔끔하고 분별력을 지닌 괜찮은 모습으로 돌아온다…(p.68)

나는 저녁에 남부를 향해 가는 기차에 지금 승차해 있다. 미국 대서양 연안을 지나간다. 모든 일이 마무리 되었다. 나는 우리가 어디로 가고 있는지 모른다. 기차역 쓰레기통 옆에서 나누어준 티켓은 우리의 종착역이 아니라 우리의 출발점을 의미한다.(p.90)

이런 이상하고 자연스럽지 않은 표현들이 왜 우리의 주의를 끌까? 추측컨대 Hawking(1996〔1988〕: 151ff)이 설명하는 것처럼, 인간들은 시간에 대한 주관적인 방향 감각이 있기 때문인데, 그것은 열의 출입이 차단된 고립계에서는 시간에 따라 무질서에서도 변화는 항상 증가하거나 일정하며 감소하지 않는다는, 즉 에너지 전달에는 방향이 있다는 열역학 제 2법칙에 기인 한다. 이것은 테이블에서 컵이 떨어져 바닥에 산산조각으로 깨지는 예로 설명된다. 만약 인간이 이것에 대한 영화를 찍는다면, 인간은 그 영화가 시간 순으로 흘러가는지(산산 조각으로 깨지는 컵), 아니면 거꾸로 흘러가는지를(테이블 위로 조각들이 모여들어 완전한 컵을 형성하는) 쉽게 구분할 수 있다. 이 법칙은 인간 존재의 심리학적인 시간의 화살을 결정하지만, 그 법칙 자체는 과거와 미래를 구별하지는 않는다.[1]

언어변화에서도, '시간의 화살'은 직관적으로 타당한 것처럼 보인다. 예를 들어 시간이 지남에 따라 음운이 축소되는 단어들을 예상해 볼 수 있는

---

1) 언어학에 대한 이런 규칙의 통찰력있는 논쟁에 대해 독자는 Lass를 언급한다(1977: 290ff.). '파괴력'이 문법을 창조하는 방법에 대한 특별히 흥미로운 설명은 Deutscher (2005: 144ff.)의 영국 영어보호협회의 한 젊은 학자와 제자들 사이의 가상의 대화를 읽어 보라. 그들은 문법이라는 것은 그들이 언어의 쇠퇴를 생각하는 것에서 비롯된다는 견해에 충격을 받았다.

데, 특히 그때 그것들은 빈번하게 사용된다. 반대로 음운론적인 자질을 점진적으로 얻는 단어들은 발생률이 그리 높지 않는 것처럼 보일 것이다. 문법화 또한 일반적으로 단일 방향성을 지니는 것으로 간주되는데, 문법성의 연속변이에서는 어휘에서 문법적인 요소로 진행된다. 사실 단일 방향성은 '문법화에서는 기본적인 원리이다'(Joseph 2005: 3). 이와 같이 단일 방향성은 재구조화에서는 문법학자들에 의해 가치 있는 도구로 소중히 여겨지지만, 문법화를 비판하는 비평가들로부터는 자연적으로 문법화 정의를 따르는 하찮은 연구로 공격을 받고 있다. 그러므로 문법화나 탈문법화의 어떤 설명도 단일 방향성의 중요성이나 비중요성에 대한 토론 없이는 완전하다고 볼 수 없다.

단일 방향성은 원리와 가설이라는 두 용어로 언급된다.[2] 단일 방향성 원리는 어휘 항목이 문법항목이 될 수 있지만, 결코 그 반대로는 이루어지지 않는다는 것을 함의하고, 문법항목에 영향을 끼치는 변화는 항상 축소를 수반한다는 것을 나타낸다. 즉 의미 자질의 상실, 형태 통사론적 속성의 상실, 형태론적 독립의 상실, 그리고 종종 음운론적 자질의 상실이 포함된다. 반면에 단일 방향성을 가설로 간주하는 사람들은 몇 가지 역방향적 변화, 예를 들어 의미론적 자질과 형태 통사론적 속성의 증가를 인정하지만 이런 일은 아주 희박하다고 언급한다.

이 시점에서 한 가지 중요한 의문이 생긴다. 즉, 단일 방향성이란 어떤 속성인가?(어떤 속성을 단일 방향성이라 할 수 있는가?) 많은 연구에서(Heine, Claudi, & Hünnemeyer 1991; Traugott & Heine 1991) 단일 방향성이란 암묵

---

2) '강한 단일 방향성'과(모든 문법적인 자료는 궁극적으로는 어휘가 근원이다) 흔히 경향이나 경로 등으로 관찰되는 귀납적 서술인 '약한 단일 방향성'을 언급한 Lass(2000: 216) 의견과 비교해 보라.

적으로 문법화에 내재하는 속성으로 정의된다. 그러나 문법화 이론을 비판하는 사람들이 지적하는 대로, 단일 방향성이란 그것이 문법화의 정의로 세워질 때 실증적인 가설로서 사용되어질 수 없다. 그런 경우에, 문법화에서의 단일 방향성은 항진 명제(tautology)이며, 그래서 문법화가 단일 방향성이라는 주장은 "walking north"가 단일 방향성이라는 주장만큼 의미를 가질 것이다(Janda 2001: 294). Janda의 연구에 대한 후속으로, Joseph(2005: 4)은 문법화와 단일 방향성 사이의 관계는 '실재 이해의 공백(void of any real interest)'이라고 언급한다.

그러나 단일 방향성은 일반적으로 문법적인 변화에 대한 제약으로도 정의되어 왔다(Heine, Claudi, Hünnemeyer 1991; Heine 1994 & 1997; Lehmann 1995 [1982]; Haspelmath 1999a & 2004). 예를 들어 Heine(1997: 4)는 '문법적인 변화는 단일방향적이며, 어휘에서 문법으로, 그리고 문법적인 것에서 더 문법적인 형태와 구조에 이르게 한다'고 서술한다. Brinton & Traugott(2005: 25)도 '어휘부나 구문에서 문법으로의 변화이지 그 반대의 경우는 일어나지 않는다는 단일 방향성은 설득력 있고 실증적인 흥미로운 가설이다'라는 비슷한 주장을 한다. 이것은 단일 방향성이란 문법화의 한 속성이고, 언어 재구조화에 대한 중대한 결과를 포함한다는 주장보다 훨씬 더 설득력이 있다.

가능성이 있는 변화에 대한 제약으로서 단일 방향성은 더 이상의 탈문법화는 없다는 주장과 같은 의미를 지닌다. 서론에서 살펴본 대로, 이런 주장은 Lehmann의 연구에서 비롯된다. Lehmann은 반대 방향으로의 변화는 입증되지 않았다는 것을 주장하는 초기의 세 논문에 대해서 다음과 같이 언급한다. 그러나 이 학자들 중에서 Vincent만 문법적인 변화는 단일 방향적이라고 주장했고 다른 두 학자들은 더 신중한 입장을 취했는데,

Langacker(1977: 104)는 다음과 같이 서술하고 있다.

> I think the tendency toward signal simplicity is an undeniable aspect of the evolution of natual language. Not only are all these kinds of change massively attested, but also they are largely unidrectional. Boundary loss is very common, for instance, but boundary creation is quite uncommon by comparison. Words are frequently incorpprated as affixes, but affixes show no great tendency to break away and become independent words. Established locutions clearly show an overall trend towards erosion in their status rather than the opposite.

나는 기호 단순화로의 경향은3) 자연언어의 변혁에 대한 부정할 수 없는 양상이라고 생각한다. 이러한 종류의 모든 변화는 광범위하게 입증되었는데 그것들은 주로 단일방향적이었다. 예를 들어, 경계 상실은 아주 흔하지만 경계 생성과 비교하면 그리 흔한 현상은 아니라는 것이다. 단어는 빈번하게 접사에 편입되지만 접사는 분리될 어떤 커다란 성향을 보여주지 않고 자립어가 되며, 확실하게 자리 잡은 관용용법들은 그 반대 보다는 오히려 그들의 위치에서 침식으로의 전반적인 경향을 분명하게 보여준다.

Givón도 '위에서 대략 기술한 과정보다 반대과정, 즉 동사로 변할 때까지 의미론적으로 풍부해지는 전치사로의 과정은 최소한 이론적으로 가능하다'라는 아주 신중한 주장을 한다.

이와 같이 탈문법화의 비존재에 대한 Lehmann의 주장은 Langacker나 Givón이 아니라 Vincent의 초기의 연구로부터 제공되었다. Lehmann은 탈문법화라고 말할 수 있는 몇 가지 경우들에 대해 계속 연구하지만(대개 파생 혹은 전접어가 되는 접사들), 그것들은 모두 연구할 가치가 없는 것으로 간주된다. Lehmann은 그것에 대해 다음과 같이 결론을 내린다.

---

3) Langacker의 이러한 개념에 대한 주장은 2.2.2절을 참조하라.

no cogent examples of degrammaticalization have been found. This result is important because it allows us to recognize grammaticalization at the synchronic level. Given two variants which are related by the parameters of grammaticalization…… *we can always tell which way the grammaticalization goes, or must have gone. The significance of this for the purposes of internal reconstruction is obvious.* (Lehmann 1995[1982]: 19; emphasis mine)

탈문법화에 대한 설득력 있는 예들이 발견되지 않고 있다. 이러한 결과는 우리들에게 공시적 단계에서 문법화를 인식하게 해주기 때문에 중요하다. 문법화의 매개변수와 관련된 두 개의 변이형을 고려해 볼 때 …… 우리는 항상 문법화가 어떤 방식으로 이루어지는지, 혹은 이루어져 왔었는지를 알 수 있다. 내적 재구조화를 목적으로 하기 위한 이런 과정은 분명히 중요하다 (Lehmann 1955[1982]: 19).

Lehmann의 인용은 단일방 향성 원리에 대한 중요한 입장을 보여주는데, 그것은 언어 재구조화와 잠재적으로 관련이 있다(Vincent 1980: 59; Heine, Claudi, & Hünnemeyer 1991: 221; Heine 1994; Haspelmath 2004: 21f.).[4] 다시 말해, 단일 방향성 원리는 우리들에게 소장 문법학파 음성법칙(sound-law)에 대한 설득력 있는 보편성을 제공할 것이다.

이 가설은 문법화의 단일 방향성에 대한 것이 아니라, 일반적으로 문법적인 항목을 포함하는 변화의 단일 방향성에 대한 것일 때 단일 방향성은 재구조화와 관련이 있다고 말할 수 있다. Willis(2007: 272)는 이것에 대해 다음과 같이 언급한다.

The only falsifiable claim is not that grammaticalization itself is

---

4) 문법화와 재구조에 대한 것은 1.6.4절을 참조하라.

unidirectional, but rather that grammaticalization exists in the absence of a parallel reverse phenomenon, degrammaticalization, which, if it were atttested, would occur when items with a formerly exclusively grammatical function changed into items with a (more) lexical function.

유일한 반증 가능한 주장은 문법화 자체가 단일방향적이 아니라, 오히려 문법화는 병행하는 역방향 현상인 탈문법화는 없다는 것이다. 입증된 대로, 탈문법화는 이전에는 오직 문법적인 기능을 했던 항목들이 더 어휘적인 기능을 하는 항목으로 변화할 때 일어날 것이라는 것이다.

Askedal(2008: 49)도 유사한 주장을 한다.

When no unidirectionality is assumed, there are no logical problems with considering degrammaticalization as the possible counterpart of grammaticalization. When, however, unidirectionality is considered a basic principle, degrammaticalization is evidently a contradiction in terms······ If there is unidirectionality, there is no degrammaticalization······ and if there is degrammaticalization, there can be no unidirectionality; but there may still be a strong preference for directionality in accordance with the cline. Stated in such terms, the (non-)existence of degrammaticalization is an entirely empirical issue.

단일 방향성이 없다고 가정할 때, 문법화의 있음직한 대응으로서의 탈문법화에 대한 어떤 논리적인 문제는 없다. 그러나 단일 방향성이 기본 원리로 간주될 때, 탈문법화는 분명히 용어상 모순이다. 단일 방향성이 존재한다면, 탈문법화는 없다. 그리고 탈문법화가 존재한다면, 단일 방향성은 전혀 존재할 수 없다. 그러나 연속변이에 따른 방향성에 대한 선호는 여전히 존재한다. 지금까지 언급 한대로, 탈문법화의 (비)존재는 완전히 실험적인 사건이다.5)

---

5) '탈문법화가 문법화만큼 흔하다는 것을 아무도 보여주지 않는 한, 단일 방향성에 대한

그러나 보편적인 일반화에서 통계적인 일반화로 단일 방향성을 약화시키는 것은 유용한 재구조화의 도구를 빼앗는 것이 될 것이며, 그것은 부분적으로 탈문법화 사례 연구가 왜 반감을 받았는지를 설명할 수 있을 것이다(Norde, in prep.). 물론 이것은 무엇이 단일 방향성에 대한 충분한 반증으로 간주되는지에 대한 의문을 제기한다. 극단적인 견해로는, Newmeyer(1998: 263)가 제기한 '나는 단일 방향성을 반박하는 데 충분한 예가 상승이라고 생각한다'는 것이 유일한 반례이다.

그러나 반례들에 대한 그런 확고한 강조는 이미 Heath(1998: 751)가 지적한 것처럼 문법화를 비판하는 사람들에게는 치명적인 약점이다. 문법화의 이론을 비판하는 사람들은 문법화 예의 역을(예: 접사에서 접어로의 변화) 보여주는 반례들에 집중하는 경향이 있는데, Heath는 그 반례들은 수적으로 많지 않기 때문에 거의 영향도 미치지 않는다고 주장한다. Heath의 견해는 Haspelmath(199a: 1048)가 다음과 같이 인용함으로서 지지를 받는다.

Although the evidence for the irreversibility of grammaticalization is very strong, some authors have given so much weight to the counterexamples as to effectively deny the general rule of unidirecdionality⋯⋯ These authors seem to be skeptics with no particular theoretical axe to grind, and their reasons for skepticism are only as strong as their counterexamples.

비록 문법화의 비역행에 대한 증거가 확고할 지라도, 일부 학자들은 단일 방향성의 일반적인 규칙을 부정하기 위해 반례 연구에 아주 많은 비중을 두어 왔다. 이 학자들은 어떤 특별한 이론적인 불만이 없는 회의론자들처럼 보

기본적인 일반화는 여전히 변함없다'고 Haspelmath(2004: 23)가 기술했을 때 그가 어떤 종류의 단일 방향성을 염두에 두고 있었는지 분명하지 않다.

 탈문법화 degrammaticalization

이는데, 회의적인 반응에 대한 근거는 그들이 주장하는 반례만큼이나 확고
하다.

반증에 대한 견해로는, 반례들은 단일 방향성과 관계가 없다는 것이다.
그러나 탈문법화의 사례에 대한 연구는 훨씬 더 실증적인 증거를 제공한
다. 심지어 탈문법화는 어느 정도 '규칙에 도전하는 예외'로서 빠르게 자리
잡고 있다. 이런 시각의 필연적인 결과는 신중하게 그리고 적절히 주의해
서 사용하지 않으면 문법화는 재구조화6)의 도구로서 적합하지 않다는 것
이다. 문법화가 언어의 보편적인 변화이고, 문헌의 역사가 없는 언어에서
'back'을 의미하는 신체어 명사와 'behind'를 뜻하는 동음 부치사를 찾는
다면, 부치사는 명사에서 파생되었다는 것을 확신할 수 있을 것이다. 그러
나 탈문법화의 존재는 문법화는 언어의 보편적인 변화가 아니라는 것을
함축하고 있기 때문에, 위의 사실을 확신할 수는 없다. 둘 다 신체부위와
관련이 있는 예들인 프랑스어의 *derrière* 'behind'나 독일어의 *achterste*
'most behind'에서 알 수 있듯이, 신체어 명사는 공간적 표현에서 파생했
다는 증거를 가지고 있다.

Joseph(2005: 4)에 의하면, 이러한 문제를 다루는 유일하게 합리적인
방법은 '간단하게 "울며 겨자 먹기"로 "연속변이의 위와 아래" 모두 문법적
인 요소를 포함하는 이동이 있을 수 있다는 것을 받아들이는 것이다. 그래
서 단일 방향성은—또는 더 상위의 문법적 지위의 방향에서의 이동—침
범할 수 없는 제약이 아니라 문법적인 변화 속에서 인식할 수 있는 경향이
다'라고 주장한다. Luraghi(2005: 16)도 비슷한 견해를 밝힌다.

---

6) 이것에 대응해서, Joseph(2005: 4f.)은 재구조화 없이도 역사 언어학을 연구하는 것은
   완벽하게 가능하다는 점을 제기한다. 즉 '재구조화는 언어학자들의 지적 호기심에서
   유발되는 것이지만, 그 자체가 언어 변화를 이해하는 필수적인 부분은 아니라는 것이다.'

[T]he idea of finding exceptionless principles in language change appeals to many linguists, who wish to give a more 'scientific' look to their discipline, because the existence of exceptionless laws makes linguistics closer to the hard sciences. The claim that, no matter what the data say, change is unidirectional remainds one of the Neogrammarians' attitude toward the *Ausnahmslosigkeit der Lautgesetze* ⋯ On the contrary, I think we should recognize that linguistics is a soft science and try to live with it. This means that we should be ready to admit that linguistic 'law', such as uniddirectionality, are at bet tendencies. This more realistic attitude would prevent us from making too strong claims, while in the meantime providing us with better means to describe attested phenomena.

언어변화에서 예외적인 원리들을 찾는다는 생각은 그들의 원칙에 보다 더 과학적인 관점을 부여하기를 바라는 많은 언어학자들을 사로잡는다. 왜냐하면, 예외 법칙의 존재는 언어학을 확고한 과학에 더 근접하게 하기 때문이다. 데이터가 무엇을 나타내든, 변화는 단일 방향성이라는 주장은 음운법칙은 예외를 허용하지 않는 것에 대한 소장문법학파들의 태도를 상기 시킨다. 반대로, 나는 언어학은 유연한 과학이며 그것을 인정하고 받아들이는 노력이 필요하다는 것을 인식해야만 한다고 생각한다. 이것은 단일 방향성과 같은 언어학적인 규칙들이 언어학적 추세라는 것을 받아들일 준비가 되어 있어야만 한다는 것을 의미한다. 이러한 실제적인 태도는 입증된 현상을 설명하기 위한 더 나은 방법을 제공할 때, 너무 강경한 주장을 하는 것을 방지할 수 있을 것이다.

Haspelmath는 적어도 처음에는 그렇지 않지만, 언어학적인 이론화는 여러 세부 사항들에 대해 아무리 신경을 쓴다 해도 지나치지 않다고 언급한다. 단일 방향성에 대한 비판에 대해 그는 다음과 같이 서술한다.

In the writing of some of these linguists, one senses a frustration with theoreticians who make broad sweeping claims but do not back them up with solid and careful historical linguistic work. Clearly, once one starts asking larger questions, there is the danger that one pays less attention to the data and more attention to the ideas, but there is also the opposite danger of missing the generalizations and the big picture because one sees too many details. (Haspelmath 2004: 15)

일부 언어학자들의 논문을 보면서 사람들은 이론가들에게 좌절감을 느낀다. 그 이론가들은 광범위하고 포괄적인 주장을 하지만 확고하고도 신중한 역사 언어학적 연구로 그것들을 지지하지는 않는다. 일단 사람들이 전체적인 것에 의구심을 갖기 시작하면, 그들은 데이터에 주의를 덜 기울이고 관념에 더 집중할 위험이 있다. 그러나 사람들은 많은 세세한 것에 신경을 쓰기 때문에 일반화나 전체 그림을 놓칠 정반대의 위험도 또한 존재한다. (Haspelmath 2004: 15)

이것에 대해 Luraghi(2005: 15)는 다음과 같은 태도를 보인다.

I don't think that one can ever see too many details, at least in considering language change: if a change is attested, it must be considered in one's theory of linguistic change. Indeed, the fact that some changes are less frequent than other is in itself a matter that should be explained, and I don't see what we gain by ignoring less frequent changes, and saying that change is unidirectional, rather than acknowledge that there are changes in both directions, but one is preferred.

나는 사람들이 최소한 언어변화를 고려할 때 많은 세세한 것을 볼 수 있다고 생각하지 않고, 만약 어떤 변화가 증명된다면 그것은 언어변화의 하나의 이론으로 간주되어져야 한다고 생각한다. 사실 일부 변화들이 다른 변화들보다 덜 빈번하다는 사실은 그 자체로 설명되어져야 하는 문제이며, 나는 빈번하지 않은 변화들을 간과함으로서, 그리고 변화가 양방향에서 일어나지

만 한쪽이 더 선호되는 변화들이 있다는 것을 인정하기 보다는 변화가 단일
방향성이라고 말함으로써 우리들이 얻는 것이 있다고는 보지 않는다.

Van Pottelberge(2005: 42)도 Haspelmath의 의견에 대해 비판적이다.

> I agree with Haspelmath that we should try to understand
> language change, but I see no reason why this could only be done
> by looking for one strong universal (or one direction), rather than
> by trying to identify all types of changes and their directions.

> 나는 우리가 언어변화를 이해하려고 노력해야 한다는 Haspelmath의 의
> 견에 동의한다. 그러나 이것이 왜 모든 형태의 변화와 그 변화의 방향들을
> 알아내려고 노력하기보다 확실한 보편성을 찾음으로써만 이루어 질 수 있는
> 지 그 이유를 알지 못한다.

지금까지의 논쟁을 요약하자면, 절대적인 원리로서 단일 방향성을 고려
할 가치가 없는 것으로 폐기해 버리는 것이 공정할 것이라고 생각한다.
Joseph, Luraghi와 van Pottelberge의 견해에 동의하긴 하지만, 문법화
가 탈문법화보다 훨씬 더 빈번하고, 훨씬 더 범언어적인 규칙성이 있다는
것도 분명하다. 다시 말해, 방향적인 경향이 존재한다는 것을 부정할 수는
없다는 것이다. 이것은 흥미로운 연구이지만, 보통 당연한 것으로 여겨져
지금까지 그것에 대해 설명하려는 어떤 시도도 없었다. Haspelmath
(1999a: 1049)가 언급한대로, 단일 방향성의 이전의 연구에 대한 가장 놀라
운 사실은 그것들이 거의 존재하지 않는다는 것이다.

이 장의 목적은 여러 각도에서 단일 방향성의 개념을 재검토해 보는 것
이 될 것이다. 2.2절에서 언어변화의 개념화에 대해서, 그리고 2.3절에서
는 전환(reversal)의 형태에 대한 일반적인 논쟁으로 시작하고자 한다. 그

다음에 문법화의 편재에 맞서지만 탈문법화는 아닌 변화, 즉 측면전이들 (lateral shifts)(2.4절)과 문법 표지의 대체 근원(2.5절)에 대해서 숙고할 것이다. 다음 절은 무엇이 문법화를 일어나게 하고, 문법 변화에서 선호되는 방향인 탈문법화는 왜 일어나지 않는지에 대한 문제를 다루려고 한다. 그 이유는 전부는 아니지만 근본적 변화의 몇 가지가 단일 방향성을 띠기 때문이다. 이것은 의미론적, 형태 통사론적, 그리고 음운론적 변화로 여겨지는데(Hopper & Traugott 2003: 99ff.), 차례로 그것들에 대해 논의하고자 한다. 2.7절에서는 방향성의 경향을 보이는 용법 기반 접근, 심리언어학적 접근, 생성론적 접근, 그리고 (비 생성론적인) 형식적 설명들에 대해 살펴볼 것이다.

2.2. 언어변화의 개념들(conceptualizations of language change)

2.2.1. 연속변이(clines)

문법화 연구에 있어서 기본 개념은 용어 '연속변이(cline)이다.' 그리고 그것은 Hopper & Traugott(1993: 6)가 어휘 항목에서 굴절접사로의 일련의 점진적인 전이를 설명하기 위한 수단으로써 문법화 연구에 도입했다. 그들은 연속변이를 '형태의 발달을 이끄는 어떤 형태가 일종의 언어적인 "비스듬한 경사(slippery slope)"을 따라 진화하는 자연적인 경로로서 정의한다.' 그들이 제시한 두 가지의 기본 연속변이는 (1) 문법성의 연속변이와 (2) 어휘성의 연속변이로 다음과 같다.

> (1) content item > grammatical word > clitic > inflectional affix
>   (내용어)   (문법소)   (접어)   (굴절접사)

(2) Part of Phrase > Part of compound > derivational affix
    (통사적 구조)   (합성어)   (파생접사)
a basket full (of eggs) > a cupful (of water) > Hopeful[7]

Hopper & Traugott(1993)가 주장했던 다른 연속변이들은 명사에서 접사로의 연속변이(3), 동사에서 접사로의 연속변이(4), 그리고 절 결합 연속변이(5)와 같은 것들이 있다.

(3) relational noun(관계명사) > secondary adposition(2차부치사) > primary adposition(1차부치사) > agglutinative case affix(접합 격접사) > fusional case affix(융합 격접사)

(4) full verb(실질 동사) > vector verb(벡터동사) > auxiliary(조동사) > clitic(접어) > affix(접사)

(5) parataxis > hypotaxis > subordination
    (병렬구문)   (종렬구문)   (종속구문)

이러한 연속변이들을 비교할 때 그것들이 추상의 층위에서 상당히 다르다는 것은 분명하다. 형태에서 어휘화 연속변이가 그랬듯이 문법성의 연속변이는 형태통사적 결속의 층위와 관련이 있다. 즉 명사에서 접사로의 연속변이와 동사에서 접사로의 연속변이는 문법범주 층위를 나타내고 절 결합의 연속변이는 통사층위와 관련이 있다는 것이다. 이러한 연속변이들은 훨씬 이전에 Givón에 의해 제기된 '메타 연속변이(meta-cline)'에 포함될 수 있다(1979: 209).

---

7) 문법적인 용어들은 현존 학자에 의해 추가되고 있다. 몇 가지 이유로, Hopper & Traugott는 이러한 연속변이를 설명하기위해 예로 *full*을 제시한다.

(6) discourse > syntax > morphology > morphophonemics > zero
    (담화)   (통사론)   (형태론)   (형태음소론)   (영형태)

Hopper & Traugott(2003: 6)의 논문집 2판에서, 그들은 '연속변이(cline)'의 용어 정의를 약간 수정해서 제시한다. 여기에서 '비스듬한 경사(slippery slope)'는 사라졌고, 그 대신에 Hopper & Traugott는 연속변이를 '형태들이 진화하는 자연적인 "경로(pathway)로", 형태의 발달을 모형화하는 도식(schema)'으로 정의한다. 그들은 이런 중립적인 공식화로 그들의 개념을 '경로'나(Bybee, Perkins, and Pagliuca 1994: 14) '문법화의 연쇄'와 (Heine, Claudi, & Hünnemeyer 1991: 220ff.) 같은 다른 용어들과 공존시키려 의도했던 것 같다. 그러나 2003년 개정판에서의 실질적인 변화는 어휘성의 연속변이가 사라졌다는 것이다. 그것은 아마 Hopper & Traugott가 파생적 자료들의 상승을 더 이상 문법화로 간주하지 않았기 때문일 것이다.[8]

문법성의 연속변이는 '내용변화와 형태 통사론적 변화'를 아무렇지 않게 혼동하는' 과도단순화(oversimplification)로 비판을 받아왔다(Anderson 2008: 15).[9] 그럼에도 불구하고 문법성의 연속변이는 탈문법화의 잠재적인 사례들을 추출해내는 첫 번째 기준으로 유용하다. 이후에 계속 살펴보게 될 연속변이에서 오른쪽에서 왼쪽으로의 변화는 모든 형태의 탈문법화에서 증명되었다. 그러나 물론 이것은 결코 어휘층으로의 모든 이동이 탈문법화 사례라는 것을 의미하지는 않는다(Lightfoot 2005: 587). 이것에 관해서는 3.3.3절에서 논의 하고자 한다.

---

8) 그러나 Hopper & Traugott는 이것에 관련해 어떤 일관성도 보이지 않는다. 심지어 2003년도 판에서조차 그들은 빈번하게 파생접사를 문법화의 실례로 언급하고 있다.
9) 다른 언어층들의 사이를 구별하는 Anderson의 모형은 3.5.4절을 참조하라.

2.2.2. 순환(cycles)

언어변화에 대한 연속변이 기반 시각은 기본적으로 일차원적인 반면 순환에 기반한 시각은, 변화는 다른 동시적 변화와 연관성이 있다는 것을 강조한다. 문법화에 대해서는 (i) 일차적/이차적 문법화 순환과 (ii) 순환적 강화와 같은 두 종류의 순환이 기본적으로 존재한다.

2.2.2.1. 일차적/이차적 문법화 순환(The primary/secondary grammaticalization cycle)

일차적/이차적 문법화 순환은(1.4.1절을 참조) 종합적인 문법표지의 상실로 바꾸어 표현할 수 있는데, 그것은 비교 기능을 자진 새로운 분석적 표지의 상승과 일치하는 경향이 있다. 예를 들어 굴절 격표지가 사라질 때, 그 굴절 격표지가 표현되었던 문법적 관계는 전치사구와 같은 '우언적(periphrastic)' 구문들에 의해 종종 부호화된다(Heine, Claudi, & Hünnemeyer 1991: 120ff.).[10]

언어변화를 용법을 기반으로 하는 시각에서 볼 때, 그러한 순환은 화자와 청자 사이에 존재하는 전략의 상호작용으로 간주된다. 예를 들어 Langacker(1977)는 이러한 전략을 청자에게 바라는 정보를 전달하기 위한 문장의 정확성과 관련된 '신호의 단순화(signal simplicity)'(물리적 발화 신호의 생성에 대한 경제성)와 '인지적 최적성(perceptual optimality)'으로 파악한다(p.105). 이 둘 사이에 존재하는 상호작용에 대해서 Langacker는 다음과 같이 서술한다.

---

10) 그러나 종종 종합적 표현의 하강과 분석적 표현의 상승사이의 관계는 이것 보다 더 복잡하다. 예를 들어 고대 스웨덴어 전치사 구는 사라져 가는 격 어미에 의해 문법적 관계를 부호화하게 되었는데, 전치사가 격을 통제하게 된 이후로 전치사 구는 '순수하게' 분석적이지는 않았다.

The tension between signal simplicity and perceptual optimality does not manifest itself basically as an ebb and flow in the erosion of established expressions; I have noted that the processes contributing to signal simplicity are largely unidirectional. Instead the central mechanism for achieving perceptual optimality in syntax is a process I will call 'periphrastic locution', which is simply the creation by ordinary osr extraordinary means of periphrastic expressions to convey the desired sense. As these new locutions become established in a language, they too gradually fall prey to the processes leading toward signal simplicity, and the cycle begins again.(Langacker 1977: 105)

기호의 단순성과 인지적 최적성 사이의 긴장상태는 기존 표현의 음운 축소 안에서는 변화로 나타나지 않는다. 나는 기호의 단순성의 원인이 되는 과정은 주로 단일 방향적인 것으로 언급해 왔다. 대신에 통사론 안에서 인지적 최적성을 성취하려는 주요 메카니즘은 우언적 발화라고 부르는 과정인데, 그것은 바라는 의미를 전달하려는 우언적 표현들의 평범한 혹은 비범한 방식으로 만들어 진다. 이러한 새로운 우언적 표현들이 언어 속에 자리 잡게 됨에 따라, 그것들은 기호의 단순성을 주도하는 과정으로 점차 스며들게 되고 순환은 다시 시작된다(Langacker 1977: 105).

그러나 이런 종류의 변화에 대한 용어 '순환(cycle)'은 잠재적으로 오해의 소지가 있다. 왜냐하면 그것은 로망스어의 종합적이고 분석적인 미래에 대한 논쟁에서 Fleischman(1982: 103ff.)이 지적한 대로, 분석적 구조가 이전의 종합적 구조의 직접적인 파생이라는 것을 제시하는 것처럼 보이기 때문이다. 대신에 Fleischman은 종합적이고 분석적인 패턴 사이의 대체는 서로 분명하게 구별되는 두 단계를 구성하는 것으로 이해되어야 한다고 주장한다. 분석(analytic) > 종합단계(synthetic phase)에서 우언적 구조는 합성되고, 반면에 종합(synthetic) > 분석단계(analytic phase)에서는 새로운 우언적인 구조가 발생한다. Fleischman은 또한 종합적이고 분석적인 단계는 언어를 전체로서 보는 것이라고 언급한다. 어느 단계에서 언어는 두 과정이 동시에 진행되기 때문에 대부분 종합적이거나 분석적일지도 모르지만, 배타적이지는 않다.

Lass(1997: 111)가 주장한 용어 '순환'이 지닌 또 다른 문제는 같은 변화가 반복해서 발생할 가능성이 있는 것처럼 보이지만 사실 그렇지 않다는 것을 제시하는 것 같다는 것이다. 왜냐하면 변화의 복합성과 그 결과로써 생긴 차이점의 증가는 변화들이 일반적으로 반복적이지 않다는 것을 의미하기 때문이다.[11]

von der Gabelentz(1901: 256)가 제안한 대체 용어는 '나선(spiral)'이다.

> Die Affixe verschleifen sich, verschwinden am Ende spurlos; ihre Functionen [sic] aber oder ähnliche bleiben und drängen wieber nach Ausdruck. Diesen Ausdruck erhalten sie, nach der Methode der isolirenden [sic] Sprachen, durch Wortstellung oder verdeutlichende Wörter. Letztere unterliegen wiederum mit der Zeit dem Agglutinationsprozesse, dem Verschliffe and Schwunde, und derweile bereitet sich für das Verderbende neuer Ersazt vor: periphrastische Ausdrücke werden bevorzugt; …immer gilt das Gleiche: die Entwickelungslinie [sic] Krümmt sich zurück nach der Seite der Isolation, nicht in die alte Bahn, sondern in eine annähernd parallele. Darum vergleiche ich sie der Spirale.[12]

---

11) '정확한 반복(exact repetitions)'이 가능한 것처럼 보이는 유일한 언어학적 하위체계는 음운론이다. 그러나 이것은 상대적으로 음소의 소규모의 목록(small inventory) 때문이다.

12) 접사는 마모돼서 결국은 흔적 없이 사라진다. 그러나 접사들의 기능은 남아 있어 표현된다. 고립어에서처럼 이 기능들은 어순에 의해서 혹은 단어를 명확히 함으로써 표현되어 진다. 후자는 점진적으로 다시 교착 어형, 마멸 그리고 삭제 과정의 대상이 되고, 약화된 접사에 대한 대체형이 생겨나는데 우언적 표현들이 선호된다. 그것은

접사는 약화되고 마지막에는 흔적도 없이 사라진다. 그러나 그것의 기능은 유사하게 남아있어 다시 표현으로 나타난다. 이러한 표현은 어순 혹은 명확한 단어를 통해 언어분리의 방식으로 유지된다. 후자는 시간이 지남에 따라 다시 응집과정, 교정, 그리고 축소의 대상이 되고 잠시동안 사용하지 못하게 된 것은 새로운 대체에 대비한다. 즉 우언적인 표현이 선호되며… 항상 동일하게 적용이 된다. 다시 말해, 일련의 발전은 오래된 통로가 아니라 비슷한 평행인 고립의 측면으로 되돌아간다. 따라서 나는 그것을 나선에 비유한다.

2.2.2.2. 순환적 강화(cyclic reinforcement)

순환적인 변화의 두 번째 유형에서 음성학적으로 그리고/혹은 의미론적으로 약화되는 문법형태소는 다른 문법형태소나 어휘소에 의해서 강화된다(Hopper & Traugott 2003: 65f., 117f.). 이런 유형의 변화에 대한 고전적 예는 'Jespersen의 순환(Cycle)'으로 잘 알려진 부정표지의 역사이다(after Jespersen 1917, 1924). Jespersen은 다음과 같이 이러한 순환에 대해 설명한다.

일부 언어에서 부정적 표현의 일반적인 역사는 호기심을 유발하는 변동을 보여준다. 부정 부사는 종종 약하게 강세를 받는데, 그것은 문장 속에서 다른 단어가 강세를 받아야 하기 때문이다. 그러나 부정은 단순한 후접 음절이나 단음이 되었을 때, 너무 약화된 것처럼 느껴져서 추가 단어에 의해서 강화되어야 할 것처럼 느껴진다. 그리고 순서상으로 이것은 적절한 부정으로 느껴질 수도 있는데, 그때 그것은 원래의 단어와 똑같은 발달 대상이 될 수도 있다. 그래서 우리는 약화와 강화의 계속되는 상호작용을 경험한다.

항상 똑같다. 즉 발달의 과정은 옛 흔적을 따르는 것이 아니라 평행의 흔적을 따르면서 고립이라고 할 수 있을 정도로 퇴보한다.

가장 잘 알려진 이러한 사례는 Jesperson이 다음 단계에서 구분한 프랑스어에서의 부정의 순환적 강화일 것이다.

> 1 단계. Latin *ne dico* 'I do not say'. 부정어 *ne*는 *non*을 밀어낸 *oenum* (*unu m'one* thing'의 옛 형태)에 의해서 강화되었다.
> 2 단계. Latin *non dico*. 고대 프랑스어에서 *non*은 *nen*으로 그리고 후에 *ne* 축소되었다.
> 3 단계. 고대 프랑스어 *jeo ne di*. 부정어 *ne*는 일련의 명사에 의해서 한 번 더 강화되었는데, 그것의 *pas* 'step'는 가장 빈번해 졌다.
> 4 단계. 프랑스어 *je ne dis pas*. 프랑스 구어에서 비강세 *ne*는 종종 생략된다.
> 4 단계. 프랑스 구어 *je dis pas*.

강화의 다른 예들은 *aliqui-unu*에 밀려난 *unus* 'one'에서 강화된 라틴어 *aliquis* 'someone'를 포함하는데 그것은 이태리어로 *alcuno*, 프랑스어로 *aucun*이 되었다(Lehmann 1955: 22). 그리고 전치사 강화의 예를 들면 프랑스어 *avant* 'before'<Lat. *ab ante* 'from before'; *dans* 'in (side)' <Lat. *de intus* 'from within'; *derrière* 'behind'<Lat. *de retro* 'from the back'; *envers* 'against'<Lat. *inversus* 'in against'(Elcock 1960: 161f.), 혹은 스칸디나비아 본토어 *på* 'on'<*upp ā* 'up on'(Norde 2008) 등이 있다. 부정 표지처럼, 강화된 전치사들은 *in>*en-tos>Lat. *intus* 'inside'> *de intus* 'from within'>French *dans* 'in>French *dedans* 'within'처럼 일련의 연속적인 강화의 대상이 될 수 있다(Lehmann 1995 [1982]: 22).

2.3. 비역행성(irreversibility)

단일 방향성은 비역행성의 동의어로 종종 다루어진다(Haspelmath 1999a;

Lehmann 2004). Lehmann은 '단일 방향성 과정은 그 정반대는 존재하지 않는 과정이다'라고 말한다(Lehmann 2004: 178). 그러나 지금까지 이 장에서 논의한 모든 용어들처럼, '역방향(reverse)'이나 '정반대(converse)'가 의미하는 것이 무엇인지 분명하지는 않다. 이 문제는 최근의 두 논문에서 언급되었는데(Haspelmath 2004; Askedal 2008), 두 사람은 두 종류의 전환(reversal)이 존재한다고 주장한다. Askedal은(2008: 49) 다음과 같이 서술한다.

> When exceptions to unidirectionality are allowed for, one is faced with two logical possibilities that are not always kept apart in the literature. One is 'strict' or 'substantial degrammaticalization' in the form of 'etymological category reversal'(for short: 'etymological reversal'), in which case the source of some grammaticalized element at some point on the cline is restored… The other possibility is 'non-etymological category reversal' (for short: 'category reversal'), i.e., a backwards development that does not result in etymological restoration of the source of a grammaticalized element but is a purely categorial move, e.g. from affix or clitic to 'independent word'.

단일 방향성으로의 예외가 허용될 때, 문헌에서 항상 따로 떼어 놓아서는 안 되는 두 가지 논리적 가능성에 직면한다. 한 가지는 '어원적 범주 전환'(간단히: '어원 전환') 형태에서의 '엄격한' 혹은 '실질적인 탈문법화'이다. 이 경우 연속변이의 어느 지점에서 일부 문법화된 요소의 근원이 회복된다 …… 다른 가능성은 '비어원적 범주 전환'('범주 전환')이다. 즉 이것은 문법화된 요소에 대한 근원의 어원적 부활의 결과가 아니라 단순히 범주적 이동인, 예를 들어 접사 혹은 접어에서 '자립어'로의 역행적 발달이다.

Haspelmath(2004: 28)은 '토큰 전환(token reversal)'(Askedal의 '어원 전환'과 일치)과 '유형 전환(type reversal)'(Askedal의 '범주 전환'과 일치)을 비슷하게

구분 짓는다. 두 학자가 설명한 대로 첫 번째 유형은 거의 중요하지 않다. 이러한 종류의 변화는 *dōn(의 과거형태)에서 -ed까지 문법화 연쇄와 같은 중간 단계를 가진 동사 dōn 'to do'로 그 단계를 거슬러 올라가는 영어의 과거시제 접미사 -ed로 설명이 될 것이다.13) 그런 사건의 발생은 결코 일어나지 않는다는 것을 가정할 정도로 그렇게 특이한 것 같지는 않다. 사실, 이런 의미에서 거대 생성기제로서 '탈쇠퇴(de-ageing)'나 '탈침식(de-erosion)'을 언급하는 것처럼 탈문법화에 대해 언급하는 것이 이치에 맞을 것이다(Newmeyer 1998: 262).

토큰 전환이 왜 존재하지 않는지 그 이유를 파악하는 것은 어렵지 않다. 왜냐하면 문법화는 전형적으로 실체의 상실을(의미론적 그리고 음운론적) 포함하기 때문이다. 그리고 화자의 과거 세대에 의해 삭제된 실체에 대한 기억을 사람들은 가지고 있지 않기 때문에, 그것들을 같은 방식으로 재도입할 수 없다. Plank(2003〔2000〕)는 이런 불가능성에 대한 흥미로운 예를 독일어에서의 (탈)문법화와 어말 무성음화 사이의 관계에 대한 논문에서 제공했는데, 그 논문에서 그는 어휘 항목들이 더 이상 굴절될 수 없는 지점까지 문법화 될 때 유성/무성 교체는 영원히 사라진다는 것을 보여주었다. (7)에 있는 독일어 명사 Weg 'way'의 굴절 발음과 (8)에 있는 그 명사의 문법화된 대응어인 부사 weg 'away'를 생각해 보라.

(7)	SG.MON/ACC	Weg	[ve : k]14)
	SG.GEN	Weges	['ve : gəs]
	SG.DAT	Wege	['ve : gə]

---

13) 이런 변화는 2.6.3절에서 논의하고자 한다.
14) Plank는 그의 논문 p.173에서 [vɛk]표현을 제공하지만, 그것은 [ve : k]가 되어야만 한다(그 논문서와 마찬가지로).

| PL.NOM/GEN/ACC | Wege | ['ve ː gə] |
| PL.DAT | Wegen | ['ve ː gən] |

(8) a. Geh   weg!   [vɛk]
    'go away!'
  b. Das Geld ist weg   [vɛk]
    'The money is gone'
  c. Er war so weg von ihr, dass er sie vom Fleck weg
    heiratete   [vɛk]
    'He ws so off(i.e. in raptures) about her that he married
    her form the spot off(i.e. on the spot)'

음절 마지막 폐쇄음들은 고대나 초기 중세 독일어에서부터 무성화를 겪어왔는데, 그것은 명사 *weg*의 굴절에서 [g]와 [k] 사이의 교체를 설명해 준다. 반면에 정의에 의해서 격변화를 하지 않는 부사는 항상 [vɛk]으로 발음 된다.15) 이것은 *weg-laufen* ['vɛk.laʊfən] 'run away'와 같은 합성어에도 적용된다. 독일어 분철 규칙을 따르면서 폐쇄음은 더 이상 음절 말이 아니므로 형태소 경계를 통과할 수 있었을 것이고, 그래서 다시 유성음 (*['vɛ.glaʊfən])이 될 수 있었지만 이런 일은 일어나지 않았다. 분명히 화자들은 [g]를 강조해 온 명사 *Weg*를 부사 *weg*와 더 이상 결부시키지 않는다. 부사 *weg*에서 폐쇄음이 예외 없이 무성으로 재분석되는 것은 부사가 형용사로 재범주화될 때 분명해진다.16)

(9) das   weg-e   Geld
    the   gone-NEUT.SG.NOM.WEAK   money

---

15) 모음도 변화하지만 이러한 대체는 더 이상 현재 독일어의 음운론의 한 부분을 형성하지 않고 차후의 논의에서는 무시될 거라는 점을 주목하라.
16) 형용사로서 *weg*의 용법은 독일어의 모든 변이형에서 불가능하다.

'the money that is gone'

　굴절된 형용사는 ['vɛgə]가 아닌 ['vɛkə]로 발음된다. 이 예가 보여주는 것은 일단 격변화하지 않는 *weg*가 명사 *Weg*에서 문법화 되면, 그것은 마지막 폐쇄음에서 유성/무성 교체를 영원히 상실한다는 것이다.17) 심지어 그것이 형용사로 재범주화 될 때, 폐쇄음 뒤에 굴절이 이어질 때에도 그 폐쇄음은 여전히 무성이었다.

　의미층위에서 토큰 비역행성의 예는 표준 중국어 문법 *děi/dé*에 대한 Ziegeler(2004)의 논문에 나와 있다. 원래 'to obtain'의 의미를 가진 본동사가 표준 중국어에서 인식조동사로, 그리고 흥미롭게도 'to need' 의미를 가진 본동사로 사용되고 있다.

　결정적으로, 조동사가 'to obtain' 의미를 가진 본동사로 되돌아가지 않았기 때문에 어떠한 전환도 전혀 없었다는 것이다. 토큰 비역행성이 문제가 되지 않는다는 것이 인정되었기 때문에, 이 논문의 나머지 부분에서 (예를 들어 2.6절에서 되돌릴 수없는 변화를 언급할 때) '유형 비역행성(type irreversibility)'의 줄여서 '비역행성(irreversibility)'이라는 용어를 사용하고자 한다.18) 그래서 탈의미론화의 비역행성은(의미의 '추상화') 어떤 재의미론화도(의미론적 자질의 증가) 없다는 것을 함축하며, 탈범주화의 비역행

---

17) 재범주화의 다른 경우에서 어휘적 근원이 있는 연상은 여전히 가능성을 지니고 있음에 틀림없다고 Plank(2003[2000]: 184f.)는 언급한다. 왜냐하면 폐쇄성은 부사나 혹은 서술 형용사가 굴절을 하게 될 때 유성화가 될 수 있다. 결론적으로 굴절된 *genuge* 'enough'는 동사 *genügen* 'to suffice'에서 유추하여 유성 폐쇄음을 가지게 된다([k]를 가진 비굴절된 *genug*와 비교하라).

18) 문법화에 대한 형태 비가역성을 주장한 소수의 사람들 중 한 사람은 Lehmann(2004)이다. 이것은 사실상 탈문법화는 존재하지 않는다는 그의 견해와 일치한다(그의 1995[1982]년 논문부터).

성은(형태 통사론적인 속성의 상실) 어떤 재범주화도(형태 통사론적인 속성을 얻는 것) 없다는 것을 의미한다. 또한 엄격한 비역행성은 어느 언어 층위에서도 발견되지 않았다는 것을 논의하고자 한다. 모든 층위에서의 변화는 강한 방향적 선호를 보여주지만, 그러나 그것들 중 어느 것도 예외 없이 단일방향적은 아니라는 것을 살펴 볼 것이다.

2.4. 비방향적 변화: 측면전이(non-directional change: lateral shifts)

언어변화가 반드시 방향성을 가지지 않는다는 것은 소위 '측면전이(lateral shifts)'에 의해 증명되었는데, 그 변화는 모든 문법층위들에서 발견된다. 분명한 예들은 *to airbrush*(명사에서 동사로)나 *the rich and famous*(형용사에서 명사로)와 같은 제로 파생들이지만, 측면전이는 접사층위에서도 증명되었다(Lehmann 1995 〔1982〕: 10).

Joseph(2005: 1f.)은 그러한 전이들을 다음과 같이 정의한다.

〔A〕 change in the form of a grammatical affix that is not simple sound change… but does not alter the element's grammatical nature or status in terms of where it falls on the 'cline' of grammatical status (from word to affix). Thus after the change, the element in question is neither more nor less grammatical than before, so it is a 'movement', in that change has occurred, but one that goes 'laterally' on the cline, not up or down it.

문법 접사 형태에서의 변화는 단순 음성변화가 아니다 …… 그러나 그 변화는 문법적인 지위의 '연속변이'에 해당한다는 관점에서(단어에서 접사로의 변화) 요소들의 문법적인 본질이나 지위를 변경시키지는 않는다. 따라서 그 변화 후에, 문제의 그 요소는 전보다 더 문법적이지도 덜 문법적이지도 않게

된다. 그래서 그것은 변화가 발생한다는 점에서 '이동'이지만, 그 이동은 위
나 아래로가 아닌 연속변이 상에서 측면적으로 일어나는 변화이다.

Joseph에 의하면, 그러한 변화는 상당히 많다. 왜냐하면, 그는 그러한
변화들의 12가지를 그리이스어 동사 체계 한 부분에서 확인했기 때문이
다. 그것들 중 10가지는 비교적 최근의 일이다. 이러한 예는 고대 그리이
스어의 1sg 비활동 현재형 -mai의 영향 하에 있는 2sg/3sg 비활동 현재형
-sai/-tai(*-soi/-toi)나 1sg 활동 과거형에 -a가 첨가된 형태인 현대 그리
이스어의 1sg 비활동 과거형 -muna(<-mun)와 같은 변화들이다.

이러한 변화들은 완전히는 아니지만 전적으로 규칙적인 음성변화의 결
과가 아니라 유추 확장의 결과이다. Lass(1990, 1997)의 의미에서 보면 그
변화들은 기능전환(exaptation)은 아니다. 왜냐하면 그것들은 '폐기되거나'
나 '주변적인 것인'이 되지 않고 새로운 기능을 획득하지도 않기 때문이다.

Joseph(2004: 58)은 문법변화에서 단일 방향성은 다음과 같이 두 가지
방식으로 해석될 수 있다고 서술한다.

> (10) 단일 방향성을 해석하는 두 가지 방식(Joseph 2004)
>   a. 더 문법적인 지위로의 이동만 존재한다.
>   (there exists only movement towards greater grammatical
>   status)
>   b. 덜 문법적인 지위로의 이동은 존재하지 않는다.
>   (there exists no movement towards less grammatical
>   status)

Joseph(2005: 5)에 따르면, (10b)가 둘 중에서 더 불안정적인데, 그것
은 측면전이(한 항목이 덜 문법적일 수는 없다는)를 배제시키지 않기 때문이다.
반면에 사람들이 만약 (10a)를 채택한다면, 사람들은 측면전이를 허용할

수 없는데 그 이유는 (10a)가 모든 변화는 훨씬 더 문법적인 지위의 결과라는 것을 의미하기 때문이다. Joseph은 문법화 이론의 측면전이의 관련성에 관한 논의를 계속하면서 그 변화들은 문법화가 아니기 때문에 특히 그 변화들은 꽤 흔한 것처럼 보이기 때문에 간단하게 무시될 수는 없다는 결론을 내린다. 이것은 다른 형태가 아닌 문법 발달의 한 특별한 형태[문법화]가 왜 그러한 강렬한 관심의 대상이 되어야 하는지에 관한 수사학적인 의문을 유발시킨다(Joseph 2005: 5).

그러나 다른 종류의 측면전이는 시제/상 표지와 같은 동사에 대한 격표지 형태소의 전이는 아니다. 눈에 띄는 한 예는 서부 토레스 해협의 호주 언어인 Kala Lagau Ya에서 찾아 볼 수 있는데(Blake 2001: 180ff.), 이 언어에서 실제적으로 이 격표지의 전체 체계는 동사의 시제/상표지의 체계로 전이되어지고 있다(표 2.1을 참조). 그 변화는 (11)의 예에서 설명되는데, 그것은 (11a)의 명사를 동반한 여격표지로서의 표지 -pa의 기능과 (11b)의 동사를 동반한 불완전 표지로서의 표지 -pa의 기능이다.

표 2.1. Kala Lagau Ya 격과 시제/상 표지(Blake 2001: 180)

표지	격	시제/ 상
-n	능격(ergative)	완성상(completive)
	대격(accusative)[a]	
-pa	여격/항격(dative/allative)	미완성상(incompletive)
-pu	수반격(comitative)	습관상(habitual)
-ngu	탈격(ablative)	대과거(yesterday past)
-nu	처소격(locative)	최근과거(immediate past)

[a] 명사에 능격표지와 대명사에는 대격표지로 기능하는 형태소 기능

<pre>
(11) a. Nuy   ay-pa   amal-pa
        he   food-DAT   mother-DAT
        'He [went] for food for mother'
</pre>

b. Ngoeba   uzar-am-pa
   1DUAL.INCLUSIVE   go-DUAL-INCOMPLETIVE
   'We two will go (are endeavouring to go)'

Blake에 의하면, 표현들이 시간의 영역으로 확장되는 것은 흔한 일이었기 때문에 국부 격표지(local case markers)들이 시제/상을 표현하게 되었다는 것은 놀라운 일이 아니라는 것이다(2.6.1절의 장소/시간 은유들에 대한 논쟁 참조). (11a)의 예에서 여격은 목표에 대한 직접적인 활동을 나타내고, (11b)에서는 상표지로의 개념적 단계를 나타내는데, 그것은 행위가 아직 완성되지 않았다는 것을 알려 주지만 분명히 목표 지향적이라는 표시이다.

덜 문법적인 것에서 더 문법적인 것으로의 전이에 대한 존재 여부가 분명치 않다는 것에 관한 다른 사례는 Yap, Matthews와 Horie(2004)가 연구했다. 이러한 사례는 대명사화소에서 화용 표지로의 전이와 관계가 있으며, 서로 관련이 없는 일본어, 표준 중국어, 그리고 말레이어와 같은 세 언어에서 살펴볼 수 있다. 예 (12)의 일본어 *no*는 이러한 변화를 설명한다(Yap, Matthews & Horie 2004: 141f.).

(12) a. Taroo   no   hon
        Taroo   GEN   book
        'Taro's book'
     b. Taroo   no
        Taroo   PRONOMINAL
        'Taro's'
     c. Taroo-ga   kat-ta   no   takakatta
        'Taroo-NOM   buy-PAST   (PRO)NOMINALIZER   expensive-PAST'
        'the one Taroo bought was expensive'
     d. asita   wa   hareru   no
        tomorrow   TOP   become-fine-weather   STANCE

'(I assure you) the weather will be fine tomorrow'

(12a)에서 *no*는 속격표지로서의 기능을 한다. (12b)에서처럼 피소유자가 생략될 때, 그것은 대명사적 기능을 획득하고, 그것은 다음 단계에서 핵어 명사(head noun)가 없는 절 구문으로 확장되고 있다. 그 뒤 그것은 보문소로서 기능하게 되었는데, 그것은 하나의 사실로서 명사화된 문장을 제시한다. (12d)에 예시된 것처럼 그것은 태도 표지(stance marker)로 발달했다. 이러한 발달의 모든 단계는 구조적, 의미론적으로 서로 근접해 있으며, 그것들은 Lyons(1970)의 존재론적 실체들의 위계와 일치한다.[19]

표준 중국어(Mandarin) *de*는 태도표지로서뿐 아니라 소유격표지, 관계소, 명사화소를 포함하는 비슷한 기능 영역을 갖고 있다. 그러나 이러한 기능들은 다른 순서로 발달했다(Yap, Matthews, Horie 2004: 148ff.). *De*는 'end'나 'bottom'을 의미하는 명사에서 유래된 것처럼 보이는데, 그것은 우선 지시적 기능과 어휘적 기능을 발달시켰고, 관계소로서의 용법이 뒤따랐으며, 마지막으로 대명사적 기능들로 발달했다. 그러나 속격 기능은 분명히 나중에 발달했다(일본어의 *no*와 대조적으로). 현대 표준 중국어에서 *de*는 일본어의 *no*와 비슷한 방식으로 태도표지로서 사용될 수 있다. 마지막으로 말레이어 *(em)punya*도 속격, 대명사격, 그리고 태도표지 기능을 하지만, 이 언어에서는 'ownership, lordship' 등을 의미하는 명사구[20]에서부터 'to own'을 의미하는 동사에 이르기까지 발달을 했는데, 거기에서 그것은 속격표지로 문법화하고 후에 명사화하는 대명사로, 마지막으로 태도

---

19) 이 위계에 의하면 물체/동물/사람은 일차실체로(first-order entity) 분석되고, 사건은 이차실체로, 그리고 명제는 삼차실체로 분석된다(Yap, Matthews, Horie 2004: 146).
20) 이 명사구는 명사 *empu* 'master'와 3인칭 전접어 *-nya*로 구성된다.

표지로 발달했다. 요약하면 일본어 *no*, 표준 중국어 *de*, 그리고 말레이어 *(em)punya*는 같은 최종 단계(태도표지)와 유사한 중간단계를 가지지만, 이 단계들의 순서에는 어떤 변이도 없는데, 그것은 의미변화의 방향성과 관련된 보편성에 대한 몇 가지 의문점을 제기한다고 Fischer, Norde, 그리고 Perridon(2004: 6)은 주장한다. 그러나 Yap, Matthews, 그리고 Horie는 단일 방향성은 존재론적 영역을 교차해서 의미변화는 유지될 수 있지만 동일 영역 내에서의 변화는 그렇지 않다고 주장한다. 관계사 기능과 속격 기능은 같은 일차적 실체의 존재론적 영역에 속하기 때문에 이 기능들의 상대적인 순서는 단일 방향성과 관련이 없다.

2.5. 문법표지의 대체 근원(alternative sources of grammatical markers)

문법형태소의 주요 근원으로서 문법화에서 강조되는 것은 형태론적 재분석의 결과로서 이 문법형태소들이 다른 경로로 발달 했을 수도 있다는 사실을 모호하게 한다는 것이다(Haspelmath 1995). 새로운 접미사 상승의 분명한 예는 접미사적 관사의 재분석의 결과로서 스웨덴어의 NEUT.PL 접미사 *-n*의 발달이다(Norde 2001a: 241).

모든 스칸디나비아 어에서처럼 스웨덴어는 한정 접미사를 소유하는데, 그것은 궁극적으로 지시사에서 파생한다(perridon 1989: 129ff.).

표 2.2. 고대 스웨덴어의 강변화 중성명사들(Strong neuter nouns in Old Swedish)

		Indefinite(비한정)		Definite(한정)	
SG	NOM	*skip*	*äpli*	*skip–it*	*äpli–t*
	GEN	*skips*	*äplis*	*skips–ins*	*äplis–ins*
	DAT	*skip(i)*	*äpli*	*skipi–nu*	*äpli–nu*
	ACC	*skip*	*äpli*	*skip–it*	*äpli–t*
PL	NOM	*skip*	*äpli*	*skip–in*	*äpli–n*
	GEN	*skipa*	*äpla*	*skipa–nna*	*äpla– nna*
	DAT	*skipum*	*äplum*	*skipum–in*	*äplum–in*
	ACC	*skip*	*äpli*	*skip–in*	*äpli–n*

원시 스칸디나비아어(Proto-scandinavian)에서 명사가 뒤따라 나오는 이 대명사는 먼저 명사로 접어화 되었고 지금은 일반적으로 굴절로 간주된다. 고대 스웨덴어에서 명사와 관사는 둘 다 굴절되었다. 강변화 중성명사의 패러다임에서 한정접사 부분은 명사에서의 복수 접미사로 재분석된다.

원래 고대 스웨덴어 강변화 중성명사(strong neuter noun)의[21] 부정 복수 접미사는 -ø였고, 한정 복수 접미사는 *-(i)n*[22]이었다(혹은 표 2.2의 skip 'ship'과 äpli 'apple' 굴절에서처럼 축소된 형태 -(e)n)(Wessén 1968: 102f., 119f.). 17세기 스웨덴어의 많은 변이형(variants)에서, 강변화 중성명사의 복수 한정 형태는 *fisk-ar-na* 'the fishes'나 *gat-or-na* 'the street'[23]와 같이 MASC.PL.DEF와 FEM.PL.DEF 형태의 영향 하에서 더 오래된 -n 대신에 *-na*로 끝났다. 모음으로 끝나는 중성명사로 인해, 이것은 *äpple-na*와 같은 NEUT. PL.DEF 형태의 결과를 초래했다. 그 뒤에 이 형태들은 NEUT.PL.INDEF *äpplen*을 버리고고 *äpple-a*로 재분석된다(Wessén 1968: 200ff.). 이런 방식으로 강

---

21) '강(strong)' 굴절이란 용어는 전통적으로 '약(weak)' 어형변화와 반대로 단수에서 속격, 여격, 대격에 대한 분명한 굴절을 하는 어형변화를 언급할 때 사용되어 지는데, 그것은 단수에서 모든 비주격 형태에는 같은 어미를 가지게 된다.
22) 한정관사의 모음 *i*는 그것이 모음에 선행될 때 탈락된다.
23) 이때쯤 고대 스웨덴어의 격 체계는 거의 사라졌다(Norde 2001b).

변화 중성명사들은 단수와 복수 사이를 분명하게 구별할 수 있게 되었다. Heath(1998)는 다른 형태의 문법형태소 생성 과정에 관해 논의한다. 그 과정에 대해서 그는 '소라게(hermit-crab) 재구조화'라는 용어를 만들어 냈다. 소라게(Hermit-crab)는 갑각류로, 그것들은 부드러운 몸을 가지고 있고, 그들 자신을 보호하기 위해 소라게들은 껍질을 등에 짊어지고 생활하면서 그 껍질에 몸을 맞추기 위해 체형을 변형시킨다. Heath의 용어로 언어학적으로 소라게의 언어학적 상당 어구는 '부적절하게 인지하거나 완전하게 사라질 위험을 무릅쓸 정도로 음성학적 축소를 겪는 문법 접사의 형식적인 재건의 특별한 방식'이다. 사용하지 않게 된 접사는 접사로서의 몇 가지 유사한 점을 가지고 있는 음성학적으로 더 견고한 형태소를 얻게 된다. 새로운 세대의 화자가 문법표지로서 그 어휘를 재해석하게 될 때, 지금까지 사용하지 않던 접사는 음성학적 자질을 획득해 왔다. 접사와 그것을 표현하는 범주는 소라게이고, 접사적 범주를 표현하는 어휘소는 게 껍질이 된다. 이 시나리오는 존재하지만 약화되고 있는 형태소와의 음성학적 연관성 때문에 어휘소가 문법기능으로 이동한다는 것을 전제로 하기 때문에 결정적으로 문법화와는 다르다. Heath는 문법과정의 재구조는 이미 존재해 있던 형태소와 여러 방식으로 융합된다는 것을 배제할 수 없기 때문에 아직은 시기상조일지도 모른다고 주장한다. Heath(1998: 744ff.)가 제시한 예들 중의 하나는 2.6.3절에서 논의된 독일어의 치음에서의 약변화 과거형이다. Heath는 치음 접미사는 문법화 된 PGmc 조동사 *dōn과 재귀분사(a reflex of participial) *-to로, 그것은 소라게 방식으로 *-dōn의 더 오래된 굴절형태로 대체되었다고 주장한다. Heath는 '문법화 이론의 더 광범위한 비판은 산재해 있는 반례들의 목록을 초월해서 간결한 반론의 여지가 없는 사례들이 이론화라는 선형방식으로 작용한다는 가정에 이의를 제기해야 한다는 것이다.' 그러한 관점에서 만약 문법화가 문법 자료의 형식적인 유사성을 근거로 해 문법화 할 가능성이 큰 언어를 선택해서 그 존재하는 특별한 언어의 문법에 의해 제한된다는 것이 알려진다면 문법화 이론은 심하게 도전 받을 것이다. 이런 일은 '독립어간이 도움이 필요한 접사범주에 받아들여질 때' 일어난다(p.752).

비록 Heath의 소라게에 대한 개념이 거부할 수없는 면이 있다 할지라도, 그에 대한 예들의 숫자는 한정되어 있는 것처럼 보인다. 또한 문법화는 사용하지 않게 된 문법 범주를 다듬을 목적으로만 발생한다는 것도 사실은 아니다. Meillet가 1912년 문법화라는 용어를 만들어 낼 때를 생각해 보면 그는 문법화란 '몇몇 단어들의 "문법화"는 새로운 형태들을 만들어내고, 언어학적 표현이 없는 몇몇 범주들을 도입한다.'('la "grammaticalization" de certains mots crée des formes neuves, introduit des catégories qui n'avaient pas d'expression linguistique')라고 서술했다(Meillet 1926[1912]: 133). 예를 들어 한정사들이 지시적인 대명사(deictic pronoun)에서 발달하기 전에 한정성은 독일어나 로망스어에서는 나타나지 않았다.

2.6. 비역행 변화들(allegedly irreversible changes)

Fischer와 Rosenbach는 '단일 방향성은 모든 언어학적 층위에 적용된다고 알려져 있다'라고 언급한다(2000: 19f.). 즉, 이것은 의미론적(완전한 지시적 의미> 탈색/문법적 의미; 덜 주관적> 더 주관적), 통사론적(어휘적> 문법적; 덜 의존적> 더 의존적), 그리고 음운론적인(완전한 음운 형태> 축소된 음운 형태)층위를 의미한다. 다음 절에서는 이런 변화에서 선호되는 방향성들이 복합 변화인 문법화 우세에 책임이 있는지에 대해 평가하기 위해서 다양한 근본적 변화의 방향성에 대해서 조사할 것이다. 이런 목적을 위해서 근본적 변화들은 문법화 변화의 일부분으로서가 아니라 그 자체로서 논의될 필요가 있다.

2.6.1. 탈의미화(desemanticization)

의미변화와 관련해서, 언중들은 추세를 따라가야 하지만(Lehmann 2004: 180) 이러한 추세는 너무 강한 것처럼 보인다. 예를 들어 은유(Metaphor)는 구체적인 것에서 추상적인 것으로 바뀌는 경향이 있으며, 그 역은 흔하지 않다는 것이다.24) 문법화에서 의미변화는 일반적으로 추상성(abstraction), 약화(weakening), 탈색(bleaching), 혹은 퇴색(fading)이라는 용어로 설명된다(Hopper & Traugott 2003: 94 참조). 일반적으로 문법화는 구체적인 의미의 상실을 포함하는데, 그것은 신체어 명사가 공간적인 부치사로 발달할 때 발견된다. 그러나 문법화에서 어휘적 의미의 상실은 보이는 것처럼 그리 간단하지는 않다. 비록 의미들이 시간이 지남에 따라 퇴색된다는 것은 의심의 여지가 없지만 문법화의 초기 단계에서 의미의 복잡성은 증가 될지도 모른다. 그런 초기 문법화에서는 (더 추상적인) 함축의 추가로 의미의 상실이 일어나기보다는 오히려 의미의 전이가 일어난다. 그러므로 *be going to*가 미래조동사로 문법화를 시작할 때, 화용론적인 추론에 의해서 미래 예측이나 의도의 의미가 추가된다. Hopper와 Traugott은 이러한 과정을 '화용론적 강화(pragmatic enrichment)'라는 용어로 표현했다(2003: 94).25)

---

24) 그러나 환유(metonymy)는 분명하지 않은데, 예를 들어 *pars-pro-toto*(*three heads of cattle*)와 *totum-pro-parte*(*France won 5-4*)가 모두 발생한다(Lehmann 2004: 180).

25) 다소 다른 관점을 취하면서, Kuteva(2001: 35ff)는 초기의 문법화는 의미 특정성의 추가와 관련이 있을 수도 있다고 주장한다. Kuteva는 그 기제를 '특정화(specification)'

예 (13)에서 Heine, Claudi, 그리고 Hünnemeyer(1991: 48)는 추상성을 증가시키는 은유[26] 범주의 단일 방향적 연속변이를 제시한다.

(13) person > object > activity > space > time > quality

이런 연속변이에 대해 가장 잘 알려진 변화 중의 하나는 공간에서 시간으로의 변화이다(Haspelmath 1997b). 그것은 (14)-(16)의 예에서 보여주는 것처럼 시간과 공간적인 관계가 유사한 방식으로 표현되는 범언어학적으로 공통되는 연구이다(Haspelmath 1997b: 1). 어원적 정보를 이용할 수 있는 언어는 대개 시간적인 의미가 공간적인 의미에서 파생된다는 것을 알 수 있다(Haspelmath 1997b: 20).

(14) a. The priest stood before the altar.　　　(orientation)
　　　b. St. Michael's day is before Christmas.　　(sequence)

(15) a. Pepito is going to the village to help his granny. (movement)
　　　b. The rain is going to help the farmer.　　　(future)

(16) a. We are still far from the end of the queue. (extreme part)
　　　b. You will be tired at the end of the day.　　(last moments)

라는 용어로 표현했는데 그것은 의미론적-화용론적 차이와는 관계가 없다.

26) Hapelmath(1997b: 140)는 '은유(metaphor)'란 근원 영역에 관한 목표 영역의 개념화로 정의될 것이라고 언급했고 계속 그 입장을 유지했다. Hopper & Traugott(2003: 87ff)와 Brinton & Traugott(2005: 28f)뿐만 아니라 Detges & Waltereit(2002: 168n)도 문법화에서 주요한 의미 과정은 은유가 아니라 환유임을 언급했다는 것에 주목하라. 왜냐하면 문법 자료는 화자들이 인접한 개념 실체에 관해서 한 개념 실체를 표현하는 특정한 문맥에서의 어휘 자료에서 생기기 때문이다. 그러나 Brinton & Traugott(2005: 28)가 인정한 것처럼, 이러한 공시적인 결과는 종종 은유적이므로 계속해서 은유에 대해서 언급하게 될 것이다(문법화에서 용어 환유의 용법에 대해서는 Heine 2002: 99n과 비교하라).

범언어학적인 증거는 사람들이 항상 공간을 통과하는 것과 같은 방식으로 시간의 흐름을 이해해야 한다는 것이다. Deutscher(2005: 135)에 의하면, 공간과 시간사이의 관계는 매우 직관적이고, 은유적인 의미는 새로운 영역에서 아주 자연스러워지므로 "to", "from" 또는 "in"과 같은 완전히 다른 기능 전치사들이 은유적으로 사용될 수 있도록 하기 위해서는 많은 노력을 할 필요가 있다는 것이다. Bybee, Perkins과 Pagliula(1994: 25)도 만약 실체가 공간적으로 어떤 활동 영역 안에 위치해 있다면, 그 실체는 시간적으로도 그 영역 안에 위치해 있다는 것은 피할 수 없다는 비슷한 주장을 한다.

결론적으로 TIME > SPACE 은유는 의미론적 단일 방향성의 분명한 사례처럼 보이지만 역 발달(converse development), 즉 시간이라는 용어로 공간의 개념화는 사실상 증명되지 않은 것처럼 보인다(Haspelmath 1997b: 141).

그러나 흔히 있는 일이지만 공간적인 개념을 표현하기위해 시간적인 개념에서 TIME > SPACE 은유를 사용할 가능성이 있다. 시계에 의해 지배되는 삶을 사는 현대 서구 사회에서 공간은 시간 은유를 사용해서 흔히 표현된다. 행성과 별사이의 거리를 측정할 때, 우리는 빛이 특정한 거리를 나아갈 때 필요한 시간의 양으로 광년(light year)이라는 용어를 사용한다. 마찬가지로 암스테르담에서 뉴욕으로 비행기로 여행하는 사람들은 보통 그들이 여행하는 거리에 대한 어떤 단서도 가지고 있지 않다. 그래서 암스테르담에서 뉴욕사이의 거리에 대한 질문을 받으면 그들은 전형적으로 대략 6시간 쯤과 같은 표현으로 대답할 것이다.

Haspelmath(1997: 141f.)는 이런 종류의 은유에 대해 간단한 주장을 제기하는데, 그에 의하면 그것은 추상적인 이동에 대한 현상을 근거로 한다.

그것을 그는 '이동이라는 면에서의 공간 형태심리학의 이동현상'으로 표현한다. 분명한 예는 프랑스어 *depuis* 'since'인데, 그것은 *depuis le haut jusqu'en bas* 'from the bottom to the top'에서처럼 공간적인 의미를 획득했다. 이것은 SPACE > TIME 단일 방향성에 대한 반례로 Haspelmath (1997b: 142)가 받아들인 유일한 예이다.

공간적인 의미를 가진 영어 *after*의 사용과 같은 예들은 Haspelmath에 의해 타당한 반례들로 여겨졌다. 그는 또한 *The poplar is after the oak*과 같은 예에서, 비록 물리적인 이동은 없지만 가는 도중에 보게 되는 길가의 나무 행렬을 확인하면서 정신적으로는 길을 따라가고 있다고 주장한다. 이런 식으로 시간 전치사는 표면적으로 공간적 사용을 하고 있는 듯하다. 그러나 Haspelmath는 *after*가 공간적인 의미는 갖고 있지 않다고 주장한다. 그 이유는 'poplar와 마주침은 oak과의 마주침보다 더 이후이다'에 대한 환유법적인 표현으로 받아들여 질 수 있기 때문이다. 그는 *after*와 같은 전치사의 유사 공간적(quasi-spatial) 사용은 결코 관습화되지는 않아서 그것들이 공간적인 전치사들로 발달했다고 말할 수는 없다고 주장한다. 그것은 Haspelmath가 왜 TIME > SPACE 은유가 아니라 SPACE > TIME 은유를 인정했는지 분명하지 않다. 그러나 그 때 그 둘은 한 영역에서 다른 영역으로의 같은 종류의 개념적인 사상(mapping)을 포함하고 있는 것처럼 보인다. 학자들이 또한 (14b)에서의 *before*의 사용을 유사 시간적(quasi-temporal)이라고 주장하는 것은 당연하다. 왜냐하면 화자가 분명히 일정표나 달력을 상상하기 때문에 성 미카엘의 날은 크리스마스 전 혹은 후에 위치된다. 관습화가 되지 않는 일에 대한 Haspelmath의 논쟁에 대해 이것은 *after*에 대해서는 전혀 유효한 것처럼 보이지는 않는다는 것이다. 왜냐하면 *after*는 관습화되기 시작했다는 증거가 있기 때문이다.

(17)의 예를 살펴보면, (17a)는 Haspelmath가 주장한 것처럼 추상적인 이동의 예로 간주될 수 있다. 그러나 (17b)에서 화자가 심리적인 여행을 한다는 것은 덜 분명하다.27)

(17) a. This camera is just after the North Street flyover. It is situated after the bend⋯
b. In CTEM the lens is situated after the specimen and is used to focus the beam directly onto detetor.28)

요약하자면 공간 전치사로서 *after*의 관습화가 아주 초기 단계에 속한다 할지라도,29) 그것이 왜 앞으로도 완전히 관습화될 수 없는지 그 이유를 찾지 못하고 있다. 결과적으로 의심할 여지없이 이러한 방향적 경향은 강하지만30) 그것이 결코 예외적인 것은 아니다. 점점 더 시간 지향적으로 변화하고 계속해서 먼 거리로의 여행을 확장시키는 사회에서 사람들이 시간에 대해 공간을 개념화하는 경향은 더 강해질 거라고 생각할 가능성이 있다는 것이다.

예를 들어 접속사의 발달과 같은 다른 영역에서도 의미변화가 비역행의

---

27) 그것은 현대의 *after*가 공간적인 의미를 더 오래 지니고 있는 경우처럼 보이지는 않는다. 왜냐하면 이 의미는 그것이 (17)과 같은 예들로 재도입되기 전에 폐기되어졌기 때문이다. 옥스퍼드 영어사전은 *after*를 포함해서 몇 개의 공간적인 구문들을 목록화하지만. 이러한 모든 것들은 이동 동사를 포함하는 표현들이다.
28) 예들은 각각 http://www.speedcamerasuk.com/database/YWY와 Scott D. Findlay의 현미경관찰에 대한 박사논문인 http://eprints.infodiv.unimelb.edu.au/qrchive/01057/01/findlay_thesis.pdf에서 2007년 2월에 인용되었다.
29) 2007년 7월 2일에 그 조건에 대한 구글 검색에서 'after에 속해 있다'와 'behind에 속해 있다'는 각각 786과 59,600의 결과를 얻었다. 물론 이것이 가장 가치 있는 실험적인 방법이 아니지만 이러한 형태의 구문에서 그것은 전치사 behind가 전치사 after보다 훨씬 더 빈번하게 사용했다는 것을 보여주기에 충분하다.
30) 2.7.2절의 SPACE>TIME 선호도에 대한 심리언어학적 설명을 참조.

성질을 띠지 않는다는 것을 보여주고 있다. 독일의 Braunmüller(1998: 113)의 접속사 어원에 대한 연구에서 비록 시간에서 인과절((18) 참조)이나 조건절((19) 참조)로의 변화가 가장 빈번하다는 것이 증명되었다 하더라도 (Heine & Kuteva 2002: 328f.), 인과절에서 시간절((20) 참조)로의 변화도 일어날 가능성이 있다고 언급하고 있다.

(18) TEMPORALpost > CAUSAL: German *nachdem* 'after' > 'since'
Nachdem du schon einmal hier bist, kannst du mir beim Abwasch helfen.
'Since you are here, you may help me wash the dishes'

(19) TEMPORALsimul > CONDITIONAL: German *wenn* 'when' > 'if'
Wenn du commst, kannst du bei uns mittagessen.
'If you come, you can have lunch with us'

(20) CAUSAL > TEMPORALsimul: German *seit(dem)* 'since, because' > 'since that time'
Seit(dem) Peter im Krankenhaus ist, raucht er nicht mehr.
'Since Peter has been in hospital, he has stopped smoking'

Rosenkvist(2004)는 스웨덴어에서 조건 종속접속사(subordinator)의 발달에 관한 연구를 했는데, 그것은 역방향의 의미변화에 대한 또 다른 연구이다. 이 연구에서 다룬 다섯 개의 종속접속사 중에서 두 개는 CONDITIONAL(조건절) > INTERROGATIVE(의문사절)의 경로를 따르는 것처럼 보이는데(규칙적인 CONDITIONAL > INTERROGATIVE 대신에; Hopper & Traugott 2003: 186) 일련의 복잡한 변화로 인하여 두 개의 종속접속사 *om*과 *ifall*이 생겨났으며 *om* 'if: whether'는 고대 스웨덴어의 전치사 *um* 'around'에서 파생하였다(Rosenkvist 2004: 133ff.). 이 전치사는 보어로서 의문사절과 조건절을 취할 수 있는데, 그

때 *um æn*의 연속배열은 복합 종속접속사로 재분석되었고, 후에 *æn*은 탈락되었다. 필수 종속접속사(bare subordinator)로서 *um*이 처음에는 조건 문맥에서만 나타나며 의문사절에서의 *um*은 훨씬 후에 나타난 것으로 보아 의문사 *um*은 분명히 조건 *um*에서 발달하지는 않았다는 것을 알 수 있다. 이러한 변화를 더 복잡하게 하는 것은 *um*의 의미가 직접적으로 'around'에서 'if; whether'로 변화하지 않았다는 것이다. 오히려 조건과 의문사로서의 의미는 *æn*이 탈락되었을 때, *æn*에서 *um*로 전이되었다는 사실이다. Rosenkvist의 두 번째 예는 현대 스웨덴어 *I fall 'in case'*와 관계가 있는데 그것은 종속절이(att 'that'. om 'if' 또는 där 'where'의해) 뒤 따라오는 초기 현대 스웨덴어의 구(phrase) *i fall 'in case'*에서 파생된다. 고대 스웨덴어 *um æn*의 경우에서처럼, *ifall*과(지금은 단일어) 그 뒤에 따라오는 종속접속사는 복합 종속접속사로 재분석되었고 종속접속사 뒤의 *att/om/där*은 이후에 삭제되었다. 17세기부터 20세기 초까지, *ifall*은 조건문에서 제한적으로 쓰였으며 의문 용법은 비교적 최근의 일로 유추의 결과로 보인다(Rosenkvist 2004: 231).

위의 예는 분명히 변화에 대한 보편적인 의미 통로는 존재하지 않는다는 것을 보여주지만, 반례의 수는 현재 상당히 한정적인 것으로 보인다. 그럼에도 불구하고 일부 반증들이 존재하지만, 이것을 고려할 가치도 없는 것으로 폐기시키려는 시도가 이루어지고 있다. 예를 들어 인식조동사에서 본동사 'to need'의 의미로 발달한 중국어 *dei/dé*에 대한 Ziegeler (2004)의 논문에서, 그녀는 의미의 단일 방향성을 유지시키려는 시도를 한다. 의미변화의 개념망 모형을 제시하면서, Ziegeler(2004: 130f.)는 인접한 의미변화의 연쇄는 분명히 가족닮음(family resemblance) 망을 통해 계속될 수 있다고 주장하는데, 이것은 환유법적인 변화를 향한 끊임없는 유도와 언어사용에 나타난 의미의 증가 때문에 가능해진다. Ziegeler가 제안한 유형망에서 문법화 연쇄는 환유법적 전체 연결망의 작은 부분만 형성하고, 그것들은 어느 지점에서 의미론적 본질에서의 증가를 함축하는 새로운 연쇄를 시작하기 위해 분리되어질 가능성이 있다. Ziegeler 논쟁에서 중요한 것은 한 링크에서 다른 링크로의 이동은 그자체가 방향성을 나타내므로 역방향성은 존재할 수 없다는 것이다. 비록 그러한 망들이 일차원적 연쇄나 이차원적 사상에 대한 몇 가지 이점을 가지고 있다 할지라도, 그것들은 분리나 예상하지 못한 방향성을 포함해서 발달의 다중 경로를 설명할 수 있을 것이다. 그러나 그것들이 의미층위에서 단일 방향성을 유지하기 위해 어떻게 사용되어 질 수 있는지를 밝혀내는 데 실패했다.[31] 단일 방향성이 만약 일차원적 연쇄나 이차원적 사상을 유지하는 것을 증명할 수 있다면, 정말 흥미로운 작업이 될 수 있을 것이기 때문이다. 이동이 가능한 것처럼 보이는 개념망에서 단일 방향성은 중요하지 않다. 만약 단일 방향성이 존재한다 할지라도 본질적으로 다중방향성인 개념망은 어떤 단일 방향성도 존재하지 않는다는 것을 보여준다.

2.6.2. 탈범주화(decategorialization)

탈범주화란 용어는 한 범주에서 다른 범주로의 전이를 의미하는데 그것은 주(major) 범주에서 부(minor) 범주로의(전치사나 대명사) 전이이다(Hopper & Traugott 2003). 기능적인 관점에서 탈범주화는 담화 자율성의 상실과 관련이 있다(Hopper 1991).[32] 명사가 문법화될 때 명사들은 담화에 참여하는 사람들을 인식할 수 있는 가능성을 상실하고(예 21), 동사가 문법화

---

31) Ziegeler는 반방향성은 다른 층위에서도 가능하다는 것을 부인하지 않는다.
32) Hopper에 따르면 탈 범주화는 항상 명사나 동사와 관련이 있다.

될 때 동사들은 새로운 사건을 알려줄 가능성을 잃어버린다(예 22).

(21) a. Our thanks were accepted by the major.　　　(referential)
　　 b. Thanks to his generosity (grammaticalized, non-referential)

(22) a. They saw the Northern Lights　　　　　(referential)
　　 b. Seeing that you have declared bankruptcy, you can hardly make any new investments
　　　　　　　　　　　(grammaticalized, non-referential)

　형식적인 면에서, 탈범주화는 굴절 혹은 관사와 수식어를 취할 수 있는 형태 통사적 속성의 소실을 수반한다. 예를 들어 관계어구 *on top of*에서, 명사 *top*은 복수화 될 수 없고(보기 (23a) 참조) 관사도 동반할 수 없다. 지시적 *top*과 관계적 *top*의 차이는 (23b-c)에 설명되어 있다. (23b)에서 *top*은 지시적이고 정관사 뒤에 위치할 수 있지만, (23c)의 정관사 없는 *top*은 냉장고의 윗부분을 언급할 필요가 없는 관계명사(relational noun)이다. 냉장고가 무언가의 뒤에 위치해 있을 때, 그리고 무엇인가가 문 쪽에 놓여있을 때, 그것은 냉장고의 위쪽에 있다고 말할 수 있다(DeLancey 1994: 4).

(23) a. *On the top of all the houses
　　 b. On the top of the refrigerator
　　 c. On top of the refrigerator

　마찬가지로 실질 동사들이 조동사로 문법화 될 때, 그 동사들은 인칭어미들을 잃어버리고(영어에서 *he cans, *he wills) 특정문맥에서 문법화가 되지 않을 수도 있다(영어의 시간의 부사절 *Let's wait till she will join us*를 참조)

(Hopper & Traugott 2003: 111).

탈범주화는 용어상 몇 가지 문제점을 안고 있다. 첫째로, Ramat(2001: 398)이 주장한 것처럼 탈범주화는 범주상의 지위 상실을 의미할 수 있다. 따라서 '변형 범주화(transcategorization)'란 용어를 사용할 것을 Ramat은 제안하고 있다. 그러나 Brionton과 Traugott(2005: 25)는 이 용어는 형태 hand(N) > to hand(V)가 되는 주범주사이의 측면전이('lateral shifts')를 포함하고 있으므로 탈범주화의 동의어는 아니라고 지적한다. 필자는 Brionton과 Traugott의 이러한 관점에 동의하지만, 탈범주화는 주범주(개방)에서 부범주(폐쇄)로의 강등(demotion)을 시사하는 것과 같은 문제가 남아 있다. 그러나 이것은 그러한 경우와는 거리가 멀다. 예를 들어 많은 종속접속사는 대명사와 같은 폐쇄부류 항목에서 파생하고(Cristofaro 1998: 82f.) 정관사들은 전형적으로 지시사에서 파생된다. 둘의 경우에서 보듯 탈범주화는 한 범주에서 또 다른 범주로의 전환과 관련이 있다.

탈범주화와 관련된 두 번째 문제는 탈범주화는 범주 전환을 전혀 수반할 필요가 없다는 것이다. 예를 들어 독일어 조동사로 예시되었던 잘 알려진 의무조동사에서 인식조동사로의 의미 화용론적 전환을 생각해 보라. 독일어 법 조동사가 인식의 의미를 가질 때, 몇 가지 형태들 즉 (24c-d)에서 동사 mögen의 가정법 형태들과 (25b)에서의 동사 wollen의 과거 형태들은 제외될 지도 모른다(Diewald 1997: 28).

(24) a. Sie mag   darüber   sehr   verärgert sein
     She may-PRES-IND   about.that   very   angry   be
     'She may be very angry about that.'
   b. Sie mochte   darüber   sehr   verärgert sein
     She may-PRET-IND   about.that   very   angry   be

‘She may have been very angry about that.’

c. ?Sie möge | darüber | sehr | verärgert | sein
She may-PRES.SUBJ | about.that | very | angry | be

d. *Sie möchte | darüber | sehr | verärgert | sein
She may-PRET.SUBJ | about.that | very | angry | be

(25) a. Sie will | im | Büro | gewesen | sein
Sh will-PRES | in.the-DAT | office | been | have
‘She has probably been in the office.’

b. ?Sie wollte | im | Büro | gewesen | sein
She will-PRET | in.the-DAT | office | been | have

여기에서 언급하고 있는 요점은 법조동사 mögen과 wollen이 인식론적 구문에서 사용되어질 때 분명 화용론적으로 제한될 가능성이 있다는 것이다. 그러나 한 범주에서 다른 범주로는 어떤 전이도 일어나지 않는다. 다시 말해서 의무조동사에서 인식조동사로의 전이가 문법화를 증가시키는 사례로 여겨질 수도 있다는 사실에도 불구하고, 문자 그대로의 의미에서 이런 경우 어떤 탈범주화도 존재하지 않는다는 것이다. 이러한 문제점에도 불구하고 형태 통사론적인 속성의 상실에 한정해서 탈범주화란 용어를 사용할 것이다.

다음 논점은 반대 과정인 재범주화(recategorialization)가 존재하는지에 관한 것으로, 재범주화는 굴절과 관사(명사의 경우) 혹은 양상(동사의 경우)에 의해 수식받을 수 있는 형태통사론적인 속성의 획득을 수반해야만 한다. Plank(2003)는 주변부류에서 주요부류로의 전이는 항상 돌발적이며 반대로 주요부류에서 주변부류로의 전이는 점진적이라고 주장한다. 독일어 구어체에서 인용한 재범주화에 대한 예는 비굴절 부사나 불변화사 등의 발달에 관한 것으로, 그것들은 완전 형용사들처럼 단지 술어위치에서만 나타날 수 있다.

(26) a. Die   Tür   ist   zu
        the   door   is   closed
     b. die   zu(-n)e   Tür
        the   shut(-n)-FEM.SG.NOM.WEAK   door[33]

(26)의 변화는 기능어가 어휘화되는 것이므로 탈문법화의 예는 아니다. 이런 어휘화의 유형은 모든 종류의 기능어들이 주요 품사항목으로 쓰이기 위해 보충될 수 있는 영어와 같은 언어에서는 꽤 흔한 일이다. 예를 들어 (27a)에서 법조동사는 명사로서 사용되고, (27b)에서는 부사/동사적 불변화사가 동사로서 사용되어지고, (27c)에서는 부사/동사적 불변화사들이 명사로서 쓰여진다.

(27) a. The white-trouser suit is a must this summer.
     b. He downed a bottle of whisky like it was water.
     c. The ins and outs of e-mail vulnerability.

그러나 재범주화는 돌발적인 것이 아니라 점진적으로 탈문법화에서 일어난다. 이것은 4장에서 논했던 탈문법성의 변화에 의해서 분명하게 입증되었다. 주요부류들로 발달하는 기능어들은 형태 통사론적 특징들을 획득하게 된다. 예를 들어, 펜실베니아독일어 법 조동사 wotte가 완전동사로 쓰일 때, 여러 다른 속성 가운데 그것은 과거분사의 형태를 획득했고 조동사에 영향을 받게 되었다(예 (28b); Burridge 1995).

---

33) -n-은 삽입자음으로, 이것은 전형적으로 비기초 형용사로 어두 모음 접미사 앞에 요구된다.

(28) a. Er hat gewott er kennt noch eens vun die Ebbel hawwe
        He has wished he could again one of the apples have
        'He wished he could have one more of the apples'
     b. Ich muss wotte er brauch net lang Schmaetze hawwe
        I   must wish he need   not long pain   have
        'I do wish, he didn't need to be in pain for long'

　마지막으로, 문법화나 탈문법화 둘 다와 관련이 없는 점진적인 재범주화의 유형이 존재한다는 것이며 이것은 스웨덴어 접미사 *-vis*의 역사에 의해 설명될 것이다(Norde 2005). 그것과 어원이 같은 영어의 *-wise*(clockwise)처럼 이 부사적 접미사는 원래 명사 'manner'에서 파생되었다.34) 그 접미사는 스웨덴어에서 여전히 생산적이며 다양한 품사의 어간에 첨가될 수 있다. 즉 형용사(*lyckligtvis* 'luckily'), 명사(*delvis* 'partly'), 그리고 수사(*tusenvis* 'by the thousands')가 해당된다. 형용사로서 접미사 *-vis*35)의 관용적 어휘들이 발달한 것은 꽤 최근의 일이다(가장 오래된 사례는 1797년도로 거슬러 올라간다). 형용사로서 사용될 때, 접미사 *-vis*가 있는 단어들은 (29b)의 중성 어미 *-t*와 (29c)의 복수형 어미 *-a*와 같은 형용사적 굴절 형태들을 가지게 된다. 흥미롭게도 일부 화자들에게 있어서 형용사화는 어느 정도 진행되어 왔는데, 그들은 예 (29d)에서 예시하는 것처럼 형용사에서 부사를 파생시키기 위해 부사적 접미사 *-t*를 덧붙인다.

(29) a. en gradvis   och   mjuk övergång till   euro (1998)
        a gradual   and   soft transition to   euro
        'a gradual and soft transition to the euro'

---

34) 오래된 *-vis* 부사들은 외래어가 아닌 순수한 모국어지만 그것들의 대부분은 저지 독일어(Low German)와 고지 독일어(High German)에서 유래하는 차용어들이다.
35) 명사의 어기와 함께 단지 두 개의 부사의 아류형들이 형용사화된다.

b. ett   fläckvist   skydd   (1997)
   a-NEUT   patch-wise-NEUT   protection
   'a patchy protection' (about sun cream)
c. stegvisa   reformer   (1996)
   stepwise-PL   reforms
d. Fast   slumpvist   vald   är   hon   inte(1995)
   Although   chance-wise   chosen   is   she   not
   'Although she has not been chosen at random'

이것은 형용사적 굴절의 획득을 동반한 부사에서 형용사로의 범주 전이의 사례이다. 다시 말해서 형태 통사론적인 속성의 증가라는 점에서, 그것은 재범주화의 사례이다(스웨덴어에서 부사와는 달리 형용사들은 성, 수, 그리고 한정성에 대해 굴절되어진다). 그러나 결정적으로 문법화도 탈문법화도 이 과정을 정확하게 설명하는 것처럼 보이지는 않는다. 왜냐하면 어떤 의미론적 변화도 없고(최소한 스웨덴어에서) 형용사들이 부사보다 더 문법적이거나 덜 문법적이라고 말할 수 없기 때문이다.36) 그리고 그것은 또한 단순한 측면전이의 사례가 아니다(2.4절 참조). 왜냐하면 그것은 점진적인 전이가 아니라 돌발적인 전이이기 때문이다. 명사 *cement*가 동사로 사용될 때 (we cemenfed our friendship)와 같은 측면전이의 사례에서, 그 명사는 명사적 문맥에서 벗어나 즉시 동사적인 문맥에서 동사로 쓰여 진다. 그러나 *-vis* 형용사의 경우, 코퍼스에 기반한 현대 스웨덴어의 분석(Norde 2005)은 형용사화가 문맥 의존적이라는 것을 나타낸다.37) 대부분 형용사화 (adjectivization)의 예들은 탈동사적 명사의 수식어로서 한정적 용법에서

---

36) 그럼에도 불구하고 그것은 흥미로운 경우이다. 왜냐하면 양태부사(manner adverb)에서 형용사로의 전이는 존재하지 않는 것으로 여겨지기 때문이다(Ramat 2001).
37) 데이터는 Gothenburg 대학교의 Språkbanken(http://spraakbanken.gu.se/konk/)에 있는 용어 색인에서 추출되었다. 이 코퍼스의 가장 큰 부분은 신문 텍스트를 구성한다.

발견되었다. 그러므로 수식받은 동사들이 명사화될 때 우선 부사가 형용사화가 되는 것처럼 보인다. 아래의 예 (30)을 비교해 보면 위의 (29a)의 내용과 유사하다는 것을 알 수 있다.

> (30) Övergången   från den svenska kronan   till den nya
>   Transition-DEF from the Swedish crown-DEF to the new
>   EMU-valutan   sker   gradvis   och   mjukt (1998)
>   EMU-currency   happens   gradually   and   softly
>   'The transitions from the Swedish crown to the new
>   EMU-currency proceeds gradually and softly'

결론적으로 이 책에서 정의했던 대로 탈범주화와 재범주화란 용어는 굴절이나 수식어를 선택하는 능력과 같은 형태 통사론적 속성의 상실이나 습득을 언급한다. 방향성의 선호여부는 분명하지 않다. 일차문법화에서 항상 탈범주화가 발견되지만 재범주화도 흔히 돌발적이고 점진적인 변화에서 발견된다.

2.6.3. 단일어화(univerbation)

Anderson(1997)에 의하면 단일어화는 3가지의 다른 층위, 즉 형태론적 층위(형태소 경계의 상실), 운율적 층위(강세 전이), 그리고 분절 층위(음운론적인 축약)에서 관찰할 수 있다.[38] 단일어화는 보통 형태론적 혹은 운율적 층위에서 발생하지만 분절 층위에서는 반드시 발생하지 않는다. 예를 들어, 네덜란드의 합성어 *hogehoed* 'top hat'(hoge hoed 'high hat'에서 유래한다)에서는 형태론적 단일어화와[39] (다른 것들 중에서 hoge는 더 이상 부사에 의

---

38) 일부 연구에서 용어 합류(coalescence)는 분절 층위에서 단일어화에 쓰인다. 예를 들어 Lehmann(1995[1982]) 혹은 Brinton & Traugott(2005: 27f.)

해서 수식받을 수 없는 사실에서 입증되었듯이: *een heel hogehoed 'a very high hat') 운율적 단일어화가 둘 다 존재한다. 왜냐하면 형용사 hoge가 제 2강세를 받는 통합관계(syntagm) hòge hóed 'high hat'와는 반대로, 마지막 음절만 강세를 받기 때문이다(hogehóed). 그러나 hogehoed에서는 어떤 분절적 단일어화도 존재하지 않는다. 즉 합성요소들은 여전히 분명하게 인지되고 합성어는 때때로 hoge hoed로 철자화된다(van Bree 2004: 159). 분절 단일어화가 존재하는 합성어의 예는 boomgaard 'orchard'의 문어적 변이형인 네덜란드어(Dutch) bongerd로, 그것은 boom 'tree'+gaard 'yard'에서 파생한다. 분절적 단일어화는 PGmc *mati- 'food'+*sahsa- 'cutting device'에서 파생하는 네덜란드어 mes 'knife'에서처럼 합성요소들이 더 이상 구별되지 못하는 단계에까지 이르게 될 지도 모른다(van Bree 2004 [1990]: 158).

구 전체 단일어화의 예는 고대 노르웨이어(the Old Norse) 부정대명사 nakkvarr/nǫkkurr 'someone'과 nakkvat/nǫkkut 'something'이다(Boer 1920: 181). 그것은 각각 원시 스칸디나비아어(Proto-Scandinavian)의 구 *ne wait et hwarir 'not know I who'와 *ne wait et hvat 'not know I what'에서 각각 파생한다. Haspelmath(1997a: 131)[40]는 인구어(Indo-European language)에서 유래하는 다른 상당 어구에 대해서 연구했다. 그는 그 상당어구들을 'dunno-infinites'라고 칭했는데, 예를 들어 중세 고지 독일어(Middle High German) neizwer 'somebody' (⟨ne weiz wer '(I)

---

39) 대응하는 통합관계를 비교하라, 거기에서는 부사의 수정이 완벽하게 가능하다: een heel hoge hoed 'a very high hat'.
40) Haspelmath(1997a: 131)은 이러한 형태를 nekkver로 잘못 인용한다. 그리고 재 구조된 원시 게르만어의 구 역시 몇 가지 오자를 포함한다. 올바른 형태는 Boer(1920)에 있는 것들이다.

don't know who'), 불가리아 방언 *na(m)koj* 'somebody' (<ne znam koj 'I don't know who') 혹은 고대 교회슬라브어(Old Church Slavonic) *někŭto* 'somebody' (<*ne vě kŭto 'I don't know who') 등이 해당된다. Haspelmath (1997a: 132)는 부정대명사가 'I don't know'구조에서 발생했다는 이유를 밝히는 것은 어려운 일이 아니라고 주장한다. 즉, 부정대명사는 전형적으로(항상은 아니지만) 화자가 언급하려는 사람의 신원을 파악하지 못했을 때 사용되기 때문이다. (31a)에서 보듯 통사적으로 'I don't know'는 Lakoff (1974)[41]의 의미에서 볼 때 통사적 혼합유형인 모절(matrix clause)에 내포된 wh-구였음에 틀림없다. 그 결과, 이 문장은 (31b)에서처럼 대명사의 목적격 형태가 나타나는 자리와 같은 위치인 목적어 위치에 삽입된다. 이것은 특히 그것들을 단일어화와 음성학적 축약을 동반한 통사적 재분석의 경향을 띠도록 만든다(Haspelmath 1997a: 132).

> (31) a. (She told him something$_i$.) I don't know what [it$_i$ was].
> b. She told him I don't know what.

단일어화의 특별한 유형은 자립어에서 의존형태소의 상승을 뜻하는 형태소화이다(Hopper & Traugott 2003: 140ff.). 형태소화는 이차적 문법화로 알려져 있는데 그것은 (32)에서 처럼 문법성의 연속변이에서 마지막 단계를 반영하기 때문이다.

---

41) Lakoff는 통사적 결합물을 '문장의 논리적인 구조 속에서 어떤 것에도 일치하지 않는 어휘적 자질의 양을 그 안에 지니고 있는 문장'으로 정의한다(Lakoff 1974: 321). 일부 예들은 *Sammy's going to marry guess who*와 *Irving's gone God knows where*이다. 그리고 Hapelmath의 'dunno-construction'와 유사한, *John invited you'll never guess how many people to his party*가 있다.

(32) content item > grammatical word > clitic > inflectional affix
　　　(내용어)　　　　　　　(문법소)　　　　　　(접어)　　　　　(굴절접사)

Hopper과 Traugott(2003: 141)가 인정하는 것처럼, 모든 문법화의 예가 형태소화와 관련이 있는 것은 아니다. 1.4.1절에서 살펴 본 대로, 일차적 문법화의 많은 사례들은(예: 조동사나 전치사) 초기의 이차적 문법화에 대한 어떤 징후도 현재 보여주지 않고 있다. 형태소화가 일어날 때, 형태소화의 여러 사례들은 부분적으로 재구조화를 근거로 한다. 이것은 심지어 로망스어 굴절미래인 완전 문법화 연쇄의 *pet*예에 적용된다. 그러나 이런 경우에, 흥미롭게도 그것은 문헌 자료에서 증명하지 못한 그래서 재구조화가 될 필요가 있는 첫 단계가 아니라 중간 단계이다.[42]

표 2.3. The development of the Romance inflectional future(로망스 굴절미래의 발달)
(from Lausberg 1972: 229ff.)

		Classical Latin	Vulgar Latin	Italian	French
SG	1	*cantare habeo*	**cantar'abeoa*[a]	*canterò*	*chanterai*
	2	*cantare habes*	**cant'arabes*	*canterai*	*chanteras*
	3	*cantare habet*	**cant'arabet*	*canterà*	*chantera*
PL	1	*cantare habemus*	**cantara'bemus*	*canteremo*	*chanterons*
	2	*cantare habetis*	**cantara'betis*	*canterete*	*chanterez*
	3	*cantare habent*	**cant'arabunt*	*canteranno*	*chanteront*

[a]는 다음 음절에 강세가 온다는 것을 가리킴

대부분의 로망스어에서 다양한 우언적 구문들은 점진적으로 새로운 굴절미래로 발달했다.[43] 현재 직설법 동사의 형태 *habere* 'to have'에 뒤

---

42) 통사론적 미래의 출현은 다음과 같이 재구조되었다: (i) 다른 방언들로 널리 퍼진 서부 로망스어의 변혁, (ii) 모든 로망스어의 방언들의 평행 발달, (iii) 일반 로망스어의 마지막 단계 동안 일어나는 발달, 즉 개인적인 방언들로 쪼개지기 전(Fleischman 1982: 68f.). Fleischman이 '우선적 대체'로 간주한 세 번째 시나리오가 여기에서 채택된 시나리오이다.
43) 라틴어는 *habere*가 미래 조동사로(Pinkster 1987: 208) 발전했을 때 계속 사용되었

이어오는 부정사를 수반하는 그 구문들은 가장 일반적인 유형이 되었다. 표 2.3은 이탈리아어(Italian)와 프랑스어(French) 그리고 그 언어의 재구조된 선행어에서 유래하는 예들을 제공한다.

일부 로망스어에서의 그와 유사한 발달은 동사 *habere*의 과거와 완료 시제로부터 유래하는 굴절 조건절의 상승이었다(Lausberg 1972: 232). 따라서 프랑스어 *chanterais* 'I would sing'은 라틴어 *cantare habebam* (sing-INF have-PRET. 1SG)에서 파생되며, 반면에 그것에 대한 이탈리아어의 상당 어구 *canterei*는 *cantare habui*(sing-INF have-PERF. 1SG)에서 파생된다.

양상보다는 오히려 시간의미를 지닌 *habere* +infinitive(부정사)의 보기들은 2세기 이후의 자료에서 빈번하게 나타나기 시작하지만, (33)의 예에서 보듯 더 확실한 사례들은 이후에 나타난다(Augustine의 저술에서(354-430)). 이 사례에서 미래의미는 *coli habent*가 굴절미래 erunt와 대등하게 되었기 때문일 것이다(pinkster 1987: 206). 예 (34)는(Fredegar의 연대기에서 발췌) 전통적으로 굴절미래의 첫 번째 보기로 주어지지만, 이 문장이 나타나는 구절의 정확한 날짜에 대해서는 확실하지 않다. 즉, 날짜는 613년으로 거슬러 올라가지만 훨씬 더 이후에 구성되었을지도 모른다. 논란의 여지가 없는 가장 오래된 보기들은 Strasbourg Oaths(843)에 있는 *prindrai* 'I will take'와 *salvarai* 'I will assist'과 같은 것들이다 (Fleischman 1982: 68).[44]

던 굴절미래(*cantabo-cantabas-cantabat* 'I-you-(s)he will sing')를 가지고 있었다. 최종 소실에 대한 이유에 대해서는 Lausberg(1972: 226ff.)나 Pinkster(1987: 210ff.)을 참조하시오.

44) 로망스어 접미사 MENTE의 경우에서처럼(1.6.5절 참조), 위에 제시된 것들과 같은 간단한 기술은 같은 시기의 로망스와 방언에서 입증된 복합성을 제대로 평가하지 못한다. 무엇보다도 일부 언어들은 굴절미래를 조동사 HAVE에서 발달하지 않았다. 예를 들어 포르투갈어(portuguese)는 여전히 독립조동사 형태를 사용한다(Lausberg

(33) aliquando   Christiani   non   erunt   et
     some.time   Christians   not   be-FUT.IND.3PL   and
     idola rursus coli   habent
     idols again cultivate.INF.PASS   have-PRES.IND.3SG
     'Some day there will be no more Christians, and idols will be
     cultivated again'

(34) Iustinianus   dicebat: 'Daras'
     Iustinianus   say-PRET.IND.3SG   give-FUT.IND.2SG
     'Iustinianus said: "You will give"'

형태소화의 또 다른 예는 게르만 어족의 소위 약변화 과거형(영어 heard, 네덜란드어 hoorde)이다. 예를 들어 어간에서의 모음교체(영어 give - gave; ride - rode etc.) 과거형이 대부분 모음교체(ablaut)에 의해서 형성되는 게르만 어족의 강변화 동사와는 반대로, 약변화 동사 부류는 접미사를 동사 어간에 첨가한다. 이 접미사의 첫 자음이 치음이기 때문에(예: Goth nasida 'I saved', Goth manta 'I could', Goth kunÞa 'I could'; Tops 1978: 350) 그것은 치음 접미사로 알려져 있다. 몇 가지의 예들은 표 2.4에 나와 있다.

과거형 접미사들은 일반적으로 원시 게르만어의 조동사 *dōn* 'to do'

1972: 231). 두 번째로 일부 다양한 로망스어에서 미래조동사들로 사용되었던 동사들이 있었다(Lausberg 1972: 228). 그러나 이러한 발달과정은 항상 라틴어에서의 변화들을 밝혀낼 수가 없다(Pinsker 1987). 예를 들어 루마니아어(Romanian)는 몇몇의 우언적인 구문을 사용하는데(Daniliuc와 Daniliuc 2000), 그것은 동사 *a avea* 'to have'나 *a vrea/a voi*를 포함한다(둘 다 라틴어 *velle* 'to want'에서 파생했지만 *velle*는 라틴어에서 미래조동사로 사용되지 않았다; Pinsker 1987: 195). *Avea* 미래는 동사의 굴절된 형태나 (특히 구어체 루마니아어에서) 고정된 짧은 형태 *o* +접속사 *sa*+가정법 현재, 예를 들어 (eu) *am /o sa cânt* (I have that sing-SUBJ. 1SG) 'I will sing.'을 사용한다, (현재 고어체인) *voi* 미래는 부정사구문으로 분석된다. 즉 (eu) *voi cânta* 'I will sing'이 그것이다(Mara van Schaik-Radulescu, p.c.).

(<PIE *dhē- /dhō-)에서 파생한다고 추정되는데, 그 과거 형태들은 표 2.5
에 나와 있다. 예를 들어 고트어(Gothic) *nasidēdum* 'we saved'는 'save
did-3PL'을 의미하는 구에서 파생되기 위해서 재구조화되었다(Bopp 1816;
Boer 1918; van Hamel 1923; van Haeringen 1962; Krahe & Meid 1969: 127f.).

표 2.4. Some weak preterite paradigms in germanic* (게르만어의 약변화 과거형의 어형 변화)

		PGmc[a]	Gothic	Old Icelandic	Old High German
SG	1	*salbōðō^n	nasida	talða	frumita
	2	*salbōðēz	nasidēs	talðir	frumitōs
	3	*salbōðē(þ)	nasida	talði	frumita
DU[b]	1	*salbōðu^n	nasidēdu		
	2	*salbōðēðuþ(i)z	nasidēduts		
PL	1	*salbōðēðum(i)z	nasidēdum	tǫlðum	frumitum
	2	*salbōðēðuþ(i)	nasidēduþ	tǫlðuð	frumitut
	3	*salbōðēðun(þ)	nasidēdun	tǫlðu	frumitun

표 2.5. The indicative preterite of PGmc *dōn 'to do' (Ramat 1981: 177)

SG	1	*deðō^n	PL	1	*deðum
	2	*deðēz		2	*deðuþ(i)
	3	*deðē(þ)		3	*deðun(þ)

또한 다른 해석들이 제공되고 있더라도,[45) Do-기원(Do-Origin)이 현재
가장 널리 인정받고 있는 것 같다(Lahiri 2003). 이러한 어원학을 지지하는

---

45) 대체 설명에 대해서는 Prokosch(1939: 195ff)와 거기에 수록된 참고문헌, 특히
Tops(1974 & 1978)의 참고문헌을 참조하라. 그러나 이것들도 고트어 양수와 복수
형태들을 설명하지 못한다. Tops(1978: 350)는 '긴 고트어 어미(예를 들어 양수와
복수)에 대한 모든 다른 설명들은 그것들을 폐기해야 할 정도로 아주 복잡하다'고 언
급한다. 다른 의견은 Heath의 '소라게(hermit-crab)'시나리오이다. 그 시나리오에
의하면 *dōn의 굴절형태들은 *-to에서 서술 분사를 포함하는 제대로 기능을 하지 않
는 '과거형(preterite)'으로 대체되었다. 그 논증의 영향력이 비록 확대된다 할지라
도, 분사 *-to가 과거형으로 기능하게 되었다는 것은 확실하지 않다. 그 과거형은
(어휘소가 충분한 음성적 자질 없이 문법범주로 되는, 2.5절 참조) 소라게 시나리오
의 전제조건이다.

논쟁들을 살펴보면 다음과 같다. 첫 번째로 고트어(Gothic)에서 양수와 복수를 중첩시키는 형태는 *dōn의 과거 형태를 계속해서 사용할 때 가장 잘 설명된다. 왜냐하면 이것은 중첩동사(reduplicating verb)이기 때문이다.46) 두 번째로 이 절의 처음에서 살펴보았던 것처럼, 조동사가 동사의 어미로 형태소화되는 것은 흔한 일이다. 게르만어의 약변화 과거형 동사변화에서 Do-기원(Do-origin)은 타당성이 있는데, 그 이유는 Do-지원(Do-support)이 일부 변이형에서 증명되었기 때문이다(예: 영어와 동부 네덜란드 방언들). 마지막으로, 원시 게르만어(PGmc) 조동사가 형태소화 된다면 그것은 접미사가 될 것이다. 왜냐하면 어순이 SOV 언어였던 원시 게르만 어에서 조동사는 본동사 뒤를 따르기 때문이다.47)

음운론적 관점에서의 형태소화에 대한 흥미로운 논문에서, Lahiri (2003: 71)는 문법화란 어떤 단위에 대한 음운론적인 단어의 축약을 함의하는 것 같다는 정의를 내리는데, 그때 그 단위는 다른 음운론적인 단어에 부착된다([WORD]ω [WORD]ω > [[WORD]ωCLITIC]ω > [WORD AFFIX]ω). 그러므로 문법화란 결정적으로 음운론적인 어형성과 관련이 있다.48) 마지막 단계에서 단일의 운율적 단어(prosodic word)가 존재할 때, 두 가지의 구조

46) 유일하게 보존된 고트어 텍스트(4세기 Wulfila의 성경번역)에서도, 영어 *do*의 동족어(cognate)동사를 증명하지 못했다. 그러나 이 동사가 과거형에서 중복을 했다는 것은 다른 (동시대의) 게르만어에 있는 중복의 흔적으로 증명되었다. 예를 들어 그것들은 영어의 *did*나 네덜란드어 *deed* 'did-SG'/deden 'did-PL'이다.

47) 그러나 일부 미진한 부분들이 남아있다. 가장 문제시되는 것은 일부 형태들을 PIE *-t-, 예를 들어 -þ에 있는 고트어 형태들(그림 법칙(Grimm's Law)을 통한)에서 그 유래를 찾아야 한다는 것이다. Tops(1978: 357)에 의하면, 이것은 조동사 DO-형태들이 부정사에 부착된 것이 아니라 *-ti나 *-tu에서 동사적 명사 어미뿐만 아니라 완료(과거가 아닌) 어미에 부착된 것이라는 것을 가정함으로써 설명될 수 있다. 이 의견에 대한 자세한 사항은 이 논문의 범위 밖이다. 어쨌든 그것은 약변화 과거형어미들이 독립 조동사에서 파생한다는 여기에서 취했던 입장에 반하지는 않는다.

48) 기호 ω는 운율적 단어를 나타낸다.

가 가능하다.

(35) a. [ROOT + MORPHEME₁ + MORPHEME₂]ω
b. [[ROOT + MORPHEME₁] + MORPHEME₂]ω

(a) 구조에서 접어화된 형태소는(예: 굴절된 조동사) 2개의 문법형태소로 재해석된다. 다른 한편으로 (b) 구조에서는 조동사의 어기가 어근에 더 근접해서 부착되며 굴절 어미는 전체구조에 덧붙여진다.

게르만어의 치음 과거형과 벵골어의 진행과 완료형에 대한 Lahiri의 논문에서, Lahiri(2003: 73)는 조동사의 어근은 어간을 형성하는 반면에, 조동사의 굴절은 새로이 형성된 동사의 굴절 어미가 된다고 주장했다. 물론 이 과정은 잘 알려져 있지만, 문법화 연구에서 어간 형성을 하게 되는 변화들은 종종 무시되는 경향이 있다:

The consequence of this claim for morphology is that the cline of grammaticalisation often assumed is not quite as it seems. It is not that a phonological word is reduced both in form and in status to an affix which attaches to the nearest convenient phonological word. The grammaticalised word continues to be more than one morpheme, though with a reanalysed hierarchical structure.

형태론에 대한 이런 주장의 결론은 추정된 문법화의 연속변이가 보이는 것만큼 단순하지가 않다는 것이다. 음운론적 단어는 가장 근접해 있는 음운론적 단어에 덧붙여지는 접사로 형태와 지위에서 축소되는 것이 아니다. 문법화된 단어는 비록 재분석된 계층 구조를 가졌다 할지라도 계속해서 한 형태소보다 더 문법화 된다.

게다가 Lahiri는 동일한 어휘소는 다른 형태론적 층위에서 다른 문법형태소로 문법화 될 수 있다는 것을 보여준다. Lahiri의 예들 중 하나는 구어체 벵골어49) 동사 /atʃʰ-/ 'to be'와 관계가 있는데, 그것은 진행형 표지와 완료표지로 문법화 되었다. (36a)에서 예시되는 것과 같이 완료표지로서 조동사는 접어가 되었지만, 진행형 표지로서 조동사는 (36b)에서 보는 것처럼 인칭 접사로부터 분리되고 어간에 접미사를 붙인 시제표지로서 재분석된다(조동사는 벵골어 음운론적 규칙을 따르는 자음중복(gemination)을 겪는다).

> (36) 벵골어 구어체에서의 /atʃʰ-/의 문법화
> a. Perfect: [[/ROOT + e/ω + [tʃʰ-/ + person affix]$_{clitic}$]ω
> b. Progressive: [[/ROOT + tʃtʃʰ-/] + [person affix]$_{affix}$]ω

Lahiri의 예들이 보여주는 것은 이차적 문법화에서는 보편 통로는 없다는 것이며, 음운론이 형태소화를 제한하게 될 지도 모른다는 것이다.

요약하자면 현재의 증거들은 단일어화, 혹은 형태소화가 그 현상들의 역보다 훨씬 더 흔하다는 것을 나타낸다. 스스로 분리되는 의존형태소의 보기들은 5장과 6장에서 논의 할 것이다.

2.6.4. 음운론적 축소(phonological attrition)

2007년 9월 24일 네덜란드 정부의 과학 위원회는 Identificatie met Nederland(Identification with the Netherlands)라는 제목으로 보고서를 출간했다. 그 보고서의 발표에 의하면 아르헨티나 출신의 세자비 Máxima가 연설을 했는데, 그 연설은 정치가들과 시민들에 의해서 거센 항의를 받았다는 것이었다. 대중적으로 아주 유명했던 세자비는 갑자기 자신이 대부

---

49) 문어적 벵골어에서 그 발달은 다소 다르다. 자세한 사항은 Lahiri(2003)을 참조하라.

분의 왕실 지지자들로부터 비난받고 있다는 것을 알게 되었다. 그러나 Máxima는 실제로 어떤 발언을 했었을까? 왕실의 공식 웹사이트[50]에서 인용한 그녀의 정확한 발언 내용은 다음과 같다.

Zo´n zeven jaar geleden begon mijn zoektocht naar de nederlandse identiteit …… Het was een prachtige en rijke ervaring waarvoor ik enorm dankbaar ben. Maar 'de' Nederlandse identiteit? Nee, die heb ik neit gevonden [italics mine].

대략 7년 전부터 저는 네덜란드의 정체성에 대해 탐색하기 시작했습니다 …… 그것은 놀랍고도 멋진 경험이었습니다. 그런 경험을 할 수 있었다는 것에 감사를 드립니다. 그러나 네덜란드의 정체성을 제가 찾았을까요? 아니요, 저는 아직 그것을 찾지 못하고 있습니다.

이 발언의 핵심은 단어 *de*의 발음에 있다. '*de*'는 강세 받지 않으면 단지 비중성명사와 함께 쓰이는 정관사일 뿐이지만, '*de*'가 강세를 받으면 그것은 아주 특별한 의미, 즉 유일한, 배타적인, 독특한 등과 같은 의미를 가지게 된다. 강세 받지 않으면 *de*에 있는 모음은 schwa [ə]이지만, 강세를 받을 땐 그 모음은 [θ]이다(네덜란드어에서 *put* 'pit'에서처럼). 세자비의 발언 내용에 있는 작은따옴표는 *de*에 강세가 주어졌다는 것을 가리키며 그녀 또한 분명히 그 단어에 강세를 두어 발음했다. 그러므로 그녀가 한 말의 의미는 두 명의 네덜란드 사람에게서조차도 같은 점은 찾아 볼 수 없기 때문에 단일한 네덜란드의 정체성은 존재하지 않는다는 것이었다. 그러나 그 후에 그녀가 한말은 네덜란드에는 어떤 정체성도 전혀 존재하지 않는다고 언급한 것으로 인용되었다(*de*가 강세를 받지 않았더라면 옳게 해석이 되었

---

50) http://www.koninklijkhuis.nl/content.jap?objectid=20871

을 것이다). 의미에 있어서 차이는 미묘한데, 왜냐하면 그것은 특히 구어체에서만 알아차릴 수 있기 때문이다(작은따옴표는 문어적 표현에서는 생략되는 일이 종종 있다). 돌이켜 생각해 볼 때 더 분명한 표현을 사용하는 것이 더 현명했었을지도 모른다. 그러나 단어 *de*의 실제적인 발음에 대한 논란의 많은 부분은 예방할 수 있었을 것이다. 하지만 거의 모든 해설자들이 그렇게 하는 데는 실패했다.

이 일화가 보여주는 것은 무엇일까? 그러한 공공연한 논쟁은 분명히 언어학자들을 필요로 하지만 이 절에서 이것을 언급하는 이유는 그것이 정관사 *de*의 음성적 자질에서의 증가인 음성적 강화에 대한 흥미로운 역방향의 예를 나타내주기 때문이다. 이 특별한 사례에 대한 더 자세한 내용은 아래에 제시할 것이다. 그러나 먼저 음운론적/음성학적 축소(phonological/phonetic attrition)와 강화(strengthening)에 대해서 논의할 것이다.

이 장의 서론에서 언급했듯이, 단어들은 사용하면서 침식되는 경향이 있다. '침식(erosion)'은 분절의 상실(음운론적인 변화인 PIE *egom > English I)과 음성적 축약 둘 다를 언급하는 약식 용어이다. 똑같은 경우가 축소에도 해당되지만, 축소가 3장에서 논의 되었던 Lehmann의 매개변수 모형의 일부분을 형성하기 때문에 여기에서는 그 용어를 그대로 사용할 것이다. 단어를 축약하는 것은 분명 그것을 발화하는데 필요한 노력을 줄여주기 때문에 축소는 화자 경제성에 대한 원형적인 사례이다(2.7.1절 참조). 그러나 역설적으로 노력을 덜 들이는 전략은 분절의 첨가와 같은 반대의 상황을 야기시킬 지도 모른다. 따라서 우리는 어두음 첨가(prothesis)(Latin schola > French école), 어두음 소실(aphaeresis)(French homme에서 /h/의 소실), 삽입음(epenthesis)(Old English œmtig > Modern Engllish empty)외에도 어중음 소실(syncope)(Dutch weder > weer 'weather'), 어미음 첨가(paragoge)

(Dutch nieman > niemand ‘nobody’), 그리고 어미음 소실 등을(apocope)
(French lit에서 /t/의 소실) 발견하게 된다. 이러한 모든 과정은 그것들이 분
절을 삽입하거나(예: 까다로운 자음 군) 혹은 분절을 삭제시킴으로써 발음을
용이하게 한다는 공통점이 있다. 비록 그 일반적 경향이 단축(shortening)
에 대한 것일지라도 그 반대과정은 결코 흔하지 않다.

순수하게 음성 축약일 경우(예: 비 강세음절의 완전모음에서 schwa로의 변화)
그 반대의 경우는 훨씬 덜 흔하다. 그러나 세자비의 *de* 발음은 그 현상의
한 예가 된다. 이런 특별한 경우, 관사에 강세를 주는 것은 [ə]에서 [θ]로
의 모음 전이의 결과를 낳는다. 이 모음들이 단지 조음위치에서는 조금 다
르다 할지라도, 그 모음들은 길이와(분명한 〔ə〕로의 축약) 원순성에서는(〔ə〕는
비원순성 모음이 뒤이어 올 때 비원순성을 띤다. 네덜란드 모음의 음성적인 자세한 사
항은 Rietveld & Van Heuven 2001: 129ff. 참조) 정말 다르다.

기본적으로 두 종류의 강화가 있다. 하나는 소위 철자 발음(spelling
pronunciation)이다 다시 말해서 *lopen* ‘walk’이나 *huizen* ‘hoses’와 같은
단어에서 네덜란드어 어미 〔n〕과 같은, 구어에서는 소실되었지만 문어에
서는 유지되고 있는 분절음의 재도입이다. 다른 것은 더 흥미롭다. 왜냐하
면 그것은 위에서 인용한 네덜란드어의 *de*와 같은 의미 자질에서의 증가
와 관계가 있기 때문이다. 이 두 종류 사이의 차이점은 (37)에 설명되어
있다. 즉 네덜란드어의 중성대명사 *het*는 (37a)에서처럼 보통 [ət]로 발음
되지만, (37á)에서처럼 철자발음은 때때로 [hɛt]로 들린다. 그러나 (37a)
와 (37á) 사이의 의미상 차이점은 없으며 두 경우 모두 대명사에 강세는
없다. 의미에서의 차이점은 대명사가 주 강세를 받을 때 먼저 발생하며,
따라서 (37b)에서처럼 ‘sex’에 대한 완곡한 표현이 된다.

(37) a. Ik   wil   het   niet   horen   [ət]
     á. Ik   wil   het   niet   horen   [hɛt]
        I   want   it   not   hear
        'I do not want to hear it'
     b. Heb   je   het   al   met   hem   gedaan? ['hɛt]
        Have you   it   already   with   him   done?
        'Have you slept with him already?'

결론적으로 강화 또한 빈번하지는 않다 할지라도 발생하는 것으로 관찰되어 왔기 때문에 음운론/음성학적 축약이 환원 불가능한 것은 아닙니다. 이것은 철자발음의 결과를 일으키거나(이 문맥에서 덜 흥미로운), 혹은 비강세 기능어를 강조하는 것이 의미와 음성 강화를 일으킬 수도 있는 의미-화용론적 변화의 일부분을 형성할 가능성이 있습니다. 강화는 또한 [təx]로 발음되는 네덜란드어의 수사 접미사 *-tig*의 발달에서(영어 -ty와 어원이 같음) [tɪx]로 발음되는 독립 수량사 'dozens'으로 되는 탈문법화와 관련이 있을지도 모른다(6.9절을 참조).

2.6.5. 주관화(subjectification)

일반적으로 '주관화'란 '명제에 대해 의미가 점차 화자의 주관적인 신념이나 태도에 근거해서 변해가는 경향이 있는' 과정을 언급한다(Traugott 1989: 35). 문법화에서 주관화는 '발화된 것에 대해 문법적으로 증명할 수 있는 화자의 신념이나 화자의 태도에 대한 표현의 발달이라고 Traugott는 정의를 내린다. 그것은 일종의 변화율(gradient)현상으로, 처음에는 주로 구체적, 어휘적, 주관적인 의미를 표현하는 형태와 구문들이 국부적인 통사적 문맥에서 점차 추상적, 화용적, 개인 상호간(대인 관계), 그리고 화자 의존적인 기능을 나타내는 반복적 사용을 한다는 것이다. 주관화는 몇 가지의 통사적인 영역에서 입증된다(Traugott 1995: 48).

Propositional function(명제 기능) → Discourse function(담화 기능)
Objective meaning(객관적 의미) → Subjective function(주관적 기능)
Non-epistemic modality(비인식 양상) → Epistemic modality(인식 양상)
Non-syntactic subject(비통사적 주어) → Syntactic subject(통사적 주어)
Syntactic subject (통사적 주어) → Speaking subject(발화 주어)
Full, free form (실질, 자립형태) → Bonded form(의존형태)

주관화는 어휘 변화와 문법 변화에서 관찰할 수 있지만, 문법 변화의 경우 '어휘 변화에 있어서 형태통사론적이고 화용/의미적 요인 사이의 상호작용이 보통보다 더 복잡한 변화의 경로를 이끈다'(Traugott 1995: 32).[51] 문법화에서 잘 알려진 주관화의 예는 다음과 같다(Traugott 1995: 31; 1997b: 199).

(38) a. Mary is going to visit her agent.
                    [progressive motion verb go, purposive to]
     b. Mary is going to / gonna visit her agent [quasi-auxiliary]

(39) a. Mary read while Bill sang.   [temporal connective]
     b. Mary liked oysters while Bill hated them.
                                        [concessive connective]

(40) a. They must be married (some external force requires them to).
                                                [deontic modal]
     b. They must be married(it is obvious that they are).
                                                [epistemic modal]

---

51) 어휘영역에서 Traugott가 제공한 예들은 언표적(종종 비언표적) 의미에서 발화행위의 발달과 관계가 있는데 예를 들면 *agree*(원래 'be pleasing, suitable') 또는 *promise*(라틴 과거분사 의미 'sent forward'에서 유래) 등이 있다.

(b)의 예는 의미에서 더 주관적이며52) 더 문법화 되었고, 역사적으로 보기 (a)와 같은 어원의 단어보다 더 이후의 일이다(이것의 발달에 대한 자세한 사항은 Traugott 1995 & 1997b 참조). Traugott가 언급한 대로, 추후 연구에 대한 주제는 주관화가 문법화의 모든 단계에서 어떤 역할을 하는지에 대한 것이다. (38)~(40)에 예시된 예들과는 별도로, 주관화는 어순 변화(Stein 1995), 네덜란드와 영어에서 PROMISE와 THREATEN과 같은 동사의 양상을 나타내는 의미의 발달(Verhagen 1995; Traugott 1997b), 영어의 'have' 완료(Carey 1995), 혹은 동사에서 영어의 *supposing*과 이탈리아어 *supponendo che*와 같은 접속사로의 문법화와 같은 다양한 영역에서 관찰되고 있다(Visconti 2004).

Traugott(1995: 46)에 의하면:

The reason for the ubiquity of subjectification presumably lies in the speaker's attempts to communicate the relevance of what is said to the communicative event, which includes hearers as well as speakers, but which ultimately depends for its occurrence on the speaker. For speaker's communicative purposes to be achieved, forms are constantly recruited from lexical domains expressing concrete, objective meanings, and are construed in terms of the perspective of the speaker, the speech event, and the discourse context.

주관화가 어디에나 존재하는 이유는 아마 발화된 것의 관련성을 의사소통적 사건에 알리기 위한 화자의 시도에 달려있는 것 같다. 그것은 화자뿐만 아니라 청자들을 포함하지만, 결국 그러한 발생은 화자에게 달려있다. 성공

---

52) '객관적(objective)'과 '주관적(subjective)'이란 용어는 각각 증거에 입각한 개인적이며 특이한 보통의 의미로는 사용되지 않지만 인지된 물체와 관련된 그리고 인지하고 있는 개인에 관련된 전문적인 의미에서는 사용된다.

적으로 의사소통을 성취하려는 화자의 목적을 위해 형태들은 끊임없이 구체
적이고 객관적인 의미를 표현하는 어휘영역으로 영입되고, 화자의 관점, 발
화 사건 그리고 담화문맥에서 구조화된다.

Langacker(1990)는 주관화에 대한 조금 다른 접근을 시도했다. Langacker
의 주관화에 대한 접근 방식은 '표현(an expression)'의 의미는 서술된 상황
의 객관적인 기술로는 축소될 수 없다는 인지 의미론적 주장에 근거한다.
즉, 외현적 목적을 나타내기 위해 개념화소가 상황을 이해하고 그 상황을
묘사하는 것을 선택하는 방식은 언어학적 의미에 있어서 똑같이 중요하다
는 것이다(Langacker 1990: 5). 예를 들어, Langacker는 미래 조동사 *be
going to*의 발달에 대해 다음과 같이 설명한다. 사람들은 그것이 공간적
인 영역에서 시간적인 영역으로의 은유적 확장을 구성한다고 말할지도 모
른다. 즉, 부정사 과정으로 나아가기 위해 공간으로 이동하기보다는 오히
려 주어는 시간으로 이동한다는 것이다(Langacker 1990: 22). 그러나 공간
에서 시간으로의 전이가 관련되어 있는 유일한 의미 변화는 아니다. 다시
말해, 공간의미는 부정사 과정을 성취하기 위한 주어의 의도를 암시하지
만 이것이 반드시 시간의미에 적용되지는 않는다. 그러므로 (41)의 프랑
스어 예에서 혹은 그것의 영어 번역에서 볼 때, 주어는 어떤 것도 의도할 수
없다. 즉 관점은 사건의 발생을 예상하는 화자의 관점이다. 그래서 Langacker
(1990: 23)는 이동 동사에서 미래조동사가 되는 *go*의 발달에서 주관화를
중요한 요소로 간주한다.

> (41) Un tremblement de terre va détruire cette ville
>   'An earthquake is going to destroy that town'

Trougott(1995: 45)는 주관화에서 단일 방향성 증가의 가설은 최소한 문법화의 초기 단계에서는 '매우 확고하다'고 주장한다. 의미 변화의 규칙성에 대한 연구에서, Traugott와 Dasher(2001: 87)는 이 책에서 이러한 목적을 위해 특히 주목할 것은 인용되어 왔던 문법화의 많은 반례들이 어떤 의미론적 전이도 보여주지 않지만 이 책에서 기술된 종류의 규칙적인 의미적 전이를 보여준다고 주장한다. 예를 들어, 일본어 연결사 *ga* 'but'의 탈접어화는 주관화에서의 증가를 동반했다(Traugott 1995: 46을 참조). 주관화의 증가는 또한 예 (42)에서 설명되었던 대로(Willis 2007: 294) 웨일스어의 전치사 *yn ôl* 'after'에서 동사 *nôl* 'to bring'으로의 발달 과정에서 증명되었는데, 그것은 *yn ôl*의 탈문법화에서의 첫 단계를 반영한다. 원래 *yn ôl*의 의미는 'after'이지만, 예 (42)에서 그것은 'to fetch'의 의미로 해석될지도 모른다. 이 의미변화는 주관화의 예가 되는데 청년들이 말과 무기를 구하러 갔을 때 그들은 그것을 가지고 올 목적으로 그렇게 했다는 것을 화자가 추론할 수 있기 때문이다.

(42) Yna   yd   aeth y   gweisson yn ol y   varch a   ʹe
     then PART   went the lads   after his horse and his
     arueu   y   Arthur
     weapons   for   Arthur
     'Then the lads went after/ went to fetch his horse and his
     weapon for Arthur'

(42)의 예는 주관화가 문법화를 제한하지는 않는다는 것을 나타낸다. 그러나 주관화도 되돌릴 수 없는 것일까? 그렇지는 않은 것 같다. 주관화의 반대인 객관화(objectification)는 탈문법화(예를 들어, 펜실베니아(Pennsylvania 양상 조동사 *wotte* 'would'가 'to wish'를 의미하는 실질 동사가 되는 발달; 4.2절을 참

조)와 문법화, 특히 이차적 문법화에서 발생한다(Kranich 2008). 17, 18세기 영어 진행형의 연구에서 Kranich는 진행형이 영어의 시제/상체계에서 확고하게 자리를 잡은 반면에(이것은 일종의 이차적 문법화이다. 1.4.1절 참조), 목적 구문에서의 그것의 용법은(예 (44)) 주관적 용법을 발판으로 해서(예 (43)) 상당히 증가한다.53)

(43) HARRY. Why, it is possible you may yet receive a valentine.
    SOPHIA. Nay, now but don't you go to think that I am
    asking for one.(1792; Kranich 2008: 245)

(44) I was call'd out to see it, by the Servants, who had been
    looking at it
    about half a quarter of an Hour(1720; Kranich 2008: 251)

(43)에서, Kranich는 해석 기능은 대화자가 가지고 있을지도 모르는 화자의 해석에 대한 명백한 거부에 의해서 지지된다고 주장한다. 그러므로 주관적으로 해석될 수 있는 동사의 형태만 두 번째 부분에서 사용될 수 있다. 즉, 현재시제와 같은 단순시제 형식(Nay, now, but don't you go to think that I ask for one)은 이상하게 들린다. 반면에, (44)의 예에서 사건의 기술은 화자에 의해 해석되기보다는 오히려 중립적 해석이다. 여기에서의 초점은 기간에 있으며, 그 기간은 시간부사에 의해서 명백해진다. 다시 말해, (44)에서의 진행시제의 기능은 단순히 상적기능이다. 즉, 진행시제에 대한 상적 용법의 고정이 증가하는 것도 주관적 구문에는 적합하지

---

53) 1600-1649의 텍스트에서 진행형의(progressives) 70.8%는 객관적인 구문 속에서 사용되었다. 이것은 점차 80.4%(1650-1699), 86.5%(1700-1749), 그리고 95.4%(1750-1799)로 증가했다(Kranch 2008: 252).

않다. 왜냐하면 화자의 태도를 표현할 수 있는 요소에 대해 화자는 그것을 사용할 지 어떨지를 선택하기 위해 자유로워야 하기 때문이다. 그래서 요소나 구문이 문법의 의미 요소가 되자마자, 그것의 의미는 주관적 의미를 만들어낼 수 있는 추론에 의해서 더 이상 풍부해질 수 없다.

유사한 패턴들은 미래시제와 같은(Kranich, in prep.) 다른 시제에서도 찾아 볼 수 있다. 영어에서 미래조동사는 의무(obligation)((45a))나 의지(volition)((45b))를 표현하는 주관적인 구문으로 사용될 수 있다. 그러나 굴절미래가 완전히 문법화되는 프랑스어에서 대응하는 구문들은 프랑스어 미래는 주관적인 함축을 상실했다는 것을 암시하면서 비문법화된다(46a-b)).

> (45) a. Shall I do it?
> b. Will you marry me?

> (46) a. *?Ferai-je-le?
> b. *?Tu m'épouseras?

이차적 문법화가 전형적으로 객관화와 관련이 있는지를 확실하게 하기 위해 분명 더 경험론적인 증거가 필요하다. 그러나 증가하는 의무성과 의미 탈색이 객관성의 증가와 관련이 있다는 것은 직관적으로 타당해 보인다. 요약하자면 주관화나 객관화는 문법화나 탈문법화로 사상될 수 없기 때문에 그것들은 변화의 유형에 대한 진단으로 사용될 수 없다.

2.6.6. 요약(summary)

앞 절에서 되돌릴 수 없는 많은 과정에 대해서 논의했다. 살펴본 대로, 그것들은 단일 방향적이지만 완전히는 아니며, 게다가 어떤 것들은 다른 것들보다 더 되돌릴 수 없는 경우도 있었다(예를 들어, 단일어화의 역은 탈범주화의 역인 재범주화보다 흔하지 않다.). 종합하자면 의미, 음운, 형태론적 과정에서의 방향적인 선호는 아마 누적방식으로 문법화에서의 방향적인 선호에 도움을 준다. 그것들이 문법화 과정에 동시에 나타날 때, 그것들은 보통 그들이 선호하는 방향으로 나타난다. 즉 4-6장에서 살펴 본대로, 탈문법화는 탈범주화 그리고 음운론적 축소와 동시에 발생하지만 이 과정들의 역은 동시에 발생하지 않는다는 것이다. 여기에서 초기 변화들은 일반적으로 유표적인 방향으로 일어나며, 그 과정들의 역은 위에서 논의했었다. 앞으로 살펴보겠지만, 몇 가지 예외가 있음에도 그 일반적인 패턴은 명확하다. 이것은 왜 방향적 선호가 존재하는지에 대한 의문을 남긴다. 다음 세 장에서는 이론적으로 다른 각도에서 방향적인 경향에 대해 설명할 것이다.

2.7. 방향적 경향에 대한 설명(explaining directional tendencies)

2.7.1. 용법 기반 접근들(usage-based approaches)

기능적인 혹은 용법을 기반으로 하는 언어 변화에 대한 접근에서 핵심 개념은 언어는 (보통 비의도적이며 잠재적인) 언어사용자의 행위의 결과로 변화한다는 것이다.[54] Von der Gabelentz(1901) 이후로, 언어변화는

---

54) 변화에 대한 가장 급진적인 어법에 근거한 접근법들은 사용자를 위해서 언어변화에 있어서 제약들을 허용한다. 그때에는 문법적인 제약은 사용자 제약에서 파생되었다고 알려져 있다. 이러한 관점은 Haspelmath(1999c: 201) 의해서 언급되었는데, 그는 '최적성 이론에서 쓰였던 문법적 제약은 그것들이 존재했었던 그대로라고 주장한다. 왜냐하면 그것들은 통시적인 적용 과정을 통해 언어 변화에 대한 보편적인 제약에서 발생했기 때문이다.' 이런 적용 과정은 다음과 같이 묘사되어져 있다(p.203). '언어 변화에서 변이형들은 화자들이 선택에서 만들어 졌다. 언어사용에서 다양한 제약을

화자와 청자의 상충하는 관심에 의해 대체로 결정된다는 논쟁이 있었다. Von der Gabelentz(1901: 256) 이러한 힘을 각각 게으른 성향과(Bequem-lichkeitstrieb) 명료화하려는 열망으로(Deulichkeitstrieb) 인식했다. *Bequem-lichkeitstrieb*는 '경제성의 원리'로 더 잘 알려져 있는데 그것은 인간적인 게으름, 나태, 무력, 태평함, 느림, 활력 부족에 기인하거나 혹은 다른 동의어들이 무엇이든지 노력 경제나 또는 가장 쉬운 방식을 따르는 것으로 만들어졌다. 분명히 *Deulichkeitstrieb*는 발화 생산의 용이성에 대한 자유로운 경향을 규제한다. 왜냐하면 청자는 화자가 말하는 것을 파악할 수 있어야 하기 때문인데, 그렇지 않으면 의사소통은 불가능할 것이기 때문이다(언어변화에 대한 화자와 청자의 전략과 함축의 균형에 대한 더 자세한 것은 Norde 2001b를 참조).

용법 기반 관점에서 문법화는 다음과 같이 정의 되어질 수 있다.

> Grammatikalisierung ist das unbeabsichigte Resultat alltagsrheto-rischer Sprecher strategien.(Detges 1998: 23)[55]
> (문법은 일상의 수사적인 화자 전략의 의도하지 않은 결과이다)

받을 때 화자들은 그들에게 가장 적합한 그러한 변이형을 선택하는 경향이 있다. 이 변이형들은 그때 아주 빈번하게 사용되고 화자의 심중에 자리를 잡는다. 그리고 어느 시점에서 그것들은 문법의 필수적인 요소가 될 가능성을 지니게 된다.' 그러나 필자에게 변화에 대한 이 접근법은 너무 한계가 있는 것처럼 보인다. 필자는 Fisher의(전 치사에서) 의견에 동의하는데, 그는 변이는 우선 구조적인 요소들에 의해서 제약을 받기 때문에 사용자 제약은 모든 변화의 기본을 형성할 수 없다고 언급한다.

55) '문법화는 화자의 일상의 수사적인 전략의 비의도적인 결과이다.' Detges(1998: 1) 계속해서 언급한다. 화자들이 그들의 언어에서 문법적 기능들이 공식적인 표현의 다급한 필요성을 요구한다는 느낌을 가지고 있기 때문에 문법은 발생하지 않는다. 오히려 발화되고 있는 기술의 화석화된 부산물로, 그것은 화자가 설득력이 지니도록 발화의 목적으로 우선적으로 만들어낸 것이다.

흥미롭게도 용법 기반 접근은 방향적인 경향과(사용자전략의 결과) 그 예외들을 설명할 수 있다.

> Grammaticalization⋯ involves the interaction of linguistic structure and language use. One would not expect 100 percent regularity from strategic interaction, subject as it always is to human intervention.(Traugott and Dasher 2002: 87)
> If change is a social product, the result of the interaction of language and use, how could there be no counterexamples? Humans are not machines, and do not use language meshanically ⋯ But likewise, since unidirectionality is not exceptionless, it is also not ueful to adopt Lehmann's(1995[1982]) and Haspelmath's(1999a) claims that there are no, or at least no genuine, counterexamples to grammaticalization.(Traugott 2002: 21f.)

> 문법화는 언어학적 구조와 언어사용의 상호작용과 관련이 있다. 그것은 항상 인간의 간섭을 받기 쉽다 할지라도, 전략적인 상호작용에서 100% 규칙성을 예상할 수 없을 것이다.(Traugott & Dasher 2002: 87).
> 만약 변화가 사회적인 산물, 즉 언어의 상호작용과 용법의 결과라면 어떻게 어떤 반례도 존재하지 않을까? 인간들은 기계가 아니며 언어를 기계적으로 사용하지도 않는다. 마찬가지로 단일 방향성도 예외적이기 때문에 문법화에 대한 어떤 반례도 존재하지 않는다는 Lehmann(1995)과 Haspelmath(1999a)의 주장을 적용시키는 것은 유용하지 않다.(Traugott 2002: 21f)

이제 단일 방향성에 대한 기능적인 접근으로 돌아가서, 먼저 가장 초기의 주장 중에서 두 개를 재검토해 볼 것이다. 하나는 Newmeyer(1998, 2001)이고, 다른 하나는 Haspelmath(1999a)의 주장이다. Newmeyer는 문법화의 우위에 대한 이유 중의 하나는 "최소노력의 효과"라고 주장한다.56)

---

56) 이 효과는 Haspelmath(2004: 19f)가 논의했었던 단일 방향적이며 음운론적인 변화에 책임이 있을지도 모른다. 예를 들어 Luraghi(2005: 10)가 지적했던 대로 /h/에서

 탈문법화 degrammaticalization

Less effort is required on the part of the speaker to produce an affix than a full form. Add the element of frequency-caused predictability to the extreme amount of redundancy in grammatical codings, and it is not difficult to see why the quick-and-easy option of affixation is frequently chosen. Other downgradings can readily be interpreted as least-effort effects as well. Functional categories require less coding material－and hence less production effort－ than lexical categories. As a reasult, the change from the latter to the former is far more common than from the former to the latter.(Newmeyer 1998: 276)

실질 형태보다는 접사를 발화하는 것이 화자의 입장에서에서 보면 노력이 덜 든다. 문법적인 것을 부호화하는 데 있어서 빈도를 야기 시키는 예측 가능한 요소에 많은 잉여 요소들을 첨가해라. 그러면 왜 접사화(affixation)의 빠르고 쉬운 선택이 빈번하게 선택되는지를 살펴보는 것이 어렵지 않을 것이다. 다른 강등(downgrading)도 최소노력의 결과로 해석되어 질 수 있다. 기능적인 범주는 어휘 범주화보다 물리적 부호화를 덜 필요로 한다. 그 결과로서 후자에서 전자로의 변화는 전자에서 후자로의 변화보다 훨씬 더 흔하게 되는 것이다.(Newmeyer 1998: 276)

Haspelmath(1999a)는 Newmeyer의 논쟁을 불충분한 것으로 여겨 고려할 가치가 없다고 생각하고, 대신에 Lehamann(1985 & 1995)의 논문을 근거로 한 비가역성의 이론과(a theory of irreversibility), 특히 Keller의 (1994[1990]) 보이지 않는 틀 이론을 발전시킨다. Keller의 변화이론에 따르면, '경제성의 격률(the maxim of economy)'이나(불필요한 에너지를 들이지 않는 방식으로의 대화) '순응의 격률(the maxim of conformity)'(다른 사람들의 얘기와 같은 얘기)과 같은 격률들에 의해 화자는 발화를 하게 된다고 언급한다.57) 개인이 똑같은 격률을 따를 때 이것은 눈에 보이지 않는 변화의 과

____

/s/로의 전이가 그에 해당된다.

정으로 이어질 수도 있다. Haspelmath(1999a: 1056f.)는 화자들이 사치의 격률(the maxim of extravagance)로 주목받고 나아가기 위해 혁신을 꾀할 것을 제안한다.

> What is crucial here is that the speaker's goal is not just being understood at the lowest possible cost, but rather being socially successful with their speech… The crucial point is that speakers not only want to be clear or 'expressive', sometimes they also want their utterance to be imaginative and vivid—they want to be little 'extravagant poets' in order to be noticed, at least occasionally.

> 여기에서 중요한 것은 화자의 목표는 단지 가능한 한 최소의 노력으로 이해되는 것이 아니라 오히려 사회적으로도 그들의 발화가 성공적으로 이루어지는 것이다. 핵심은 화자는 그들의 발화가 분명하거나 표현력이 있기를 원할 뿐만 아니라 때때로 상상력이 풍부하면서도 명확하기를 원한다. 화자들은 주목받기 위해서 가끔 '화려한 시인'이 되기를 원한다.

Haspelmath는 화자들이 스스로를 향상시키기를 원할 때, 그들의 문법적인 항목이 향상되지 않는 데는 두 가지 이유가 있다고 주장한다. 첫째, 그러한 변화는 다른 격률인 '명료성의 격률'(상대방이 이해되는 방식으로의 대화)을 위반할거라는 것이다. 왜냐하면 '기능 요소'들은 보통 '어휘 요소'들보다 덜 분명하기 때문이다. Lehmann(1985: 315)도 역방향 변화들이 '억제된 표현에 대한 끊임없는 열망, 즉 곡언법(litotes)을 향한 일반적인 선호'를 전제로 할 것이라는 유사한 주장을 한다. 그러나 만약 이것이 사실이라면 (47)에서처럼 기능어의 어휘화는 결코 일어나지 않을 것이다. 그러한 변화의 가능성이 왜 억제된 표현에 대한 끊임없는 열망을 내포하는

---

57) Keller의 maxim이라는 명칭은 Haspelmath가 만들었다.

 탈문법화 degrammaticalization

지는 알아내지 못했다. 억제된 표현이 표현의 일반적인 유형이고, 화자가 때때로 주목받기 위해서 (47)과 같은 구문을 사용할 것이라고 생각한다.

(47) Holly ⋯⋯ shaved her legs and then he was a she[58]
(Lou Reed: *Walk on the Wild Side*, 1972)

Haspelmath(1999a: 1059)의 역방향 변화의 불가능성에 대한 두 번째 주장은 다음과 같다.

[L]exical elements are freely manipulable by speakers and (more or less) accessible to consciousness, whereas functional elements are processed automatically and unconsciously. So even if a speaker had some motivation for replacing a lexical item by a functioncal items, s/he would not be able to do this because functional elements cannot be used outside their proper places.

어휘 요소들은 자유롭게 화자에 의해서 조작 가능하고 의식적으로 사용할

---

58) 인칭대명사의 이 용법은 흔하게 증명되고 있는 것이다. 네덜란드어(Dutch)에서 그것은 중세 네덜란드어에서 유래하였다는 의견을 제기해 왔다(Stoett 1923: 24; *WNT*). 중세 네덜란드어에서는 명사 *hie* 'male animal'와 대명사 *hi(e)* 'he'가 혼동되었으며, 그 결과로 대명사 *si(e)* 'she'가 여성 동물을 나타내면서 명사로 쓰이게 되었다. 범 언어학적인 병행의 부재로 이것은 합리적이고 충분한 해명이 되었을 것이다. 그러나 그것은 언어에서 흔히 대명사 HE나 SHE와 동물을 언급하는 명사사이의 동음이의어는 그 언어에 존재하지 않는다는 것이 증명되었기 때문에 그것이 명사로서 3인칭 인칭 대명사를 보충하려는 통상적인 전략을 반영하는 것 같다. *Är det en han eller en hon?*(Swedish); *É un lui o una lei?*(Italian); *Ist es ein Er order eine Sie?*(German)을 비교해 보아라. 독일어(German)의 예에서 Er와 Sie의 대문자화는 그것들이 대명사가 아니 명사로 인식되었다는 것을 나타낸다. 비록 소문자 *er*과 *sie* 또한 증명되었다 할지라도, 그것은 그것들의 문법적인 지위에 대한 불확실성을 반영하게 될지도 모른다. 네덜란드어에서 *hij*와 *zij*는 권위있는 van Dale 사전에 복수형들과 함께 명사로 등록되어어 있다. 그러므로, 그것들은 문법적인 요소에서 어휘적 요소로의 발달의 분명한 예가 된다.

수 있는 반면 기능적인 요소들은 자동적으로 그리고 무의식적으로 진행된
다. 그래서 비록 화자가 어휘적인 항목을 기능적인 항목으로 대체하고자하
는 동기를 가진다고 하더라도, 화자는 기능적인 요소들은 적합한 위치 외부
에서는 사용될 수 없기 때문에 이렇게 할 수가 없다.

또한 (47)과 같은 예들로 인해 이러한 주장은 반박되고, *ifs and buts*
(이유, 조건과 이의, 변명)와 같은 사례에서 '단어들은 문맥에서 배제되어 상
위 언어적으로 사용된다'는 같은 논저에서의 그의 발언과 모순되는 것 같
다. 이러한 이유들로 Newmeyer의 '최소 노력의 전략'은 문법화 변화의 우
세에 대한 설명이 탈문법화 변화에 비교 될 정도로 타당성이 있다는 것을
깨닫게 해준다.

2.7.2. 심리 언어학적인 접근(a psycholinguistic approach)

최근의 논저에서, Rosenbach와 Jäger는 완전히 새로운 접근방식을 적
용하는데, 그 방식은 문법화 연구에서의 방향적 경향에 관한 연구를 '점화
(priming)'라는 심리언어학적인 개념으로 연계하려고 한다는 것이다. 점화
는 어떤 언어학적인 요소의 이전 용법은 같은 혹은 충분히 유사한 요소의
그 이후 용법에 영향을 미칠 거라는 의미에서 "선활성화(preactivation)"로
정의된다. 점화는 모든 언어학적 계층(음운론적, 형태론적, 어휘론적, 통사적인)
에서 작용하는 것으로 보여 진다. 예를 들어 탁자의 그림을 보여 주었을
때 보다 기타의 그림이 제시되었을 때 피실험자가 더 바이올린을 언급하
는 것 같은 경우이다. 점화와 단일 방향성 사이의 관계를 설명하기 위해서
Rosenbach와 Jäger는 흥미로운 연구를 하나 인용한다. Boroditsky
(2000)는 이 연구에서 공간적인 표현이 시간적인 표현을 선행하지만 그 반
대로는 이루어지지 않는다는 것을 보여주었다. 첫 번째 실험에서 피실험

자들은 공간 요소의 두 가지 형태(자아 이동 요소(ego-moving prime) 혹은 대상 이동 요소(object-moving prime)) 중 하나를 제공받았다. 계속해서 그들은 중의적인 시간적인 표현 *Next Wednesday's meeting has been moved forward two days*를 해석해야만 했다. Boroditsky는 피실험자들이 자아 이동 요소를 제시받았을 때 금요일로 모임이 옮겨졌다고 더 생각하는 것 같았고, 반면에 피실험자들에게 대상 이동 요소가 제공되었을 때는 모임이 월요일로 옮겨진다고 생각하는 것 같다는 것을 알아냈다. 피실험자들에게 시간적인 요소들이 제시되고 그 후에 그들이 중의적인 공간적인 표현들을 해석해야만 했던 두 번째의 실험에서는 주목할 만한 어떤 상관관계도 발견되지 않았다. Boroditsky의 연구를 기반으로 해서 Rosenbach와 Jäger는 다음과 같은 결론을 내렸다.

> First, the metaphorical mapping from space to time is indeed psychologically real⋯, and second, ⋯ priming between space and time is asymmetric, with only spatial expressions priming temporal interpretations but not vice versa.

> 첫째, 공간에서 시간으로의 은유적인 사상은 심리학적으로 실재하며 두 번째로 시간과 공간사이의 점화는 오직 공간적인 표현만이 시간적인 해석으로 선행되고 그 반대로는 일어나지 않는다는 면에서 균형적이지 않다.

Rosenbach와 Jäger는 그들의 논문 나머지 부분에서 불균형적인 점화의 효과가 어떻게 장기간에 걸친 통시적인 효과를 설명할 수 있는지에 대해 의문을 제기한다. 언어습득과 변화에 대한 용법 기반 접근법을 채택하면서 그들은 첫째, 문법은 성인이 되어서도 계속해서 변화할 가능성이 있으며(문법은 유년기의 언어습득기간동안 고정된다는 생성학적인 관점과는 반대로:

2.7.3절 참조), 두 번째로 점화 효과는 지속적이며 심지어 누적되는 효과를 지닌다고 주장한다. 다시 말해서 언어 사용자가 똑같은 원소를 반복해서 제공받을 때 그들은 어떤 특정한 구조를 더 선호하게 될지도 모르며[59] 그 새로운 구조는 심지어 화자의 문법구조 속에서 확립될지도 모른다. 결과적으로 단일방향적인 변화의 통시적인 경로로 나타나는 것은 언어사용에서 불균형적인 점화의 원자(atom) 단계들로 결국 분석된다. 비록 학자들이 이것이 여전히 단일 방향성을 설명하지는 못한다는 것을 인정한다 할지라도(무엇보다도 점화 불균형이 존재하는 이유가 분명하지 않기 때문이다), 그것은 인지적 영역으로 되돌아가서 설명을 하게 해준다. Rosenbach와 Jäger의 접근방식은 현대의 화자들을 경험적으로 실험할 수 있는 이점이 있다는 것이다.

Under the uniformitarian assumption that 'the same principles governing the world (=domain of inquiry) were the same in the past as they are now' (Lass 1997: 25) we may assume that whatever psycholinguistic mechanisms we can find to be operating today, must also have been operating in the past… Thus, investigating psycholingustic mechanisms with present-day speakers may shed light on processes guiding language change. Under this view it is then possible to test *any* unidirectional changes that have been put forward in the literature… with respect to asymmeteic priming. Very generally, the prediction is that in any reported case of change, where the devolopment goes unidirectionally from *A* to *B*, *A* should prime *B*, but not vice versa.

세상을 지배하는 똑같은 원칙이 지금처럼 과거에서도 똑같이 존재했었다

---

59) 이러한 효과는 문법성의 판단은 같은 구조에 반복적으로 노출된 후에는 긍정적이 된다는 널리 알려진 사실에 의해 반영된다.

는 일관론적인 가정 하에서(Lass 1997; 25) 오늘날 작용하는 것으로 알려진 심리언어학적인 기제들은 무엇이든지 과저에도 작용해왔다는 것을 가정해 볼 수 있다. 그러므로 현대 화자와 심리언어학적인 기제를 조사하는 것은 언어변화를 알려주는 과정에 영향을 미칠지도 모른다. 이러한 관점 하에서 불균형적인 점화에 관한 문헌에서 제기해온 단일방향적인 변화를 시험해 보는 것은 가능하다. 일반적으로 단일 방향적으로 A에서 B로 발달이 진행된다는 변화의 연구 사례로 살펴 볼 때, A는 B에 선행되어야 하며 그 반대로는 발생하지 않는다는 것을 예상해 볼 수 있다.60)

Rosenbach와 Jäger의 새로운 조사 작업은 당연히 연구할 가치가 있다고 생각한다. 왜냐하면 그것은 곡해 가능한 가설로 이어질 수 있기 때문이다. 그 가설에서는 이 절에서 언급된 다른 논조들이 기본적으로 직관적인 성격을 띠고 있다. 그러므로 그들의 가설은 미래에 모든 언어학적 층위에 대한 단일방향적인 선호도를 설명할 수 있는 가장 가능성 있는 접근방식이다.

2.7.3. 생성론적 접근(generative approches)

문법화 연구는 기능주의적 전통에서 생겨났다. 그러므로 꽤 최근까지 그 주제가 생성언어학에서 경시되어 왔다는 것도 놀랄 일은 아니다. 문법화가 생성언어학에서 주목받게 된 이후, van Gelderen(2004: 8)이 언급한 바와 같이 그 둘은 불편한 관계를 오랫동안 이어 왔다. 그러한 불편함은 단순히 양립할 수 없는 것처럼 보이는 이론적인 가정 때문인 것은 의심의 여지가 없다. 생성 언어학과 기능 언어학 사이의 주요한 차이점은 다음과 같이 특징지을 수 있다.

---

60) 그럼에도 불구하고, TIME>SPACE 은유가 점차 일반적이 되어갈 때 균일론적 원리는 작용하기를 멈춘다는 것을 생각해 볼 수 있다.(2.6.1절 참조)

One orientation [generative linguistics] sees as a central task for linguists characterizing the formal relationships among grammatical elements independently of any characterization of the semantic and pragmatic properties of those elements. The other orientation [functional linguistics] rejects that task on the grounds that the function of conveying meaning (in its broadest sense) has so affected grammatical from that it is senseless to compartmentalize it.(Newmeyer 1998: 7)

생성 언어학은 언어학자들이 문법 요소들의 의미론적 그리고 화용론적 속성의 특성에 대해 독자적으로 문법 요소들 사이의 형식적인 관계를 특징화하는 것을 핵심적인 과제로 간주한다. 기능 언어학은 가장 광의적인 의미에서 의미를 전달하는 기능이 문법형식에 영향을 미쳐왔기 때문에, 그것을 구분한다는 것은 무의미하다는 이유로 그러한 과제에 그다지 신경 쓰지 않는다.(Newmeyer 1998: 7)

생성론자와 기능주의자들의 언어변화에 대한 관점은 기본적으로 다르다. 생성론자들은 전통적으로 언어변화는 갑작스러운 현상이라는 생각을 가지고 있다. 왜냐하면 그들의 관점에서 문법은 아이들이 문법을 습득할 때 변화할 수 있기 때문이다. 반면에 기능주의자들은 변화를 점진적인 과정으로 간주한다. 두 접근 방식에 대한 또 다른 주요한 차이점은 기능주의자들은 문법화를 공시적, 통시적 현상으로 간주하는 반면, 생성론자들에게 있어 그것은 단지 공시적이다.

Because each new learner constructs its own grammar, it is inconceivable that grammaticalization should be a diachronic process. While there is continuity in the language output, each new grammar acquired by speakers will simply assign the best-fitting status to the material encountered in the languege environment. (van Kemenade 1999: 1004)

새로운 학습자는 각각 자신의 문법을 구성하기 때문에, 문법화가 통시적
인 과정이어야 한다는 것은 생각도 할 수 없는 일이다. 언어출력에 연속성이
존재할 때 화자에 의해 습득된 각각의 새로운 문법은 언어 환경에서 마주치
게 되는 자료에 가장 적합한 지위를 할당할 것이다. (van Kemenade 1999:
1004)[61]

그러나 생성론자와 기능주의자들은 다른 것들에 대해 서로 '통시
(diachrony)'라는 용어를 사용하는 것처럼 보인다. 기능주의자들의 전통에
서 통시는 대대로 이어지는 화자들에 대한 일반화와 관련이 있다. 반면에
생성 언어학자들은 일반적으로 언어변화를 언어습득의 기능으로 보는데,
그것은 물론 본질적으로 공시적인 과정이다. van Kemenade(1999: 1004)
도 기능 핵어(functional head) 위치로의 어휘적 핵어(lexical head)의 이동은
문법화 이론가들이 통시적인 과정으로 간주하는 공시적인 예시화를 나타
낸다고 언급했을 때와 유사한 논점이다.

특히 문법화 현상들은 방향성의 경향을 보여주기 때문에 그것들을 생성
언어학적 언어 변화의 틀 내에 수용하는 것은 어려운 일이다. 아래에 기술
된 것처럼, Lightfoot(1979, 1999,[62] 2002)은 그러한 경향의 존재를 오랫동

---

61) 그러나 이 위치는 생성 언어학에서는 새로운 것은 아니다. 그것은 Janda(2001: 267)
의 연구에서도 핵심적인 역할을 하고 있다. 즉 '청소년기의 언어 습득동안이든, 혹은
성인이 언어를 사용하는 동안이든, 특정 연령층에 있는 화자들이 결코 이전 세대의
문법에는 접근하지 못한다는 것이다. 그래서 그들은 의식적으로든 무의식적으로든
초기의 화자들이 특별한 언어적인 요소로 부여한 포괄적인 지위가 만약 어휘적이거
나 문법적이라면, 정확한 범위까지 그것이 이것들 중의 하나였다는 것은 말할 것도
없다. 그 결과로서 일치하는 항목이 초기의 화자들을 위해 존재했었다는 것보다 후대
의 화자가 더 어휘적인, 혹은 최소한 덜 문법적인 것으로써 특정한 어휘 항목을 분석
하는 것을 방해하는 그 어떤 인지적인 제약은 존재할 수가 없다. 그러므로 그러한 분
석을 금지하는 세대간의 "통시적인 제약"은 존재할 수 없다. 그러나 신경언어학적인
연구에서 Rosenbach와 Jäger는 Janda와는 반대로 비록 화자들이 그것을 인식하지
못했다 할지라도, 그들은 '자연적인' 통로를 따른다고 주장한다(Rosenbach와 Jäger의
접근법에 대한 것은 2.7.2절을 참조).

안 그의 연구에서 제외시켰다.

Grammaticalization, challenging as a PHENOMENON, is not an explanatory force. We have no well-founded basis for claiming that language or grammars change in one direction but not in another, no basis for postulating algorithms mapping one kind of grammar onto another kind… Recall again that we have historical records for only a tiny fraction of language history and any inductive generalizations are perilous.(Lightfoot 2002: 126f.)

하나의 현상으로써 도전을 받고 있는 문법화는 설명력이 충분하지 않다. 언어나 문법 등이 한 방향으로 변화하지 다른 방향으로는 변화하지 않는다고 주장하는 바에 대해 명확히 발견된 근거도 없고, 한 종류의 문법이 다른 종류의 문법으로 사상되는 알고리즘을 가정하기위한 어떠한 근거도 존재하지 않는다. 언어 역사의 작은 편린들에 대한 역사적인 기록만을 가지고 있다는 것을 그리고 귀납적 일반화들은 위험하다는 것을 상기하라. (Lightfoot 2002: 126f)

Lightfoot과 같은 초기의 생성론적 연구를 살펴보면, 생성론적 틀과 문법화 현상들은 상호 배타적이어서 결코 그 둘은 만날 수 없을 거라는 인상을 받을지도 모른다. 그러나 1990년대 중반부터 다른 생성언어학자들은 방향성 경향에 대한 실험적인 증거들을 인정하기 시작했는데, 그들은 가능성이 있는 매개변수의 고정에 대한 공간을 통한 임의적인 행보로서 그 증거들을 언어변화에 대한 생성론적 관점으로 조화시키려는 시도를 했다 (Battye & Roberts 1995: 11).

Roberts와 Roussou(1999, 2003)는 아마 가장 널리 알려지고 가장 상세

---

62) Lightfoot의 언어변화에 대한 도발적인 관점은 기능주의 학자들로부터 거센 대응을 불러 일으켰다는 것은 놀랄 일도 아니다.

한 문법화에 대한 생성론적 접근을 발전시켰을 것이다. 2003년 발표한 논문에서 Roberts와 Roussou는 촘스키 언어학이 다루어야할 역설은 매개변수 변화가 경로를 따를 수 없는 것인 반면 문법화 연구는 그러한 경로가 존재한다는 것을 명백히 보여줬다고 언급한다. Roberts와 Roussou는 이러한 역설이 다루어야할 첫 번째 방법은 문법화는 존재하지만 이것은 실험적인 증거들에 위배된다는 것을 부인하는 일이라고 주장한다. 두 번째 방법은 기술적 단계에서 변화의 경로에 대한 분명한 증거를 변화의 설명에 대한 기술이 매개변수 변화를 수반해야 한다는 사실과 조화시키는 것이다(Roberts와 Roussou 2003: 4).

언어 변화에 대한 전통적 생성론적 관점을 채택하면서, Roberts와 Roussou(2003: 9ff)는 언어 변화는 언어를 습득하는 동안 매개변수 고정에서의 변화의 결과라고 주장한다. 매개변수 고정은 작은 단서들에 의해 발생한다고 알려져 있다. 예를 들어 정형동사를 선행하는 구성요소의 존재는 학습자에게 유발체(trigger)로서의 역할을 하며 문제의 언어는 V_2(verb-second)가 된다.

학습자 문법에 대한 변화는 특별한 매개변수 값에 대한 유발체가 중의적일 때 발생할 가능성이 있다. 유발체 경험에 대한 변화의 한 예는 굴절 형태의 소실이다(Van kemenade 1999: 1004ff). 예를 들어 서법(mood)이 여전히 영어에서 굴절로 인식될 때, 나중에 조동사가 되는 본동사와 동사들은 기능적 핵어 위치 서법으로 이동한다. 그러나 일단 굴절 서법이 상실되면 그 조동사는 기능적인 서법 위치에서 기저 생성을 하게 된다. 반면에 본동사는 동사구(VP)의 핵으로 고정된다. 그러나 그러한 일련의 추론은 Roberts와 Roussou(2003: 13)가 관찰한 대로, 순환 논리의 양상을 띠게 될 위험이 있다. 언급했던 V_2의 경우로 되돌아가서, 영어는 이러한 제약을 상실했다고 주장하고 있다. 왜냐하면 영어는 두 번째 위치로의 동사이동의 가능성을 상실했기 때문인데, 그 결과로 V₂는 더 이상 단서도 제공하지 않는다. 분명 이것은 동사이동의 이러한 유형이 왜 먼저 소실되었는지에 대한 이유를 설명하지 못한다. 아래에서 이러한 문제에 대해 살펴 볼 것이다.

Roberts & Roussou의 연구에서 문법화는 상승 재분석(Upward reanalysis)으로 정의되었다. 그 과정에서 특정 어휘 항목이나 어휘 항목의 하위 부류는 기능의 핵63)으로 재분석 된다. 이러한 재분석은 연속적으로 일어날 수도 있다(몇몇 단계와 관련이 있는 문법화 경로에 대응하면서; Roberts & Roussou 2003: 194, 202).64) (48)과 (49)에 제시된 것처럼, 생성론적 용어로 이것은 그 항목이 이동대신에 합병된다는 것을 의미한다. 합병(merge)이 이동보다 더 선호되기 때문에, (이동이 없는) (48)은 무표적 선택(unmarked option)이다. 이것은 (49)에서처럼 이동이 원활하게 유발되어야 한다는 것을 의미한다, 그렇지 않으면 매개변수는 (48)에서처럼 더 간단한 구조를 대체될 것이다.65)

---

63) 전통 문법에서와 같이, Roberts와 Roussou는 어휘 범주와 문법범주 사이를 구분하지만 그것들의 대한 그들의 분류법은 약간 다르다(예를 들어 그들은 일부 전치사를 어휘로 간주한다). 게다가 그들은 어떤 점에서 기능범주들은 통사론적으로 인식되어져야 하지만 그것들은 분명하게 표현될 필요는 없다고 주장한다(Roberts & Roussou 2003: 18ff.).

64) 인식조동사들은 의무조동사들보다 통사론적 수형도에서 더 상위에 위치한다(van Gelderen 2004: 157).

65) 약간 다른 생성론적 설명에 대해서는 van Gelderen을 참조하라. van Gelderen는 문법화를 포함해서 언어학적 변화에서 '동기부여의 힘'이 되는 경제성의 두 원리를 발견했다. 이 두 원리는 다음과 같다(van Gelderen 2004: 11f): (i) HEAD PREFERENCE OR SPEC TO HEAD PRINCIPLE 'Be a head, rather than a phrase', and (ii) LATE MERGE PRINCIPLE 'Merge as late as possible'. 이러한 원리는 화자의 문법에서 그리고 언어습득 시에 작용한다. 그러나 결정적으로 그것들이 항상 언어변화를 이끌지는 않는다. 왜냐하면 화자에게 경제적이라는 것은 청자에게는 경제적이 아닐 수도 있기 때문이다(van Gelderen 2004: 12).

(48)   x   (Merge)

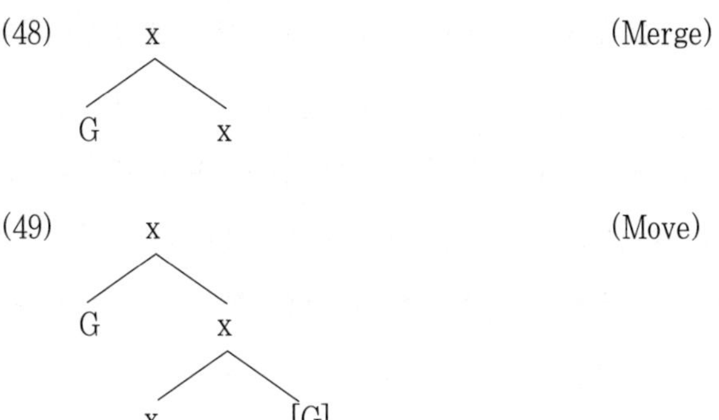

(50) $F^*_{\text{Move/Merge}} > F^*_{\text{Move}} > F^*_{\text{Merge}} > F$

방향성에 대한 경향을 설명하기 위해, Roberts & Roussou는 이것들이 언어 습득자의 본성과 관계가 있다고 언급한다. 그것은 간단한 표현을 하기 위한 계산적 보수성으로 간주되는데, 그것은 이미 언어 습득자에게 내재되어 있는 선호성이다(Roberts & Roussou 1999: 1020). 이러한 일련의 추론을 논하기 위해서 Roberts & Roussou(2003: 210ff)는 유표의 전통적인 개념을 끌어 들인다. 기능 핵어가 PF-실현 여부를 나타내는 특질 F를 연상시킨다는 것을 가정하면서 그것들을 다음과 같은 위계로 나타낸다.

(50) $F^*_{\text{Move/Merge}} > F^*_{\text{Move}} > F^*_{\text{Merge}} > F$

그러나 Roberts & Roussou가 인정한 대로, 그들의 모형에서 이것은 $F^*_{\text{Merge}} > F^*_{\text{Move/Merge}}$의 한 예가 될 것이기 때문에 이러한 유표 위계는 형태화를 설명할 수 없다(로망스어의 미래에서 보면 조동사는 본동사로 접어화되고 있다). 다시 말해서 그들의 접근 방식은 일차적 문법화를 설명할 수 있지만, 이차적 문법화는 설명할 수 없다는 것이다(Faarlund 2007: 75 참조). 예를 들어, 스웨덴어 종속접속사 *om and ifall*의 문법화에 대한 논쟁에서 Rosenkvist(2004: 216)는 상승 재분석은 통사적 변화의 적당한 기술은 아니라고 주장한다. 왜냐하면 여기에서 PP는 다른 종류의 변화인 CP로 재분석되기 때문이다(om and ifall의 역사의 간단한 요약은 2.6.1절 참조). 관련된 문제는 Roberts & Roussou의 접근 방식에 따라 하향 재분석을 예상하는 탈문법화로 설명되어질 수도 있다는 것이나, 이것은 2차적 탈문법화의 사례는 아니다. 예를 들어 노르웨이어 전접적 부정사의 표지(infinitival marker)가 자유형태소로 탈문법화 될 때(6.3.2 절 참조), 그것은 V에서 C로 이동했는데, 그것은 상승 재분석에 해당한다(Faarlund 2007: 76).

생성론적 접근이 기능주의자들에 의해 재검토되어 왔다는 것은 놀랄 일이 아니다. 예를 들어 Roberts & Roussou의 상승 재이동의 개념은 문법화가 방향성의 경향에 대한 설명을 제공하지 않고, 그들이 세워 놓은 틀 안에서 문법화가 이해될 수 있는 방식을 보여 준다고 Haspelmath(1999a: 1053)는 언급한다. Roberts & Roussou의 언어 능력을 기반으로 한 설명과는 반대로, Haspelmath는 그러한 경향은 언어 수행을 기반으로 하는 설명에 대해서만 설명되어 질 수 있다고 언급한다(Haspelmath의 보이지 않는 손 모형에 대한 것은 2.7.1절을 참조).

지금까지 살펴 본대로, 문법화에 대한 생성론적 접근 방식에는 3가지 기본적인 문제가 있다. 첫째, 추상성을 근거로 해서 언어 변화를 설명할 수 없다는 Fischer(2004: 728)의 지적대로, 그러한 문법이 어떻게 구조화되는지에 대한 독자적인 이론에 대한 어떤 증거도 없다. Fischer에 따르면, 그러한 독립적인 증거의 가능성이 내포된 자료는 신경 언어학적 연구이다. 그러나 지금까지 이것은 생성언어학적인 면에서 생득 문법에 대한 확고한 지지를 얻어내지 못했다. 그러므로 보편 문법이 이론적인 구조로 남아 있는 한 그것은 문법 변화를 설명하는 데 도움을 줄 수 없다(p.730).

생성론적 접근이 안고 있는 두 번째 문제는 유발체가 왜 변화하는지에 대한 문제를 다루지 않고 있다는 것이다(Andersen 2005: 166; Traugott 2002: 20f.).[66]

To say on the 'formal' (genaeraive) side of the debate that all one needs in order to explain language change is: '(a) an account of how trigger experiences have shifted and (b) a theory of language acquisition that matches PLD(primary linguistic data) with grammars in a deterministic way'(Lightfoot 1999: 225) simply puts the explanation off. WHY does the trigger change? ⋯ On [the generative] view, language change is the result of innovation in the individual compared to some other, older individual⋯ In this scenario, the individual is a processor of systems, largely passive, a logic machine, a 'language acquisition device', presumably devoid of personal differences or preferences.(Traugott 2002: 20f.)

언어변화를 설명하기 위해 필요로 하는 '형식적인'(생성적) 논쟁의 측면에 대해 언급하자면 다음과 같다. (a) 유발체 경험들이 전이되어 온 방식에 대한 설명과 (b) 결정적인 방식으로 PLD(primary linguistic data)와 문법을 조화시키려는 언어 습득의 이론(Lightfoot 1999: 225)에 대한 설명은 유보된다. 유발체는 왜 변화할까? 생성론적인 관점에서, 언어변화는 몇몇의 다른 과거의 개인들과 비교해 개인 내부에서의 변혁의 결과이다. 이 시나리오에서 개인은 아마 개인적인 차이나 특별한 선호가 없는 시스템의 프로세서이고 주로 수동적인 하나의 논리적인 기계이며 언어 습득 장치[67]이다 (Traugott 2002: 20f.).

---

66) Jan-Wouter Zwart(p.c)에 의하면, 생성 언어학은 언어수행이 아니라 언어능력에 대한 것이기 때문에 이것은 생성학적인 이론화의 타당한 비판이 아니다. 그러므로 그것은 생성언어학자들이 성인의 언어 수행에서 변이의 존재를 인정하지 않는 사례는 아니다. 그러나 그것은 그들의 틀의 영향권 밖에 해당하는 그 무엇이다. 그럼에도 불구하고 필자는 그것은 Roberts & Roussou 스타일의 단일 방향성에 대한 설명에 대한 타당한 비평이라고 생각한다. 왜냐하면 단지 능력에 의존한다는 설명은 기껏해야 부분적인 설명만을 제공할 뿐이다.

67) 사실, Roberts & Roussou는 언어학습자를(아이) 매개변수 고정 장치로 정의한다.

이러한 문제는 변화의 중심지로서 L1 습득에 대한 생성학적인 강조에서 비롯된다.68) 그러나 만약 유발체가 명료하지 않다면, 이것은 성인 문법에서의 변화 때문임에 틀림없다. 용법 기반 접근은 성인의 언어수행에서 변화를 설명하기 위해 잘 준비되어있다. 성인 언어수행에서의 변화가 성인의 언어능력에서의 변화를 반영하는지에 대한 문제는 사소한 일이다. 왜냐하면 아이가 성인의 발화에 노출될 때, 아이는 주어진 구조가 유년시절 혹은 그 후에 성인에 의해 습득되어졌는지 아닌지에 대해서 알 수 있는 어떤 방법도 모르기 때문이다.

돌발적인 매개변수 재고정의 결과로서 언어변화의 생성론적 관점이 안고 있는 세 번째 혹은 마지막 문제는 그것이 통시적인 점진성과 공시적인 변화율을 설명하는 데는 실패한다는 것이다.69)

For those of us who study language change, the central challenge for a restrictive theory of grammar that seeks to identify discrete parametric changes is precisely that various constructions can exist for hundreds of years without being reanalyzed or analogized into some positive parameter. Instead, they may thrive in an in-between state, like the quasi-modals [*promise* and *threaten*], sharing some properties of full raising verbs and some of full auxiliaries, without resolution of their gradient status.(Traugott 1997b: 202)

언어 변화를 연구하는 사람들에게 이산형 매개변수 변화를 확인하려는 문법의 제한적인 이론에 대한 핵심 난제는 다양한 구문들이 실증적인 매개변수로 재분석되거나 유추되지 않고 수백 년 동안 존재 할 수 있었다는 것이

---

68) 언어변화의 어린이 중심이론의 중요한 논쟁에 대해서는 Croft(2000: 44ff.) 참조하라.
69) 생성론적인 관점에서 변화율을 다루는 유일한 방법은 화자 개인에 대한 복수 문법을 규정하는 것이다. 사실상, 이것은 변화율은 전체 언어사회에서 전형적이기 때문에 모든 화자들이 여러 언어를 사용해야 한다는 것을 함축한다.

다. 대신에 그것들은 실질 상승 동사나 몇 몇 실질 조동사의 속성을 공유하면서 유사 양상 조동사[*promise and threaten*]처럼 중간 상태에서 성장할 가능성이 있다(traugott 19997b: 202).

결론적으로 단일 방향성에 대한 생성론적인 접근은 관찰되어진 통시적인 경로와 방향성에 대한 선호의 필수적인 내부적 이론의 재공식화(reformulation)라고 말할 수 있다. 왜냐하면 언어습득과 변화의 생성론적 관점은 실제 언어 사용에서 발생하는 변화를 설명할 수 없기 때문에 변이와 변화율(문법화의 연쇄의 둘 혹은 더 많은 단계는 몇 세대에 걸친 화자의 문법들 안에 공존할 수 있다는 것)[70]을 설명하는 데는 성공하지 못한다. 생성론적인 언어학의 장점은 특히 통사론의 층위에 대한 문법에서 변화를 형성시키려는 가능성에 있다. 반면에 용법 기반 접근법은 변이의 상승을 포착하려는 적절한 수단을 제공한다. 어떤 면에서 보면, 두 접근방식은 대립한다기보다는 오히려 상호 보완적이다.

2.7.4. 다른 형식적 설명들(other formal explanations)

기능학파의 전통 내에서, 언어학자들은 언어사용에서 방향적 선호에 대한 설명을 찾으려고 노력했을 뿐만 아니라 문법화하는 항목의 형식적 속성들에 관심을 보여 왔다. Lehmann(2004: 181)이 고찰했던 것처럼, 형식론적 관점에서 방향적 선호는 일반적으로 문법화가 몇몇 언어학적 층위에서 축소를 수반한다는 사실에 기인한다. 즉, '설명에 대한 한 가지 중요한

---

70) 몇몇의 형식론자들이 기능주의 학자들과 의견이 일치하는 것처럼 보이는 유일한 쟁점은 통사론이 생득적이고 자율적인 현상이 되기 전에 초기에 언어가 담화에서 생겨났음을 확신하는 부분이다(이 부분에 대한 논의와 관련 자료는 Fisher의 prep.부분을 참조하라).

측면은 문법화는 정보의 소실을 포함한다는 것이다. 단편적인 정보만으로
는아무런 성과도 낼 수 없지만 그것들이 갑자기 나타날 리도 없다.'71)
Langacker(1977: 106f.)는 다음과 같이 언급하고 있다.

It would not be entirely inapproproate to regard languages in
their diachronic aspect as gigantic expression-compacting machines.
They require as input a continuous flow of creatively produced
expressions formed by lexical innovation, by lexically and
grammatically regular periphrasis, and by the figurative use of
lexical or preiphrastic locutions. The machine does whatever it can
to wear down the expressions fed into it. It fades metaphors by
standardizing them over and over again. It attacks expressions of
all kinds by phonetic erosion. It bleaches lexical items of most of
their semantic content and forces them into service as grammatical
markers. It chips away at the boundaries between elements and
crushes them together into smaller units. The machine has a
voracious appetite. Only the assiduous efforts of speakers - who
salvage what they can from its output and recycle it by using their
creative energies to fashion a steady flow of new expressions to feed
back in - keep the whole thing going.

통시적인 측면에서 언어를 거대한 표현을 압축하는 장치로 간주하는 것은
적절할 것이다. 어휘적 변혁에 의해, 어휘적으로 문법적으로 규칙적인 우언
법에 의해, 그리고 어휘의 비유적인 사용 혹은 우언적인 발화에 의해 형성되
어 생산된 표현들의 연속적인 흐름을 언어들은 입력으로 필요하다. 기계는
그것에 반영된 표현들을 마모시키기 위해서 할 수 있는 것은 무엇이든지 한
다. 그 장치는 표현들을 표준화하고 반복적으로 사용함으로써 은유를 소멸

---

71) 이것은 Hopper가 인용했었던 1980년대의 텍사스 농담을 연상시킨다. "휴스턴(Houston)
에서 백만장자가 되는 가장 빠른 방법은 무엇인가?" 대답은 "억만장자로서 시작하라"
는 것이었다. 유사하게 Hopper는 음소가 생기는 가장 빠른 방법은 형태소로 시작하
는 것이 될 것이라고 주장한다.

 탈문법화 degrammaticalization

시키며, 음성적 축소에 의해 모든 종류의 표현들에 관여하며, 대부분의 의미적 내용의 어휘 항목을 탈색시키고 그것들을 문법 표지로 쓰여지게 한다. 또한 그것은 요소들 사이의 경계선을 계속 사라지게 만들면서 그 요소들을 더 작은 단위들로 쪼갠다. 그 장치는 굉장히 왕성한 활동력을 보여주므로 화자들이 할 수 있는 유일한 노력은 전체적은 상황을 계속해서 지속시키는 것이다. 화자들은 그 장치에서 출력되는 것에 영향을 받아 피드백이 될 새로운 표현들의 꾸준한 흐름을 유행시키기 위해 창조적인 에너지를 사용함으로써 그것을 재활용하려 한다.

의미적 변화에 대해서 Givón(1975: 96)은 다음과 같은 의견을 제시한다.

There are a number of reasons why such a process [of semantic enrichment] should be extremely rare. To begin with, when a verb loses much of its semantic contents and becomes a case marker, in due time it also loses much of its phonological material, becomes a bound affix and eventually becomes completely *eroded* into zero. It is thus unlikely that a more crucial portion of the information contents of the utterance - I.e., the semantic contents of a verb - will be entrusted to such a reduced morpheme. Further, while the process of change through depletion is a *predictable* change in language, its opposite - enrichment or addition - is not.(emphasis original)

그런 과정이 [의미론적 강화의] 아주 드문 것에는 여러 이유들이 있다. 우선, 동사가 의미적 내용을 많이 상실하고 격표지가 될 때, 그것은 곧 음운론적 자질을 상실, 의존접사가 되어 결과적으로 완전히 제로상태로 음운이 축소된다. 그래서 발화된 정보의 중요한 부분인 내용, 즉 동사의 의미적 내용들은 축소된 형태소로 될 것이다. 더욱이 축소를 통한 변화의 과정이 언어에서 예견된 변화인 반면, 그것의 정반대 현상인 강화나 첨가는 그렇지 않다.

Croft(2000: 161f.)에 의하면 화용론적 추론은 의미적 단일 방향성에 대한 일반적인 설명을 제공한다.

> [T]he contextual property is usually entailed by the inherent
> property but not vice versa⋯ For example, allative motion with a
> human subject usually entails intention, but not vice versa(many
> intended action do not imply directed motion on the part of the
> intender.)

문맥상의 속성은 보통 내재적 속성을 수반하지만 그 역은 그렇지 않다.
예를 들어, 인간이 수반된 향격 이동은 의도를 포함하지만 그 역은 그렇지
않다는 것이다(많은 의도된 행위들은 의도자의 입장에서 볼 때 방향적인 이
동을 의미하지는 않는다.)

가장 직접적인 관찰의 하나는 문법화는 빈도를 증가시킨다는 것으로,
그것은 문법화를 차례로 더 활성화 시킨다(Baybee 2003). 빈도는 문법화의
결과일 뿐 아니라 과정의 일차적인 원인 제공자이다(Bybee 2003: 602). 이
것은 의미적 일반화나 탈색에서 분명해지는데, 일반화나 탈색은 빈도가
일어날 수 있는 많은 문맥에서 일치한다. 빈도의 이러한 증가는 탈색을 더
진전시킬 가능성이 있다. 왜냐하면 '자극이 아주 빈번하게 일어난다면, 자
극은 그 영향력을 상실하기 때문이다. 음운론적 변화에 대해서 말하자면,
빈번한 항목들은 낮은 빈도수를 보여주는 항목들보다 더 급속히 변화하는
경향이 있다'는 것은 잘 알려진 일이다. 또한 초기의 연구에서 주장한 대
로 형태론적 층위에서의 형태론화가 그 반대현상보다 더 흔하다는 것을
살펴보는 것은 어렵지 않다.

> Since inflectional endings are as grammaticalized as affixes can
> get, they are the most specialized of grammatical items. Following
> Lehmann's(1985 and 1995[1982]) parameters of grammaticalization,

this implies that they have little phonological substance, are extensively desemanticized (i.e. have no concrete meaning), from part of a small, tightly integrated paradigm and are obligatory in highly specific morphosyntactic contexts. In addition, they cannot modify large syntactic units, only words or stems, and they occupy a fixed morphological position. These properties make them very unlikely candidates for lexicalization (in contrast with derivational suffixes such as *ism*). What is more, it will be obvious that inflectional suffixes have little room for change even within their own constructions⋯ To conclude, affixal degrammaticalizationis admittedly rare, but in case of favourable circumstances, such as some kind of internal *Systemstörung*(Plank 1995) and a possibility of morphosyntactic reanalysis it is by no means impossible.(Norde 2002: 61)

굴절 어미들은 접사가 문법화되는 만큼 문법화 되기 때문에 그것들은 문법 항목 중에서 가장 특수화된 것이다. 음운론적 자질을 거의 가지고 있지 않다는 것을 의미하는 Lehmann(1985 & 1995)의 문법화 매개변수들을 따르는 것은 광범위하게 탈의미화되고(즉, 구체적인 의미를 가지지 않음), 작고 단단하게 통합된 패러다임을 형성하고, 그리고 아주 특정한 형태 통사론적 문맥 속에서 의무적이라는 것이다. 게다가 그것들은 큰 통사적 단위인 단어나 어간들을 한정할 수 없으며 그것들은 고정된 형태론적 위치를 차지한다. 이러한 속성들은 그것들을 어휘화가 될 가망이 없는 것으로 만든다(ism과 같은 파생적 접미사와는 대조적으로). 굴절 접미사들이 속해있는 구문에서 조차 변화의 여지가 거의 없다는 것은 더욱 분명해 질 것이다. 결론적으로 접사적 탈문법화는 아주 드물지만, 일부 체계 분열(Plank 1995)와 형태 통사론적 재분석의 가능성과 같은 유리한 환경일 경우에는 그것이 결코 불가능하지는 않다는 것이다(Norde 2002: 61).

Lass(1997: 295ff)는 문법화를 'sink'로의 이동으로 생각하는데, 그것의 각 단계는 되돌릴 수 없다. 이는 의존형태소이고, '일단 이 단계에 도달하면 그것에서 벗어날 어떤 방법도 존재하지 않는 다는 것이다'(Lass 1997:

296). Lass는 예외들을 허용했는데(5.3에서 논의된 *s*-속격), 그것들은 그의 관점에서 볼 때 규칙을 증명하지만 그것은 싱크로부터 무언가를 얻기 위해 '다소 특별한 돌출'이나 '외부 "에너지"와 같은 것'을 필요로 한다고 언급한다(Lass 1997: 297).

유사한 경향으로, Fortson(2003: 657)과 Willis(2007: 303)는 탈문법화의 목표 범주(명사, 동사)는 전형적으로 굴절되는데, 그것은 문법 요소가 주요 어휘 범주로 탈문법화하기 위해서 그것은 굴절 형태로 재분석 될 수 있는 형태를 가져야만 한다는 것을 의미한다. 말할 필요도 없이, 그러한 재분석의 가능성은 구 언어(given language)에서 굴절의 수에 비례한다.

반대로 전치사, 대명사 혹은 접속사와 같은 문법화의 목표 범주는 전형적으로 굴절되지 않는데, 그것은 문법화하는 항목에 대한 어떤 형태론적인 제약이 없다는 것을 의미한다. 게다가, 폐쇄 범주는 정의된 대로 비생산적이며 일반적으로 많은 구성 요소들을 포함하지는 않는다(van Pottelberge 2005: 40).

이러한 모든 이유들로, 쇠퇴하고 있는 굴절 범주들은 약화된 접사들을 재강화시키기보다는 보통 우언적인 구문으로 대체된다.

> Inflections, being united to the stem or root in a single phonological word, are precisely those parts of grammar which are under greatest threat from the erosive force of sound change. Periphrases, on the other hand, are clearly motivated in a syntactic sense, and may therefore serve to restore the semiotic balance. (Vincent 1987: 253)

> 단일 음운론적 어휘에서 어간이나 어근으로 통합되는 굴절들은 문법의 일부분이 되는데, 그것은 음(성)변화의 축소라는 큰 위협을 받고 있다. 반면에

우언법은 통사적인 의미에서 동기화되어 기호학적 균형을 되찾을 수도 있다
(Vincent 1987: 253).

　요약하자면, 연속변이에서의 역방향적 모든 단계는 다른 많은 어려움에
직면한다. 사실 문법화 변화에 대한 은유로서 용어 '연속변이'는 문법화는
쉽게 진행되지만, 반면에 'up the slope'로 표현되는 탈문법화는 아무리
되풀이 하여도 헛수고가 될 것이라는 것을 의미한다. 접사에서 접어로의
탈문법화는 쉽지 않다. 왜냐하면 접사들이 나타나는 구문에서 변화의 여
지가 거의 없이 접사들이 강하게 탈의미화되고 심하게 축소되기 때문이
다. 그리고 일단 접사가 탈문법화에 성공하고, 후반 단계에서 심지어 탈접
어화 된다면 그것은 새로운 일련의 장애에 직면하게 된다. 기능어에서 내
용어로의 전환은 엄격하게 규제되는데, 왜냐하면 여러 언어에서 명사나
동사와 같은 실질 항목들은 전형적으로 굴절되기 때문이다. 그것은 주요
어휘 항목으로의 탈문법화는 문법형태소가 형식적으로 그러한 범주의 굴
절형태로 동일시된다는 것을 필요로 하고 자연적으로 이러한 모든 것이
일어날 가능성은 정말 매우 낮다는 것을 의미한다.

2.8. 요약(summary)

　이 장의 서론에서, 단일 방향성은 문법화와 탈문법화에 대한 논저에서
흔한 주제라는 것을 알아보았다. 한 극단적인 예로, 단일 방향성은 가능한
변화에 대한 일종의 제약이라는 주장이 제기되었다. 반면에 다른 극단적
인 주장에 의하면, 반례들은 문법화 변화의 우위를 경시하려는 시도로 지
나치게 강조되어 왔다는 것이다. 생각건대, 그러한 상충되는 관점을 해결

하는 가장 현명한 방법은 단일 방향성 혹은 언어변화에 있어서의 방향적 선호에 대한 잘 정리된 연구로 시작하는 것이다. 필자는 비가역성이 유형 층위에서 유일하게 관련이 있다고 주장해 왔다. 왜냐하면 역방향적 변화는 상황의 초기 상태로의 거울 영상 전환(mirror-image reversal)이 아니라 새로운 문법형태소와 구조의 결과이기 때문이다. 또 다른 중요한 연구는 문법형태소들이 소위 측면전이와 의존형태소의 대체 자료에 의해서 증명된 대로, 이전의 어휘적 역사가 없이도 발생할 수 있다는 것이다(예: 형태론적 재괄호화).

문법화와 탈문법화는 복합변화이기 때문에 각각의 근본적 변화의 방향성은 다른 변화에 의존하지 않고 독자적인 방식으로 고찰되어져야 한다((탈)문법화 변화의 부분으로서가 아니라). 비록 방향적 경향이 다른 변화들에서보다 일부 변화에서 더 우세하다 할지라도 모든 근본적 변화들은 무표적 방향을 가지고 있다는 것이 증명되었다. 특히 의미론적, 형태론적 변화들은 한 방향에 대한 강한 선호성을 가지고 있는 것처럼 보인다(각각 탈색과 결속으로). 종합해 보자면, 관련된 근본적 변화의 방향 선호는 문법화가 탈문법화보다 훨씬 더 일반적이라는 것을 연구로 설명할 수 있을 것이다.

단일 방향성은 다양한 이론적인 설득력으로 언어학자들의 초점이 되어 왔다. 그래서 관련된 설명들은 단순히 언어 내부(생성론적 접근)로부터 언어 외부(용법 기반 접근)로까지 그 범위를 포괄한다. 비록 아직도 일부 정확하지 않은 결론이 존재한다 할지라도, 방향적 선호에 대한 타당한 설명은 이러한 견해와 입장을 같이 한다. 문법화는 전형적으로 모든 층위에서의 축소를 수반하기 때문에 문법형태소들은(특히 접사들) 어떤 층위에서든 자질을 얻게 될 가능성은 거의 없다. 예를 들어 일단 문법형태소의 의미들이 실질적으로 탈색되었다면, 새로운 의미와 기능을 추론하게 될 의미 자질은 거의 남아 있지 않다. 이것은 축소가 왜 첫 번째로 그리 일반적인지에 대해서 의문을 남긴다. 생각건대, 수고를 덜기위한 화자의 전략으로 용법 기반 현상으로써 이것은 가장 적절하게 설명된다. 덧붙여, 신경언어학적 연구는 방향적 선호가(예: SPACE > TIME 은유) 점화(priming)에서 비대칭과 일치한다는 것을 보여주었다. 단일 방향성에 대한 생성론적 설명은 결국 형식화하는 변화의 수단으로서 유용할지도 모르지만 그것에 대한 어떤 설명도 제공하지 않는다.

결론적으로, 단일 방향성과 일관성(uniformitarianism)에 대한 몇 가지 언급을 하면서 이 장을 마무리 짓고자 한다. 만일 단일 방향성이 결정적이고 일반적으로 언어 변화에 영향을 준다면(관한 것이라면), 언어는 더욱 더 문법화 되고(Moreno Cabrera 1998: 224) 모든 문법 항목들은 결과적으로 어휘 항목이라는 것을 예상할 수 있을 것이다(Lass 1997: 268n.; 2000: 216). 궁극적으로 이것은 일관성의 원리[72]를 위반하는 것이 될 것이다. 왜냐하면 그러한 관점은 모든 언어는 초기 단계에서는 고립되어 존재했었음에 틀림없다는 가정을 하는 것이기 때문이다. 그러나 정반대로, 이것에 대한 어떤 증거도 존재하지 않는다. '표준적 방법에 의해 재 구조될 수 있는 데이터가 아니라 언어학적 데이터를 입증해 온 어떤 시기에서도 고립어, 교착어 그리고 굴절어/융합어의 현재 분포 외에는 아무 것도 보여주지 않고 있다'(비슷한 주장은 Lass 2000: 216; Lightfoot 2002: 127을 참조). 더욱이 인구어(Indo-Europesn), 우랄어족(Uralic), 드라비다어(Dravidian), 셈족어(Semitic)처럼 훌륭하게 연구가 이루어져 온 어족들에서도, 대부분의 의존형태소들

---

72) 이것은 과학에서는 일반적인 원칙으로, 기본적으로 똑같은 물리적인 법은 온 우주에 항상 적용된다는 것을 의미한다. 그것은 고대의 언어는 필연적으로 현대의 언어와는 다르다는 것을 가정하기 위해서 소장과학자들에 의해 언어학에 도입되었다.

의 일부는 그 어원의 유래는 밝혀낼 수가 없다(Lass 2000: 217). 그러나 Hopper & Traugott(2003: 132)는 Lass의 견해에 동조하지 않는다. 그들은 이전의 어휘적인 역사(변천)없이 문법표지들이 완전히 자격을 제대로 갖추었다는 증거는 존재하지 않는다는 그들의 원래의 주장(Hopper & Traugott 1993: 128f.)을 그대로 견지한다. 그들의 관점에서, 이것은 일관성의 원리와는 아무런 관계가 없다. 왜냐하면 언어 진화는 점진적으로 진행되기 때문에, 절대적인 원형단계(proto-stage)는 확립될 수가 없다. Haspelmath(2004: 25)도 비슷한 견해를 피력했는데, 그는 '언어는 수만 년동안 주변에 존재해 왔고 그것의 기원에 대해서 아무것도 알지 못하기 때문에 선사시대에 대한 통시적인 보편성의 결과에 대해 걱정할 필요가 없다'고 언급한다.

 탈문법화 degrammaticalization

탈문법화의 정의 defining degrammaticaliazation

3.1. 도입(introduction)

얼마 전까지 본 장의 제목은 용어상 모순이었을 것이다. 1장에서 살펴 본 것처럼, 탈문법화는 존재하지 않거나 아주 드물고 불규칙적이어서 오 랫동안 중요하지 않은 것으로 여겨져 왔다. 결과적으로 탈문법화는 적절 하게 정의되지 않았고, 그 변화는 분류할 수 없는 것으로 생각되었다. 다 음은 이런 관점이 전형적으로 반영된 것이다.

Whereas 'grammaticalization' refers to a process that is cross-linguistically common and regular, and can be described in a principled way⋯, this does not apply to the phenomena subsumed under the label degrammaticalization. Furthermore, even if one were to restrict the use of the term to one [of] its many uses, there remains the following problem: The term suggests directionality, e.g. from more grammatical to less grammatical forms. However, as we saw above, none of the processs underlying exhibits any directionality. Furthermore⋯ these processes do not seem to share any common denominator. Thus, it would seem that this term is not of much help for describing or understaning grammatical change, excpet for referring to the epiphenomenal effect some of the processes have in specific situations.(Heine 2003a: 175)

If one is interested in generalizations rather than arbitrary facts, one must put aside the exceptions, because unless they can be subsumed under some further generalization, they cannot be explained.(Haspelmath 2004: 23)

'문법화'는 범언어적으로 일반적이고 규칙적인 과정을 가리키고, 원칙화된 방법으로 기술할 수 있는 반면에…, 이것은 탈문법화라는 이름에 포함되는 현상에는 적용되지 않는다. 더욱이 그 용어를 그것의 여러 가지 용법 중의 하나에 한정시켜 사용한다고 해도, 거기에는 다음과 같은 문제점이 남아있다. 즉 그 용어는, 예를 들어 보다 더 문법적인 것에서 보다 덜 문법적인 형태에 이르기까지, 방향성을 나타낸다. 그러나 위에서 살펴보았듯이, 탈문법화의 기초가 되는 과정은 그것이 어휘화든, 완곡 표현이든, 기능선택(exaptation)이든, 또는 기능적응(adaptation)이든 어느 것도 분명한 어떤 방향성을 보이지 않는다. 더욱이 이러한 과정은 그 어떤 공통점도 갖고 있지 않아 보인다. 따라서 이 용어는, 일부 과정이 특정 상황에서 갖는 단지 부수적인 결과 외에는, 문법적인 변화를 묘사하고 이해하기 위하여 별로 도움이 되지 않는 것 같다.(Heine 2003a: 175)

임의적인 사실보다 일반화된 사실에 관심이 있다면, 그 예외는 유보해놓아야 한다. 왜냐하면 보다 더 일반화된 사실에 포함될 수 없으면 그 예외는 설명될 수 없기 때문이다(Haspelmath 2004: 23).

그러나 예외를 무시하는 것은 문법화 연구(또는 일반적으로 역사 언어학)를 잠재적으로 불완전한 것으로 만드는 것이라 본다. 왜냐하면 환영받지 못하는 증거(unwelcome evidence)에 대한 때 이른 폐기는 잘못된 일반화로 이끌 수 있기 때문이다. 그 잘못된 일반화는 결과적으로 잘못된 재구조의 기초를 형성할 수 있다(1.6.4를 보라).[1) 예를 들어 영어의 s-소유격 상승의 경우(5.3.3을 보라), 접미사 -es를 소유대명사 his로 재분석한 Janda(1980)의 이론을 받아들이려고 했을지 모른다. 이는 실제로 Lehmann(1995 [1982]: 19)에서 행했던 것이다. 왜냐하면 그의 관점에서 대체(the alternative), 즉 접사에서 접어로의 '승격'은 단일 방향성 원칙에 의해 제외되기 때문이다(2.1을 보라). 단일 방향성 가설을 가능한 언어 변화에 대한 보편적 제약으로 간주한다면, 반대 방향(opposite direction)에서의 발달을 알아차리지 못할 수도 있다. 이러한 반대 방향에서의 발달이 드물다 하더라도, Fischer와 Rosenbach(2000: 21)가 지적한 것처럼, 이러한 발달은 가치가 있다.

[T]he role of counter-examples is to modify the hypothesis in such a way that it can also account for these hitherto unpreicted cases⋯ In the Popperian sense of scientific reseach we should always look for counterexamples and not for cases which conform to our hypotheses.

반례의 역할은 지금까지의 이런 예견되지 않은 사례들을 설명한 수 있는 방법으로 가설을 수정하는 것이다 ⋯⋯ 과학적 연구에 대한 포퍼론자[2]적 의미에서 우리는 항상 우리의 가설에 맞는 예가 아니라 반례를 찾아야 한다.

단일 방향성에 대한 반례를 다루는 또 하나의 방법은 그 반례가 탈문법

---

1) Fischer(2000: 153)는 유사한 점을 지적한다. '탈문법화 과정 자체는 단지 때 늦은 깨달음(hindsight)으로 발견될 수 있다고 생각되는데, 이 말은 우리가 문법화가 무엇인지에 대해 선입견을 가지고 있으면 우리는 실로 완전하거나 "가능한(fullish)" 경로를 가는 과정을 주로 발견할 것이며, 문법화의 경로가 상이하게 진행되는 많은 사례들의 존재 가능성을 깨닫지 못할 것임을 의미한다. 그래서 문법화를 일반적으로 동일한 채널을 뒤따르는 것으로만 생각할지도 모른다.'

2) 과학철학자 칼 레이몬드 포퍼(Karl Raimund Popper 1902~1994)의 추종자들을 일컫는다. 포퍼는 "귀납이 아닌 연역만으로 과학을 할 수 있는 방법이 있는데 srmrj이 바로 반증이다."라고 주장하며 '반증주의'라는 새로운 해법을 내놓았다.(출저: Ko.Wikipedia.org/wiki/포퍼)

화의 실례가 아니라 '진정으로 그 무엇(really something else)'이라고 말하는
것이다. 그러한 추론을 통해 얻어지는 것을 알기란 쉽지 않다. 따라서
Newmeyer가 다음과 같이 말한 것에 대해 전적으로 동의한다.

> Occasionally, one reads about certain upgradings not really
> counting as counterexamples to unidirectionality because they are
> not genuine cases of 'grammaticalization reversing itself'. Rather,
> they are said to manifest some other process, such as, say
> 'lexicalization'. My feeling is that attributing upgradings to some
> process distinct from the inverse of grammaticalization is tantamount
> to covertly building unidirectionality into the definition of
> grammaticalization. Certainly it would have the effect of ruling out
> the great majority of potential counterexamples to unidirectionality.
> (Newmeyer 1998: 363)

> 때때로 단일 방향성에 대한 반례로 간주되지 않는 어떤 승격에 대해 알
> 수 있다. 왜냐하면 그것은 '문법화 자체를 역행하는' 진정한 예가 아니기 때
> 문이다. 오히려 그것은 '어휘화'와 같은 어떤 다른 과정을 증명하기 위해 언
> 급된다. 승격을 문법화와 정반대의 다른 어떤 과정이라고 간주하는 것은 문
> 법화의 개념에 단일 방향성을 암암리에 구축하는 것과 같다. 확실히 그것은
> 단일 방향성에 대한 가능한 반례의 대부분을 제외시키는 영향력을 가질 것
> 이다.(Newmeyer 1998: 363)

따라서 본 장의 주된 목적은 탈문법화를 정의하고 분류하는 것이 가능
한지에 대한 고찰이 될 것이다. 이를 위해 먼저 '재문법화'와 '반문법화'라는
대안 용어를 고려하면서, 탈문법화 용어에 대한 연구사(Forschungsgeschichte)
을(3.2절), 탈문법화와 자주 혼동되는 그 밖의 다른 변화들을 제시할 것이
다(3.3절). 이어지는 절에서는 탈문법화의 특성에 대한 근원적 정의, 즉 반
대방향성(counterdirectionality), 참신성(novelty), 범언어적 대응의 결여, 그

리고 탈문법화 연쇄의 부재 등에 대하여 논의할 것이다. 3.5절은 Lehmann
의 '문법화 매개변수'와 Andersen의 '관찰 층위'를 바탕으로, 탈문법화 변
화를 분류하기 위한 모형에 관한 것이다.

3.2. 재문법화와 반문법화(regrammaticalization and antigramma-
   ticalization)

두 용어는 때때로 탈문법화의 동의어 또는 하위어로 사용된다. 먼저 '재
문법화'는 Greenberg(1991: 301)에 의해 매우 문법화된 문법형태소(grams)
의 기능 전이(shift)를 위해 도입되었다. Greenberg는 문법화의 궁극적인
단계가 소실일 필요는 없다는 것을 최초로 증명한 사람 가운데 한 사람이
었다. Greenberg가 논의한 많은 예 가운데 하나는 Chibchan-Paezan
어3)의 *-*kwa*이다(Greenberg 1991: 309f.). 비교 증거를 통해 이것이 원래
는 특정한 둥근 물체를 나타내는 명사였다는 것을 알 수 있다(이것은 아직도
Terraba어 *gwa* 'egg' 또는 Cuna어 *kwa-kwa* 'nut' 같은 예에 남아있다). 많은
Chibchan계 언어에서 이 명사는 둥근 물체의 분류사(classifier) 역할을 하
는 접미사로 문법화 되었다. 예를 들어 Chibchan의 고유명사 *up-kwa*
'eye' 또는 *pihi- gwa* 'hole' 등이 그것인데, 이것으로부터 *kip-kwa* 'place'
같은 다른 명사들이 퍼져 나왔다. 일부 언어에서 그것은 결과적으로 상이
한 기능으로 '재문법화'되었다. 예를 들어 Cuna어에서, (*wini* 'beads'로부터)
그것은 *winkwa* 'a single bead'의 예처럼 집합 명사로부터 단수 명사를
형성하는 기능을 한다. 반면에 Millcayyak어에서는 (*cheri* 'to give'로부

---

3) Chibchan-Paezan은 콜롬비아와 중앙아메리카에서 사용되는 아메리카 원주민 언어의
   하나인 Chibchan의 하위어이다.

터) *chergwe* 'gift'의 예와 같이 명사화소(nominalizer) 기능을 한다.

그러나 재문법화 변화는 때때로 문법화에 대한 가능한 반례로 인용되기는 하지만(예. Heine, Claudi, 그리고 Hünnemeyer 1991: 4; Hopper와 Traugott 2003: 135) 문법형태소가 '덜 문법적인 것'으로 되지 않는다는 점에서 탈문법화와 다르다. 대신에 재문법화 변화는 하나의 문법 기능이 또 다른 문법 기능을 대신한다. 그리고 이러한 이유 때문에 재문법화는 측면전이(lateral shift)의 실례로 보는 것이 더 적당하다(2.4절을 보라).

두 번째 용어인 '반문법화'는 Haspelmath(2004)가 탈문법화라는 용어를 대체하기 위해 제안하였다. 그는 탈문법화로 불리는 다른 변화들로부터 단일 방향성에 대한 진정한 예외를 분리하기 위하여 이 새로운 용어를 만들었다(3.3절을 보라). 이 용어는 '문법화의 일반적인 방향과 반대로 진행하는 어떤 변화의 유형(즉 discourse > syntax > morphology)'을 포괄하기 위한 것이다(Haspelmath 2004: 28). 그의 반문법화에 대한 정의는 다음과 같다.

> By [antigrammaticalization] I mean a change that leads from the endpoint to the staring point of a potential grammaticalization and also shows the same intermediate stages. For instance, a change from a case suffix to a free postposition with the intermediate stage of a postpositional clitic would be an antigrammaticalization, This implies that the change occurs in a construction which can be seen as preserving its identity before and after the change, as in grammaticalization, where we also have a gradual change of the properties of a construction, but we do not get a new construction. (Haspelmath 2004: 27f.)

> [반문법화]는 잠재적 문법화를 그 종결점에서 시작점으로 이끄는 변화, 그리고 동일한 중간단계를 보여주는 변화를 의미한다. 예를 들어 격 접미사에서 후접어의 중간단계를 가진 자유 후치사로의 변화는 반문법화라 할 것이

다. 이것은 그 변화의 전후에 그것의 동일성을 유지하는 것으로 보이는 구조
에서 발생함을 의미하는데, 문법화에서처럼 구조의 속성에 대한 점진적 변
화를 볼 수 있으나 새로운 구조를 얻지는 못한다(Haspelmath 2004: 27f.).

Haspelmath에 따르면 다음의 변화는 반문법화로서의 자격을 얻는다
(p.29).[4]

(1) a. 영어와 본토 스칸디나비아어의 소유격 접미사 *-s* > 접어=*s*
    b. 아일랜드어의 1인칭 복수 접미사 *-muid* > 독립 대명사 *muid*
    c. 일본어의 부사 종속어미 *-ga* 'although' > 자유 연결어(linker) *ga*
       'but'
    d. 사미어(Saami) 결여격 접미사 **-ptaken* > 접어=*taga* > 자유 후치
       사 *taga*
    e. 에스토니아어의 의문 표지 *-s* > =es > 자유 불변화사(particle) *es*
    f. 영어의 부정사 접두사 *to-* > 전치접어 *to*
    g. 현대 그리스어 접두사 *ksana-* 'again' > 자유 부사 *ksana* 'again'
    h. 라틴어 엄격한(rigid) 접두사 *re-* 'again' > 이탈리아어 유연한
       (flexible) 접두사 *ri-* (예. *ridevo fare* 'I must do again')

Haspelmath의 목록에서 인상적인 점은 단지 반문법화에 적합한 항목
이 매우 적어 보인다는 것이 아니라, (d)를 제외하고는 반문법화에 대한
Haspelmath 자신의 정의에 맞는 예가 없다는 것이다. 왜냐하면 (d)를 제
외한 모든 변화가 문법화 연쇄에서 관찰되는 것처럼 동일한 중간단계를
지닌 점진적 전환(transitions)의 연속이 아니라, 단지 단일한 반대방향 전
이만을 포함하고 있기 때문이다.

그 정의보다는 그 예를 통해 판단하면 Haspelmath의 '반문법화'는 단

---

4) 이러한 사례에 대한 논의에 대해서는 5장과 6장을 보라.

지 이차적 탈문법화만을 포함한다.5) 따라서 1.3.2절에서 일시적으로 정
의했던 '탈문법화'와 완전한 동의어는 아니다. 그러므로 본서에서는 이후
로 '반문법화'라는 용어를 사용하지 않을 것이다. 지금까지 '반문법화'라는
용어는 문법화 연구에서 채택되지 않았었다. 그리고 3.4절과 3.5절에서
탈문법화에 대한 적절한 정의가 이루진다면, '탈문법화'라는 용어를 잘 고
수할 수 있을 것이다.

3.3. 용어의 확산과 혼란(terminological proliferation and confusion)

'탈문법화'라는 용어는 현저하게 이질적인 변화군을 지시하기 위해 사용
한다. 불행하게도 이것은 일반적으로 그 용어와 관련하여 일부 연구자에
의해 혼란과 거부가 더해지고 있다. 이 용어상 대혼란에 대한 가장 철저한
처리 가운데 하나는 Heine(2003a)이다. 그의 탈문법화 '정의'에 대한 목록
은 다음과 같다.

(2) 탈문법화 용어의 사용(L=어휘적 형태, G_1=문법적 형태, G_2=더 문
법적인 형태, G_0=더 이상 문법적 의미를 갖지 않는 문법적 형태,
'>'= 통시적 전개)

a.		G_2	$> G_0$	문법적 의미의 소실
b.	L $< G_1$		$< G_2$	거울 이미지 반전
c.	L $< G_1$, G_2			어휘화
d.	L $< G_1$			완곡 표현
e.		G_1	$< G_0$ (G_2)	기능선택
f.		G_1	$< G_2$	기능적응

---

5) 보다 정확하게, Haspelmath의 일곱 가지 예는 탈결속을 s-속격의 예외와 관련시킨다.
이는 본 연구에서 탈문법화의 경우로 본다(6장을 보라).

g. G_1 < G_2 대체

h.   (L) <(G_1)   <   (G_2)   승격

기본적으로 (2)에는 세 가지 상이한 현상이 혼합되어 있었던 것 같다. 사실, (a-c)만이 탈문법화와 등가로 사용된다고 말할 수 있다. (c-g)의 용어는 반대방향 변화에 관련될 수 있는 과정이다(그러나 이 가운데 어느 것도 본래부터 반대방향적인 것은 없다). 그리고 (h)는 단순히 모든 반대방향 변화에 대한 상위 용어이다(cf. Plank 2003 〔2000〕: 177). 다음 절에서는 (2)의 현상에 대해 살펴보고, 왜 그것이 진정한 의미에서의 탈문법화와 구별되어야만 하는지 논할 것이다.

3.3.1. 문법적 의미의 소실(loss of grammatical meaning)

특히 초기의 연구들에서 탈문법화는 '공형태(empty morphs)'를 초래하는, 문법적 의미나 기능의 소실로 정의되었다(예, Heine, Claudi, Hünnemeyer 1991: 26; Ramat 1992: 551ff.; Allen 1995: 5; Koch 1996: 241). 그런 '옛 형태론의 흔적(ghosts of old morphology)'에 대한 예(Lass 1997: 307)에는, 동사로부터 명사를 형성하는 원시 독일어 접미사 *-m*처럼, 어간과 융합하여 이제는 더 이상 인지할 수 없는 옛 파생접미사가 있다(네덜란드어/독일어/스웨덴어) *bloem / Blume / blomma* 'flower', *helm / Helm / hjälm* 'helmet', 또는 *storm / Sturm / storm* 'storm' 등이 그 예이다(cf. (현대) 네덜란드어 동사 *bloeien* 'to bloom', *helen*(원래) 'to cover', *storen* 'to disturb').

'탈문법화'라고 할 수 있는 기능 소실의 또 다른 예는 로맨스어 접미사 *-sc*와 관계가 있다(Ramat 1992: 551ff.; Allen 1995). 라틴어에서 일부 *sc*-동사는 기동적 해석을 위해 차용된다(예. *crsēcere* 'to come into existence', *nōscere* 'to get to know'). 그리고 결과적으로 *-sc*는 명사(*iuvenis* 'young man' > *iuvenēscere* 'to grow up')나 동사(*calēre* 'to be warm' > *calēscere* 'to become warm')로부터 기동 동사를 파생시키는 생산적인 접미사가 되었다. 이러한 모든 동사는 자동사이다. 그러나 후기 라틴어에서 그 가운데 일부는 *innōtēscere* 'to become known' > 'to make known'처럼 타동사가 되었다(Allen 1995: 4). 이러한 발달은 로맨스어에서 계속되었는데, 예를 들어 프랑스어에서 이와 같은 동사가 자동사(*verdissent* '(they) become green')[6]나 타동사(*blanchissent* '(they) whitewash'), 혹은 둘 다(*finissent* '(they) finish ([NP])')가 될 수 있는 경우이다. 따라서 기동 의미는 점차 퇴색하였다. Ramat(1992: 552)는 *-isc-*가 1인칭 단수 어미 부분이 된 이탈리아어 *finisco* 'I finish'에 대하여 논하고 있다. 따라서 이탈리아어에서 기동 동사를 만드는 파생접미사는, 직설법 현재에서 단수와 3인칭 복수를 표시하면서, 동사 활용 체계의 일부가 되었다.

위에 든 어떤 예도 본서에서는 탈문법화로 간주하지 않을 것이다. 왜냐하면 Heine(2003a: 165)에서 바르게 지적하고 있듯이, 문법적 의미의 소실은 탈문법화가 아니라 진보한 문법화를 나타내기 때문이다.

3.3.2. 거울 이미지 반전(mirror image reversal)

탈문법화 용어가 지닌 중대한 문제점은 이 용어가 '반전된 문법화'를 의미하는 것 같다는 점이다. 이렇게 해석할 때 탈문법화를, 문법형태소의 '연속변이를 향한' 점진적 이동과 그리고 형태 변화를 따르는 내용 변화와 더불어, 탈문법화 연쇄라는 견지에서 기술할 수 있는 과정이라고 기대할

---

6) 3인칭 복수 형태가 사용되는데, 왜냐하면 부정사와 다르게 이것은 여전히 기동접미사 (*-iss-*)의 흔적을 포함하고 있기 때문이다.

지 모른다.

A good case of degrammaticalization would consequently be one in which, for instance, an infix first becomes a peripheral affix, this then becomes a free form, gaining more concrete semantic features and a few more phonological segments. All the while, the paradigm of forms with a similar distribution fills up by other items taking the same course, expanding into a lager calss of more heterogeneous elements. In the further course of events, the degrammaticalized item joins the lexical(rather than grammatical) subclass of ifs category, passing, for instance, from an adposition to a relational noun, typically sprouting a case suffix that had not been there. The reverse of such a process is an everyday grammaticalization phenomenon.(Lehmann 2004: 170)

탈문법화의 좋은 사례는, 예를 들면 접요사가 먼저 주변접사가 되고, 다음에 이것이 보다 구체적인 의미 자질과 몇 개의 보다 더 음운적인 분절을 획득하면서 자립 형태가 되는 것과 결과적으로 하나일 것이다. 그러는 동안 비슷한 분포를 지닌 형태의 패러다임은 보다 잡다한 요소의 더 큰 부류 속으로 계속 확장되면서, 같은 과정을 취하는 다른 항목으로 채운다. 추후 일련 과정에서 탈문법화된 항목은, 예를 들어 없었던 격 접미사를 전형적으로 발아시키면서 부치사에서 관계명사로 변하는 과정을 통해, 그 항목 범주의 (문법적보다는) 어휘적 하위부류에 합류한다. 그러한 과정의 반전은 일상적 문법화 현상이다(Lehmann 2004: 170).

그런 탈문법화는 지금도 발견할 수 있으나, 2.7.4절에서 논의한 이유들로 인해 대부분 받아들이기 어려워 보인다. 1996년 *Linguist-list*의 단일 방향성 논의에 주목할만한 기고를 통해서, Östen Dahl은 다음과 같은 방법을 제시하였다.

I think grammaticalization is unidirectional in about the same sense as biological processes such as growth, maturation, and ageing are. As we grow up, we become taller; in old age, we may shrink a little. However, we would not expect a child to start becoming shorter and shorter and finally return to its mother's womb. Similarly, eyesight generally deteriorates with age, but myopic persons may actually become less so due to their eye lenses getting more rigid and compensating the myopia. In other words, the biological processes that take place during our lives sometimes give rise to contradictory results but there can be no doubt that they are basically irreversible. In the same way, we would not expect, say, that the French future tense endings would start seperating from the verb, become auxiliaries and then end up as full verbs meaning 'to keep'(the presumed etymology of Latin *habere*, the source of the French furture).

문법화는 성장, 성숙 그리고 노화 같은 생물학적 과정과 동일한 의미에서 단일방향적이라고 생각한다. 우리가 성장함에 따라 우리는 키가 자란다. 늙으면 우리는 조금 줄어들지도 모른다. 그러나 우리는 아이가 점점 작아져서 마침내 그 어머니의 자궁 속으로 다시 돌아가게 되는 것을 기대하지는 않을 것이다. 이와 유사하게 시력은 나이가 들면서 일반적으로 나빠진다. 그러나 근시인 사람은 눈의 수정체가 더 단단해지면서 근시를 보상해 주는 덕분에 실제로 덜 나빠지게 된다. 다시 말하면, 우리가 살아 있는 동안 발생하는 생물학적 과정은 때때로 모순된 결과를 가져다준다. 그러나 그것을 기본적으로 거스를 수 없다는 것에는 의심의 여지가 없다. 같은 방법으로 우리는 프랑스어의 미래 시제 어미가 동사로부터 분리되기 시작해서 조동사가 되고 마침내 'to keep'을 의미하는 완전 동사가 된다고 기대하지는 않을 것이다 (라틴어 *habere*의 추정된 어원, 프랑스어 미래시제의 근원).

다시 말해, 탈문법화는 토큰(token)이나 유형(type) 모두에 대해 문법화 연쇄의 완전한 반전일 수 없다는 의미에서, 문법화의 거울 이미지가 아니다.

3.3.3. 기능어와 접사의 어휘화(Lexicalization of function words and affixes)

어휘화가 그렇게 자주 문법화와 '정반대의 것'처럼 보이는 이유는 문법성의 연속변이에 뿌리를 두고 있다. 문법성의 연속변이에서 문법과 어휘부(lexicon)는 Douglas Lightfoot(2005: 586)가 적절히 말한 것처럼 그 두 개가 반대임을 제시하는 양극단이다. '그 추론은 논리적인 것 같다. 즉 만약 한 쪽 끝에는 "어휘적인 것"을, 그리고 다른 한 쪽 끝에는 "문법적인 것"을 가진 단일 연속체(continuum)가 존재한다면, 그 연속변이에 따른 이동을 '문법적인 것'은 문법화로, '어휘적인 것'은 어휘화로 쉽게 해석할 수 있을 것이다.'7)

1.3.3절에서 설명했듯이, 본 연구에서는 새로운 어휘소를 만드는 대부분의 변화는 포함하지만, 규칙적인 어형성은 제외하는 광의의 어휘화 정의를 사용한다. 이러한 관점에서 어휘화는 본질적으로 비-방향적(non-directional)이다. 어떤 언어 재료(material)는 어휘화의 입력 기능을 할 수 있다. 즉 *forget-me-not, has-been*과 같은 구, 동사(*to sms, she smses, etc*)와 명사(*an sms, smses*)로 둘 다 사용가능한 *sms*(short message service)와 같은 머리글자어(acronym), 그리고 *hamburger*로부터 잘 알려지게 된 *burger*(원래 독일어에서 기원: *Hamburg-er* 'a Hamburg delicacy')에서처럼 때때로 형태소 경계와 관계없는 단어 부분 등이 그러하다.

여기에서 우리가 관심을 가져야 하는 어휘화의 예는 오직 탈문법화의 동의어나 하위 집합으로 해석되는 것뿐이다(예. Anttila 1989: 151; Ramat 1992, 2001; Hopper and Traugott 1993: 127; Newmeyer 1998: 269f.; Brinton and Traugott 2005: 60; van der Auwera 2002를 참조). 이것들은 문법형태소

---

7) 왜 어휘화가 문법화의 반대(opposite)가 아닌지에 대한 더 광범위한 논의에 대해서는 Lehmann(2002), Himmelmann(2004), 그리고 Lindström(2004)를 보라.

들이(접사나 전치사들) 어휘 항목(주로 명사로 혹은 동사)으로 기능하는 곳에서의 변화들이다. 이는 바로 '어휘부를 풍부하게 하는 언어 재료의 충원 (recruitment)'이라 특징지어지는 일반적인 범언어상의 전략이다(Hopper와 Traugott 2003: 134). 사실 어휘화는 너무나 일반적이어서 Ramat(1992: 557)는 심지어 Givón의 유명한 구호 '오늘의 형태론이 내일의 통사론이다.'가 '그리고 오늘의 문법이 내일의 어휘부가 될 수 있다.'로 완전해질 수 있을 것이라 하였다.

접사의 어휘화로 가장 잘 알려진 예는 'ideology'에 대한 상위어로서 많은 언어에서 가산명사로 사용될 수 있는 *-ism*이다(영어의 *isms*, 독일어의 *ismen*, 스웨덴어의 *ismer*, 불어의 *ismes* 등). 이런 종류의 변화는 두 가지 이유로 인해 탈문법화와 확연히 다르다. 즉 (i) 접미사는 명사로 기능하기 위해 그 문맥을 무시하고 취해진다. 반면에 탈문법화는 문맥 내부적(context-internal) 변화이다. 그리고 (ii) 이것은 문법화 변화의 반전이 아니다. 왜냐하면 '한번에' 접미사가 되는 명사의 증거는 없기 때문이다.

기능어의 어휘화에 대한 영어의 예는 부사에서 명사로(*ups and downs*), 부사에서 동사로(*up the price*), 그리고 접속사에서 명사로(*ifs and buts*)의 전이를 포함한다. 다른 예는 대명사의 어휘화이다. 즉 대명사에서 동사로 (프랑스어 *tutoyer*(< *tu, toi*), 스웨덴어 *dua*(< *du*), 독일어 *duzen*(< *du*), 네덜란드어 *jijzen en jouen*(< *jij, joi*) 'to use the informal pronoun of address'), 그리고 대명사에서 명사로(네덜란드어 *Is het een hij of enn zij?* / 영어 *Is it a he or a she?*)의 전환이다. 그런 전환은 굴절이 거의 없는 언어에서 더 일반적이라는 사실이 주목되는데(Norde 2001a: 235n., Brinton과 Traugott 2005: 38) 즉 그런 언어에서는 단어-부류 구성소자격(membership)이 형태적으로, 예를 들어 한정 파생이나 단어-부류-한정 굴절 등을 통해 형태적으로 표시되지

않는다. Brinton과 Traugott(같은 책)는 또한 *to off* 같은 영(zero)전환과 '비공식적 인사말에 사용되는' 독일어의 *duzen* 같은 파생 전환 사이에는 차이가 있다고 주장한다.8) *duzen*은 이인칭 단수대명사 *du*에 부정사적 접미사가 첨가되어 파생되었다. 그러나 영어와 독일어가 이런 점에서 진정 다른가는 논쟁의 여지가 있다. 이 두 언어 사이의 중요한 차이점은 독일어에서는 부정사가 형태적으로 표시되나, 영어는 그렇지 않다는 것이다. 이는 그 부정사가 파생/전환의 결과이면서 굴절의 기초를 형성하는 부정사인가 하는 문제를 발생시킨다. *He offed himself*와 같은 문장에서, 동사 형태 *offed*가 부사 *off*로부터 시제 굴절을 통해 파생된 것이라는 의미에서, 영어가 파생 전환을 가지고 있다고 할지도 모른다. Willis(2007: 275)는 영파생의 경우로 *to down*을 다루기 위해 유사한 사례를 들었는데, 그것은 명시적 파생접미사를 지닌 독일어 *duzen* 같은 파생과 본질적으로 다르지 않다. Beard(1998: 62)도 두 가지 이유로 전환과 파생의 구별에 반대하는 주장을 한다. 먼저, 동일한 의미적 관계는 전환(*to wet, to empty*)이나 파생(*to shorten, to normalize*) 가운데 하나로 정확하게 표현될 수 있다. 둘째, 전환과 파생은 상보적 분포관계에 있는데, '전환하는' 어간들은 접사 첨가가 저지되고(**to wetten, *to emptify*), 반면에 접사가 첨가될 수 있는 어간들은 전환이 저지된다는 점에서 그러하다(**to short, *to normal*). 따라서 Beard는 파생접사가 없는 형태들을 '다양한 접사로 다르게 표시된 동일 파생에 관한 영표지 변이형(null-marked variants)'이라고 할 것을 제안하였다.

---

8) 실제로, *duzen*은 *du*보다 더 복잡하다. 왜냐하면 조음소 자음(epenthetic consonant)과 함께 부정사 접미사 *-en*이 어간 *duz-*에 붙기 때문이다. 더 좋은 예는 '인사말의 공식적 형태를 사용하기 위한' 스웨덴어 2인칭 단수 굴절 *du-a* you일 것이다.

전환이 탈문법화로 생각되지 않는 주된 이유는 기능어가 문맥을 무시하고 취해지기 때문이다. Himmelmann(2004: 30)이 정확하게 관찰한 것처럼, 명사 *average*가 동사나 형용사로 전이하는 예와 같은 주요 단어 부류 사이의 전이와, 종속접속사 if를 명사로 사용하는 예와 같은 기능어에서 어휘 항목으로의 전환 사이에 근본적인 차이는 없다.

결론적으로, 접사나 기능어의 어휘화는 여기에서 정의하는 탈문법화와 기본적으로 다른 변화이다. 그럼에도 불구하고, 어휘 항목으로의 일부 발달은 탈문법화라고 단정할 수 있음을 유념해야 한다. 어휘적 형태가 부사나 양상 조동사처럼, 그 자신의 구조 경계 안에서 보다 더 문법적인 형태로부터 출현하는 경우에는, 탈문법화 변화로 간주할 수 있다(4장에서의 논의를 보라).

3.3.4. 완곡 표현(euphemism)

완곡 표현은 Heine가 인정했듯이, 기능어의 어휘화 배후에 있는 일반적인 힘이다.

> According to one of the main premises underlying this work, established in a number of previous works, grammaticalization is a undirectional process⋯ This is a strong claim, and a number of exceptions to the principle have been pointed out⋯ the exact status of such exceptions remains to be investigated; for the time being, I will assume that certain specific forces can be held responsible for exceptions. Such forces will have to do, in particular, with the pragmatics of linguistic communication⋯ and relate to psychological and socioligical factors such as taboo strategies and euphemism, politeness, humbleness, paternalism, and the like.(Heine 1997: 152f.)

본 연구의 기초가 되는 주요 전제 가운데 하나에 따르면, 수많은 선행 연구에서 정립된 문법화는 단일방향적 과정이다 …… 이것은 강한 주장이다. 그리고 그 원칙에 대한 수많은 예외가 지적되어 왔다 …… 그런 예외의 정확한 상태는 밝혀져야 하는 채로 남아있다. 당분간 어떤 특별한 힘이 예외에 책임이 있을 수 있다고 가정하고자 한다. 그런 힘은 특히 언어적 의사소통의 화용론과 관계가 있을 것이다 …… 그리고 금기 전략과 완곡 표현, 예의, 공손, 온정주의 등과 같은 심리학적이고 사회학적인 요인(factors)과 관련될 것이다(Heine 1997: 152f).9)

예를 들어 신체 부위(특히 개인적인 부위)는 처격 표현에 의해 완곡하게 표현될 수 있다(cf. 프랑스어 *derriére* / 영어 *behind*). 결과적으로, 이러한 표현은 그 특별한 항목에 대한 유일한 단어로 약정될 수도 있다. 이와 유사하게 독일어 양상 조동사 *müssen* 'to have to'(Janda 2001: 313)과 그것의 등가어인 네덜란드어 *moeten*은, 네덜란드어에서 *ik moet* 'I need to go to the bathroom'처럼, 'to relive oneself'라는 의미를 지닌 어휘 동사로 사용될 수 있다.

완곡 표현은 탈문법화와 동의어가 아니다. 그러나 몇몇 경우에 탈문법화를 촉진하는 요인으로 관련을 갖는다. 가장 분명한 예는 'to wish'의 뜻을 지닌 펜실베니아 독일어 조동사 *wotte*가 완전 어휘 동사로 발전한 것이다(4.2를 보라).

3.3.5. 기능적응과 기능선택(adaptation and exaptation)

기능적응과 기능선택이 실제로 다른지가 확실하지 않아 보이므로 절 하

---

9) Heine의 이 설명은 그의 주장과 (이 특별한 연구에서나 그 밖에서) 모순적으로 보임을 주목하라. 그 주장은, 단일 방향성 가설은 주어진 언어가 신체 부위와 공간 개념 모두에 대해서 동일하거나 유사한 단어를 사용하면(예. adverb), 후자는 전자로부터 파생하여야 함을 예고한다는 것이다.

나를 할애해 논의하고자 한다. 기본적으로 '기능적응(adaptation)'이라는 용어는 모든 범주 변화(문법화든 탈문법화든)에서, 언어 항목이 자신의 새로운 문법 범주의 형태통사 배열에 채택된다는 사실을 가리킨다. 이것은 다소 사소한 관측인데, 많은 종류의 형태통사적 변화에 적용되고, 방향성 주장과는 상관이 없다. 그러므로 이것은 탈문법화의 동의어가 아니다(그리고 Heine 2003a와 별도로, 이런 의미에서 이 용어를 사용하는 연구는 없다). '기능선택'은 특별한 종류의 기능적응이라 볼 수 있다.10) 그리고 반드시 반대 방향적이지는 않더라도, 종종 탈문법화와 연관되어 온 변화 유형이다.

기능선택은 Roger Lass가 진화 생물학에서 차용한 용어이다(Lass 1990: 1997: 316ff를 보라).11) 이 용어는, 진화 기간 동안에 원래 어떤 다른 목적을 위해 기능하던 구조의 상호선택을 가리키기 위해, Gould와 Vrba (1982)가 만든 것이다. 잘 알려진 예는 비행을 위한 날개(원래 체온 조절 장치)의 기능선택, 또는 소리를 내기위한 호흡과 소화 기관의 기능선택 등이다. 언어학에서는 기능선택을 '상대적으로 부차적인 문법 재료를 다른 기능을 가진 더 생산적인 형태(morphology)로 사용하는 것'이라고 정의할 수 있다(Traugott 2004). Lass에 따르면 기능선택은 '편의주의적인(opportunistic)' 변화인데, 이것은 문법적 차이가 이 문법적 차이를 부호화(code)하기 위해 사용했던 형태상의 재료보다 먼저 소실될 것을 요구한다. 이것은 결과적으로 '잡동사니 형태론(junk morphology)'이 되는데, Lass의 관점에서 이것은 언어 변화에서 매우 중요하다.

---

10) 기능선택과 기능적응 사이의 개념적 겹침에 대한 논의에 대해서는 Willis(뒤에 나옴)를 또한 보라.
11) Lass의 개념은 Greenberg(1991)의 '재문법화', Brinton과 Stein(1995)의 '기능부활 (renewal)' 그리고 Croft(2000)의 '기층분석(hypoanalysis)'과 유사하다.

[O]ne might say that 'junk makes the world go round'. Languages are constantly losing (relatively) 'deep' contrasts, but retaining the 'surface' material that used to underwrite them, and then (if they don't dump it), reusing it for new purposes, often at quite different structural levels. In fact junk is crucial, because if languages were 'prefect' systems they'd have no room for play, and hence no freedom to change.(Lass 1997: 317)

'잡동사니(junk)가 세상을 굴러가게 만든다.'고 할 수도 있을 것이다. 언어는 지속적으로 (상대적으로) '뚜렷한' 차이를 잃어가고 있다. 그러나 그 차이를 나타내기 위해 사용했던 '표면상의' 재료는 지속적으로 얻고 있다. 그런 다음에는 (그 재료를 버리지 않는다면), 새로운 목적을 위해 매우 다른 구조 층위에서 종종 그것을 재사용한다. 사실 잡동사니는 중요하다. 왜냐하면 언어가 완전한 체계였다면, 언어는 활동(play)을 위한 여지가 없었을 것이고, 결과적으로 변화할 수 있는 자유가 없었을 것이기 때문이다(Lass 1997: 317).

기본적으로 잡동사니 형태소는 세 가지 선택을 가지고 있다.

(i) 완전히 버려질 수 있다.
(ii) 최소의 찌꺼기(garbage)나 무기능적 / 무표현적 잔류물(residue)로 존속할 수 있다(보충법, '불규칙 변화').
(iii) 그것은 존속할 수 있다. 그러나 (ii)에서와 같이 강등되는 대신에, 아마도 체계적인 다른 무엇인가를 위해 사용될 수 있을 것이다(Lass 1990: 82).

선택 (i)은 아마 가장 일반적으로 입증될 것이다. 전형적인 예는 영어사에서 명사에서 격표지의 소실과 동사에서 서법 표지의 소실이다. 선택 (ii)는 *oxen*에서 복수 *-en*이나 가정법 *I were*와 같은, 화석화된 표현과 보충법 형태에서의 굴절의 존속이다. 선택 (iii)은 언어적 기능선택이다.12)

Lass(1990: 88ff) 자신이 든 예 가운데 하나는 아프리카어에서 형용사 접미사 -e의 기능선택과 관련된다. 17세기 네덜란드어 형용사 굴절의 초기 체계에서 통성(common gender)과 중성(neuter gender) 사이의 차이, (비한정적) '강한' 굴절과 (한정적) '약한' 굴절 사이의 차이, 그리고 단수와 복수 사이의 차이가 오직 두 접미사 -ø와 -e만을 사용하면서 모두 유지되고 있었다.13) 초기 아프리카어에서 이 체계는 가장 먼저 포기되었던 성(gender)과 함께 완전히 붕괴되었다. 결과적으로 두 형용사 형태는 유사한 문맥에서 완전히 무작위적 분포로 사용되었다. (성이 유지되는) 원래 단계와 성이 없는 단계 사이의 이 차이는 (3a)와 (3b)에 각각 예시되어 있다.

(3) a. een kleyne   harpoen / een kleyn   stuk
       a   small-COMM   harpoon / a   small-NEUT   piece

    b. enn kleyn ~ kleyne harpoen / enn kleyn ~ kleyne stuk
       a   small   harpoon / a   small   piece

Lass(1990: 91)에 따르면 형용사 접미사 -e는 오늘날 '잡동사니 형태소'

---

12) 본서에 인용된 기능선택의 대부분의 예는 의존형태소와 관련된다. 그러나 Fanego (2004)에서는, 보문소(complementizer)로서 기능하는 the가 선행하는 서술적 동명사가 있는 *he may probably miss the seeing some curious productions of nature which will be observed by the slower and more accurate reader*(1742)와 같은 초기 현대 영어의 동명사 구문을 포함하기 위해 이 용어를 확대하였다. 이 변화(정관사에서 보문소로)는 문법화의 전형적인 초기 변화에 대한 그 무엇도 포함하지 않기 때문에, 기능선택의 예라고 Fanego는 말한다.

13) 자연히 단지 두 개의 접미사로는 그 차이가 모든 패러다임에서 보존될 수 없었다. 현대 네덜란드어(기본적으로 같은 체계를 가지고 있는)에서, 예를 들어 보통명사와 대조를 이루는 'week'/'strong'은 없는데, 이는 두 형용사가 모두 -e로 끝나기 때문이다. 즉 *een grote kamer* 'a big room' (strong) / *de grote kamer* 'the big room' (weak)이 그것이다. 사실 이 차이는 단지 단수 중성명사에서만 발견된다.: *een groot-ø huis* 'a big house' (strong) / *het grote huis* 'the big house' (weak).

가 되었는데, 이는 형용사 접미사 *-e*를 기능선택의 좋은 예가 되게 한다. 그리고 이것은 정말로 있었던 것이다. 접미사 *-e*는 특별한 형용사 부류를 표시하게 되었는데, 이 형용사는 형태론적으로 복합적이거나(예. *ge-heim* 'secret'나 *stad-ig* 'slow'와 같은 접사가 붙은 형용사), 형태음소론적으로 복합적이다(어간 이형태를 지닌 형용사, 예. *sag/sagt* 'soft'). Lass는 이것이 독일어에 있어서의 독특한 체계라고 주장한다. 왜냐하면 형용사의 굴절을 결정하는 것은 형태통사적 문맥이 아니라, 바로 형용사 자체의 형태이기 때문이다.

Vincent(1995)에서는 Lass가 '잡동사니'라는 용어를 사용한 것에 대해 비판하였다. Vincent에 따르면,

> [L]anguages are sign systems and no part of a sign system is without funtion, even if we as analysts have not yet worked out what the funtion in question is… one can never be sure that there is not a generalization still lurking out there wating to be captured which will encompass just the piece of linguistic form that has heretofore been written off as junk.(Vincent 1995: 435)

> 언어는 기호 체계이다. 그리고 기호체계에서 기능이 없는 부분은 없다. 우리가 분석자로서 문제의 그 기능이 무엇인가에 대해 아직 성과를 못 내고 있다고 하더라도 …… 포착되기를 기다리며 아직 잠복 상태에 있는 일반화, 지금까지 잡동사니로 아무렇게나 기입되었던 언어 형태 조각을 아우를 일반화가 없다고 결코 확신할 수 없다 (Vincent 1995: 435).

일단 형태론 규칙이 생산성을 멈추고 '잡동사니' 형태소가 그 단어의 구별 불가능한 부분이 되었다면(네덜란드어 *bloem* 'flower'에서 옛 형태소 *-m*의 경우에서와 같이; 3.3.1절을 보라), 기능선택은 불가능함이 확실하다는 의미에서, Vincent는 어느 정도 옳다. 그러므로 그 기능을 잃어가는 과정에 있

는 형태소에 대해서, '잡동사니'이라는 용어 대신 '퇴화하는 형태(obsolescent morphology)'(Willis, 뒤에 나옴)라는 용어를 사용함이 더 적절할 것이다. 1997년 논문에서 Lass는 기능선택에 대한 그의 정의를 '비-잡동사니(non-junk)'까지 확장할 때 이것을 인정하는 것처럼 보인다. 그가 인용하고 있는 유기체 세계와 같이, 기능선택된 것은 그 원래 기능 또한 잃어버리지 않았다. 예를 들어 깃털은 비행을 위해 상호 선택되었으나(co-opted), 아직도 고위도 지역의 파충류에게는 (원래 목적이었던) 체온 조절 장치의 역할을 지속하고 있다.

마지막으로 강조되어야 할 것은 기능선택에서 문법형태소가 새로운 기능을 얻고 있다는 점이다. Lass(1990: 82)는 기능선택의 정의에 대한 기초로 이 언어적 참신성(novelty)의 개념을 고려하고 있다. 따라서 (사실상) 모든 영어 명사의 복수 표지로서 -s의 일반화는 기능선택의 예가 아니다. 여기서의 -s는 이미 가지고 있는 기능을 단순히 지속하고 있기 때문이다.

그렇다면 기능선택이 어떻게 탈문법화와 관련되는가?14) 기능선택은 탈문법화와 분명히 동의어가 아니다. 기능선택이 관련되는 탈문법화의 경우가 있다하더라도(예. 탈굴절화, 5장을 보라), 기능선택이 해당 변화에 대한 적합한 특성(characterization)이 아닌 경우가 훨씬 더 많다. 예를 들어 부정사 표지 to는 접두사에서 후접어로 탈문법화 했을 때, 결코 부차적이지도 않았으며(6.3.1절을 보라) 새로운 기능을 얻은 것도 아니었다. 반대로 기능선택의 모든 경우가 다 탈문법화인 것도 아니다. 그것은 측면 전환을 포함할 수도 있다(위에든 형용사 굴절에 대한 Lass의 예에서와 같이).15) 그러나 기능

---

14) 기능선택과 문법화 관계에 대한 깊은 논의는 Traugott(2004)를 보라.
15) 초기 두 논문에서(Norde 2001a: 245; 2002: 53) 필자는 Lass(1997: 318)에 따라 기능선택이 문법화로 될 수 있다고 썼다. 그러나 사실 Lass는 그렇게 주장하지 않았다.

 탈문법화 degrammaticalization

선택은 Traugott(2004)에서 말한 것처럼 문법 변화의 단일 방향성과 관련이 있다.

> Exptation in language change can be thought of as the phenomenon of the emergence of a new grammatical funtion at what could otherwise be expected to be the end of a cline of grammaticalization. Since this phenomenon is attested, it does serve as a counterexample to the hypothesis of unidirectionality.

> 언어 변화에서 기능선택은 문법화 연쇄변이의 마지막(end)이라고 기대할 수 있는 것에 새로운 문법적 기능이 출현하는 현상으로 생각할 수 있다. 이 현상이 입증된 이후로, 이것은 단일 방향성 가정에 대한 반증의 역할을 하였다.

그러나 기능선택의 가능성을 가진 예는 확인하기 어려울 수 있다. 왜냐하면 기능선택된 접사는 공시적으로 다른 접사와 구별할 수 없기 때문이다. 기능선택 변화는 단지 인도 유럽어나 일본어와 같이 오랜 기록 역사를 지닌 언어에서 발견할 수 있다(Narrog 2007: 19).

결론적으로 탈문법화는 기능선택을 포함한다. 그러나 꼭 그런 것은 아니며, 기능선택의 모든 경우를 다 탈문법화로 분류할 수 있는 것도 아니다. 그러므로 이 두 용어를 동의어로 다루어서는 안 된다.

대신에 그는 기능선택이 '문법에 맞추기(grammaticization)'로 될 수 있다고 썼다. 필자는 이를 문법화에 대한 바이비론자의(Bybeean) 동의어로 해석했다. 그러나 Lass (1997: 256n)는 '문법적으로 필수적이 되는 것'이라 정의한다. 그는 문법에 맞추기를 '어휘적인 상태에서 문법적인 상태로 관례화된, 표백된 강등된' 것으로 정의한 문법화와 명백하게 구별한다. 그러나 그 차이가 필자에게는 잉여적인 것처럼 보인다 (Lehmann에 따르면 필수화(obligatorification)는 문법화의 특징이다. 3.5.1을 보라). 여하튼 이것은 필자의 관찰에 기능선택이 반드시 반대 방향적이지는 않다는 결과를 주지는 않는다.

3.3.6. 대체(replacement)

탈문법화처럼 보이는 일부 예에서 고도로 문법화된 항목(전형적으로 굴절 접사)은 보다 덜 문법적인 항목인 동음이의어(homophonous)로 대체된다. 이런 변화가 문법성의 연쇄변이에서 이탈하는 행로를 나타낸다는 점에서 단일 방향성에 대한 반례라 하더라도, 탈문법화의 예로 간주하지는 않겠다. 왜냐하면 접사는 '그 자신에 대하여' 탈문법화하지 않기 때문이다. 대신에 접사는 유사한 덜 문법적인 항목과 혼동되는데, 이것은 결국 이전 접사의 형태통사 자리를 차지한다.

가장 잘 알려진 사례 가운데 하나가 뉴멕시칸 스페인어의 1인칭 동사 어미 *-mos*인데, 이것은 (이미 존재하는) 1인칭 전접어 대명사 *=nos*로 재분석된 바 있다(Janda 1995; 2001: 270f., 287f.).16) 그러나 이것은 접어로 탈문법화한 접미사의 예가 아니라,17) Klausenburger(2002: 36f.)와 Heine (2003a: 170f.)가 언급한 바 있는 대용(substitution)의 예이다. 또 다른 예는 Janda에 의해 유명해진 것으로 고대 영어의 남성형 단수 소유격 *-es*가 *his*로 재분석되었다는 가설인데, 이것은 결국 s-소유격으로 되었다. 만약 이 가설이 사실이라면(이 가설에 반대하는 주장에 대해서는 5.3.3을 보라), 현대 영어의 *s*-소유격은 탈문법화의 예가 아니다. 왜냐하면 이는 굴절 소유격 접미사의 직접적인 연속이 아니기 때문이다.

---

16) 이 변화는 또한 스페인과 아메리카에서, 스페인어의 다른 지역적 변종(varieties)에서 발생한다(Janda 1995: 122). 그러나 접어로서 *nos*의 분석은 논쟁의 여지가 있음을 주목하라(Newmayer 1998: 268n.).

17) Janda 자신은(1995: 119) 이 변화를 독립 대명사(independent pronoun)가 되는 아일랜드어 1인칭 동사 어미 *-muid*의 탈접사화(deaffixation)의 예에 해당하는 것으로 취급한다(6.6을 보라). 그러나 필자에게 이러한 변화는 기본적으로 다르다. 왜냐하면 아일랜드어의 경우, 형식적 변화가 없고, 더욱이 혼동될 수도 있었던 접미사와 음운론적으로 유사한 대명사조차 없었기 때문이다.

세 번째 예는 슬라부어의 일부 변이형에서 2인칭 복수 조건조동사 *byste*
(*-ste*가 2인칭 복수를 지칭하는 데에서)가 조건 불변화사 *by*+(현존하는) 완료조
동사 *este*로 재분석되는 것인데, 새로운 조건형을 만들어낸다(예. 고대 러시
아어 *by este*; Willis 참고). 이 경우에도 음운론적으로 강화된 독립 조동사의
발생은 우연한 음운적 유사성 때문에 가능했다.

지금까지 언급된 세 가지 예에서, 대체된 (그렇다고 주장된) 접미사와
대명사는 의미적으로나 음운적으로 유사하다. 그러나 꼭 그럴 필요는 없
다. 의미적 대응이 없는 경우에 관한 재미있는 사례가 van der Horst와
van der Velde(2007)에서 논의되고 있다. 이 사례는 *so good a bargain*
구문과 그것의 (19세기에 사라진) 네덜란드어 등가 구문과 관련이 있다.
(이론상의 설득일지라도) 전통적인 분석에 따르면 형용사구 *so good*은 앞
부분에 위치한다. 그러나 van der Horst와 van der Velde는 이 관점에
반하는 광범위한 추론을 제공하고 있다. 그들은 이 구조에서 부정관사가,
(4a-d)에서 예시된 바와 같이, 영어와 네덜란드어 모두 형용사의 굴절어
미로부터 파생한다고 주장한다.

(4) a. And tolde whi þat tempest so longe tyme dured (영어, 14
   세기)
   b. The only place where they could remain, for so long a
   time (영어, 18세기)
   c. Ic hebbe soo grooten   lost (네덜란드어, 15세기)
   I have so big- MASC.SG.ACC desire
   'I have such a strong desire'
   d. dat zij zo groot enn lust   had (네덜란드어, 18세기)
   that she so big   a   desire had
   'that she had such a strong desire'

이러한 예에서 기능어가 접미사로 대체되는 것은 순전히 형태적으로 동기화된 것처럼 보인다.

요컨대 이러한 변화가 단일 방향성 논쟁과 관련이 있다 하더라도, 그 변화는 두 개의 다른 형태소를 포함하기 때문에 본 연구의 탈문법화 정의와 일치하지 않는다. 그러므로 대체는 변화의 독립적인 한 종류라고 생각한다.

3.4. 총체적 정의(a generic definition)

앞 절에서 논의한 모든 변화가 탈문법화 정의의 범위에 들지 않는다면 무엇이 포함된단 말인가? 문법형태소의 어휘화와 대체의 예를 배제하더라도 이질적 변화군이 남게 되는데, 이는 일반적으로 단일 언어나 어족 고유의 것이다. 본 장의 뒷부분에서 논의하겠지만 탈문법화에는 세 가지 기본적인 유형이 있다. 그 각각은 그것 고유의 정의와 구별되는 근원적 변화를 갖고 있지만, 또한 탈문법화의 모든 유형이 일반적으로 갖고 있는 몇 개의 기본적인 특징도 갖고 있다. 탈문법화의 모든 유형에 대한 상위의 정의로 다음과 같이 제안한다.

(5) Degrammaticalization is a composite change whereby a gram in a specific context gains in autonomy or substance on more than one linguistic level (semantics, morphology, syntax, or phonology).

탈문법화는 문법형태소가 특정 문맥에서 하나 이상의 언어 층위(의미론, 형태론, 통사론, 또는 음운론)에 대하여 자율성(autonomy)이나 실체(substance)를 획득하는 합성적 변화(composite change)이다.

이는 본 연구에서 나중에 확인하게 될 탈문법화의 세 가지 모든 유형을

포괄하는 총체적 정의이다. 덧붙여 탈문법화의 모든 유형이 일반적으로
가지고 있는 네 가지 기본적인 특징에 대하여 간단히 살펴보도록 하겠다.

> (i) 반대방향성(counterdirectionality)
> (ii) 참신성(novelty)
> (iii) 희소성(infrequency)
> (iv) 불연속성(discontinuity)

(i) *반대방향성(counterdirectionality)*. 탈문법화의 가능한 예를 선택하
기 위한 가장 분명한 기준은 (5)의 정의에도 내포되어 있듯이 그 변화의
방향성이다. 1.3.2에서 탈문법화를 Hopper와 Traugott(2003: 7)의 문법
성의 연속변이 상에서 오른쪽에서 왼쪽으로의 단일 전이라고 잠정적으로
정의한 바 있다.18)

> (6) 내용 요소 > 문법적인 단어 > 접어 > 굴절접사(>ø)

이 같은 연속변이를 바탕으로 한 정의는 원래 (가장 넓은 의미에서) 결
속성(bondedness)을 감소시키는 것을 말한다. 그리고 뒷부분에서 보게 되
듯이, 이는 실로 모든 탈문법화 유형이 일반적으로 가지고 있는 것이다.

(ii) *참신성(novelty)*. 이제부터 영어 *dare*의 발달에 대한 짧은 논의를
통해 설명하려는 것처럼, 어떤 예가 탈문법화의 자격을 얻기 위한 결정적
전제조건은 새로운 문법소로 되어야 하는 것이다. Beths(1999)에서는

---

18) 문법성의 변이 상에서 반대방향 이동으로의 교체는, 영어 s-소유격의 발생에 대하여
   Rosenbach(2004)가 제안하고 있듯이, 하나의 변이에서 다른 변이로의 이동이다(이
   관점의 논의에 대해서는 5.3.4를 보라).

*dare*의 역사를 탈문법화의 사례로 분류하는데, 이는 Traugott(2001)에서 논쟁거리가 되고 있다. Beths에 따르면, 역사적 증거는 *dare(*durran)*의 조상이 고대 영어에서 본동사였으나, 곧 양상적 속성을 획득하게 되었고 초기 현대 영어까지 그렇게 하여 왔음을 보여준다. 이 속성은 부정사형의 결여, 규범 의미의 증가, 그리고 *do*-지원(do-support)의 배제를 포함하였다. 그러나 *dare*의 본동사로의 사용은 15세기 이후부터 (특히 *to*-부정사, NP 직접목적어, 그리고 *do*-지원이 증명하듯이) 나타나기 시작하였다. Baths는 현대영어에서 *dare*는 전적으로 본동사로 사용된다고 주장한다.

Traugott(2001)은 Baths에 반대하는 주장을 하면서 Krug(2000)의 자료를 인용하는데, 그것은 *dare*가 양상 동사임을 멈춘 적이 결코 없었음을 보여준다. Traugott는 양상 *dare*가 쇠퇴하게 되었더라도 탈문법화의 예는 아니며, 그 이유는 본동사로의 사용과 양상 동사로의 사용은 항상 함께 존재해 왔기 때문인데, 이는 (새로운) 본동사로의 사용이 양상 동사로의 사용에 앞서 발생하였다는 증거가 없다는 것을 의미한다고 주장한다. 그녀는 '본동사와 신흥(emerging) 조동사의 사용은 다른 시기와 다른 문체(styles)에서, 하나가 다른 하나에 대해 지배력을 가지며 천년 이상 함께 존재하고 있다.'고 결론짓는다. 덜 문법적인 용법의 빈번한 증가와 함께 더 문법화된 용법이 소외되었던 (또는 사라지기조차 하는) 이런 변화를 Haspelmath(2004: 33ff)는 '축소(retraction)'라고 하였다.

Traugott와 Haspelmath가 이러한 것에 대하여 탈문법화의 예가 아니라고 한 것에 동의한다. 탈문법화에서는 '덜(less)' 문법화된 기능은 '더(more)' 문법화된 기능에서 파생함을 보여주어야만 한다. 만약 '덜' 문법화된 기능들이 항상 주변에 있었지만 소외되었던 덜 문법적인 기능을 지속하거나 그것으로부터 발전한다면, 그 변화는 탈문법화의 예가 될 자격이 주어지지 않을 것이다.

(iii) *희소성(infrequency)*. 문법화 연구자들의 관찰과 비평처럼, 문법화와 탈문법화의 현저한 차이점은 문법화 사례 연구가 탈문법화 사례 연구보다 수적으로 훨씬 우세하다는 것이다. 문법화/탈문법화 비율의 대략적 산출을 보면 그 범위가 '10: 1'(Newmeyer 1998: 275-6)에서 '100: 1'(Haspelmath 1999: 1046)이다. 이러한 차이는 부분적으로 탈문법화의 정의 때문이다. 탈문법화에 대한 매우 제한된 정의를 적용하면(Haspelmath), 의존형태소와 기능어의 어휘화를 포함하는 폭 넓은 정의를 적용할 때보다 그 발생수는 분명 훨씬 줄어들 것이다(Newmeyer, Ramat 1992, 2001). 그러나 그 차이는 이론상의 편견 때문일 수도 있다. 문법적 변화가 엄격히 단일방향적이라고 확신하는 언어학자는 아마 가능성 있는 반례를 덜 발견하거나 덜 받아들일 것이다(Luraghi 2005: 15). Lass는 이러한 방법론적 관점의 중요성을 강조하고 있다.

> Say in the course of your work you have found 542 changes that confirm a direction, and none that don't. Question is, 542 out of *What*? Does a UD-believer's inability to find the counterexamples, and/or the observed frequency of the confirming instances, reflect a 'real' property of the domain or merely the accidental tendentiousness of a chosen database? Note that not finding things is an *argumentum ex silentio*, which is not at the top of anybady's hierarchy of epistemic goodness.(Lass 2000: 214)

> 당신의 연구 과정에서 방향성을 확증하는 542개의 변화를 발견하고 나서 그런 것은 없다고 말하라. 문제는 무엇이 542개에서 제외되는가이다. 반례 그리고/또는 확신하는 예에 대한 관찰 빈도를 찾는 단일 방향성 신봉자의 무

능력이, 단지 영역의 '실제' 속성이나 선택된 데이터베이스의 우연한 특정 경향을 반영하는가? 실체를 발견하지 못하는 것은 반증이 없는 논증임을 주목하라. 그것은 인식적 적합성 단계의 정수에 있지 못한 것이다(Lass 2000: 214).

Joseph(2005: 4)도 비슷한 주장을 한다. '반대방향 발전의 사례를 무시하는 이유로 자주 주장되는 "반대-/탈-/반-문법화"에 대립하는 문법화의 통계상 우세에 대한 문제는, 전자의 토큰을 세는 어떤 의미 있는 방법이 없을 때에는 문제가 되지 않는다.'

문법화/탈문법화의 정확한 비율에 대한 입증이 불가능하다는 Luraghi, Lass, 그리고 Joseph 같은 연구자의 말은 물론 옳지만, 문법화 현상에 대한 연구가 단일 방향성 신봉자들의 독점적 영역은 아니다. 그리고 가능한 한 많은 반증을 수집하기 위한 열성적인 '회의론자들'의 모든 노력에도 불구하고 탈문법화 변화의 수는 여전히 상대적으로 적은 상태이다.

(iv) 불연속성(*Discontinuity*). 2장과 3.3.2에서 살펴보았듯이, 일부 연구자는 문법화의 거울 이미지 반전이 탈문법화라는 잘못된 정의에 기초하여, 가치 있는 변화 유형인 탈문법화를 묵살한다. 비록 지금까지 완전한 반전의 존재를 주장하는 연구자는 없었지만, 그런 발전은 본서의 일부 사례에서 논한 것처럼 불가능에 가깝다. 문법화로부터 탈문법화를 따로 떼어 놓는 것은, 대부분의 경우 탈문법화가 문법성의 연속변이에 대해 오른쪽에서 왼쪽으로의 단일 전이를 수반하는 것이다. 일부 연속적인 변화가 있을 수 있다(접미사에서 후치사로, 후치사에서 전치사로 발전한 사미어(Sammi) haga의 경우처럼). 그러나 일반적으로 '도미노 효과'는 없다고 할 수 있다.

이것은 탈문법화의 정의에 내재한 것이 아니라 주로 관찰에 입각한 것이다. 탈문법화 연쇄가 없는 이유는 탈문법화가 발생할 수 있는 환경이 매우 드물고, 그런 환경은 주어진 형태소의 역사에서 두 번 일어나지 않기 때문으로 보인다(2.7.4를 보라).

3.5. 탈문법화 분류(classifying degrammaticalization)

본 장의 나머지 부분은 탈문법화된 형태를 어떻게 정의할 수 있는가의 문제와 관련된다. 문법성의 증가가, 문맥 일반화, 탈범주화, 그리고 음운론적 축소(reduction)를 수반한다면, 문법성 감소는 재의미화, 문맥 축약, 재범주화, 그리고 음운론적 강화와 같은 반대의 근원적 변화와 병행한다고 기대할 수 있다. Willis(2007: 272)에서 유사한 점을 지적한 바 있다.

[I]n order to be theoretically interesting, degrammaticalization must be parallel to and linked to grammaticalization. That is, the nature of the mechanisms involved must, in some sense, be the same in both cases, but they must lead to opposite results.(Willws 2007: 272)

이론적으로 흥미롭기 위해서 탈문법화는 문법화에 평행하여야 하고 연결되어야 한다. 즉, 관련된 기제들의 성질이 어떤 의미에서, 두 경우에 같아야만 한다. 그러나 그것들은 반대의 결과를 이끌어내야 한다.(Willis 2007: 272)

탈문법화가 실로 문법화에서 일반적으로 입증되는 근원적 변화와 반대의 근원적 변화를 의미한다면, 우리에게 필요한 첫 번째 것은 문법화 변화에 대한 기술적 틀(descriptive framework)이다. 이런 이유로 필자는 분류학상의 두 도구인 Lehmann(1995 [1982])의 여섯 가지 '문법화 매개변수'와 Andersen(2005, 2006, 2008)의 네 가지 '관찰 층위'를 이용하여 문법화 분류를 시작할 것이다(소모적인 유형론을 제공하지 않고). 일단 이 도구들이 어떻게 문법화 연쇄에 적용될 수 있는지 보여준 다음, 탈문법화 유형론을 생성하기 위해 어떻게 사용될 수 있는지 증명하도록 하겠다.

3.5.1. Lehmann의 매개변수(parameter)

문법화에 대한 Lehmann의 매개변수로 들어가기 전에 먼저 Kuryłowicz의 문법화에 대한 '고전적' 정의와, 이로부터 파생될 수 있는 '일차적(primary)' 그리고 '이차적(secondary)' 문법화라는 용어에 대하여 (7)에서 간단히 재고해 보기로 하자.

(7) Grammaticalization consists in the increas of the range of a morpheme advancing from a lexical to a grammatical or from a grammatical to a more grammatical status.(Kuryłowicz 1975〔1965〕: 52).

문법화는 어휘적인 것에서 문법적인 상태로, 또는 문법적인 것에서 보다 더 문법적인 상태로 진보하는 형태소 범위의 증가에 있다(Kuryłowicz 1975 〔1965〕: 52).

이 두 갈래의 구분을 출발점으로 하여, 이 두 유형이 어떻게 Lehmann (1995 〔1982〕)의 문법화 매개변수에 관련되는지 살펴보는 것은 흥미로울 것이다. Lehmann의 모형은 설명력 있는 기술적 모형이기보다는 분류학적 체계라는 이유로(예. Detges와 Waltereit 2002: 172), 또는 경험적 증거에 기초한 것이기보다는 형식주의적이라는 이유로(von Mengden 2008) 비판받아 왔다. 그러나 Lehmann의 매개변수가 문법화 현상을 설명하기 위해 의도되었다는 그의 주장은 어디에도 없다. 일부 매개변수가 다른 매개변수보다 더 유용한 것으로 보인다 하더라도, 분류법으로서 Lehmann의 체계는 꽤 성공적이라고 조심스럽게 말할 수 있다. 그리고 나중에 증명되듯이 탈문법화의 서로 다른 유형을 분류하는 데에도 유용하다.

Lehmann(1995[1982]: 121ff)은 언어 기호의 자율성을 결정하는 세 가지 양상을 구별한다. 그것은 영향력, 응집력, 변이성으로서, 계열적, 결합적 관점에서 분석될 수 있다. 이것은 여섯 가지 매개변수, 또는 기준을 낳는데, 이는 두 가지 언어 항목 중 어느 것이 더 문법적인가를 결정하기 위해 사용될 수 있다(표 3.1을 보라). 각 매개변수는 많은 초기 변화와 관련되는데 아래에 제시된 것이 가장 중요한 것이다.

표 3.1. Lehmann's Parameters(Lehmann 1995[1982]: 123)

	영향력(weight)	응집력(cohesion)	변이성(variability)
계열 (paradigmatic)	통합성 (integrity)	계열성 (paradigmaticity)	계열 변이성 (paradigmatic variability)
결합 (syntagmatic)	구조적 영향권 (structural scope)	결속성 (bondedness)	결합 변이성 (syntagmatic variability)

(1) **통합성**(Integrity): 탈의미화(의미적 실체의 소실); 음운의 마멸(attrition)

　　(음운적 실체의 소실); 탈범주화(형태통사적 속성의 소실)[19]

(2) **계열성**(Paradigmaticity): 계열화(1: 일차 단어 부류에서 이차 단어 부류로; 2: 하나의 패러다임으로 통합)

(3) **계열 변이성**(paradigmatic variability): 필수화(obligatorification)(특정

---

19) 이 용어는 Lehmann이 아니라, Hopper(1991)가 개방 부류에서 폐쇄 부류로의 전환과 그것에 수반하는 변화를 가리키기 위해 도입하였다(Hopper와 Traugott 2003: 110f를 보라). 필자는 이 용어가 매우 잘 정립된 것이기에 선택하였다(2.6.2를 보라). Lehmann 그 자신은(p.132)은 '형태론적 퇴화(morphological degeneration)'라는 용어를 사용하는데, 그는 이것이 음운과 의미의 마멸(attrition) 모두에 본유적으로 연결된 것이라 생각한다.

한 형태통사적 문맥에서의 필수화)

(4) **구조적 영향권**(structural scope)：응축(condensation)(통사적 영향권의 축소)

(5) **결속성**(Bondedness)：단일동사화(univerbation)(경계 상실)；병합(coalescence) (형태음운론적 통합의 증가)

(6) **결합 변이성**(syntagmatic variability)：고정(fixation)(통사적 자유 감소)

Lehmann의 매개변수 사이의 상호작용은 매우 복합적이다. 그래서 아주 상세하게 다룰 수는 없다(확장된 논의에 대해서는 Lehhmann 1995〔1982〕：160ff를 보라). 그러나 몇 가지는 언급할 필요가 있다. 첫째, von Mengden (2008)이 맞게 관찰한 것처럼, 결합 변이성과 계열 변이성에 관련된 매개변수 사이에는 결정적인 차이가 있다. 즉 '영향력'과 '응집력'의 양상이 개별 표현에 관한 것이라면, '변이성'의 양상은 범주에 관한 것이다. 이것은 계열이나 결합 변이성 층위에서의 변화에는 자연히 범주 구성소자격 (membership)에서의 변화가 뒤따른다는 것을 내포한다. 예를 들어 명사가 전치사로 문법화 할 때, 그것의 통사적 자유(즉, 그것이 나타날 수 있는 다양한 위치)는 본유적으로 줄어든다. 왜냐하면 전치사는 일반적으로 명사보다 더 고정적이기 때문이다. 그러나 다른 두 층위에서의 변화는 원어휘소(original lexeme)의 개별적인 속성에 연결된다. 예를 들어, 공간적 표현은 전형적으로 신체 부위 항목(예. '위'를 위한 머리', '앞'을 위한 '얼굴', '뒤, 뒤편'을 위한 '등')이나 환경 지표(landmarks)(예. '위'를 위한 '하늘', '아래'를 위한 '땅')로부터 파생한다(Heine 1997：35ff). 그러한 공간적 표현 의미는 범주 구성소자격에 관련된 것이 아니라, 근원 어휘소(source lexeme)의 의미에 관련된 것이다.

둘째, 모든 근원적 변화가 주어진 문법화의 변화에서 입증될 필요는 없다. 이것은 특히 음운의 마멸에 대하여 사실이다. 특히 어휘 항목에서 기능어로 변화하는 첫 단계 동안에는, *considering*이나 *notwithstanding* 같은 전치사에서처럼, 어떤 변화도 필요 없다. 중요한 축소(reduction)는 문법화 하는 문법형태소가 결속되어 그것의 숙주어(접어의 경우)나 어간(굴절의 경우)과 병합할 때, 종종 나중 단계에 이르기까지 입증되지 않는다.

셋째, 여타 매개변수는 문법화 연쇄의 다른 단계에서 매우 상이한 결과를 갖는 반면에, 일부 매개변수는 '지속적으로' 작용한다. 지속적인 매개변수의 예는 통합이다. 예를 들어 탈의미화는 문법화 증가와 함께 하는 지속적 과정이다. 일차적 문법화와 이차적 문법화에서 상당히 다른 결과를 갖는 매개변수의 예는 계열화이다. 일차적 문법화에서 계열화는 많은 구성소를 갖는 개방 범주(예. 명사나 동사)에서 크기가 훨씬 더 작은 폐쇄 범주(예. 전치사나 종속접속사)로의 전이를 내포한다(Lehmann 1995〔1982〕: 133).20) 예를 들어, 분사 *considering*이 전치사로 문법화 했을 때, 전치사 '패러다임'에 합류하였다. 한편 이차적 문법화에서 계열화는 문법형태소가 (결과적으로) 굴절 패러다임의 부분이 된다는 것을 내포한다.

넷째, 일부 매개변수는 문법화의 오직 한 유형에만 관련된 것으로 보인다(일차적 또는 이차적). 결속성 매개변수는 이차적 문법화에서만 적용된다. 왜냐하면 문법형태소가 여기에서 처음 결속되기 때문이다(일차적 문법화에서 문법형태소는 자립 형태소로 남아 있다). 반대로 결합 변이성은 일차적 문법화에서만 적용된다. 왜냐하면 의존형태소는 본유적으로 확실한 위치에 고정되기 때문이다. 다시 말해, 결속성과 결합 변이성은 문법화의 상이한 유형에

---

20) 자연적으로, '폐쇄 부류(closed class)'라는 용어는 첨가될 수 있는 새로운 구성소가 없다는 것을 의미하지 않는다, 왜냐하면 만약 그런 경우라면, 문법화가 있을 수 없기 때문이다. 그것은 새로운 구성소가 끊임없이 첨가되고 있는 개방 부류에 반대되는 것으로서, 많은 구성소가 제한되고 제한된 채로 남아있다는 것을 의미한다.

서 상이한 결과를 갖는, 본질적으로 하나인 동일한 매개변수로 볼 수 있다.

마지막으로 영향권 매개변수는 많은 논쟁이 있는 주제이다. 그러므로 3.5.2에서 보다 자세히 다루기로 하겠다.

Lehmann의 매개변수와 일차적, 이차적 문법화 사이의 관계는 표 3.2에 요약되어 있다.[21]

3.5.2. 구조적 영향권 매개변수에 대한 몇 가지 개념(some notes on the parameter of structural scope)

문법화에서의 영향권 변화는 논쟁의 여지가 있는 문제이다. Lehmann (1995[1982]: 143)에 따르면, '기호(sign)의 구조적 영향권은 문법화의 증가와 함께 감소한다.' 예를 들어 부치사가 격 접미사로 문법화 할 때, 그 영향권은 (굴절된) 완전 명사구에서 원형 명사(bare noun)로 축소된다. 이와 유사하게 본동사가 조동사로 문법화 할 때, 그 영향권은 절 층위에서 동사구 층위로 축소된다(Lehmann(1995[1982]: 144).

그러나 Traugott(1997a)와 Tabor와 Traugott(1998)은 성분지배(c-command)에 있어, 문법화에서의 영향권은 축소되는 것이 아니라 확장된다고 주장한다. Visconti(2004: 177)도 또한 영어 *supposing*의 문법화는 영향권 확장을 포함한다고 한다. 영향권 확장을 포함하는 문법화의 또 다른 사례는 (8)에 제시된 것처럼, 의무 양상 조동사의 인식 양상 조동사로의 발달이다. (8a)에서 *must*의 통사적 영향권은 동사구로 축소된다. 그러나 (8b)에서 *must*는 전체 명제에 대해 영향권을 갖는다(그것은 *it is necessarily the case that he is home by now*로 바꾸어 말할 수 있다).

---

21) 표 3.2에 있는 예의 일부는 Lehmann에서 가져온 것이고, 그 밖의 다른 것은 필자가 첨가한 것이다.

표 3.2. 일차적 문법화와 이차적 문법화에서 Lehmann의 매개변수

매개변수	일차적 문법화	이차적 문법화
통합성	*탈의미화*: 어휘적 내용에서 문법적 내용으로. 예. 영어 *to be going to*: 어휘동사('to work') > 미래 조동사 *음운의 마멸* 예. 라틴 명사 *homo* 'man' > 프랑스어 3인칭 단수 부정 대명사 *on* 'one' *탈범주화*: 굴절과 그 밖의 다른 형태통사적 속성의 소실. 예. 현대 영어 접속사 *while*은 굴절할 수 없고, 관사나 양화사를 취함 (그것의 선조(predecessor)와 다르게, 고대 영어 명사 *hwil* 'length of time')	*탈의미화*: 개념적 추상의 증가. 예. 고대 노르웨이어 전접어 = *sk*(재귀) > 노르웨이어 굴절 *–s(t)*(수동) *음운의 마멸* 예. 라틴어의 우언적 미래 1인칭 *cantare habeo* > 프랑스어 통사적 미래 1인칭 *chanterai* *탈범주화*: 이차적 문법화와 관련이 없음.
계열성	*계열화*: 개방 부류에서 폐쇄 부류로. 예. 영어 *to be going to*: 어휘동사(개방 부류)에서 조동사(제한된 수의 구성소를 지닌 폐쇄 부류)로.	*계열화*: 굴절 계열로의 통합. 예. 프랑스어 굴절 미래 계열 (1인칭 단수 *chanterai*, 2인칭 단수 *chanteras*, 3인칭 단수 *chantera* 등)
계열적 변이성	*필수화*: 통사 구조의 선택적 요소에서 필수적 요소로. 예. 라틴어 지시사 *ille* (선택적 명사 수식어) 〉 프랑스어 정관사 *le* (정해진 문맥에서 필수적)	*필수화*: 문법 범주의 필수적 굴절 표현. 예. 라틴어에서의 격과 수
구조적 영향권	*응축*: 절 층위에서 구 층위로 영향권 축소. 예. 소유 HAVE(cf. 영어[*[have[the letter written]]]*)에서 완료 HAVE(cf. 영어 [*[have written] [the letter]]]*)로의 발전.	*응축*: 구 층위에서 단어 층위로 영향권 축소. 예. 라틴어 [*humili et dulci*] *mente* 'with a humble and gentle mind' > 프랑스어 *humblement et doucement* 'humbly and gently'
결속성	일차적 문법화와 관련 없음.	오직 단일동사화만: 축소 없는 경계 소실; 문법형태소가 결속됨. 예. 라틴어 *tota mente* 'with one's entire mind' > 이탈리아어 *totamente* 'entirely'

매개변수	일차적 문법화	이차적 문법화
결속성	일차적 문법화와 관련 없음.	단일동사화(univerbation)와 병합(coalescent)[a]: 경계 소실과 축소; 문법 형태소가 결속됨. 예. 원형-스칸디나비아어 *hali hino* (stone–ACC this–ACC) 'this stone' > 고대 노르웨이어 *hallinn* (stone–DEF. ACC) 'the stone'[b]
결합 변이성	고정 예. 라틴어 소유 HAVE: *epistulam scriptam habbeo* 'I have a letter written', 이는 다른 순서로 나타날 수 있음(*habeo epistullam scriptam, scriptam habeo epistullam,* etc.) > 고정된 순서를 지닌 이탈리아어 조동사 HAVE, *ho scritto una lettera* 'I have written a letter'	이차적 문법화와 관련 없음.

a. Brinton과 Traugott(2005: 27f.)를 따라서, 필자는 단일동사화나 융합(fusion)(경계 소실)과 (그 결과로서 일어나는) 병합(coalescence)(음운 분절의 소실)을 구별할 것이다.

b. 원형 스칸디나비아어의 예는 Strøm 숫돌의 비문(inscription)에 있다(Norway, C. 600).

(8) a. I **must** do this first. (의무)

  b. He **must** be home by now. (인식)

피상적으로 볼 때, 의무 양상에서 인식 양상으로의 전이는 영향권 변화의 면에서 문제가 있다. 그러나 Fischer(2008: 363ff)에 따르면, 그것은 관련된 실제적인 변화를 고려하지 않고 단지 처음과 끝 단계의 단순한 비교로 축소될 때 문제가 된다고 한다. 면밀히 고찰해보면, 양상 조동사는 절이 결합하는 중간 단계를 겪었음을 알 수 있다. 고대 영어에서 인식 양상 조동사는 단지 (9a)처럼 주어가 없는 구문 (드물게), (9b)처럼 비인칭 동사 구문, 그리고 (9c)와 같이 *þæt*-절이 뒤따르는 양상 조동사가 자동 부정사(intransitive infinitive)와 결합하는 구문에서만 발생한다.

(9) a. Eaðe **mæg** þæt me Drihten þurh his

Easily can   that   me   Lord   through   his
geearnung   miltsigan wille
merit   show-mercy   will
'It may be that the Lord will show me mercy because of
his merit'(Bdede 3 11.192.5)

b. þonne **mæg** hine scamigan þære   b rædinge his   hlisan
then   can   him   shame   of-the spreading of-his   fame
'then he may be ashamed of the extent of his fame'(Bo
19.46.5)

c. Deah þe   hit   swa   beon   mihte þæ t   he þas   blisse
Though   it   so   be   could   that   he those   favours
begitan   mihte
beget   could
'Though it could be the case that he would receive those
favours'
Æls (Ash Wed) 106)

Fischer는 (9c)의 구문이 특별히 흥미롭다고 지적하는데, 왜냐하면 의무 양상 조동사에 대하여 입증되지 않는 이중절(bi-clausal) 구문을 보여주기 때문이라는 것이다. 그녀는 더 나아가 행위자 동사를 포함하는 인식 구문은 바로 이 구문으로부터 발전하였다고 주장한다. 이 시나리오가 옳다면 영어의 인식 양상 조동사는 고대 영어에서 중세 영어까지 영향권을 감소시켰을 것이다. 인식 양상 조동사는 고대 영어에서는 모문절(matrix clause)에서 나타나 그 종속절을 영향권으로 한 반면에, 중세 영어에서는 그것의 부정사 목적어로 같은 절에 '인상(raised)'되었다. Fischer(2008: 368)는 양상 조동사가 '오직 보다 더 정교한 유형의 구문을 통해' 인식적으로 되었다고 결론지었다. 이것은 (아직도) 일반적으로 부정사 be 또는 have가 인식 양상 조동사를 뒤따르는 것을 보여주는 영국 영어의 말뭉치

자료에 의해, 그리고 단지 드물게 행위자 동사에 의해 입증될 뿐이다. 실제로 *he must be lying*이나 *he must have lied*와 같은 구문은 쉽게 인식적으로 해석된다. 반면에 *he must lie*는 더 의무로 해석되는 듯하다(예, 그의 나라를 위해 거짓말을 해야만 하는 스파이에 대해 이야기할 때). 마지막 증거는 다른 많은 언어에서 어원을 가진 *maybe*와 같은 인식부사의 발생인데, 이것은 마찬가지로 부정사 *be*가 인식 구문의 상승(rise)에서 결정적인 역할을 했음을 시사한다. 그러나 Fischer가 고대 영어에서 중세 영어까지 인식 양상 조동사에서 영향권 축소에 관하여 설득력 있는 사례를 들었다 하더라도, (9)의 구문은 의무 양상 조동사를 포함하는 (더 오래된) 구문과 비교할 때, 여전히 영향권 확장을 포함한다고 할 수 있다. 왜냐하면 의무 양상 조동사는 that-절이 뒤따를 수 없기 때문이다.

요컨대, 문법화에서 영향권 변화의 주제에 대한 평가는 아직 이른 듯이 보인다. 그럼에도 불구하고, 탈문법화 변화에서 통사적 영향권에 어떤 일이 발생하는가를 보는 것은 흥미로울 것이다.

3.5.3. 탈문법화의 매개변수(parameters of degrammaticalization)

앞 절에서 그리하였듯이, 일차적 탈문법화가 있어서 (그것에 의해) 기능어가 실질 어휘 항목이 되고, 이차적 탈문법화가 있어서 (그것에 의해) 의존형태소(굴절, 파생, 전접어)가 '덜 문법적'이 된다는 관찰에 입각하여, 탈문법화 변화에 대한 분류를 시작하겠다. 이차적 탈문법화에는 두 하위 유형이 있는데, 하나는 접두사가 '덜 의존적'이 되는 것이고, 하나는 의존형태소가 자립 형태소가 되는 것임을 본 절의 뒷부분에서 보게 될 것이다. 그러나 먼저 Lehmann의 매개변수와 일차적, 이차적 탈문법화에서 매개변수들의 연결에 대해 고찰해 보기로 하겠다.

탈문법화는 문법화로부터 반대 방향에서의 합성적 변화이기 때문에, 우리는 Lehmann의 매개변수가 반대 방면으로도 또한 작용할 것이라 기대할 수 있다. 따라서 뒤따르는 '탈문법화 매개변수'와 그것과 연관되는 근원적 변화를 가정할 것이다(이러한 근원적 변화의 구체적인 예는 4-6장에 주어진다).22)

(1) **통합성**(Integrity): 통합성이 관련되는 한, 탈문법화 된 항목은 의미적이고 음운적인 실체를 얻을 것이 기대되는데, 그 각각을 *재의미화*와 *음운론적 강화*라 부르겠다. 탈문법화 된 항목은 또한 일차 단어 부류 구성소가 형태통사적 특징을 획득하는 *재범주화*를 포함할 것이다(오직 일차적 탈문법화에서 발견되는).

(2) **계열성**(Paradigmaticity): 이 매개변수와 관련되는 반대의(reverse) 근원적 변화는 *탈계열화*인데, 일차적 탈문법화와 이차적 탈문법화에서 다른 결과를 갖는다. 일차적 탈문법화에서의 계열화는 폐쇄 단어 부류에서 개방 단어 부류로의 이동을 의미하고, 이차적 탈문법화에서의 계열화는 굴절 패러다임으로부터의 '이탈(discharge)'을 가리킨다.

(3) **계열 변이성**(Paradigmatic variability): 탈문법화는 계열 변이성 증가나, 특정한 형태통사적 문맥에서의 선택화가 병행할 가능성이 있다(탈필수화).

(4) **구조적 영향권**(Structual scope): 영향권이 문법화에서 문제가 되는

---

22) 이 용어들은 Lehmann의 것이 아니라 필자가 만들어낸 반의어임을 주목하라. Lehmann은 아마도 이런 의미에서 그의 매개변수를 사용하지 않았을 것이다. 왜냐하면 그는 탈문법화에 대해 비판적 입장을 견지하기 때문이다(Lehmann 2004). 그러나 필자에게 그것은 단지 '양 방면(both ways)'에 효과적인 그의 구조 틀(framework)의 강함을 보여 준다.

매개변수를 입증해온 점에 있어서는 탈문법화에서도 다르지 않아 보인다. 그러나 당분간 탈문법화는 영향권 확장을 포함할 것이다.

(5) **결속성**(bondedness): 결속성의 감소(분리(severance))는 전형적으로 이차적 탈문법화에서 발견된다. 우리가 5장과 6장에서 보게 되듯이, 분리는 몇 개의 형태에서 시작된다. 탈문법화의 두 번째 유형(탈굴절화, 아래를 보라)에서, 굴절 접미사는 전접어나 파생접미사가 된다. 탈문법화의 세 번째 유형(탈결속)에서, 의존형태소는 의미나 기능에서의 변화를 동반하거나(탈결속 문법형태소가 파생접미사라면), 또는 그런 변화 없이 자립 형태소가 된다(대부분의 탈결속 굴절 접미사나 접어의 경우).

(6) **결합 변이성**(Syntagmatic variability): 이 매개변수에 관해서 기대되는 근원적 변화는 *유연화*(flexibilization)이다. 즉 통사적 자유의 증가이다. 문법화에서와 달리 이 매개변수는 일차적, 이차적 탈문법화 모두에 관련된다. 다음에서 이 문제로 다시 돌아 갈 것이다.

문법화 매개변수의 경우처럼, 이러한 탈문법화 매개변수가 탈문법화의 모든 예에 적용되지는 않는다. 통합성 매개변수는 상이한 탈문법화 유형에서 상이한 결과를 갖는다. 문법적인 단어가 내용 항목이 될 때, 그것은 자연스럽게 완전 어휘 내용을 획득한다. 그러나 그 밖의 경우에서는 의미적 실체보다는 오히려 문법적 기능이 증가한다(그 밖의 기능이 첨가되고 있다).

결속성 매개변수는 이차적 문법화에 한정되었던 것처럼, 이차적 탈문법화에 한정된다. 그러나 일차적 문법화에만 관련된 계열 변이성 매개변수는 일차적, 이차적 탈문법화 모두에 관련될 수 있다. 이차적 탈문법화에서 문법형태소는 의존형태소가 되고, 따라서 본유적으로 고정된다. 그 결과

계열 변이성 매개변수는 더 이상 연관되지 않는다. 그러나 이차적 탈문법화에서 의존형태소는 자립 형태소가 될 수 있다(현저하게 결속한 경우에서). 그리고 그것은 자립 형태소이기 때문에 특별한 통사적 위치에 고정될 필요가 없다. 이 매개변수에 있어서 문법화와 탈문법화는 비대칭적이다.

3.5.4. Andersen의 관찰 층위(Anderson's levels of observation)

상이한 문법화 유형이나 또는 문법화 연쇄에서의 상이한 단계를 분류하기 위한 두 번째 방법은 Anderson(2005, 2006, 2008)이 제안하였다. 그는 문법화에서의 네 가지 '관찰 층위'를 정의하고 있다

A Grammaticalization ··· is typically a complex of interrelated changes in (ⅰ) content (of funtion), (ⅱ) content syntax, (ⅲ) morphosyntax(expression syntax), and (ⅳ) expression(Andersen 2006: 232).

문법화는 ······ 전형적으로 (ⅰ) 내용(또는 기능), (ⅱ) 내용 통사론, (ⅲ) 형태통사론(표현 통사론), 그리고 (ⅳ) 표현 등에서 상호 관련된 변화의 복합체이다(Andersen 2006: 232).

이러한 변화를 표현할 용어가 없기 때문에 Andersen(2006: 232)에서는 아래와 같이 제안한다.

(1) 내용에서의 변화(Changes in content)
    (1.1) *문법(Grammation)*: 재분석을 통한 표현을 문법적 내용이 되게 하는 변화 (영(zero)을 포함한 다른 어떤 내용에서 문법적 내용으로의 변화)
    (1.2) *재문법(Regrammation)*: 재분석을 통한 문법적 표현을 상이한 문법적 내용이 되게 하는 변화 (문법 계열 내에서와 사이에

서의 변화)

 (1.3) *탈문법(Degrammation)*: 재분석을 통한 표현이 문법적 내용을 소실시키는 변화 (문법적 내용에서 영(zero)을 포함한 그 외의 다른 내용으로의 변화)

(2) 내용 통사에서의 변화(Changes in content syntax)

 (2.1) *승격(Upgrading)*: 의존어에서 핵어로의 변화, 또는 영향권의 확대

 (2.2) *강등(Downgrading)*: 핵어에서 의존어로의 변화, 또는 영향권의 축소

(3) 형태통사에서의 변화(Changes in morphosyntax)

 (3.1) *결속 약화(bond weakening)(이탈(emancipation)* (접사>접어, 접어>단어, 복합어>구)

 (3.2) *결속 강화(bond strengthening)(통합(integration))* (구>단어, 단어>접어, 접어>접사)

(4) 표현에서의 변화(Changes in expression)

 (4.1) 축소(reduction)

 (4.2) 동화(elaboration)

모든 문법화 유형에 Andersen의 모형을 적용하는 것은 본 연구의 범위 밖이다. 그러나 다음 절에서 탈문법화를 분류하기 위해 이 모형을 이용할 것이다.

3.5.5. 탈문법화의 세 가지 유형(three types of degrammaticalization)

3.5.3절에서는 탈문법화에서 작용하리라 기대되는 근원적 변화를 살펴보았다. 이제는 탈문법화의 유형에 대한 Andersen의 관찰 층위의 타당성을 고찰해 보고자 한다. 입증된 모든 탈문법화 변화의 체계적 비교는 (4-6장) 명백히 구별되는 탈문법화의 세 유형을 이끌어 내면서, 탈문법화가 Andersen의 세 층위에서 관찰 가능함을 밝혀준다.

(1) 내용 층위(Content level): 문법적 내용에서 어휘적 내용으로의 전이(재의미화). 내용 층위에서의 탈문법화는 일차적 탈문법화이며, '탈문법(degrammation)'이라 부를 것이다.

(2) 내용-통사 층위(Content-syntactic level): '더 문법적인 것'에서 '덜 문법적인 것'으로의 전이, 또는 문법적 내용의 변화에 의해 수반되는 패러다임의 이동. 내용-통사 층위에서의 탈문법화는 이차적 탈문법화의 첫 번째 하위 유형이며, '탈굴절화'라 부를 것이다.

(3) 형태통사 층위(Morphosyntactic level): 의존 형태소(접사, 접어)에서 자립 형태소로의 전이. 이는 이차적 탈문법화의 두 번째 하위 유형이며, '탈결속(debonding)'이라 부를 것이다.

용어의 혼란을 막기 위해, 다른 종류의 변화를 가리키는데 사용하지 않은 용어를 선택하였다. '탈문법(Degrammaton)'이라는 용어는 우리가 본 것처럼, 문법적 내용의 소실을 가리키기 위해 Henning Andersen이 만들었다. Andersen은 이 용어를 *tomorrow*에서의 *to*(원래 접두사)처럼, 공형태가 되는 문법적 내용의 소실을 포함한다는 점에서, 좀 더 넓은 의미로 사용하고 있다. 본서에서는 좁은 의미, 즉 어휘 내용 대신에 문법적 내용의 소실이라는 의미로 이 용어를 사용한다. '탈굴절화(deinflectionalization)'는 다른 문맥에서 사용된 적이 없는 것 같아 선택하였다. 마지막으로 '탈결속(Debonding)'은 '탈형태화(demorphologiization)'라는 용어보다 선호된다. 왜냐하면 탈형태화는 이미 다른 많은 의미로도 사용되기 때문이다. 예를 들어, Joseph과 Janda(1988)에서는 음운론이나 통사론에 대한 형태론적 현상의 재배치(relocation)를 가리키고. 반면에 Hopper(1994)에서는 형태소에서 음소 또는 공형태로의 강등인 '음운생성(phonogenesis)'의 동의어이다.

'탈결속(debonding)'이라는 용어는 화학과 관련된 과학에서 inter-와 intra-분자 결합의 분리를 가리키기 위해 사용하고 있다.

3.6. 요약

탈문법화를 기술하고 분류하는 것이 본 연구의 주요 목적 가운데 하나이므로, 비중의적인 정의가 반드시 필요하다. 현재의 이론화 작업에서는 그 정의가 일치하지 않기 때문에, 때때로 연구자들은 '탈문법화'에 대해 이야기할 때, 완전히 다른 현상에 대해 이야기한다. 3.3절에서 우리는 꽤 많은 변화가 탈문법화에 관련되는 근원적 변화나 기제, 또는 직접적인 동의어로 탈문법화와 연관되고 있는 것을 보았다.

본서에서는 상위어로서 '탈문법화'라는 용어를 그대로 유지할 것이다. 왜냐하면 한편으로는 이것이 꽤 잘 정립되었기 때문이고, 한편으로는 대안 용어들(재문법화 또는 반문법화)이 동일한 것을 가리키지는 않기 때문이다. '재문법화'는 탈문법화의 동의어라기보다는 오히려 '측면전이(lateral shift)'의 동의어이다(2.4절을 보라). 그리고 '반문법화'의 정의는 여기에서 제안하는 것보다 훨씬 더 좁다. 한편, 본 연구에서 사용하는 정의는 다른 많은 것보다, 특히 접사와 기능어의 어휘화와 대체의 예를 배제하는 더 제한적인 것이다.

탈문법화의 모든 가능한 예를 분류하기 위해서는 잘 정의된 기준(criteria)이 반드시 필요하다. 가장 잘 알려져 있고 상세한 것은 Lehmann의 '문법화 매개변수'이다. Lehmann의 매개변수는 문법화와 탈문법화 연구에 자주 적용되었다. 그러나 종종 전체요리에서 음식을 따로따로 선택하듯이, 단지 그 논항 역할을 하는 매개변수만 선택된다. 이는 다소 이해

가능하다. 왜냐하면 모든 매개변수가 문법화나 탈문법화의 모든 유형에 적용되는 것은 아니기 때문이다. 이것은 이후의 세 장에서 입증되는데, 각 개별 사례를 Lehmann의 매개변수를 이용해 분석할 것이다. 그리고 7장에서는 개별 사례의 이론적 관련성으로 돌아갈 것이다.

본 장에서의 마지막 중요한 고찰은 (탈)문법화를 포함한 변화가 상이한 언어적 층위에서 발생할 수 있다는 것이다(Andersen 2005, 2006, 2008). 이는 4-6장에서 논의할 사례 연구의 체계적 비교 후에 분명해지겠지만, 본 장에서는 세 가지 다른 유형에서의 탈문법화 분류를 설명하기 위해 마지막 부분에서 Andersen의 층위를 간단히 언급하였다. 이 분류화에 대한 더 많은 논의는 7장에서 이루어질 것이다.

Chapter 4

탈문법 degrammation

4.1. 도입(introduction)

본 장에서는 '탈문법(degrammation)', 즉 가장 드물게 입증되는 탈문법화 유형의 몇 가지 사례를 살펴보고자 한다. 탈문법은 다음과 같이 정의된다.

> (1) 탈문법은 기능어가 특정 언어 문맥에서 그 단어 부류의 전형적인 형태통사적 속성과 그 의미적 실체(substance)를 획득하면서, 주류 단어 부류의 구성소로 재분석되는 합성적 변화이다.

탈문법은 전형적으로 중의적 문맥에서 발생한다. 중의적 문맥은 기능어가 일차 단어 부류 구성소로 재분석 되는 것을 용이하게 한다. 그리고 그 기능어는 화용적 추론을 통해 의미적 실체를 획득한다.[1] 그러므로 *to up*

---

1) Willis(2007)는 이런 종류의 변화에 대해 '통사적 어휘화(syntactic lexicalization)'라는 용어를 사용한다. 본서에서는 다른 어휘화 유형과의 잠재적 혼란 때문에 이 용어를 사용하지 않을 것이다. Willis가 사용한 용어는 Bauer(1983: 59ff.)에서 나오는 용어와 다르다는 것에 또한 주목하라. Bauer(1983: 59ff.)에서는 단어 형성에서의 통사적 영향을 가리키는데, 예를 들어 *scarecrow*나 *telltale* 같은 합성어에서 각 요소의 순서인데, 이것은 서술어와 직접 목적어의 통사적 순서와 일치한다.

*the volume*과 같은 어휘화 변화와 다르다. 왜냐하면 후자의 경우 기능어는 문맥에서 분열되며, 재분석이나 화용적 추론도 포함하지 않기 때문이다. 2.7.4절에서 논의했듯이, 탈문법이 드문 이유는 명사와 동사 같은 주류 단어 부류가 자주 굴절되기 때문이다. 결과적으로 기능어가 굴절 명사나 굴절 동사로 재분석되기 때문에, 그것은 굴절 명사나 굴절 동사에 일치하는 (또는 적어도 유사한) 형태를 가져야만 한다. 그리고 이 형태는 재분석이 발생하는 문맥에 적합한 것이어야만 한다. 이는 분명 언어가 더 많은 굴절을 가질수록 점점 더 어려워지는 발견하기 힘든 현상이다.

4.2. 양상 조동사에서 어휘 동사로(from modal auxiliary to lexical verb)

탈문법화에서 가장 많이 언급되는 사례 가운데 하나는 양상 동사에서 어휘 동사로의 전이에 관한 것이다. 제시되어 온 예는 영어의 *dare*와 *need* (Beths 1999; Taeymans 2004), 스웨덴어 *må* 'may'>'feel'(van der Auwera와 Plungian 1998), 그리고 덴마크어 *turde* 'dare'(Andersen 2008)이다. 그러나 이런 사례 가운데 그 증거가 확실한 것은 하나도 없다.

스웨덴어 *må*를 제외하고 위에서 언급한 동사 가운데 의미적으로 변한 것은 하나도 없다. 그러므로 일부 연구자는(예, Taeymans 2004) (형식적으로) 덜 문법화 된 변이형을 가리키기 위해서 '준－양상(semi-modal)'이라는 용어를 사용하였다. 관찰가능한 변화는 순전히 형태적이다. 예를 들어 규칙 동사 형태를 보여주고(예문 (2)를 보라), *to*-부정사의 선택 가능성뿐만 아니라(역시 예문 (2)), 비한정 형태(non-finite forms)(예문 (3))를 취하고, (영어의 경우에) 조동사 Do-지원(예문 (4)를 보라: Taeymans 2004: 100ff.)을 받는다.

(2) a. Somebody needs to be a contact for getting all the
       information to by a given date.
    b. No one dared to say anything.

(3) a. Why do I need to practice that…?
    b. He shivered, not daring to move in case they noticed and
       dragged him out.

(4) a. You do not need to be very rich.
    b. Don't you dare come over smoking!

3.4절의 *dare*에 대한 간단한 논의에서, 이미 *dare*의 역사가 축소 (retraction)의 예로 대부분 타당하게 분석됨을 보았다. 본동사 용법이 양상 동사 용법을 희생시키면서 점차 일반화되고 있지만, 사실 *dare*는 결코 완전히 본동사로 되지는 않았다. 결과적으로, 본동사 용법은 양상 용법이 없어져서 발달했다고 결론지을 수 없다. 따라서 이것은 탈문법화의 예가 아니다. 영국 현대 영어 구어와 문어의 *dare*와 *need*의 말뭉치(corpus)에 기초한 연구에서, Taeymans는 유사한 결론에 도달한다. *dare*에 관한 Taeymans의 빈도 분석은 *dare*가 양상 동사로의 사용이 증가되고 있음을 보여 주고 있다. 그러나 그녀는 또한 양상 *dare*는 영국 영어보다 덜 보수 적이라고 생각되는 미국 영어에서 매우 드물게 사용되는 것에 주목한다. 그리하여 Taeymans(2004: 111)는 *dare*가 '명백하게 동일함을 증명할 수 있는 방향으로 이동하는 것은 분명히 아니다'라고 결론짓는다. *need*의 경 우는(Taeymans 2004: 108) 형식적 발전이 반대방향적이었다. 왜냐하면 *need* 가 본동사의 형태통사적 특성을 획득해 왔기 때문이다. 그러나 의미적인 면에서 준-양상 *need*는 '내적' 필요성에서 '외적' 필요성으로 전이해 왔는 데, 이는 전형적으로 문법화와 관련된 종류의 변화이다. 그러므로 이것은

(1)에서 정의한 탈문법의 예가 아니다.

비교 가능한 예가 덴마크어 *turde* 'dare'인데(Andersen 2008), 이것은 *at*-부정사와 '원형(bare)' 부정사 사이에서 나타날 수 있다.

(5) a. Jeg tør ikke at spørge ham
      I   dare not to ask   him
    b. Jeg tør ikke spørge   ham
      I   dare not ask   him

이 증거들은 부정사 표지(infinitival markers)의 발생이 아주 최근에 발달했음을 시사하는 것 같다. 이것은 1977년 Hansen에 의해 처음 주목받았으나(Davidsen-Nielsen 1990: 37), *at*-부정사는 아직 참조 문법(reference grammar)에서 일반적으로 받아들여지지 않고 있다(cf. 예 Zola Christensen과 Christensen 2005: 116; Jacobsen과 Jørgensen 2005: 89). 그러나 부정사 표지의 사용과는 별도로 아무것도 변한 것은 없다. 의미 또는 굴절 모두에서 변함이 없다.

형태적, 의미적 변화 모두를 포함한다고 주장되는 변화는 스웨덴어 *må*이다(van der Auwera와 Plungian 1998; van der Auwer 2002; Andersen 2007). 이 동사는 (6)과 (7)에서 예시했듯이, 실로 두 가지 다른 의미로 사용될 수 있다. 양상 *må* 'may'는 현재 시제에서 굴절하지 않는다((6a)). 그리고 불규칙 과거시제 *måtte*를 취하는데((6b)), 이것은 다소 형식적/고문체적 (archaic)이며, 특히 인식 양상으로 사용될 수 있다. 현재와 과거 시제 사이의 의미상 불일치 때문에, *måtte*는 때때로 분리 양상 동사로 분류된다 (Teleman, Helllberg, 그리고 Andersen 1999a: 573). (7)에 예시된 것처럼, 'feel'을 의미하는 본동사로서 må는 규칙적 동사 굴절을 취한다.

(6) a. Hon må inte vara världens   bästa   sångerska
       She may not be   the world's best   singer
       'She may not be the best singer in the world'
    b. Hon måtte vara lyckligt gift
       She must   be   happily married

(7) a. Jag mår bra idag
       I   feel well today
    b. Jag mådde inte bra igår
       I   felt   not   well yesterday
       'Yesterday, I did not feel well'

Van der Auwera와 Plungian(1998: 105), 그리고 van der Auwera (2002: 24)는 본래의 조동사 의미가 지속되는데도 규칙적 굴절을 가진 새로운 동사가 발달한 *må* 역사의 분열을 제시하였다. 그러나 Andersen (2007)은 스웨덴어 *må*에 대한 그의 상세한 통시적 연구에서, 'feel'의 의미는 구할 수 있는 가장 오래된 스웨덴어 텍스트까지 거슬러 올라가며, 양상 *må*와 어휘 *må*는 더 이른 시기의 어휘 동사 *magha* 'to be strong, powerful'에까지 거슬러 추적될 수 있음을 보여주었다(Andersen 2007: 65). 어휘 동사로서 *magha*의 두 예는 아래와 같다.

(8) a. Jak hugdhe thik wara vældogastan   hærra
       I   imagined you to.be most.powerful-ACC man-ACC
       nu finder iak at christus ma mer æn   thu
       now find I   that christ   can more than you
       'I thought you were most powerful man. Now I think that
       Christ has more powers than you'
    b. ⋯ send faustianius   budh   til athenas At wita
       ⋯ sent Faustianius   messenger to Athens to learn

wm   sina   hustru   Ok syni   huruthe   mattu
about his-ACC wife-ACC   and sons-ACC   how they felt
'Faustianius sent a messenger to Athens to find out how
his wife and sons were doing'[2]

위의 예에서, 고대 스웨덴어 본동사 *ma*는 3인칭 현재 직설법에서 *-r*이
결여되고, 과거형 어간이 *matt-*인 양상 *ma*와 동일한 (불규칙) 굴절을 갖
는다. 흥미롭게도 *må*의 형식적 분열은 훨씬 뒤에 발생한다. 현재 시제
*mår*는 16세기 후반 이전에는 입증되지 않으며 과거형 *mådde*는 17세기
초기 이전에는 입증되지 않는다(Andersen 2007: 191). 어휘 *må*는 모음으로
끝나는 단음절 동사의 새로운 활용에 합류하였다. 따라서 그 변화는 유추
에 의해 동기화될 수 있다(*nå* 'to reach' 또는 *spå* 'prophesize'와 같은 동사 다음
에). 그리고 Andersen(같은 책)은 형태적 변화의 결과만으로는 어휘 *må*와
양상 *må*의 분기(divergence)가 탈문법화로서의 자격을 갖는데 충분하지 않
다고 정확하게 결론짓고 있다.

양상 동사에 대한 탈문법의 진정한 사례는 캐나다 워털루 카운티에서 쓰
이는 펜실베니아 독일어의 변이형에서 양상 *welle* 'to want to'의 가정법
과거에서 완전 동사 *wotte* 'to wish'로의 발달이다(Burridge 1995, 1998).

펜실베니아 독일어에는 일곱 개의 양상 동사가 있다. 즉 *misse* 'to
have to, must', *selle* 'to be supposed to, to be to', *kenne* 'to be to,
can', *welle* 'to qant to', *daerfe* 'to be allowed to', *maage* 'to like to,
may'(now rare), 그리고 *brauche* 'to need to' 등이 그것이다. 펜실베니아
독일어에서는[3] 가정법의 생산성 감소 결과에 따라, 이들 동사 본래의 가

---

2) 두 사례는 고대 스웨덴의 전설 책인 Codex Bildstenianus의 필사본(c.1350)에서 인용
하였다. 이 책은 13세기 말엽에 처음 쓰였다.

정법 과거형이, '영어에서 본래의 과거형 *would, could, should, might*의 독립적 발달을 연상시키는 방법으로', 각각 별개의 양상 동사로 자리매김 하였다(Burridge 1998: 25). 직설법 현재형과 가정법 현재형 사이의 어휘적 분열은 그러한 분리의 가능성을 결정하는 세 요소, 즉 의미적 거리, 음운적 거리, 그리고 빈도에 의해 용이하게 되었다(Bybee 1985b: 88ff.). 직설법 현재형과 가정법 과거형 사이의 의미적 관련성은 점차 불투명해지고 있는데, 이는 특히 양상 동사가 통사적 형태를 유지하는 소수의 동사 사이에 있었기 때문이다. 음운론적으로 그 양상 동사는 이미 불규칙 동사로 존재했을 때보다 더 갈라지게 되었다. 예를 들어 *sollt-/söllt-*와 *wollt-/ wöllt-*가 *sett-*와 *wett-*가 되었을 때이다. 그리고 가정법 과거형의 높은 담화 빈도가 그것의 자율성 증가를 촉진했는지도 모른다. 어휘적 분열은 (아주 일반적으로 젊은 화자들에 의해 사용되는) (9a-b)와 같은 구문의 예를 들 수 있는데, 이들 구문에서는 예기 부정사(the expected infinitive)((9c)에서와 같은) 대신에 가정법 과거형이 발견된다.

```
(9) a. Er  hett  nach4)  Mt Forest geh sette
       He  had   to       Mt Forest go  should
       'He ought to have gone to Mt Forest (but he didn't)'
    b. Er  hot   nach  Mt Forest geh sette
       He  has   to     Mt Forest go  should
       'He ought to have gone to Mt Forest (but he didn't)'
```

---

3) 현대 펜실베니아 독일어에서 가정법은 '양상 *due* 'to do' + 부정사'의 가정법 형식으로 처음 표현되었다. 그러나 일부 통사 형식은 방언에서 방언으로 바뀌면서 유지되고 있다. 실제로 정형 동사(finite verb)와 양상 부정사 모두를, *ich hett gehe missde* 'I would have had to go'에서처럼, 가정법으로 표시되는 변종(Amish와 Mennonite)이 있다. 이 경우에 *missde*에서 *-d-*는 가정법을 표시한다(이는 부정사에서 아주 일반적인 것은 아니다; Mark Louden, p.c.).

4) Mark Louden(p.c.)에 따르면 이 전치사의 올바른 형태는 실제로는 *noch*이다.

c. Er hett nach Mt Forest geh solle
   He had   to   Mt Forest go   should
   'He ought to have gone to Mt Forest (but he didn't)'

이것은 이러한 동사가 각각 별개의 양상 동사가 되는 과정에 있다는 것을 강하게 암시한다. 그러나 워털루 카운티의 펜실베니아 독일어는 두 번째 분열을 하게 되었다. 즉 가정법 과거 형태 *wotte*(초기 원순모음을 유지하는)는 이제 *welle* 'to want to'와 *wette* 'would' 둘 모두와 구별된다. 현재, *wotte*는 'to wish, desire'의 완전한 어휘 의미를 지닌 자동사로서 빠르게 자리매김하고 있다. 따라서 동사 *winsche* 'to wish'와 동의어가 되어 가고 있다.[5] 양상 동사에서 어휘 동사로의 전이를 통해, *wotte*는 많은 형태통사적 속성을 획득하였다. (10)이 그 예이다(Burridge 1998: 28f.). 따라서 더 이상 부정사 보어를 취할 수 없고 (10a), (10b)처럼 명사화될 수 있으며, (10c)에서의 명령법이나 (10d)에서의 분사와 같은 동사 굴절을 할 수 있다. 그리고 그 자체가 (10e)처럼 양상 조동사나 (10f)처럼 조동사 DO의 보어가 될 수 있다.

(10) a. *Ich   wott   kumme
        I   want   come
        'I want come'
     b. Er ist juscht am   wotte, er kennt noch eens
        He is   just   at.the wishing, er could again one
        vun die Ebbel   hawwe
        of   the apples have

---

5) 동사 *winsche*가 완전히 사라진 것은 아니다.—그것은 가정법 형태에 살아 있다. 그리고 *Ich wott, er kennt mitkumme*와 *Ich winscht, er kennt mitkumme*(둘은 'I wish he could come with us'를 의미함)는 모두 현대 펜실베니아 독일어에서 가능하다 (Mark Louden, p.c.).

'He is just wishing he could have one more of apples'

c. Wott   net   fer   sell
   Wish   not   for   that
   'Don't wish for that'

d. Er hat gewott   er kennt   noch eens vun die Ebbel   hawwe
   He has wished he could   agine one   of   the apple   have
   'He wished he could have one more of the apples'

e. Ich muss wotte er brauch net lang Schmaetze hawwe
   I   must wish   he need   not long pain   have
   'I do wish, he didn't need to be in pain for long'

f. Er dut als   wotte, er kennt noch eens vun die Ebbel   hawwe
   He does always wish,   he could again one of the apples have
   'He is always wishing he could have one more of the
   apples'

확신 양상 동사의 가정법 과거형이 아래의 독일어 예와 같이, 양상 조
동사 *mögen* 'may'을 포함하면서 의지의 겸손한 표현에 사용되는 것은 그
자체로서 일반적인 것이 아니다.

(11) Ich   möchte   dass er   mal   aufhört
     I   may-PAST.SUBJ that he   once   stops
     'I wished he would just stop doing that'

그러나 펜실베니아 독일어 *wotte*의 특별한 점은, 표준 독일어 *möchte*는
그러지 않은 반면에, 이 가정법 양상 동사는 어휘 동사로 계속 발달했다는
것이다. Burridge에 따르면 이 현저한 발달에 대한 설명은 언어외적 요소
에서 찾아야만 한다. 그녀는 펜실베니아 독일어 화자, 특히 Burridge 연구
의 초점을 형성한 초기 메노파 교도(Old Order Mennonites)는 그들의 의지와
사랑이 완전히 신의 뜻에 종속되는 매우 종교적인 민족이라고 말하고 있다.

Speakers are quite clearly uncomfortable with blunt expressions of desire or will. It is hardly surprising then that the usual German verb of 'wishing' and 'desiring' *winsche* has all but disappeared from this language. The use of the past subjunctive has always had a range of different tentative or remote applications in Germanic. Its element of unreality means it can offer a more indirect, a more cautious, a more modest, a more polite, even a more objective mode of expenssion than the more pedestrian indicative.(Burridge 1998: 32)

화자들이 바람과 의지의 솔직한 표현에 불편해 하는 것은 분명하다. '소망(wishing)'과 '욕망(desiring)'의 일반적 독일어 동사 *winsche*가 이 언어에서 거의 사라졌다는 것은 놀라운 일이 아니다. 독일어에서 가정법 과거형의 사용은 항상 상이한 시도나 매우 다른 적용의 범위를 가졌다. 가정법 과거형의 비현실적 요소는 더 평범한 직설법보다 더 간접적이고, 더 신중하고, 더 겸손하고, 더 공손하고, 심지어 더 객관적이기까지 한 표현 방법을 제공할 수 있다는 것을 의미한다(Burridge 1998: 32).

표 4.1. 펜실베니아 독일어 *wotte*의 매개변수 분석

매개변수	근원적 변화(들)
통합성	재의미화: ☑ ; 문법적(양상) 의미('would')에서 완전 어휘 의미('to wish')로의 전이가 있었다. 음운론적 '강화': ☐ ; 음운적 층위에서 동사 어간의 변화가 없다. 재범주화: ☑ ; 어휘적 *wotte*는 규칙 동사 형태소를 획득했다.
계열성	탈계열화: ☑ ; *wotte*는 비주류 단어 부류(양상 동사)에서 주류 단어 부류(어휘적 동사)로 전이하였다.
계열 변이성	탈필수화: ☑ ; 완전 동사 의미 'to wish'로서 *wotte*의 선택은 통사 구조가 아니라 어휘 내용에 달려 있다(양상 가정법 과거형 *wotte*를 가진 경우와 같다. *wotte*는 양상 구문에서 필수적이다).
구조적 영향권	영향권 확장: ☑ ; 양상 동사는 단지 동사에 대해 영향권을 갖는다. 그러나 어휘 *wotte*는 위의 일부 예처럼 절 보충어를 영향권으로 취할 수 있다.
결속성	일차적 탈문법화와 관련이 없다.
결합 변이성	유연화: ☑ ; 완전 동사로서 *wotte*는 보다 더 많은 구문 유형에서 나타날 수 있다(정형과 부정형 모두).

탈문법의 예가 될 수 있는 두 번째 사례는 중국어 *děi/dé*이다(Ziegeler 2004). 고대 중국어(500 BC-AD 200)에서 이것은 예문 (12)에서처럼 'to obtain'을 의미하는 어휘 동사였다.

> (12) ér   dé   tiānxià
>   and   obtain   world
>   'and have the kingdom'

동사의 목적어는 물질적인 것이거나 추상적인 것일 수 있었다. 더욱이 *dé*는 부정적 문맥이나 과장된 문맥에서 허락의 선동사적 양상(a preveral modal of permission)으로 사용될 수 있었다(예문 (13)). 그것은 'to obtain an object(NP)'에서 'to obtain an act(V)'로 확장된 것처럼 보일 수 있다 (Ziegeler 2004: 122). 허가 용법은 차례로 *dé*의 의무적 용법을 나았다(같은 책: 123f.). 그리고 현대 중국어에서 의무적 책임(deonic obligation)은 여전히 *děi*의 주된 양상 의미이다(예문 (14)).

> (13) zǎkuài bu   dé   yǔ   rén   yàn
>   Zi kuai NEG   permit give   other Yan
>   'Zi kuai is not permitted to give other(s) the state of Yan'

> (14) hài   děi   chī   ròu
>   still should eat   meat
>   '(One) still has to eat meat'

지금까지는 *děi/dé*의 발달이 문법화의 규칙적인 사례인 듯하다. 그러나 현대 중국어에서 *děi*는 새로운 어휘적 의미 'need, take, require'를 발전시켰다. 그것은 두 문맥에서 사용될 수 있는데, 즉 수 분류사(numeral classifier)를 선행하거나(예문 (15a)), 명사절을 선행하는(예문 (15b)) 것이다 (Ziegele 2004: 124).

> (15) a. zhè ge gōngzuò děi sān ge rén
>   this CL work   needs threeCL people
>   'this work needs three people'
>   b. bié rén qù bù xíng děi nǐ qīnzì   qù
>   other people go not ok   need you in-person go
>   'It's not ok for other people to go, it requires that you go
>   in person'

'to obtain'을 의미하는 원래의 어휘 동사에서가 아닌 양상에서 발전한 새로운 어휘 동사는 그것의 음운 형식에 의해 증명된다. 즉 양상과 'need'를 의미하는 동사는 둘 다 *děi*이다. 반면에 원래의 동사 'to obtain'은 *dé* 형태를 유지하고 있다(같은 책: 125).

표 4.2. 중국어 *děi*의 매개변수 분석

매개변수	근원적 변화(들)
통합성	재의미화: ☑ ; 문법적(양상) 의미('should')에서 완전 어휘 의미('to need')로의 전이가 있었다. 음운론적 '강화': ☐ ; 음운적 층위에서 변화가 없다. 탈범주화: ☐ ; 이것은 아마도 중국어 같은 고립어와는 관련이 없는 것 같다.
계열성	탈계열화: ☑ ; *děi*는 비주류 단어 부류(양상 동사)에서 주류 단어 부류(어휘 동사)로 전이하였다.
계열 변이성	탈필수화: ☑ ; 'to wish'의 의미를 지닌 실질 동사로서 *děi*의 선택은 어휘 내용에 달려 있다.[a]
구조적 영향권	영향권 확장: ☑ ; 양상 동사는 단지 동사구에 대한 영향권을 갖는다. 그러나 *děi*는 예문 (15b)처럼 절 보충어를 영향권으로 취할 수 있다.
결속성	일차적 탈문법화와 관련이 없다.
결합적 변이성	유연화: ☐ ; 유용한 증거에 기초해서 *děi*가 통사적 자유를 얻었는지의 여부를 말하는 것은 불가능하다.

a. 그러나 Ziegeler(2004: 124)에서는 'need'를 의미하는 *děi*를 지닌 구문은 일반적으로 원어민 화자에게 수용되지 않는다는 점에 주목한다. 일부는 이것을 고도의 관용어로 간주하고, 일부는 방언으로 간주한다.

   탈문법화 degrammaticalization

4.3. 불가리아어 *nešto*: 부정 대명사에서 명사 'thing'으로
(Bulgarian *nešto:* from indefinite pronouu to noun 'thing')

범언어적으로 'person'이나 'thing'같은 총칭 명사에서 'something'이나 'someone' 같은 부정 대명사로의 전이가 일반적인데, 여기에서의 예(Willis 2007: 278ff.)는 그러한 일반적 전이로부터 반대방향의 발달을 나타낸다 (Haspelmath 1997a; Heine와 Kuteva 2002: 208f., 232f., 295f.; 또한 2.6.3을 보라). 불가리아어 *nešto* 'thing'(cf. 고대 교회 슬라브어 *něčito*)는 'something'을 의미하는 부정 대명사로 사용되었다((16a)를 보라). *něčito*는 의미적으로 중의적일 수 있지만, 형태통사적으로 볼 때는 분명히 대명사이다. 예를 들어 (16b)에서처럼, 수식은 짧은 (비한정적) 형태에서는 대부분 형용사에 한정된다.6) 한편, 현대 불가리아어 nešto는 대명사와 중성명사 모두로 기능을 한다. 명사로서는 규칙적 중성 굴절을 하며(전접어 정관사와 함께, 복수 *nešta*, 한정사형 *neštoto*), (16c)에서처럼 형용사의 수식을 받을 수 있다. 대명사로서는, 고대 교회 슬라브어 *něčito*가 그런 것처럼, 형태통사적으로 훨씬 더 제약을 받는다. 명사와 대명사로서 둘 사이의 차이점은 (16c-d)에 제시되어 있다(Willis 2007: 279f.; 282)).

> (16) a. Simone imamŭ   ti   *něčŭto*   rešti
>   Simone have-PRES.1SG   you-DAT   something say-INF
>   'Simone, I have something to say to you'

---

6) 고대 교회 슬라브어에서 형용사와 명사, 또는 대명사 사이에 고정된 순서는 없었다. 그래서 (16b)에서 형용사의 위치는 *něčto*의 단어 부류 상태(word-class status)를 암시하지 않는다. 여기에서 *něčto*를 명사로 해석할 수도 있다. 그러나 그것은 항상 형용사의 짧은 (비한정적) 형태와 동반하기 때문에, *něčto*가 단지 비한정적 맥락에서 나타나는 명사라는 것을 의미하는데, 이것은 매우 이상한 것이다. 그러므로 그것은 일반적으로 대명사로 분석된다(David Willis,p.c.).

b. někʹto   ino   zŭlo   někʹto
   something   else-NEUT   evil-NUET   something
   'something else'   'something evil'

c. vsjako   novo   nešto e   dobre   zabraveeno   staro
   every   new   thing is   well   forgotten   old
   'every new thing is a well-forgotten old one'

d. Predi dve godini xorata   glasuvaxa sigurno   za projanata,
   before two years people-the voted-3PL decisively for change-the,
   iskajki   nešto   po-dobro
   seek-GER   something   better
   'Two years ago people voted decisively for change,
   wanting something better'

대명사에서 명사로의 전이는 범언어적으로 드문 것으로 보이지만, Willis가 설득력 있게 설명한 것처럼, 이 특이한 사례에서 어떻게 이런 변화가 의미적 관점과 형태통사적 관점 모두에서 일어날 수 있었는지 이해하는 것은 어렵지 않다. 일부 문맥에서 'something'은 불특정의 알려지지 않은 'thing'으로 쉽게 해석될 수 있다.[7] 이 변화는 고대 교회 슬라브어의 상대적으로 자유로운 어순으로 인해 용이하였다. 고대 교회 슬라브어에서 대명사는 완전 명사구로 쉽게 해석될 가능성이 있었던 형용사에 의해 수식되었다. 또한 이 변화는 *nešto*가 중성명사의 주격 단수형이 될 수도 있는 동시 다발적 환경으로 인해 용이하였다. 마지막으로 불가리아어 격 체계의 붕괴 덕분에, *nešto*를 명사로 재분석하지 못하게 하였을지도 모르는,

---

7) 평행 전이(parallel)는 현대 네덜란드어에서 입증되는데 현대 네덜란드어에서 enn geschikter iemand '(a more suitable(person)', 또는 enn heel ander iets 'a very different something(thing)' 같이 말할 수 있다. iemand와 iets는 아직도 명사계(noun-hood)(그것들은 복수화 할 수 없거나 정관사를 가질 수 없다)로 가는 긴 여정(a long way)을 가지고 있지만 의미 전이는 유사하다.

 탈문법화 degrammaticalization

불규칙한 (대명사의) 격 형식이 사라졌다.

표 4.3. 불가리아어 nešto의 매개변수 분석

매개변수	근원적 변화(들)
통합성	재의미와: ☑ ; 추상적 의미를 지닌 대명사('something')에서 실체적 의미를 지닌 명사('thing')로의 전이가 있었다 음운론적 '강화': ☐ ; 음운적 층위에서는 변화가 없다. 재범주화: ☑ ; *nešto*는 명사 형태를 획득하였다.
계열성	탈계열성: ☑ ; 대명사(폐쇄 부류 항목)에서 명사(개방 부류 항목)로의 전이가 있었다.
계열 변이성	탈필수화: ☑ ; 명사로서 *nešto*의 선택은 단지 어휘 내용에 달려 있다.
구조적 영향권	영향권 확장: ☐ ; 대명사와 명사 모두 명사구의 핵어일 수 있다. 그러나 일반적으로 명사는 더 많은 종류의 보어를 취할 수 있다; 이것이 영향권 확장의 자격을 얻는지는 분명하지 않다.
결속성	일차적 탈문법화와 관련되지 않는다.
결합적 변이성	유연화: ☑ ; 일반적으로 명사는 더 많은 유형의 구문에서 나타날 수 있다(한정사와 부정사 ; 양화사(*mnogo nešta* 'many things')나 수사(*pet nešta* 'five things')에 의해 완화된)

4.4. 웨일즈어 *eiddo*: 소유 대명사에서 명사 '소유물'

(Welsh *eiddo*: from possessive pronoun to noun 'property')

앞 절에서 살펴본 예처럼, 웨일즈어 *eiddo*의 경우(Willis 2007: 283ff.)는 대명사 형태로부터 총칭 명사 형태의 출현을 가져왔다. 현대 웨일즈어에서 *eiddo*는 '소유물'을 의미하는 명사와 남성 3인칭 단수 소유 대명사 'his'로 기능한다. 중세와 현대 웨일즈어에서 소유 대명사 패러다임은 표 4.4에 있다. 다소 형식적인 이들 대명사는 정관사가 앞에 오고, 예문 (17)에서처럼 절대적 소유 대명사로서 독립적으로 사용될 때는 보강 대명사가 선택적으로 뒤따른다(Willis 2007: 284):

(17) 'Rwy   'r   hoffi   ...ei gwmni   a   'i   wlad   yn
     am   PROG   like.INF   ...his company and his country PRD
     well   na   'r   *eddot* ti
     better than   the   yours   you
     'I like ... his compony and his country better than yours'

표 4.4. 웨일즈어에서 소유대명사의 계열변화표(paradigm)

	중세 웨일즈어(Middle Welsh)		현대 웨일즈어(Mordern Wellsh)	
	단수	복수	단수	복수
1인칭	*meu*	*einym*	*eiddof*	*eiddom*
2인칭	*teu*	*einwch*	*eiddot*	*eiddoch*
3인칭	*eidaw(masc.)*	*eidu(nt)*	*eiddo(masc.)*	*eiddynt*
	eidi(fem.)		*eiddi(fem.)*	

명사로서 *eiddo*는 형용사, 지시사, 그리고 양화사에 의해 수식받을 수
있는데,8) 이는 여성 3인칭 단수 *eiddi*처럼, 소유 대명사 패러다임의 다른
구성소로부터 *eiddo*를 명확하게 분리시킨다.

(18) a. eiddo   lledrad   b. *eiddi   ledrad
        EIDDO   stolen   EIDDI   stolen
        'stolen property'   'stolen things of hers'

(19) a. yr   eiddo hwn   b. *yr eiddi hwn
        the   EIDDO this–MASC   the EIDDI this–MASC
        'this property'   'these things of hers'

어원적으로 *eiddo*는 일반 켈트어(Common Celtic)의 소유격에서 파생하
였다. 따라서 이것도 문법적 요소가 어휘가 된 분명한 사례이다. 대명사에

---

8) 그러나 *eiddo*는 총칭 명사이기 때문에 복수화 할 수 없다(David Willis, p.c.).

서 명사로의 발달은 중의적 문맥에서의 의미적 변화와 통사적 변화의 연속 과정에서 점진적으로 진행되었다.

(i) (20a)와 같은 중세 웨일즈어 구성(그것은 웨일즈어에서 굴절된다)에서, 대명사는 전치사와 굴절상 유사하였고, 따라서 'his'보다는 'of him'을 의미하는 것으로 해석할 수 있었다. 이러한 해석은, *hebdaw* 'without(him)'와 같은, 남성 3인칭 단수 형식 전치사와 *eidaw*의 우연한 형식상 유사성에 의해 더 용이하게 되었다. 그리고 *eidaw*가 독립적으로 사용될 때(즉 그것이 명사를 수식하지 않을 때), (20b)처럼 관사가 앞에 와야만 한다(Willis 2007: 285).

> (20) a. ef... a   gymyrth y   dyrnas   yn   eidaw
>   he... PRT   took   the kingdom PRD   his
>   ef   ehvn
>   3MASC.SG himself
>   'he... took the kingdom as his own'
>   b. emelltith Duw a   'r   eidaw ynteu
>   cruse   God and the his   3MASC.SG
>   'the curse of God and his own'

(ii) 굴절된 전치사는 영(null)목적어와 함께 나타날 수 있었다. 그것의 굴절이 인칭과 목적어의 수를 나타내었기 때문이다. 굴절된 전치사와 소유 대명사 사이의 유사성 때문에, 소유 대명사도 독립적으로, 즉 그것을 뒤따르는 보강 대명사 없이 사용될 수 있었다.

(iii) 분명한 소유주가 없고 *eiddo* 앞에 관사가 오는 경우, 중의적 문맥이 발생한다. 즉 *eiddo*는 'the (X which is) his'로 해석될 수 있는데, 이

경우에는 대명사이다. 또는 그럴싸한 의미적 전이에 의해 '소유물'을 의미하는 명사로 해석될 수 있다. 또 다른 중의적 문맥은 (21)에서처럼 소유주 구(possessor phrase)가 뒤따르는 EIDDO가 있는 경우이다. 여기의 EIDDO는 절대 위치(absolute position)에서 발생하지 않는다(그리고 관사가 앞에 오지 않는다). 그러나 소유 명사구와 함께 정관사는 배제된다. 그래서 여기의 EIDDO도 그것의 수식어로 소유주 구와 함께, 핵어 명사(a head noun)로 재해석 될 수 있다(Willis 2007: 288).

(21) nyt   eydav   vn   tewyssav[c]   e   vudvgolyaeth
     NEG   EIDDO   one   prince   the   victory
     'the victory is not a single prince's(property)'

EIDDO는 (22)에서처럼, 후접어 소유격이 선행하는 15세기 이후의 텍스트에서 명사가 입증됨에 따라 재해석되었다. 이러한 예에서는, '소유물'만이 오직 의미 있는 해석임이 분명하다.

(22) Pan vo   marw   righill   yn trugared
     when be-PRES.SUBJ.3SG   dead   sergeant   in mercy
     yr   arglwyd   y   byd   y   eidaw
     the   lord   PRT be-FUT.3SG   his   property
     'whenever a sergeant dies, his property is at the mercy of
     the lord'

EIDDO의 사례는 흥미롭다. 왜냐하면 의미-화용적 그리고 통사적 재분석 둘 모두에 대한 연속을 포함하기 때문인데, 이는 결정적 차이인 변화의 방향과 함께, EIDDO를 문법화와 매우 유사하게 만든다.

표 4.5. 웨일즈어 eiddo의 매개변수 분석

매개변수	근원적 변화(들)
통합성	재의미화: ☑ ; *eiddo*는 어휘 내용을 요구한다('property'). 음운론적 '강화': ☐ ; 음운적 층위에는 변화가 없다. 재범주화: ☑ ; 명사로서, 다른 것 사이에서, *eiddo*는 형용사나 소유격이 선행할 수 없다.
계열성	탈계열화: ☑ ; 대명사(폐쇄 부류 항목)에서 명사(개방 부류 항목)로의 전이가 있었다.
계열적 변이성	탈필수화: ☑ ; 명사로서 *eiddo*의 선택은 단지 어휘 내용에 달려 있다.
구조적 영향권	영향권 확장: ☐ ; 일반적으로, 명사는 대명사보다 더 많은 보어의 유형을 취할 수 있다(예. 소유격, 관사, 또는 전치사). 그러나 이것이 Lehmann이 의미하는 영향권의 변화인지는 분명하지 않다. 또한 명사 *eiddo*는 전치사 보어를 취할 수 없다(David Willis,p..c.). 그래서 이 사례에서는 영향권 변화에 대한 결정적인 증거가 없다. 그러므로 여기에서 이 매개변수를 무시한다.
결속성	일차적 탈문법화와 관계가 없다.
결합 변이성	유연화: ☑ ; 대명사로서, *eidaw*는 서술 표지 *yn*이나 정관사 *yr*가 선행해야만 한다. 그러나 현대어 *eiddo*는 그 자신의 권리로 명사구로서 기능할 수 있다(David Willis, p.c.).

4.5. 중세 웨일즈어 *yn ol:* 전치사에서 현대 웨일즈어 완전 동사 *nôl* 'to fetch'로(middle Welsh *yn ol*: from preposition to modern welsh full verb *nôl* 'to fetch')

Willis(2007)에서 논의한 탈문법의 세 번째와 마지막 유형은 웨일즈어 전치사 *yn ôl* 'after'이 동사 *nôl* 'to bring'로 발달한 것이다. 중세 웨일즈어 *yn ol* 'after'(공간적, 시간적 둘 모두)[9]은 그 자체가 전치사 *yn* 'in'+ a noun *ol* 'track(s), path, trail'로부터 파생하여 문법화된 복합 전치사이다(Willis 2007: 292).[10] 공간적 사용은 예문 (23a)에 나와 있는데, 이런

---

9) 시간적 의미 'after'는 'according to' 의미로 더 발전하였다. 그리고 현대 웨일즈어 전치사 *yn ôl*은 공간적/시간적 의미를 완전히 잃어버렸다.

경우에 'in (its) tracks'이라는 원의미에 대한 암시가 여전히 깔려있다(같은 책: 292). 시간적 용법은 'according to'라는 부가적 의미를 낳았다. 즉 예문 (23b)는 이러한 두 해석 사이에서 중의적이다(같은 책: 293).

(23) a. a   'r   baed yu   kyrchu   yr   gaer   yn   uuan,
     and the boar PROG head.for to.the fortress PRD   swift
     a   'r   cwn yn y   ol
     and the dogs in his track
     'and the boar was heading for the fortress swiftly, with
     the dogs behind/after it'

b. A   gwedy hynny Lawnslot   a   dyngawd
   And   after that Lawnslot PRT   swear.PAST.3SG
   a   Gwalchmei a   Pheredur a   Bwrt a
   and Gwalchmei and Peredur and Bwrt and
   Llionel a   chwbyl o'r   milwyr   ereill pob   un
   Llionel and   all   of.the warriors other every one
   yn ol   y   gilyd
   after   each   other
   'And after that, Lawnslot swore an oath, and Gwalchmai
   and Peredur and Bwrt and Lionel and all the other
   warriors, each one after the others / each one in the
   same way as the others'

그러나 후기 중세 웨일즈어에서 *yn ol*은 예문 (24a)에서와 같이, 'after'를 의미하는 전치사나 'to fetch'를 의미하는 동사로 해석할 수 있는 중의적 문맥에서 나타나기 시작했다. 그 결과 분열이 발생하였다(Hopper와

---

10) FOOTPRINT > BEHIND의 문법화 경우는 아메리카 언어를 통해 또한 알 수 있다 (Heine와 Kuteva 2004: 141).

 탈문법화 degrammaticalization

Traugott(2003: 118)에서의 용어는 '분기(divergence)'). *-yn ol*은 동사로는 *nôl*
로 축소되는 반면에 전치사로는 그대로 유지된다. *nôl*의 첫 번째 예는 16
세기에 발생하였다. 그리고 17세기 이후, (24b)에서와 같이, 비중의적 동
사 형태가 나타나게 되었다(Willis 2007: 294, 297).

(24) a. Yna   yd   aeth y   gweisson *yu ol* y   vaarch a
      then PART   went the lads   after his horse and
      'e   arueu   y   Arthur
      his   weapons for Arthur
      'Then the went after / went to fetch his horse and his
      weapons for Arthur'

b. Nolwch   y   Brenin   i   'w   examnio
      fetch-2PL.IMP   the King   to   3MSC.SG   examine-INF
      'Fetch the king to be cross-examined'

'go after'에서 'go and fetch'로의 의미 변화는, 문법화의 표준 사례가
그러하듯, 동일한 종류의 화용적 추론 과정을 포함하는 것으로 보인다. 누
군가가 무언가를 구하고 있다면, 그/그녀가 그것을 가지고 오려는 의도를
가졌다고 가정하는 것은 타당하다. 우리가 여기에서 목격하는 것은 일반
적으로 (초기의) 문법화에서 입증되는 환유적(metonymic) 전이이다. Willis
(2007: 299)에 따르면, 이는 화용적 추론이 양방향 과정이라는 놀라운 결론
을 이끌어 낸다(Willis 2007: 2009). 화용적 추론은 그만 두고라도, *nôl*의 역
사는 탈문법화가 지닌 또 다른 특성, 즉 음운 축소(reduction)나 마멸
(attrition)을 공유한다. 이 축소는 형태소 경계에 대한 재분석의 결과이다.
(24a)에서 *yn ol y varch*라는 구는 *y nol y varch* 'to fetch his horse'로
재해석될 수 있었다. 그리고 마지막으로, '덜 문법화된' 동사가 nôl로 발전
했던 반면에, '더 문법화된' 전치사 *yn ol*은 여전히 (비중의적인 문맥에서)

전치사로 사용된다는 점에서, 이 변화는 유용(diversions)을 포함한다(Willis 2007: 296).

표 4.6. 웨일즈어 *nôl*의 매개변수 분석

매개변수	근원적 변화(들)
통합성	재의미화: ☑ ; 보다 추상적인 공간적 의미('after')에서 완전 어휘적 의미('to fetch')로의 전이가 있었다. 음운론적 '강화': ☒ ; 반대로 *yn ol*은 *nôl*로 축소된다. 재범주화: ☑ ; *nôl*은 완전 동사 형태소를 획득하였다.
계열성	탈계열화: ☑ ; 폐쇄 부류 항목(전치사)에서 개방 부류 항목(동사)으로의 전이가 있었다.
계열 변이성	탈필수화: ☑ ; 동사로서 *nôl*의 선택은 단지 어휘 내용에 달려 있다.
구조적 영향권	영향권 확장: ☐ ; 다시, 변화는 영향권과 관련하여 결정적이지 않다- 전치사 *yn ol*은 단지 그것의 전치사 목적어에 대한 영향권을 갖는데, 그 전치사의 목적어는 완전 명사구일 수 있다. 반면에 타동사 *nôl*은 전체 절에 대한 영향권을 갖는데, 그 절은 마찬가지로 완전 명사구일 수 있다.
결속성	일차적 탈문법화와 관계없다
계열 변이성	유연화: ☑ ; 동사 *nôl*은 전치사 *yn ol*보다 통사적으로 더 자유롭다. 왜냐하면 동사는 종종 (직접) 목적어에 선행할 수도 있고 후행할 수도 있는 반면에, 전치사는 의무적으로 (전치사적) 목적어를 선행해야 하기 때문이다. 웨일즈어의 무표적 순서는 VSO이다. 그러나 목적어는 강조를 위해, OVS를 만들면서, 앞에 놓일 수 있다 (David Willis,p.c.).

Chapter 5

탈굴절화 deinflectionalization

5.1. 도입(introduction)

탈굴절화는 2차 탈문법화의 첫 번째 유형이다. 탈문법법처럼 탈굴절화는 형태와 기능 모두의 변화를 포함하지만, 탈문법과는 달리 문법형태소는 의존형태로 남아있다:

> (1) 탈굴절화는 복합변화인데, 그 변화에 의해 특정 언어문맥에서 굴절접사는 덜 의존적인 형태소로 변하면서 새로운 기능을 얻는다.

잠재적으로 타당한 탈굴절화의 예들은 굴절접사가 전접 혹은 파생이 되는 변형이 된다. 이것은 한 유형의 의존형태소에서 다른 종류의 의존형태소로의 변화를 포함하기 때문에 미세한 종류의 탈문법법화이다. 이것은 바로 두 가지 근본적인 의문을 제기한다: (i) 형태론적 상태에서 변화들을 어떻게 정립할 것인가? (ii) 어떻게 어떤 의존형태소가 다른 의존형태소보다 덜 문법적인가를 정하는가? 따라서 이 장은 문법성에 있어 차이를 포함하는 형태론적 경계에 관한 논의로 시작하고자 한다.

5.2. 의존형태소 분류(classifying bound morphemes)

  서로 다른 종류의 의존형태소 사이의 경계를 서술하는 것은 현재 형태
론에서의 주요 화제이다. 굴절과 파생, 굴절과 접어화, 파생과 합성을 구
분하기위해 많은 기준이 제안되었고, 이런 기준들이 여러 종류의 형태소
분류와 구분에 유용하다고 증명됐음에도 불구하고, 그들 중 어떤 것도 예
외가 없는 것은 없다. 다음 두 절에서는 굴절－파생 경계, 굴절－접어화
경계에 대해 논의할 것이다. 이것은 이 장의 마지막 절에서 논의되는 탈굴
절화에 대한 분석을 위한 이론적 좌표로서의 역할을 할 것이기 때문이다.

5.2.1. 굴절접사(inflectional) 대 파생접사(derivational affixes)

  대부분 언어학자들에게 굴절형태론과 파생 형태론 간의 차이에 대한 직
관적 이해가 있는 듯하지만, 둘 사이에는 엄격한 경계가 없는 것이 확실하
다. 굴절과 파생을 구분하기 위한 다양한 범주들은 문헌에서 제안 되어왔
고(Bybee 1985b: 81ff.; Anderson 1992: 77ff.; Haspelmath 1996; Beard 1998:
44ff.; Stump 1998: 14ff.), 그 중 가장 일반적인 것이 (i) 의무성, (ii) 단어
부류(word-class)를 변형시키는 능력, 그리고 (iii) 누적 구현이다. 이들 세
가지 범주에 대해 짧은 논의하고, 그들 중 어느 것도 완전히 예외가 없다
는 사실을 보일 것이다.

  (i) *Obligatoriness(의무성)* 굴절은 주어진 형태 구문론적 문맥에서 필
수적이지만, 파생접사는 그렇지 않다. Anderson(1992: 101)이 언급했듯
이: '굴절형태론은 통사적 구조와 단어 형성의 원리가 서로 상호 작용되는
범위다'. 다시 말하면, 파생과는 달리, 굴절은 통사적 관계로 인해 더 문법

적이다. 예를 들면, 파생어들은 일반적으로 단일 형태소 단어에 의해 대체될 수 있다. 따라서 (파생)접미사 *-ing*는 예 (2b)에서처럼 의무적이지 않다. 그러나 (굴절)동사 접미사 *-ing*는 (2c)에서 보듯 진행구조에서 생략될 수 없다(Bybee 1985b: 81).

> (2) a. the duckling was swimming
>   b. the duck was swimming
>   c. *the duckling was swim

이 기준의 흥미로운 예외는 van Marle(1996: 70f)이 기술한 여성 거주자에 대한 네덜란드어의 파생어이다. 다른 여성형 파생어(cf.(3a))와 비교했을 때, 거주자에 관한 여성형 파생접미사는 (3b)에서 보듯 의무적이다:

> (3) a. Zij is een goed verteller/vertelster
>   She is a good story-teller(NEUTRAL / FEMALE)[1]
>   b. Marie is een echte *Amsterdammer / Amsterdamse
>   Marie is a real *(neutral inhabitante)/(female inhabitant)
>   of Amsterdam

그러나 그런 예외는 매우 드물어서, 의무성을 잠정적으로 유용한 기준으로 만든다. 그리고 의무화가 전형적으로 문법화와 관련된 근본적인 변화로 여겨지기 때문에(3.5.1 참고), 굴절의 의무성은 이것들이 '더 문법적임'을 제안한다.

---

1) 예시에서, NEUTRAL은 성이 구분되지 않음을 의미하고, 사람의 성이 알려지지 않았을 때 사용될 수 있다.

(ii) *단어 부류 변화(Change in word class)*. 파생접사는 단어부류를 (반드시는 아니라) 변화시킬 수 있다. 따라서 형용사 *beautiful*은 명사 *beauty*에서 파생됐고, 명사 *greatness*는 형용사 *great*에서 파생됐다. 의무 기준에서보다 이 기준에 대해 예외가 훨씬 더 많아 보인다. 왜냐하면 알려진 단어 부류를 변화시키는 굴절의 경우가 많이 있기 때문이다. 예를 들면, 스웨덴어 굴절 접미사 *-t*(원래 형용사의 중성 어미)와 영어 접미사 *-ly*(굴절 지위로 옮겨지고 있다)(Brinton과 Traugott 2005: 136)는 형용사를 부사로 전환하는데 사용될 수 있다.[2] Haspelmath(1996: 44)가 흥미로운 하나의 예를 드는데, 그는 독일어 현재분사 어미 *-ende*가 단어 부류를 바꾼다고 주장한다. 예는 다음과 같다.

(4) der   im   Wald   laut   singende   Wanderer
    the   in.the-Dat   forest   loud   sing-PTCP   hiker
    'the hiker (who is) singing loudly in the forest'

접미사 *-ende*는 동사 굴절이지만 예(4)에서 분사는 동사와 형용사 특징을 지닌다. 장소를 나타내는 구(im Wald)와 방법을 나타내는 부사(laut)에 의해 수식을 받는다는 점에서 동사적이고, 명사의 수식어로서 명사 앞에 위치한다는 점에서는 형용사적이다. 요약하면, 단어 부류 변화 능력의 기준은 굴절과 파생을 구분할 정도로 충분히 엄격하지 않아 보인다.

(iii) *누적 구현(Cummulative exponence)*. Anderson(1992: 76)에 따르면,

---

2) 스웨덴어 *-t* 형태들이 형용사의 단순한 중성형태가 아니라는 것은 *-t* 형태의 부사가 형용사형 대응어 없이 있다는 사실에 의해 증명된다. 예를 들면 *enbart* 'only'(enbar라는 형용사는 없다.)가 해당된다.

중첩어는 파생에서 매우 드물다(실제로 그런 요소들이 어짜피 존재하더라도). 다시 말하면, 하나 이상의 범주(예를 들면 성과 수)를 나타내는 한 누적(중첩어) 형태소는 굴절이 되기 쉽다. 예를 들면, 'slave'를 의미하는 *servus*에서 라틴 굴절어미 *-us*는 성(MASC), 수(SG), 그리고 격(NOM)을 나타낸다.

그러나 Ricca(2005: 200)는 이탈리아어 *giocatrice* '여성 연주자' 혹은 프랑스어 *vendeuse* '여자 상인'과 같은 예처럼, 적절한 경우로서 여성 행위자 접미사를 가지고, 파생접미사 또한 누적될 수 있다는 것을 보여준다. 누적되지 않는 남성 대응어(각각 *giocatore* 그리고 *vendeur*에서)와는 달리, 여성을 나타내는 접미사는 성과 행위자를 나타내기 때문에 누적 파생접미사이다.

요약하면, 굴절과 파생을 구분하기 위한 세 가지 기준에서 의무성이 아마도 가장 유용한 것으로 밝혀지겠지만, 굴절과 파생 간에 구분을 할 수 있는 어떤 분명한 경계도 없다는 것은 명확하다.

'분리 형태론 가설'(예를 들면 Anderson 1993에 의해 옹호된)에 반대한 Booji (2002)도 같은 입장을 취한다. 분리 형태론 가설에서의 굴절과 파생은 문법의 다른 부문에 속한다. 그 자신의 분류에서, Booji(2002: 19f)는 내재적 굴절(단어의 어간에 독립적인 의미 가치를 지닌 형태구문론 특징을 더한 굴절)과 문맥상 굴절(통사적 문맥에 의해 요구되지만 정보를 더하지 않는 굴절)을 구분한다. 문맥상 굴절의 예는 시제를 가진 동사에서 수와 인칭을 표시하는 것이다: 이 기준들은 동사가 주어의 수와 인칭에 일치해야 함으로 표현되어져야 한다. 내재적 굴절의 예는 명사의 수이다. 왜냐하면 이 기준은 통사론에 의해 배타적으로 지배받지 않기 때문이다.

내재적 굴절은 문맥 굴절보다는 파생에 가깝다(Booji 2002: 20ff, 29, 42). 파생처럼 내적적 굴절은 다음과 같다.

(1) 어기에 정보를 더한다. 이것은 네덜란드어 *portiers* 'door-keepers' / *portieren* 'car door' 같은 최소 대립쌍에 분명히 나타난다.

(2) 대체로 의미론적 이유 때문에 어형변화표에 차이가 있을 수 있다. 예를 들면, 네덜란드어 *aandacht* 'attention', *hooi* 'hay' 혹은 *Nederlands* 'Dutch language'와 같은 집합명사의 복수형 부재나 *goed* 'good'/ *beter* 'better'/*best* 'best'와 같이 형용사의 보충법이 해당한다.

(3) 복수형에서처럼, 어기가 되는 단어를 가지고 있지 않다. 네덜란드어 *hersenen* 'brains'(*hersen), *notulen* 'minutes of a meeting' (*notuul)가 해당된다.

(4) 특이한 의미를 얻을 수 있다. 네덜란드어 분사처럼 *gesloten* 'closed, tight-lipped'(sluiten 'to close'), 혹은 *geslepen* 'sharpened, sly' (<slijpen 'to sharpen')의 예와 같다.

(5) 다른 언어에서 차용될 수 있다. 네덜란드어 *musea, rectores*가 속한다.

지금까지 파생과 굴절의 공시적 특징을 논의해왔지만, 통시적으로도 파생과 굴절은 다르다. 이 차이는 표 5.1에서 요약된다.

파생과 굴절을 비교할 때, 공시·통시적으로 둘 다 파생이 일반적으로 굴절보다 덜 문법적이라고 결론을 내리는 것이 맞다. ―의무적인 것이 아니고 문법적 의미를 전하지 않는다는 점에서― 게다가 파생접사는 전체 구문에 영향권을 두는 한편 굴절접사는 그렇지 않다. 예를 들면, 네덜란드어에서 구 전체에 파생접미사를 더하는 것은 단어 형성의 일반적 과정이다:

표 5.1. 파생과 굴절의 통시적 특징

파생접사	굴절접사
고정화 될 수 있음 PGmc *-ni-(동사에서 추상명사 파생): MoSw början 'beginning' (cf. börja 'to begin'), syn 'view' (cf. se 'to see') PGmc *-i h ō(형용사에서 파생된 추상 명사): MoSw längd, 네덜란드어 lengte, 영어 length	고정화 될 수 있음 MoDu schoen 'shoe' (< 고어 schoe 'shoe'의 복수 프랑스어 fils 'son' (<Lat. MASC.SG.NOM filius)
보통 제로형태로 되지 않음 (대신 고정화된다)	(흔하게) 영형태로 될 수 있음
어휘화할 수 있음 isms and ologies	OE 동사와 명사 어형 대부분은 어휘화 안함
굴절화 될 수 있음 ModE 부사형 -ly	파생될 수 있음(cf. 5.4-5.6절)

    (5)[3] a. 'kleed je favoriete Barbie aan'-achtige spelletjes
            [dress your favourite Barbie]-like games
            'games of the type "dress your favourite Barbie"'
       b. gled-over-de-balk-gooierij
          [money-over-the-beam-throw]-ing
          '(the act of) throwing one's money about'

따라서 Kuryłowicz(1975: 52)와 Heine, Claudi, 그리고 Hünnemeyer (1991: 213)는 파생접사에서 굴절접사로의 이동을 문법화로 보았고 이것은 굴절접사가 더 문법적이라는 것을 의미한다. 그 반대는 굴절에서 파생으로, 따라서 탈문법화의 예가 된다. 그러나 Haspelmath(2004: 32)에 따르면, '굴절패턴이 파생패턴보다 더 강한 내적 독립성을 보여주지 못하기' 때문에, 파생접사가 되는 굴절접사는 탈문법화의 예로서 중요하지 않다. 그

---

3) (5)의 예는 http://tweakers.net/nieuws/52752/online-gaming-minder-popilair-dan-gedacht.html과 http://luxereizen.blog.nl.algemeen/2007/11/16/first-class-mas-dat-is-pas-klasse-vliegen에서 발췌한 것이다.

러나 이것은 문제의 소지가 있다. 위에서 언급된 굴절과 파생을 구분하기 위한 범주의 기준에서, 굴절은 이 더 강한 내적 의존성 혹은 더 정도가 깊은 문법성을 정확히 보여주는 것으로 해석될 수 있다. Haspelmath의 주장에 대한 또 다른 반박이 Luarghi(2005: 10)에 의해 제기되는데, 그는 파생접사는 어간 선택에서 굴절접사보다 덜 구체적일 수 있다는 것을 보여준다. 예를 들면, 이탈리어어 (파생적)-*ante*는, (6)에 예시된 것처럼, 동사 어간과 명사 어간 둘 다에 덧붙일 수 있다:

(6) a. insegnare   insegnante
       'to teach'   'teacher'
    b. edicola   ediclante
       'newspaper booth'   'newspaper seller'

Luraghi는 '언어학적 기호의 문법화가 언어학 시스템의 제약을 더 받기 때문에 자율성을 잃는다'는 Lehmann(2004)의 정의를 따르면서, 파생으로부터 굴절로의 변화는 '파생접사가 굴절접사보다 언어학적 시스템의 제약을 덜 받기 때문에' 문법화로 간주되어야 한다고 계속 주장하고 있다.

지금까지의 논의를 요약하면, 굴절은 일반적으로 파생접사보다 더 문법적이라고 할 수 있다. 5.4-5.6절에서는 굴절에서 파생으로의 전이가 Lehmann의 매개변인 관점에서도 탈문법화가 되는지를 살펴보겠다.

5.2.2. 굴절접사(inflectional affixes) 대 접어(clitics)

접어와 굴절접사를 구분하는 것은 파생접사와 굴절접사를 구분하는 것만큼이나 복잡하다. 대부분의 언어학자들은 접어와 접사가 연속체를 형성하고, 따라서 문법성의 연속변이에서 근접점을 형성한다(아래 (8)참고)는데 동의한다.

접어만으로도 Anderson(2005)같은 학자의 단행본 논문의 주제가 되었듯, 여기에서도 접어를 접사와 분리하는 일반적인 속성에 국한하려한다. 차이가 분명하기보다는 차이가 있다는 점을 한 번 더 강조하면서, 어떻게 하나의 잘 정의된 범주가(Zwicky와 Pullum 1983 처럼, 간단히 다룰 것이다) *s-*소유격(5.3)처럼 한 접사가 접어로 탈문법화되는지 보이기에 충분한지를 살필 것이다.

전통적으로, 접어는 '단순접어'와 '특수접어'의 두 가지 주요 유형으로 분리되어 왔다: 단순접어는 '숙주어'에 운율적으로 의존적인, 그래서 완전한 형태로서 같은 통사론적 위치에 있는 것처럼 보이는 완전한 단어의 형태로 변한다. 예가 영어의 *they're fine*에서 *'re*이고, 이것은 완전한 형태의 *are*과 일치하고, 완전한 형태로 같은 위치에 있는 듯하다. 반면 특수접어는 종종 강조된 대응어를 결여하고 혹은 결여하여 특별한 구문을 보여준다.4) 전형적인 특수접어는 라틴어에서 전접어 접속사 *que*로, 독립접속사 *et*(*senates et populous Romanus* 'the senate and the people of Rome')가 하듯이 결합된 구 사이에 나타나지 않고, 연속된 결합구의 마지막 요소의 첫 단어에 온다: *senates populusque Romanus*(Anderson 1992: 199ff).

접사의 많은 선택적 분류(예를 들면, Halpern 1995 혹은 Börjars 2003)가 있지만, 현재 목표에 가장 가능한 모델은 전형적인 접사와 전형적인('단순')접어가 하나의 연속에서 두가지 양극으로 보여지는 것이다(유사한 관점으로는 Allen 1997: 122가 있다). 둘 사이의 특징은 성립이 어렵다(그리고 아마도 언어적 특성일 것이다).

---

4) 전체 형태에 대응하지만 특별한 통사를 보이는 특별 접어의 한 예가 로만스어의 대명사 접어이다.

1983년 Zwicky와 Pullum의 연구에서 (7)에 주어진 것처럼, 접어와 접사를 구분하는 6가지 기준을 정하였다.

(7) Zwicky와 Pullum의 기준
a. 접어는 숙주어에 대하여 선택 정도가 낮고, 접사는 그들의 어간에 관해 선택 정도가 높다.
b. 결합 집합의 자의적인 차이는 접어 그룹보다 접사 첨가어가 더 특징이 있다.
c. 형태음운론적 특징들은 접어 그룹보다 접사 첨가어에 더 특징적이다.
d. 의미론적 특징은 접어 그룹보다 접사 첨가어에서 더 특징적이다.
e. 통사규칙은 접사 첨가어에 영향을 주지만, 접어 그룹엔 영향을 줄 수 없다.
f. 접어는 접어를 이미 포함하는 요소에 붙을 수 있지만, 접사는 그럴 수 없다.

기준 형성에 있어 주의를 기울인 방식은 접어와 접사 사이에 명확한 구분선이 없다는 사실을 반영한다. 그럼에도 불구하고, 이 기준은 한 가지 중요한 단서만 있다면, 유용한 실험을 하기에 충분히 명료하다. 기준 중 4가지는 주로 접사에 대한 것이고, 단지 두 가지가 (첫 번째와 여섯 번째 기준) 접어를 알아내는 데 사용된다. 다시 말하면, 4개의 기준은 단지 주어진 형태소가 접사가 아닐 수도 있다는 것을 보여주기 위해 사용될 수 있다.5) 그럼에도 불구하고 5.3.2절에서, Zwicky와 Pullum의 기준이 주어진 형태소가 접사-접어 연속에서 접사 쪽인가 아니면 접어 쪽인가를 평가하기 위한 상대적 기준으로 유용하다고 증명할 것이다.

---

5) 필자는 이 관점을 Lars Heltoft에서 차용하였다.

 탈문법화 degrammaticalization

5.2.3. 연속(continua)

통시적으로 의존접미사는 다양한 출처로부터 파생됐다고 본다. 접어와
굴절접사는 문법성의 연속변이에서 다발점이다((8)에서 반복됨). 한편 파생
접사는 보통 합성어에서 어휘론 연속변이를 통해 발생한다.

(8) content item > grammatical word > clitic > inflectional affix

(9) part of phrase > part of compound > derivational affix
   A basket full (of eggs) > a cupful (of water) > hopeful

이 연속변이가 보편적이라면, 접어는 굴절접사(문법화)나 그 반대의 것
(탈문법화)이 될 수 있을 테지만, 접어와 굴절접사는 파생이나 그 반대의
것이 될 수 없다. 그러나 파생접사가 굴절접사가 될 수 있고(예를 들어 5.2.1
절), 굴절접사가 파생접사가 될 수 있는(5.4-5.6절) 충분한 증거가 있다. 따
라서 굴절과 파생을 다 포함하는 연속변이가 존재하는 것처럼 보인다. 그
런 연속변이는 제안되어왔다. 예를 들면 (10)(Dalton-Puffer 1996: 175),
(11)(Booij 2002: 19f.; cf. 5.2.1절)이 해당된다.

(10) lexical > lexical-derivational > Quasi-syntactic > inflectional[6]

---

6) Dalton-Puffer(1966: 175)는 영어 *-ly*에 관한 논의에서, 형용사적 *-ly*에 대하여, 생산
성이 낮고, 특별한 의미를 지니므로 '어휘적－파생'이라는 용어를 사용하였고, 부사적
*-ly*에 대하여서는 매우 생산적이며 일반적 의미를 가지므로 '유사－문법적'이라는 용어
를 사용하였다. 비슷하게, Hopper와 Traugott(2003: 5)에서도 *unhappy*의 *un-*이나
*duckling*의 *-ling*처럼 첨가되는 단어의 범주를 바꾸지 않는 의미 구성 요소를 추가하
는 파생 형태와 *-ly*(Adj>Adv)나 *-er*(V>N)과 같이 문법적 범주에 영향을 주는 파생
형태를 구분하였다. 이들에 관한 용어는 '어휘적 파생 형태소'와 '문법적 파생 형태소'
이다.

(11) lexical > derivational > inherent inflectional > contextual
inflectional

Hopper와 Traugott가 주장한 대로, 접어와 파생접사는 같은 변이요소
의 부분도 형성할 수 있다.

자율적 실질 어휘로부터 나온 접사의 문법화에는 접어 전 단계의 증거
가 항상 있는 게 아니지만, '고정' 혹은 '동결' 그리고 그 과정에 포함된 실
질 어휘의 자율성 상실은 접어단계를 전제로 한다. 예를 들면, 프랑스어
-ment, 스페인어 *-mente*... 그리고 영어의 *hood*, *-ly*처럼 명사로부터 파
생접사가 붙는 것 같이, 어떤 한 단계에서 최후의 접사가 미래의 어간이
되고 그것과 함께 강약단위가 되는 어떤 것에 끌렸다는 가정을 할 수 있
다. 접어는 분명히 형태론화(morphologization)를 겪는 구조의 종류를 정립
시키는데 중심역할을 한다. 명사 같은 특별한 품사가 부치사와 같은 특별
한 유형의 접어와 빈번한 통사론적 연어관계가 가장 전형적인 형태론화를
이끈다(예, 격접사를 가진 명사)(Hopper와 Traugott 2003: 142; 강조 mine).

Hopper와 Traugott가, 접어가 전제되는 경우로 굴절어 *-mente*와 *-ly*
를 이용한 것은 오히려 부적당하다. 왜냐하면 이 예에서, 그들이 합성어에
서 파생된 것이 꽤 분명하기 때문이다(*-ly*의 경우에 OE 합성어 *lic* 'body'에서
*-mente*는 1.6.5절 참조). 그러나 접어화와 파생 모두를 포함하는 변화의 예
가 존재하는 것 같다.

스칸디나비아어 수동태 *-s(t)*에 관해, 그것이 전접어, 파생적 그리고 굴
절 단계를 포함하고 있다고 주장해 왔다. 첫 단계는 논의의 여지가 없다
(피동형 어미는 동사로 접어화된 원시-스칸디나비아어(Proto-Scandinavian) 재귀대
명사 *sik*(ACC) 혹은 *sēr*(DAT)에 기원한다.) Harris와 Campbell(1995: 337)에

의해 제안된 일반적 연속변이에 따르면, (12)에서처럼, 굴절단계가 파생
단계를 앞섰을 것이다. 그러나 -*s(t)*수동의 구체적 경우에 대해, Faarjund
(2005: 63)은 (13)에서 연속변이를 제안한다. 한편 Enger(2002: 93, 97)은
(14)에서 연속변이를 제안한다.

    (12) 접어 > 굴절접사 > 파생접사
    (13) 단순 접어 > 특수 접어 > 굴절접사 > 파생접사
    (14) 접어 > 파생접사 > 굴절접사(내재) > 굴절접사(문맥)

이 연속변이와 그들의 적용에 대한 논의는 이 연구의 범위를 넘어서지
만, 모든 학자는 스칸디나비아어(Scandinavian) 수동태가 어느 점에서 굴
절과 파생적이라고 생각한다. 파생과 굴절 단계 사이의 점진적 전이는 고
대 노르웨이어(Old Norse) -*st* 동사가 굴절적인 반면, 어떤 것들은 파생적
이라는 사실에 의해 반영된다(Enger 2002, 2003). 이 사실이 우리에게 시사
하는 것은 어떤 문법형태소의 형태론적 지위에 대해 확신을 가지고 평가
하는 게 항상 가능한 것은 아니라는 것이다. 따라서 각각 개별적 사례가
조사될 필요가 있고, 때때로 우리가 살펴볼 수 있는 모든 것은 주어진 방
향에서의 미묘한 변화들이다(5.3.2절에서 스웨덴어 s-소유격에 대해 언급할 것
임). Faarlund(2005: 53) 역시 '개별 항목과 요소가 어떻게 특징을 얻고,
유지하거나 혹은 잃는가를 알게 되는 것이 역사의 어떤 주어진 위치에서
그들의 엄격한 범위 자격을 정하려는 것보다 더 흥미로울 수 있다'고 주장
한다.

5.3. *s*-속격(the s-genative)(영어와 본토 스칸디나비아어(English and mainland Scadinavian))

5.3.1. 도입(introduction)

탈문법화에서 가장 많이 인용된 예 중 하나는 굴절접사에서 구-종결(전접어) 한정사로의 -s의 속격 발달이다. 소위 *s*-속격은 영어, 덴마크어, 스웨덴어7) 그리고 브르크몰 노르웨이어8)에서 발견된다. 형태론적 속격과 *s*-속격의 근본적 차이는 전자가 단어 층위에서 기능을 한다면, 후자는 구 (phrase)층위에서 기능을 한다는 것이다.9) 이것은 아래의 고대와 현대 스웨덴어의 대조 문장에 의해 설명된다.

(15) a. ens   riks   mans

       a-MASC.SC.SG.GEN   rich-MASC.SG.GEN   man-MASC.SG.GEN

       hws (Bild 642)

       house

   b. en   rik   mans   hus

      [a   rich   man]′s   house

      ′a rich man′s house

---

7) *s*-속격은 스칸디나비아 본토의 모든 언어에서 발견되진 않는다. 그것은 주로 대륙의 중앙부에 국한된다(표준어를 포함하고, 뉘노르스크어 노르웨이어는 제외 cf.note 8). 그 분야에 입증된 다른 소유격 구조 연구에 대한 것은 Nord(1997: 49ff)나 Dahl (2007: 149ff) 참고.

8) 노르웨이엔 두 가지 공식언어가 있다: 덴마크의 영향을 받은 상위층 언어에 기초한 브르크몰어('Book Language')와 노르웨이 방언의 비교연구에 기초한 뉘노르스크어(신노르웨이어).

9) 이 절에서의 논의는 속격구가 한정사로서 기능을 하는 한정소유격에 국한한다. 왜냐하면 이것이 속격이 접어가 된 유일한 구조기 때문이다(그룹속격의 발생에 의해 증명된). 이것은 많은 다른 구조는 제외시키는데 그들 중엔, 자격속격(a children's book), 서술 속격(my garden is smaller than Fred's), 혹은 장소속격(at the dentist's)이 있다.

고대 스웨덴어(OSw)[10] 명사구, *ens riks mans*에서, *-s*는 각 요소에 붙어있지만, 현대 스웨덴어(MoSw)의 *en rik mans*에서는 명사구에 붙어 있다. 유사한 대비가 고대와 현대 영어에서도 발견된다.

(16) a. þæs deofles bearn   Old English[11]
     b. the devil's children   ModE

훨씬 더 놀라운 예들은 소위 그룹 속격이라는 것이다. *-s*는 (17) 스웨덴어 예와, (18) 영어의 예에서 보듯이,[12] 수식하는 전치사구 혹은 관계 사절에 의해 핵어 명사와 분리된다.

(17) a. killen   mittenot   migs   ansikte
        [guy-DEF   opposite   me]=GEN   face
        'the guy opposite me's face'
     b. en   av   dom   jag   har   vuxit   upp   meds
        [one of   them I   have grown   up   with]=GEN
        Lilasyster
        Little.sister
        'one of the people I grew up with's little sister'

(18) a. some R'n'B crap out of the guy opposite me's headphones
     b. The blonde I had been dancing with's name was Bernice

---

10) 스웨덴어의 주요 단계: 룬 스웨덴어(Runic Swedish)(RSw) 800-1225; 고대 스웨덴
    어(OSw) 1225-1375; 중세 스웨덴어(MiSw) 1375-1526; 초기 현대 스웨덴어(EMoSw)
    1526-1732; 현대 스웨덴어(MosSw) 1732-현재
11) 예는 Adso의 Antichrist(http://webpages.ursinus.edu/jlionarons/wulfstan/frameset2.
    html)에 대한 Monitièr-en-Der 논문을 Ados가 17세기 고대 영어로 번역한 것에서
    왔다. Olga Fischer가 추천했다.
12) 모든 예시는 2008년 3월 3일에 구글 검색을 통한 웹에서 찾았다.

영어와 스칸디나비아 대륙어 *s*-속격의 문법적 상태는 최근에 많은 논의의 대상이 되었다. Norde(2006a)에서, 스웨덴어의 *s*-속격이 특수접어이고 따라서 탈문법화의 순수한 예라고 주장했다. 그리고 Anderson(2008)도 영어에 대해 같은 결론을 냈다. 동시대의 *s*-속격의 또다른 중요한 특징은 그들이 한정사로 기능한다는 것이다(Delsing 1999; 스웨덴어 관해서 Perridon 1994 혹은 Platzack 1998: 188ff., 덴마크어에 관해서 Herslund 2001; 영어에 관해서 Abney 1987과 Rosenbach 2004 참고).

5.3.2. 스웨덴어의 *s*-속격(the s-genitive in Swedish)

다음은 Norde(2006a)에서의 논의를 요약하겠다. 스웨덴어와 영어의 *s*-속격은 비록 표면상 유사해보여도 몇 가지 면(특히 속격 복수에 관하여)에서 크게 다르다는 것을 강조하고자 한다. 영어 *s*-속격의 역사적 변화에 관해서는 Jepersen(1894, 1918)과 Allen(1997, 2003)의 논문에 기술되어 있다.

스웨덴어 속격의 역사는 세 단계로 구분될 수 있다. 이 세 단계 사이의 이동은 미묘하고 점진적이어서, 역사적 문헌 증거는 통시적으로 인접한 구조가 어떤 그리고 동일한 화자의 문법의 부분을 형성했을 수도 있다고 제안한다.

(i) 처음에는 스웨덴어의 −s는 단어표지였고, 이것은 명사구에서 모든 요소는 굴절된다는 것을 의미했다. 이것은 일치격으로 알려진 인구어의 일반적 격표지이다:

(19) af mangs   riks   manz
  of many-MASC.SG.GEN rich-MASC.SG.GEN man-MASC.SG.GEN
  vlyko   (Bur 153)

bad.luck-OBL
'of the bad luck of many a rich man'

이 단계에서 속격은 '단어표지속격'(혹은 간단히 '-s')으로 불릴 것이고 '-GEN'으로 표시될 것이다.

(ii) 스웨덴어의 고대와 중세기에 이 체계의 일치격표지어가 점진적으로 사라졌을 때, -s는, (20a-b)에서 보듯이, 명사구의 내부구조와 상관없이 구(phrase)표지13)가 된 유일한 격 접미사였다.

(20) a. mangen   riddaris   blod   (Did 10)
        Many-φ   knight~GEN   blood
        'the blood of many a knight'
     b. ... kom   iak   heem   til   fadhir14)   mins
        ... came   I   home   to   father-φ   my~GEN
        hws   (Bir 26)
        house
        'I came home to my father's house'

---

13) 용어 '구 표지'는 Blake의 격표지언어의 분류에 기초한다. Blake(1994: 100f.; 2001: 99f.)에 의하면, 격 접사에는 두 가지 공통된 분포가 있다(몇몇의 사소한 유형 이외에): 격 접미사가 명사구의 모든 개별 요소에 부착되는 것과 격표지가 명사구에서 마지막 단어에 나타나는 것. 명사구의 마지막 단어는 대부분 핵어지만, 또한 명사구에서 기본 단어 배열에 의존하여, 어떤 다른 요소일 수도 있다. Blake은 양쪽 다 접사적이라고 본다.

14) 아마 불필요할 수도 있지만, 본인은 fadhir 형태가 애매한 형태가 아닌, 굴절이 되지 않은 형태(s가 없는)로 결국 일치격이 있다는 점을 지적하고 싶다. 비록 fadhir와 같은 r-어간이 원래 s-속격을 가지고 있지 않고, -ur처럼 애매한 형태의 어미를 가지고 있지만, -s 속격은 룬 스웨덴어(Runic Swedish)시대(Norde 1997: 118ff) 이후 증명된다. 이 예가 취해진 글은 1380년대 것이고 일반적으로 s에서 r-어간 어미, 심지어 여성형 r-어간(modhirs 'mother's')의 속격을 갖는다.

이 단계에서 속격은 '구-표지 속격'(혹은 단순히 '-s')으로 용어 정의되고, '~GEN'으로 표시된다. 이 단계에서, ~s 역시 곡용(예, 여성 명사)과 복수형 (상세내용은 Norde 1997: 116ff. 참조)으로 확대를 시작했다.

표면적으로 볼 때, 이 단계에서 변한 유일한 점은, ~s가 명사에 결합되면서, 일치표지가 단수격표지로 대체된 것처럼 보이는 것이다. 이 시기 이후로, 명사구 내의 단어 배열 순서는 꽤 엄격한 한정사-명사가 되었다. 속격이 단지 핵어 표지가 아니었다는 것은 ~s가 예를 들면 FEM.SG.OBL *domkirky-o~s* 'cathedral', PL.GEN.DEF *ox-a-nna~s* 'the oxen' 혹은 FEM.PL.SOM/ACC *menisky-or~s*처럼, 모든 종류의 굴절형태에 부착되는 예들로 입증된다. 이 예들은 ~s가 다양한 종류의 굴절 어미에 부착될 수 있는 끝자리 위치 형태소(edge-located)로 발전했다는 것을 보인다.15) 더욱이 그 예들은, 단어표지 -s처럼, ~s가 어간에 부착되지 않는다는 것을 보인다.16) 단순 핵어 표지로서 -s의 분석에 반대하는 또 다른 주장에 따르면, 단일 표지(single marking)의 예들은 속격이 전치사 혹은 동사에 의해 지배받는 어휘 속격 구조 내에서는 부착되지 않는다. 예를 들어 **til min fadhurs* 'to my father'와 같은 예는 보이지 않는다. 결론적으로, 발달은 일치 표지(concordial marker)에서 한 번 뿐인 표지어(once- only marker)로 (그 경우에 ~s가 한정적이지 않은 문맥에도 나타날 것을 기대할 수 있다)가 아니라,

---

15) 이 현상은 현대 스웨덴의 Alvdalen 방언에서 흥미로운 병렬을 가지고 있다. 그리고 그 지역에선 여격은 유지되어 왔고 속격은 *skaulmeiesterames lägeniet* 'schoolteacher-DAT.DEF-s' apartment(Levander 1909, Ringmar 2006)에서처럼 굴절된 여격형태에 부착되어있다.

16) n-어형 변화군 혹은 'weak'어간(단수에서 주격과 사격만 구분)에 ~s를 상정하는 것에 대한 유사한 논쟁은 Trosterud(2001: 180)을 참고. 그러나 필자는 이 확장이 ~s가 이 단계에서 전접어가 되는 것을 의미한다는 Trosteud의 결론에는 동의하지 않는다. 여기서 보인 분석에 따르면, ~s는 여전히 부착될 수 있었다.

  탈문법화 degrammaticalization

일치 표지에서 특정 유형 구조 내의 구 표지로 일어난 것이다.

반면 그룹속격이 아직 존재하지 않기 때문에, ~s 또한 s-속격과 구분될 필요가 있다.

(iii) (17)에서 예시된 유형의 진정한 그룹 속격은 후반부에 등장하는데, 아마도 15세기 후반(Delsing 1991: 28)일 것이다. 초기 현대 스웨덴어기의 텍스트에서는 여전히 복합 명사구를 포함하는 속격 구조에 대해 꽤 다양함을 보여준다. (21a)의 예는 c.1640의 텍스트에서 나타난 그룹속격 구조다. 그러나 동일 텍스트에서, 속격이 두 번 표시된 *konungens i Pålanz skipp*(296) 'the king of Poland's ship'과 속격이 (21a)처럼 후치 수식 전치사구가 아닌 핵심(core) 명사구17)에 한번 표시되는 *konungens i Poland skipp*(312) 'the king of Poland's ships'와 같은 구조를 포함하고 있다. 더 이전의 15세기 텍스트에서, 후치 전치사구를 동반한 명사구를 가진 원래의 구조는 전치사구가 동사구에 예속된 성분를 뒤따르는데, 이 또한 일반적으로 증명된다. 후자에 대한 예는 (21b)에 주어진다. 이 모든 변이에도 불구하고, s-속격은 더욱 일반화되는 것 같다. 그리고 이 형태소가, 아래에서 보여주듯, 접어로서 가장 잘 분석되기 때문에, '=s'를 부호로 사용하겠다(그리고 그것에 대한 설명은 '=GEN').

<pre>
(21) a. konungen I   Sveriges   fellttherre   (Gyll 339)
        [king-DEF in Sweden]=GEN   general
        'the king of Sweden's general'
     b. konung Valdemars   dotter   aff Danmark (Petri 60)
</pre>

---

17) 이 구조 유형은 Norde(2006a: 227)에 보다는 스웨덴어 초기 단계에서 더 흔했던 것처럼 보인다.

[king   Valdermar]~s daughter of Denmark
'King Valdermar of Denmark's daughter'

이제까지의 결과들을 요약하면, *s*-속격은 단어표지 굴절에서 접어로 한 번에 바뀐 것으로 보이지 않고, 구 표지 굴절의 중간단계를 거쳤다.

한정구(DP) 분석에서, 변화는 아래의 방식으로 보여줄 수 있다. 현대 스웨덴어에서, =s는 소유자로부터 분리된 한정사(determiner) 위치(Delsin 1991: 24ff. 그리고 1993: 172ff.)에서 발생된다.[18]

(22) *min fars hus* 'my father's house'
     [DP[SPEC min far_i] [D'[D s] [NP[POSS t_i] [N' hus]]]]
     (adapted from Delsing 1991: 27)

이 표현이 옳다면, *s*-속격은 아마 접사일 리가 없다.

반면 고대 스웨덴어에서 -*s*가 아직 단어 표지 접미사였을 당시에, -s는 틀림없이 소유자 명사구(모든 요소)로부터 분리될 수 없었을 것이다. 이 단계에 대해 Delsing이 (23)을 제안했고, 그 안에서 전체 속격 구는 SPEC 내에 있다.

(23) *mins faþurs hus* 'my father's house'
     [DP[SPEC mins faþurs_i] [D' D [NP[POSS t_i] N' hus]]]
     (adapted from Delsing 1991:27)

---

18) Delsing(1993)은, 추가수준의 소유격구를 포함한, 더 복잡한 구조를 받아들인다. 그 소유격구에서는 =s가 D가 된다.
즉 [DP[XP Per_j] [D'[D Si] [Poss P [SPEC t_j] [Poss'[Poss t_i] [NP[SPEC t_j] [N'[N hus] [XP t_j]]]]]]] *Pers hus.* 그러나 이 차이는 이 논쟁에 중요하지 않다.

Delsing은 ~s가 굴절 구 표지어로 기능하는 다음 단계의 분석을 내놓지 않았지만, 여기에서는 이 단계에서 속격구가 여전히 SPEC에서 통째로 보인다고 가정할 것이다.

(24) *min fadhurs hus* 'my father's house'
[DP[SPEC min fadhursi][D′D[NP[POSSti]N′hus]]]]

이제, *s*-속격의 발전에서 중요하게 보이는 것은 어떤 점에서 학습자가 (24)를 (22)[19]로 재분석하는 것이다. 즉 구표지어 ~s는 D에서 분리요소로서 재분석되었다. 구표지 단계는 이 재분석에서 필수적이다. 왜냐하면 (22)과 (23)의 '표층'구조(*faður*에서 *far*로의 음운변화와 상관없이)가 같은 것이 아니기 때문이다(따라서 (23)에서(22)로 직접적인 재분석이 있었을 리가 없다.).

일단 재분석이 완성되면, =s를, 그룹속격을 만들면서, 더 큰 명사구와 거의 모든 단어군에 더하는 것이 가능하다. 요약하면, 스웨덴어 *s*-속격의 상승은 일치격(그리고 일반적인 굴절)의 상실에 의해 야기되었고, 한정사의 고정된 전치위치의 출현에 의한 지원을 받았다.[20] 이것은 *s*-속격이 한정사가 되지 못한 다양한 것에서 그룹속격 역시 발견되지 않음을 의미한다. 흥미롭게도 이것은 격처럼 보인다. 예를 들면, 핀란드에서 쓰이는 Lappträsk 방언(Vangsnes 1998)과 같이 속격이 한정사가 아닌 스웨덴 방언에서는 그룹속격이 가능하지 않은 것처럼 보인다.

---

19) 영어에 대한 유사 논쟁은 Seppänen(1997: 201)과 거기의 참조를 봐라.
20) 스웨덴어 역사에서 증명되듯이 변화(events) 순서가 영어-s속격에 대해 제안되어온 상대연대와 약간 다르다는 점을 명심해라(Jepersen 1894, Carstairs 1987, 그리고 Plank 1992와 1995 참조) 그러나 이 논의가 여기서 우려될 필요는 없다(Norde 1997: 225ff. 참고). 스웨덴어에 있어 변화의 상대연대에 관한 논의에 대해서는 Delsing (1999, 2001)과 Norde(2001b)를 봐라.

다음에서는 위에서 정의된 스웨덴 속격 역사에서 세 단계가 어떻게 Zwicky와 Pullum의 기준과 관련이 있는지에 대해 서술할 것이다. 특히 초기 단계에 대해서는 〈s〉가 접사인지 접어인지를 정확한 용어로 말하는 것이 가능하지 않다. 그러나 상대적인 용어(relative terms)에서, 〈s〉가 계속해서 더 접어같이 된다고 주장될 수 있다(더 상세한 논의에 대해서는 Norde 2006a: 214ff 참고).

기준 1. 접어는 숙주어에 대하여 선택 정도가 낮고, 접사는 그들의 어간에 관해 선택 정도가 높다.

고대 스웨덴어(OSw) 단어 표지 속격은 구체적인 명사 어간에 국한되었다. 더 정확히 말해서 (약간의) 남성과 중성명사 그리고 단수 형태의 형용사뿐만 아니라 대명사(Norde 1997: 93ff.)까지이다. 이 때문에 -s는 기준 1에 따라 접사가 된다.

구표지 ~s는 비(대)명사 요소에 결코 부착되지 않기 때문에, 그것이 부착되는 단어에 관해 여전히 매우 선택적이다. 반면에, 그것은 곡용과 복수에 빠르게 확산되고 있고, 그 때문에 단어표지 -s보다 덜 명확해진다. (ii) 단계에서 속격은 여전히 접사로서 가장 적절하게 분석되지만, 그것이 명확하게 더 일반화 되었고, 그 때문에 -s보다 덜 접사처럼 되었다.

현대 스웨덴어(MoSw) =s는 기준 1에 따르면 명확하게 접어다. 왜냐하면, 그것은(25)에서처럼 대부분의 품사에 부착될 수 있기 때문이다.[21] 즉

---

21) 주목할 만한 예외는, 이들 형태가 기존 소유격 대명사(*min* 'my', *din* 'your' 등)에 의해 폐쇄된 이유일 수 있는, 인칭대명사의 주어형태(*jags* '*I*'s', *dus* '*you*'s', 등)와 대부분 영어 기원을 가지고 있는 s로 끝나는 복수 명사들일 것이다. 그러나 s-복수는

 탈문법화 degrammaticalization

(a)에서 =s는 명사에 부착되고, (b)에서는 형용사에, (c)에서는 지시대명사에, (d)에서는 후치 소유대명사에, (e)에서는 인칭대명사 목적격에, (f)에서는 수사에, (g)에서는 부사에, (h)에서는 (stranded) 전치사에, (i)에서는 동사구의 불변화사(verbal particle)에, 그리고 (j)에서는 굴절된 동사에 부착된다(Norde 2006: 215f.).

(25) a. de   fattiga   människornas   ögon
        [the poor   people-DEF]=GEN   eyes
        'the poor people's eyes'
     b. de   fattigas   ögon
        [the poor-PL]=GEN   eyes
        'the eyes of the poor'
     c. alla dessas   music
        [all those]=GEN   music
        'the music of all those people'
     d. far   mins   plånbok[22)
        [father my]=GEN   wallet
        'my father's wallet'
     e. en   kompis   till   migs   farsa
        [a   pal   to   me]=GEN   daddy
        'a pal of mine's daddy'
     f. barn nummer   tvås   ankomst
        [child number   two]=GEN arrival
        'the arrival of child number two'
     g. grannen   ovanpås   hund
        [neighbor-DEF   upstairs]=GEN   dog

어쨌든 스웨덴어의 형태음소론에 문제가 되므로(Teleman, Hellberg, 그리고 Andersson 1999a: 112), 그에 따라 영어 명사를 s와 다른 복수로 스웨덴 원주민의 어형변화군에 합하는 경향이 있다. 이것도 역시 의미 있는 예외는 아니다.

22) 이것은 일반적으로 방언 혹은 고어로 간주된다. Teleman, Hellberg, 그리고 Anderson (1999a: 263)에 따르면, 소유격 대명사는 여기서 반접사이다.

'the dog of the neighbor upstairs'
h. personen   du   pratar meds   mobil
   [person-DEF   you   talk   with]=GEN   mobile.phone
   'the mobile phone of the person you're talking to'
i. en   artist   som   jag inte tycker oms   platta
   [an   artist   that   I   not   care   about]=GEN   record
   'the record of an artist I do not like'
j. den   man   älskars   lycka
   [the.one   one   loves]=GEN   happiness
   'the happiness of one's loved one'

기준 2. 결합 집합의 자의적인 차이는 접어그룹보다 접사 첨가어가 더 특징이 있다.

굴절어형변화표는 때때로 특이하게 하나 혹은 몇몇의 구성요소를 결여하기 때문에 보충법 형태에 의해 채워질 수 있다. 예를 들면, 몇몇 형용사의 비교에서(*good-better-best*) 나타나고, 혹은 단순히 하나의 공백으로 남는다(스웨덴어 동사에서 *stinga* 'to prick'는 과거시제와 명령형태가 없다). 속격 발전의 3 단계 중 어느 곳에서도 그런 임의적인 공백은 발견되지 않지만, 그것 때문에 (-s)속격이 접어가 되지는 않는다. 왜냐하면, 그 기준이 공백의 부재가 형태소가 전접어라는 것을 의미한다고 말하지 않기 때문이다. 따라서 이 기준은 3 단계의 어느 곳에서도 속격의 어형론적 상태를 정의하기 위해 사용될 수 없다.

기준 3. 형태음운론적 특징들은 접어그룹보다 접사 첨가어에 더 특징적이다.

굴절접사가, 예를 들어 모음의 질(quality)과 양(quantity)을 변화시키며, 어근에 음운론적으로 영향을 미치는 것은 특이한 것이 아니다. 고대 스웨덴어(OSw) 굴절속격 역시 접미사가 붙여진 어근에 음운론적 영향을 줄 수 있다: 어근이 유성자음으로 끝날 때, 그 자음은 무성음화되고, 어근 모음이 길 때, 그것은 짧아진다. [g]와 [d]의 무성화의 증거는 각각 ⟨x⟩([ks]) 와 ⟨z⟩([ts])와 같은 고대 스웨덴어(OSw)에서 보인다. 그 예로 *dax*(NOM *dagher* 'day') 혹은 *lanz*(NOM *land* 'land')가 있다. *skogs*와 같은 어원표기법은 또한 덜 흔하게 발생한다(Norde 1997: 94). 모음단축은 고대 스웨덴어(OSw) 철자법에서는 반영되지 않지만, 현대 스웨덴어에서 굴절속격의 흔적들, 소위 *skogsbruk* [skuks-] 'forestry' 그리고 *till skogs* [skuks] 'to the forest'와 같이 합성어들과 굳어진 전치사 구조에 의해 증명된다. 구 표지화에 관해, 자음이 여전히 무성화 되었는지의 여부를 정하는 것은 어렵다. 왜냐하면 무성자음과 유성자음은 둘 다 문헌에 나타나기 때문이다. 그러나 후자가 증가 추세에 있는 것 같다. 그러나 현대 스웨덴어 *s*-속격은 이 음운론적 영향의 어떤 것도 가지고 있지 않다. 모국어 화자에게 (26)23)과 같은 예가 제시될 때, 단어 *skogs*는 [skuːgs]로 발음된다. 무성자음화와 단모음화의 소실은 접사에서 연속체의 접어 끝으로의 이동을 분명히 나타낸다.

(26) en   skogs   fågelrikdedom
     [a   forest]=s bird.species.abundunce
     'bird species abundance in a forest'

---

23) 물론 예들은 문맥에서 제시됐고, 정보제공자에게 그것이 무엇에 관한 것인지 알려지지 않았다. 그 예는 www.skogsfaglar.info/praktiska_rad-bedomming.html(2008년 4월 발췌)에서 발췌되었다. 그것을 나에게 소개한 Therese Leinonen께 감사한다.

기준 4. 의미론적 특징은 접어 그룹보다 접사 첨가어에서 더 특징적이다.

특이한 의미는 항상 드물기 때문에, *s*-속격의 발전 3단계에서, 이것이 아주 유익한 기준은 아니다. 하나의 예외는, *det är dags* 'it is time' 혹은 *hur dags?* 'what time?'과 같은 표현에서, 스웨덴어 *dags*(원래 dagher 'day'의 속격 형태)이다. 그러나 비구성적 의미론(non-compositional semantics)을 수반한 형태가 어느 정도까지 거슬러 올라가는지는 분명하지 않다. 따라서 그러한 의미론적 특이사항들이 언제 발생을 멈추었나를 말하는 것은 불가능하다. 아무튼 어떤 그런 '별난' 의미론도 현대 스웨덴어(MoSw) *s*-속격에서는 발견되지 않는다. 하지만 반대로 -s가 접어라는 결론적 증거가 아니라, 단지 그것이 접사에서 더 흔한 특징을 잃었다는 증거다.

기준 5. 통사규칙은 접사 첨가어에 영향을 주지만, 접어 그룹에는 영향을 줄 수 없다.

따로 놓여 질 때, 이 기준에서 접사는 그들의 어근과 분리될 수 없으므로, 통사적 운용에서 반드시 어근을 따라야 한다. 단어 표지 -s가 명사구에서 각각 개별요소에 부착됐을 때((15a)에서처럼), 분명히 -s는 그것의 어근으로부터 결코 분리될 수 없었기 때문에, 이 기준에 따라 명확하게 접사이다. 구표지 ~s에서, ~s가 항상 명사구의 마지막 요소(단어)에 부착되기 때문에, 부착은 약간 약화됐다. 따라서 *min fadhurs*와 같은 명사구에서 형용사-명사 순서가 뒤바뀔 때, *fadhurs min이 아니라 *fadhur mins*를 얻게 된다. 반면에 ~s는, 그룹 소유격 구조를 만드는데 사용될 수 없기 때문에, 현대 스웨덴어(MoSw) =s만큼 유연하지 않다. 현대 스웨덴어 *s*-

속격은 분명히 다르다. 왜냐하면 =s는 그것의 숙주어를 따라 이동하지 않기 때문이다. 예를 들면, 두 개의 대등하게 연결된 명사구의 순서가 뒤바뀔 때, =s는 두번째 명사구에서 여전히 보이고, 이 때문에 =s가 접어라는 것을 강하게 시사하는 것이다[24]:

> (27) a. Björn   och   Bennys   nys   musikal[25]
>   [Björn   and   Benny]=s   new   musical
>   'Björn and Benny's new musical'
>   b. *Bennys   och   Björn   nya   musikal / Benny   och
>   Benny=s   and   Björn   new   musical / [Benny   and
>   Björns   nya   musikal
>   Björn]=s   new   musical
>   'Benny and Björn's new musical'

기준 6. 접어는 접어를 이미 포함하는 요소에 붙을 수 있지만, 접사는 그럴 수 없다.

단어-표지 -s가 접어에 부착되는 구조는 결코 증명되지 않는다는 점은 -s를 명확히 접사로 만든다. 구-표지 ~s는 두 가지 면에서 덜 접사처럼 행동한다. 첫째, 구 표지 -s는 굴절명사에 부착된다(*domkirkyos*[cathedral-FEM.SG.OBL~s] 'cathedral's' 혹은 *ax-a-nna-s*[OX-MASC.PL.GEN-the-MASC.PL.GEN~s] 'oxen's'(Norde 2002: 57)에서 처럼). 따라서 domkirkyos와 같은

---

24) 격식을 차린 스웨덴 문어에서 그룹속격은 회피되어 *institutionens för slaviska språk prefekt* 'the head of the department of Slavonic languages'와 같은 구조를 낳지만 (Börjars 2003: 149), 그러한 구조는 일반적으로 '자연스럽지 못하다'(Dahl 2003: 47; Hultman 2003: 212).

25) (27a-b)에서 예는 *Språkriktighetsboken*, 54페이지에서 가져온 것이다(SRB; 스웨덴어 문법에 관한 규범서).

예가 접사를 포함한 것에 첨부된 ~*s*의 예가 아님에도 불구하고, 영향은 유사하다. 구-표지~*s*를 (더 오래된) 굴절 격 접미사와 같은 정도로 접사로 보는 것은 더 이상 가능하지 않다. 둘째, ~*s*는 후치명사의 소유격 대명사에 붙을 수 있기(*fadhir mins hws* 'my father's house'에서처럼)때문에 어떤 분석에 따르면 전접어이다. 만일 그 경우라면, 접사가 접어에 부착될 수 없기 때문에, ~*s*는 전접어로 여겨져야 한다. 마지막으로, 현대 스웨덴어(MoSw) *s*-속격은 (25d) 그리고 (28)과 같은 구조에서 일어나기 때문에 분명히 접어다.

(28) Han som   såg′na-s   cykel
     〔He who   saw=her〕=s   bike
     'The bike of the one who saw her'

Zwicky와 Pullum의 기준으로 스웨덴어 속격 역사의 3 단계를 살펴본 뒤, 그 결과를 표 5.2에서 요약하고자 한다. 이 표에서는 -*s*, ~*s*, =*s*의 형태론적 위치에 대해 각 기준으로부터 무엇이 추론될 수 있는지 지적했다. 접사를 분명히 정의하기 위해(3, 4, 그리고 5)서만 사용될 수 있는 범주로부터, 어떤 단계의 속격이 '접사적'인지 아니면 '접사적이지 않은'지만 추론될 수 있다. 접사와 접어 둘 다 정의하는(1과 6) 범주는 접사그룹과 접어그룹을 정하는데 사용될 수 있다. 기준 2는 세 단계를 구분하기위해 사용될 수는 없지만 완전성을 위해 여기에 덧붙여질 것이다. 화살표〈→〉는 변화가 덜 접사적/더 전접어적으로 보여짐을 나타낸다. 1단계와 2단계 사이에서 어떤 것이 변화했는지가 명확하지 않을 때, 이것은 선〈-〉으로 표시된다. 언뜻 보기에, -*s*와 ~*s* 사이의 열(row)에 둘 다 접사적이라고 생각될 때 화살표가 있다는 것이 이상하게 보일 수 있다. 그러나 이 화살표들은

~*s*가 여전히 접사적일 지라도, 연속체의 접사 끝으로부터 옮겨왔다는 것을 가리킨다. 예를 들자면 ~*s*는 그것이 부착되는 요소에 대해 덜 구체적으로 되었기 때문(기준 1 참고)이다.

표 5.2. s, ~s , =s의 형태론적 위치(에서 변화) (Norde 2006a: 223)

	−s	방향	~s	방향	=s
기준 1	접사적	→	접사적	→	전접어
기준 2	−	−	−	−	−
기준 3	접사적	−	(접사적)	→	접사적 아님
기준 4	접사적	−	(접사적)	→	접사적 아님
기준 5	접사적	→	접사적	→	접사적 아님
기준 6	접사적	→	전접어	→	전접어

더 요약하자면, 단어-표지 −*s*는 접사적이라는 것이 분명하다. 기준 1과 5에 따르면 구-표지 ~*s*는 덜 전통적으로 접사적이 됐지만, 분명히 전접어는 아니다. *s*-속격(=*s*)은 세 가지 기준(3, 4,그리고 5)에 따르면 훨씬 덜 접사적이고, 두 가지 기준(1과 6)에 따르면 분명히 전접어다. Zwicky와 Pullum의 기준은 이어지는 단계들 사이에서 어형론적 위치에서 점진적인 변화가 있어왔다는 것을 밝히는 데 유용함을 증명했다.

결정적으로, 이 변화들은 접사−접어 연속체의 전접어 끝을 향해 나아감을 보여줄 수 있다. 어떤 경우엔 변화가 없거나 너무 미미해서 감지할 수 없지만, 종합적인 변화의 방향은 분명하고 연속체의 접사적 어미로 향한 움직임의 증거는 없다. 표 5.2의 증거가 현대 스웨덴어(MoSw)의 *s*-속격을 (특별한) 접어로 분석하기에 충분하다. 변화의 방향은 이것을 탈문법화의 분명한 사례로 만든다.

표 5.3. 스웨덴어 s-속격의 매개 변수분석

매개변수(Parameter)	근본적 변화(들)
통합성(Integrity)	재의미화(resemanticization): ☑ ; 현대 스웨덴어의 s-속격은 (광의의 의미에서) 속격표지로서 뿐만 아니라 한정사로서의 새로운 기능을 습득했고(Delsing 1991 ; Norde 1997,2001a, 2002, 2006a), 기능이 강화된 예로 간주할 수 있음 음운론적 '강화'(phonological 'strengthening'): □ ; 음운론적 층위에서는 변화가 없음 재범주화(recategorialization)□ ; 탈굴절화와 관련없음
계열성(Paradigmaticity)	탈계열화(deparadigmaticization): ☑ ; 현대 스웨덴어의 s-속격과 달리, 고대 스웨덴어의 접미사적 속격은 다른 굴절 패턴과 함께 복잡한 명사 곡용 체계의 부분을 형성함
계열적 가변성 (Paradigmatic variability)	탈의무화(deobligatorification): ☑ ; 고대 스웨덴어의 격표지가 생산적이었을 때에는 의무적이었기 때문에, 속격을 필요로 하는 구조에서 특정한 명사의 곡용이 일어날 때에 굴절 –s는 의무적이었다. 반대로 현대 스웨덴어의 s-속격은, 접어에 의해 표시되지 않을 때 명사는 비문법적이므로 의무적이지 않음
구조적 영향권 (Structural scope)	영향권 확장(scope expansion): ☑ ; 완전한 NP 구에서 명사와 (형용사적) 수식어에 첨부되어야 했기 때문에, 굴절 –s 의 영향권은 단어 층위로 국한되었다. 그러나 (25)의 예처럼, 굴절적 –s는 (후행 한정사를 포함하여) NP층위에 까지 영향권을 확장한 전접어 s-속격으로 발달
결속(Bondedness)	단절(severance): ☑ ; s-속격은 결속된 상태로 남지만, 첨가의 정도는 약해졌다(숙주어–접어 경계). 단어–내적 연성의 소실(단모음화와 무성자음화)과 구(phrase)에 첨가되는 가능성에 의해 증명됨
통합적 가변성 (Syntagmatic variability)	탈굴절화와 관련없음

5.3.3. 영어의 s-속격(the s-genitive in English)

스웨덴어와 영어 s-속격의 주요한 차이는 Zwicky와 Pullum의 첫 번째 기준에 따라 후자가 덜 접어로 쉽게 분석된다는 것이다. 반면에 영어 s-속격은 스웨덴어에서 상당한 (29)의 예(Anderson 2005: 90)처럼, 대부분의 품사에 부착될 수 있다: (29c)에서 s-속격은 한정동사에 부착되고, (29d)에선 전치사에 그리고 (29e)에서는 대명사의 목적격에 부착된다(더 많은 예를 보려면 Plank 1992: 27f 를 봐라).

(29) a. Fred′s taste in wallpaper is appalling.
b. The man in the hall′s taste in wallpaper is appalling.
c. Every man I know′s taste in wallpaper is appalling.
d. That brother-in-law of mine that I was telling you about′s taste in wallpaper is appalling.
e. Even that attractive young man who is trying to flirt with you′s taste in wallpaper is appalling.

한편 영어 s-속격은 한 가지 중요한 예외를 가지고 있다. 즉 -s에서 복수(다음의 예를 봐라. Kruisinga 1932: 39; Carstairs 1987; Zwicky 1987 그리고 1988; Halpern 1995: 99ff; Anderson 2005: 89ff.)가 예외이다. 이것은 (30)과 (31)의 예에서 보이는데, s-속격의 숨김은 음운론적으로 조건화된 것이 아니다. 명사 혹은 치찰음에서 불규칙 복수 끝이 s-속격을 허용한다 (Halpern 1995: 102f.):

(30) a. the girls′ parents [grlz] *[grlzəz]
b. the card players′ hats [plejrz] *[plejrzəz]
c. the bees′ hives [biz] *[bizəz]

(31) a. the fuzz′s sirens [fəzəz] *[fəz]
b. the cheese′ aroma [čizəz] *[čiz]
c. the mice′s tails [məisəz] *[mə^{i}s]

어떤 학자들에 의하면(예를 들어 Carstairs 1987; Zwicky 1987과 1988), 영어에서 소유격 복수의 부재는 s-속격의 문법적 위치 확립에 대한 중요한 영향을 가지고 있다. Zwicky(1987: 139)는 영어 s-속격이 (가장자리에 위치한) 굴절접사라는 그의 결론에서 가장 급진적이다 그러나 Carstairs (1987: 160)은 속격 복수만이 접어가 아닌 굴절을 포함한다고 제안한다. 여기서는 양자의 가능성에 대해 짧게 논의할 것이다.

Zwicky(1988: 400)에 따르면, 복수명사를 가진 =s의 불친화성과 그룹속격은 두 가지 별개의 문제이다. kids′(예(32a))에서, 속격은 그것이 복수접미사 s 뒤에 오기 때문에 감춰지고, Zwicky에 의하면 s-속격은 'Z-접미사' 뒤에서 결코 보이지 않는다.26) (32d)의 불규칙 복수 *children*을 보자. 거기서는 ′s의 추가가 불가하다:

(32) a. Anyone who likes kids′ life is easy.
     b. *Anyone who likes kids′s life is easy.
     c. *Anyone who likes children life is easy.
     d. Anyone who likes children′s life is easy.

반면 그룹속격에서, 복수명사는 그들의 형태와 관계없이 일어날 수 없다:

(33) a. My father-in-law′s head is as bald as an egg.
     a′. *Our fathers-in-law′s heads are all bald as eggs.
     b. A passer-by′s arm was hurt in the accident.
     b′. *Two passers-by′s arms were hurt in the accident.
     c. The queen of England′s reign is usually long.
     c′. *The queens of England′s reign is usually long.
     d. Any child from Chicago′s hair is straight and brown.
     d′. *Many children from Chicago′s hair is straight and brown.

이들 예를 기반으로, Zwicky(1988: 402)는 '명사구(NP)는 그것의 마지막 CASE:GEN 단어가 그것의 핵어 NUM:PL부터 분명하다면 비문법적이다'라고 결론을 내린다.

---

26) 'Z'는 복수나 3.SG.PRES 동사형 어미 같은 〔s〕, 〔z〕,혹은 〔iz〕로 음성적으로 인식되는 어미를 나타낸다.

 탈문법화 degrammaticalization

그러나 Zwicky의 결론은 Picard(1990)에 의해 도전 받는데, 그는 Zwicky가 그의 법칙을 뒷받침하기 위해 주어진 많은 문장들이 사실 영국의 상당히 많은 원어민에 의해 문법적이라고 여겨지고 있다고 지적한다. Picard는 44명의 원어민에게(대부분이 캐나다인) 다음 문장들을 제시했다.

(34) a. Anyone who drives truck's life is pretty monotonous.
     b. It's funny how our fathers-in-law's heads are all bald as eggs.
     c. There was an explosion, and the passers-by's legs were injured.
     d. Maybe you never noticed, but all the queens of England's reigns were rather long ones.

Picard는 44명의 조사 대상자 중 단지 3명이 (34a)(Zwicky의 (32a)에 해당))가 문법적이라고 판단했다는 것을 알아냈다. 역으로, (34b-d)의 예들은, Zwicky에 의해 별표로 표시돼왔는데, 각 25, 24 그리고 21명에 의해 용인되었다.

불행히도 Picard는 (33d')의 용인가능성을 검토하지 않았으나, Carstairs (1987: 160)은 이 타입을 비문법적이라고 간주하는 것 같지 않다. 왜냐하면, 그는 *the children over there's uniforms*와 *the women of tat parish's reaction to the problem*과 같은 불규칙 복수 핵어를 가진 그룹속격의 몇 가지 예를 들었기 때문이다.

위에서 살펴본 것처럼, Carstairs(1987)은 단수와 복수에서 *s*를 두 개의 다른 형태소로 본다. 단수와 불규칙 복수 명사에서 =*s*는 접어고, 규칙적 복수에서 *s*는 누적된 굴절 어미다. 복수와 속격의 특징을 동시에 보인다. Carstairs의 제안은 -*s*에서 복수 핵어를 가진 그룹속격의 비문법성에 해당하는 이점을 가지고 있다: '소유명사구의 핵어가 s로 끝나는 복수를 가지고 있다는 사실은 속격 복수 접사 -s를 통해 비굴절적으로 사용돼야 한다는 것을 강요한다' 그러나 소유명사구의 핵어가 절-말(phrase-final)이 아니라는 사실은 우리로 하여금 절-말(phrase-final) 접어 's를 소유격표지로 기대하게끔 한다. 따라서 (33a′), (33b′), 그리고 (33c′)와 같은 문장들은 '명사구의 핵어와 그것의 어미에 소유의 이중표지를 포함하고 있기 때문에 이상하게 보인다'(Carstairs 1987: 161).

영어에서 불규칙을 설명하기 위해, 다른 학자들은 '소유격 특징'이 명사구에서 중요한 요소로 스며들었다고 제안했는데, 그 안에서 굴절된 어휘의 삽입을 촉발한다(Halpern 1995: 104ff와 거기에 있는 자료 참고할 것). 그러한 분석이 마지막 요소에서 'Z'를 가진 명사구에서 s-속격의 숨김을 설명한다고 하더라도, 그것은 몇 가지 심각한 약점을 가지고 있다. 첫째, 어휘에서 모든 항목이 '굴절 속격'형태('Z'로 끝나는 항목엔 -ɸ, 모든 다른 것엔 's)를 가지게 된다는 것을 의미한다. 이는 전치사(*a woman I work with′s apartment building*)와 같이 영어에서 보통 굴절되지 않는 혹은 심지어 굴절된 형태(*the guy you were I kissing′s laptop*)인 품사를 포함한다. 이것은 직감적으로 호소력이 없다. 왜냐하면 어휘의 철저한 재정의와 품사의 문법적 특징들을 요구하기 때문이다.

기준 1에 따르면, 영어 s-속격은 단수에서 접어로 여겨질 수만 있다. 복수 s-속격의 부재가 규칙적이기 때문에, 이는 기준 2에 따라 '임의적 공백'의 예가 아니라는 것 또한 유념해라. 단수에서 역시 어떠한 그런 공백도 일어나지 않는 것처럼 보인다. 따라서 영어 s-속격은 이 기준에 따라 접사적이지 않다. 기준 3(어형론적 특성들)에 관하여, 영어 *wives*와 *wife′s* 사이에 발음의 차이가 있지만(Kreidler 1989: 263ff.), 고대 영어(Old English)에서는 둘 다 /v/로 발음됐다는 것은(Jespersen 1894: 165f.; Plank 1985:212ff.)
주목할 가치가 있다. 이는 영어가 현대 영어 속격이 고대 영어의 그것보다
덜 접사적으로 만드는 속격에서 무성음화 규칙을 잃었다는 것을 제안한
다. 의미론적 특징(기준 4)은 스웨덴어에서만큼이나 영어에서도 드물고 *s*-
속격에서는 나타나지 않기 때문에 이 기준에 따르면 *s*-속격이 더 전접어
적임을 시사한다. 기준 5에 따르면, 영어 *s*-속격은 예 (27)의 영어 번역에
서 분명해지기 때문에, 비-접사적이다. 마지막으로, 영어 *s*-속격은 기준 6
에 따라, 이미 접사를 가지고 있는 항목에 부착될 수 있기 때문에 전접어
다. 예를 들어, 예 (35)에서 *y'all*(후접어 y<you)과 같다(비표준 미국식 영어).[27]

(35) Y'all's nasty attitudes are just ugly.

Lehmann의 매개변수 면에서 단수와 불규칙 복수가 고려되는 한, 영어
s-속격은 스웨덴어 *s*-속격이 분석되어온 유사한 방식으로 분석될 수 있다.

5.3.4. 대체분석(alternative analyses)

영어에서 –*s*는 '스스로' 탈문법화하지 않았으나 대신에 대명사 *his*의 축
소 형태이기 때문에 문법화의 예라고 제안되어 왔다. 이 시나리오는
Jesperson(1984)이 처음 제안했고 Richard Janda의 논문(1980)에 의해
유명해졌다. Jesperson(1984: 319)에 따르면, *for Jesus Christ his sake*
와 같은 구조는 파격 구문(anaculuthon)과 같은 문장들 혹은 *Þet tu wult
…reauen God his strencðe*와 같은 간접목적어 구조에서 기원한다. 나중
에 *his*가 강세가 없는 위치에서 첫 *h*를 잃었기 때문에, *his*-구조는 고대

---

27) (35)의 예의 출처 http://www.prometheus6.org/node/16285

어형론적 속격과 혼동되었다. Jespersen의 견해에서, *s*-속격과 *his*-구조는 독립적으로 발전했지만, 굴절-*(e)s*의 동음과 소유격대명사 *his/ys*의 강세가 없는 변종은 단지 구 굴절이 단어표지에서 구표지로 발전하는데 필요했던 기폭제를 제공했다.

후에 한 논문에서(Janda 2001) Janda는 *his/ys*가 동음이의어지만 소유격 대명사 *his*와는 동일하지 않다는 약간 다른 관점을 표현한다. Janda의 가정은 Carstairs(1987), Allen(1997, 2003), 그리고 졸고(Norde 1997, 2001a)에 의해 도전을 받아왔다. Carstairs(1987: 156)과 Allen(1997: 111) 둘 다 여성형 혹은 복수대명사(*Juno hir bedde, Canterbury and Chillingworth their books*)를 가진 구조가 16세기 후반까지 나타나지 않았기 때문에 분리된 *his/ys*를 (e)s의 단순한 철자법 변종으로 간주한다. Allen(p.116)은 더 나아가 *his*-구조와 -*(e)s*는 정확히 같은 분포를 가지고 있다고 본다. Allen에 의해 제안된 또 다른 믿을만한 주장은 첫 ⟨h⟩가 생략되지 않은 문장에서 *his*와 *ys*는 구별된다는 것이다. 따라서 독립된 *ys*가 소유대명사 *his*의 강세없는 변종으로 인식되었을 같아 보이지는 않는다.

몇몇 스칸디나비아 언어에서 *s*-속격의 발생에 관하여, Janda는 이 경우에도 역시, *s*-속격은 소유격 대명사와 관련되었을 수도 있다고 주장한다(라틴어의 *suus*와 비슷한 재귀적 *sin*과 라틴어의 *eius*와 비슷한 비재귀적 *hans*). 그러나 5.3.2절에서 본 통사적 스웨덴어 자료의 관점에서, -*s*는 소유대명사로부터 매개 없이, 독립적으로 구 표지어로 발전한 것 같다. 첫째, 영어에서와는 달리, 스칸디나비아 -*s*는 어떤 대명사와도 동음이의어가 되지 않았고, 둘째, *for Jesus Christ his sake*와 같은 구조가 스웨덴어와 관련이 있었다는 증거가 없다. 파격구문과 같은 구조의 몇 가지 명확하지 않은 예가 있고, 상대적으로 후반기, 예를 들면 구표지어로서 -*s*의 첫 예들

(한참) 후에 이들 자료는 증명됐다. 게다가 저지 독일어의 영향 가능성이 이 경우에서 배제될 수 없다(Norde 1997: 61ff.와 89ff. 참고). 결론적으로, *s*-속격이 축소된 소유격 대명사라는 주장은 영어와 스웨덴어에서 모두 문제 없이 떨쳐 버릴 수 있다.

여기서 채택된 것과 약간 다른 접근이 Rosenbach(2004)에 의해 제안된다. 문법성의 연속변이를 따라 거슬러 올라가는 대신에, *s*-속격은 한 '정의의 연속변이'의 부분이 되었다(왜냐하면 그것이 한정사가 되었기 때문이다). 유형/표시 구분을 따르면서, Rosenbach는 단일 방향성을 유형의 한 특징으로 정의하고(예를 들면, 연속변이), 한 표시가 몇몇의 연속변이 부분을 형성할 수 있으므로, 그녀는 유형단계에서 단일 방향성이 유지된다고 결론을 내린다. Rosenbach의 관점은 여기서 제시된 관점과 반드시 양립할 수 없는 것은 아니다. 왜냐하면 Rosenbach의 '연속변이 교환'은 *s*-속격의 의미-기능적 특징과 관련된 반면, 문법성의 연속변이를 따른 역방향성 변화로서 탈문법화는 결합성(접사부터 접어까지)의 정도에 영향을 미치기 때문이다.

s-속격이 탈문법화의 한 경향이라는 주장에 대한 더 심각한 도전들은 *s*-속격에 대한 Tabor와 Traugott(1998), 그리고 본토 스칸디나비아(스웨덴) *s*-속격에 대한 Askedal(2000, 2003, 2008)과 Börjars(2003)에서 보인다. Tabor와 Traugott 그리고 Askadel 둘 다 *s*-속격의 역사는 사실 문법화의 경우라고 주장한다. 그들은 둘 다 *s*-속격에 의해 표현된 의미적 관계의 수는 적어졌다고 지적하지만, 이것은 의미(문법화의 특징)의 일반화라는 의미에서 탈색이 아니라, 다의성이 줄었다는 점에서 탈색이다. 속격을 정의하는 것(*Dublin's fair city*)과 같은 사라진 의미들은 처음에는 미미했다. 부분 속격의 경우, 소실은 그것들이 변함없이 후치사라는 사실로 인해서

다(Norde 1997: 229). Askedal은 문법적 기능의 수가 감소되었기 때문에
(s-속격은 전치사, 동사, 혹은 옛 스칸디나비아 언어에서 속격을 지배했던 형용사에서
더 이상 발견되지 않는다), s-속격이 '증가하는 문법화'의 대상이 되었다고 주
장한다(Askedal 2003: 29). 따라서 Askedal은 문맥축소를 의미적 퇴색과
동일시하는 것처럼 보이지만 이 관점은 언어학적 항목은 고립상태가 아니
라 문맥에서 문법화된다(1.5절 참고)는 일반적으로 받아들여진 요즘 관점과
일치하지 않는다. s-속격이 더 이상 전치사, 동사, 그리고 형용사와 더불
어 하나의 생사적인 패턴으로 보이지 않는다는 사실은 전체적으로 격 범
주의 소실의 결과이다(Norde 1997: 145ff 참조).

왜 s-속격이 Tabor와 Traugott에 의해 제안된 문법화의 예로 여겨져
야 하는지에 대한 또다른 주장은 그것의 구문적 영향권이 늘어났다는 것
이다. 이것은 영향권이 문법화에서 커지고 있다는 가정(Lehmann 1995와 대
조)을 전제로 하고 있지만, 그것이 전혀 문제가 없는 위치는 아니다(3.5.2
절 참조).

마침내 Askedal(2003, 2008)과 Börjars(2003) 둘 다 s-속격의 접어 상태
에 대해 의문을 제기한다. 다른 주장들을 사용해서, 그들은 대신에 그것이
'교착적, 비융합적 굴절'(Askedal 2003: 24),28) 혹은 '구 접사'(Börjars 2003:
140)라고 각자 주장한다.

예를 들면, s-속격이 '일반적인' 접어처럼 (예를 들면, 전접어 동사의 's
의 완전형태로서 is) 강조된 대응어를 가지고 있지 않기 때문에 Askedal
은 s-속격을 접어로 보는 것에 주저한다. 그러나 s-속격을 특별한 접어로

---

28) 그러나 s-속격이 교착성이라는 Askedal의 제안은 문제가 있다. 왜냐하면 스웨덴어의
   접미사들은(예를 들면 수와 명확성에 관한) 일반적으로 교착성이 아닌 굴절로 가장
   특징화되기 때문이다(Norde 2006a: 224f).

분석하는 데는 충분한 이유가 있다(section 5.2.2 참조).

대체로 *s*-속격의 형태적 상태에 대한 토론은 명확한 사소한 것이다. 위에서 살펴본 바와 같이, 접사와 접어는 연속체를 형성하고, 이 연속체가 무한정 세분화된다면 한 언어학자의 접어가 다른 언어학자의 접사가 되는 지경에 이르게 될런지도 모른다.[29] 그러나 결정적으로 이것은 변화의 방향과 관련이 없다. 다시 말하면, 단어-표지 접사에서 구 접사로의 이동은 여전히 탈문법화로서 자격을 가질 수 있었다.

마지막 대안은 문법화에 대한 구조문법적 접근으로부터 온다(간단한 소개를 위해선 1.5를 참조). 구조문법에서, 다른 구조적 층위들이 구분될 수 있다(Traugott 2008: 236):

---

29) Börjars는 왜 그녀가 *s*-속격이 접어가 아니라고 느끼는지에 대한 광범위한 선을 제시한다. 그러나 탈문법화의 예는 아니고 그것에 대한 자세한 것은 여기서 논의될 수 없다(논의를 위해선 Norde 2006a 참조). 그녀의 주된 요점은 (17)에서 예시된 유형의 그룹속격은 스웨덴어에서 매우 드물다는 것과 그룹속격에서 조차도 s은 명사에 대한 선호를 가지고 있는 것처럼 보인다는 것이다. 그러나 그녀는 그룹속격이 구어체 스웨덴어에서는 가능하다는 것을 정말로 인정한다. 그룹속격들이 회피된다는 그녀의 주장에 대한 실증적인 증거는 그러나 약하다. 그녀가 (스웨덴어에 상당하는)유형 *the queen's power of England*의 많은 구조를 만들어냄에도 불구하고, 어떤 것이 이 유형이 따라서 *the queen of England's* 유형보다 더 일반적인지를 보여주는 어느 통계도 없다. 따라서 규범문법은 제외하고, 대부분의 문법은 *the queen's of England*와 같은 구조는 피하라고 권한다. 왜냐하면 그들은 그것을 딱딱하고 부자연스럽다고 여기기 때문이다. 또한 s가 비-명사에 부착되는 그룹속격은 '구하기가 전혀 어렵지 않다'-단순히 구글만 찾아봐도 s가 부사, 굴절 대명사, 혹은 동사 형태에 부착되는 많은 예들을 볼 수 있다. 심지어 통계와 상관없이, 그녀는 문법화 이론에서 중요한 일반화를 놓치는데, 그것은 문법화에서, 새 구조와 오래된 구조가 꽤 오랜 기간을 함께 존재할 수도 있다는 것이다('layering': Hopper와 Traugott 2003: 124ff.참고). 물론 이것은 탈문법화에 대해서도 사실이다. 다시 말하면, 격식을 갖춘 스웨덴 문어체에서 *the queen's of England* 유형을 아직 사용할 수도 있다는 점은 *s*-속격이 탈문법화의 경우라는 것을 주장하기위해 *considering*이 여전히 분사로서 이용될 수 있다는 점이 *considering*이 전치사로 문법화 되었다는 주장과 관련있다는 관점만큼이나 의미 있다.

(i) '거시-구성: 구조와 기능에 의해 정의되는 의미-형태 짝들'
(ii) '중간-구성: 유사하게-행동하는 구체적인 구성의 체제'
(iii) '미시-구성: 개별적 구성-타입들'
(iv) '구성체: 실증적으로 증명된 토큰, 이것이 변화의 장소이다.'

영어의 소유격에 대한 그의 논의에서, Trousdale(2008b)는 영어의 *s*-속격의 역사는 구조문법 관점으로부터의 문법화의 경우이다. 위의 서열에 관해, 그는 *Uncle Tom's cabin*과 같은 *s*-속격을 포함하는 특정한 토큰이 구성체라고 주장한다.

그러나 그것들은 또한 미시-단계, 이름하여 Uncle Tom's [NP]에서 더 일반적인 구조유형의 예다. Trousdal은 계속해서 *s*-속격에 대한 두개의 중간-구조가 있다고 주장한다: 명사앞에 놓는 *s*-속격(of-속격은 이 단계에서 또 다른 구조 형태), 그리고 한 단계 위인 소유격 구조. 마지막으로 거시-단계는 한정사 구조이다. 문법화는 일반적으로 체계를 따라 위로 움직이기 때문에(도식을 늘리는 방향으로), 중간-단계 구조(소유격)에서 거시-단계(한정사)구조로 이동했기 때문에, *s*-속격의 발전은 문법화의 예가 틀림없다고 Trousdale은 주장한다. 구조문법 접근은 *s*-속격 역사에서 흥미로운 시각을 제공하지만, 이 연구에서 받아들인 것처럼 (탈)문법화에 대한 형태소에 기초한 접근과 Trousdale에 의해 제안된 것처럼 구조-기반 접근의 분명히 모순된 결과를 설명하기 위해 더 많은 연구가 필요하다.

5.4. 스웨덴어 *-er*: 격 접미사에서 명사화 접미사로(Swedish *-er*: from case suffix to nominalization suffix)

5.2.1절에서, 굴절접사에서 파생접사로의 이동이 탈굴절화의 타당한 예

로 여겨질 수 있다고 주장해 왔다. 이 절과 다음 두 절에서, 세 가지 경우를 다소 자세히 논의할 것이다. 첫 번째 예는 구 스웨덴어 굴절 MASC.SG. NOM *er*이 형용사(대부분 경멸적인 단어)로부터 명사를 만들기 위한 파생접사로 이동에 관한 것이다. 격 접미사로서 *er*의 한 예가 (36)에서 보인다.[30]

(36) mykilhughæþœr　　　　　　maðþœr　oc
　　 proud-MASC.SC.SG.NOM　　　　man-MASC.SG.NOM　　and
　　 girughþœr　　　　　　　　　　　　　　　　　　 (Vidh 14)
　　 avaricious-MASC.SG.NOM
　　 'a proud and avaricious man'

접미사 *-er*은 명사(거의 모든 남성 어형변화)와 형용사 둘 다에서 MASC. SG.NOM접미사로서 사용되었다. 명사에 관해서, 접미사는 중세 스웨덴어 기간에 격 접미사로 소실되었지만(Wessén 1968: 138), 형용사에 관해서, *-er*은 일반적으로 더 잘 유지되었다.

Ejder(1945: 246)에 따르면, 형용사적 *-er*은 18세기 전반부까지는 심지어 생산적인 접미사로 여겨질 수도 있다. 그러나 심지어 생산적 접미사로서 형용사적 *-er*이 그것의 원래 기능을 유지하지 않았다는 증거가 있다.

예를 들면, 18세기 스웨덴 시인 Carl Michael Bellman의 글에서, *-er*은 (37)의 예에서 보여 주듯이 주격 형태 혹은 남성형과 더 이상 관련이 없다.[31] (37a)에서, 명사구는 주격 형태가 아니라 대격이고, 그리고 (37b)의 예에서, 명사구는 남성형이 아니라 여성형이다.

---

30) 철자는 표준화되어있지 않았고, 〈-ær〉는 〈-er〉의 철자 변종이다.
31) 주격으로부터 *-er*의 분리는 네가지 격 시스템이 Bellman의 시대에서 스웨덴어의 대부분의 다양성에서 이미 확고해졌다는 사실관점에서 놀라운 것이 아니다.

(37) a. Hyrde   sig   en   savrter   rock
     Hired   him   a   black   clock
     'he hired himself a black cloak'
  b. Judith var   en   riker   änka
     Judith was   a   rich   widow

Bellman의 시에서, -er에서 형용사는 눈에 띄게 -er 없이 형용사의 단순한 대체적인 형태를 형성하고, 더 긴 변종이 음이나 운이 그것을 요구했을 때 사용될 수 있었다. -er는 이런 구조에서 탈문법화 될 것처럼 보이지 않는다.

-er의 탈문법화의 가능한 근원 문맥은 형용사적 명사 구조였다. 18세기까지, -er는 비판적인 의미를 배타적으로 가지고 있지 않았다: *en blinder* 'a blind person'와 같은 구조에서 또한 사용될 수 있었다(MoSw 분명히 *en blind*). 이런 구조에서, 역시, -er는 더 이상 강하게 MASC.SG.NOM로 여겨지지 않았고, 현대 스웨덴어에서, -er는 예를 들면, *en dummer* 'a stupid one'과 같은 명사화에서 파생접미사로서 재분석되어왔다(Wessén 1968: 40; Söderberg 1971: 106). 그 곳으로부터 두 *fjäsker* 'a fawning one'(<*fjäsk* 'fawning behavior') 혹은 *en slaver* 'a messy one' (<*slary* 'mess')와 같은 수치스런 행위를 표현하는 명사와 사용되는 비판적인 접미사가 되었다.

하나의 관련된 현상은 별명을 만들기 위한 -er의 사용(반드시 비난적인 것은 아님)이지만, 이 사용은 주로 동화에 국한된다. 예를 들어, 백설공주 이야기(Disney판)에서 일곱 난장이의 이름을 봐라:

(38) Trötter, Prosit, Butter, Blyger, Glader, Toker, Kloker
     'Sleepy, Sneezy, Grumpy, Bashful, Happy, Dopey, Doc'

Prosit 'bless you'는 별도로 하고, 모든 이름은 파생적 *-er*을 가지고 있다. 네 개는 형용사로부터 왔다: *trot* 'tired', *blyg* 'bashful', *glad* 'happy', *klok* 'wise'. *Butter*는, 비록 공시적으로 하나의 단일어 형용사이지만, 마찬가지로 *-er* 없는 형용사 *butt* 'grumpy'에서 왔다. *Toker*는 마침내 명사에서 왔다: *tok* 'idiot, fool'.[32]

표 5.4. 스웨덴어 -er의 매개 변수분석

매개변수(Parameter)	근본적 변화(들)
통합성(Integrity)	재의미화(resemanticization): ☑ ; 명사화 어미처럼, 그것은 X가 형용사인 곳에서 'X라는 사람'의 의미를, 혹은 X가 명사인 곳에서는 'X와 관련된 사람'의 의미를 더함. 음운론적 '강화'(phonological 'strengthening'): ☐ ; 음운론적 층위에서는 변화가 없음 재범주화(recategorialization): 탈굴절화와 관련없음
계열성(Paradigmaticity)	탈계열화(deparadigmaticization): ☑ ; -er은 더 이상 굴절변화의 일부(형용사 혹은 명사 변화)를 형성하지 않음
계열적 가변성 (Paradigmatic variability)	탈의무화(deobligatorification): ☑ ; 파생적 접미사는 일반적으로 필수적이지 않다(5.2.1참고) ; dum 'stupid'와 같은 형용사에 접미사 er을 붙이는 대신에, 다른 표현이 사용될 수 있다. 예를 들면, en dum person 'a stupid person', 이나 ett dumhuvud, en dummerjöns 'a dickhead'와 같은 합성어.
구조적 영향권 (Structural scope)	영향권 확장(scope expansion): ☐ ; 범위에서 변화는 없다-격접미사와 파생접미사로서 er은 그것이 부착되는 명사에 범위가 한정됨.
결속(Bondedness)	단절(severance): ☐ ; -er는 명사와 형용사에 구속됨.
통합적 가변성 (Syntagmatic variability)	탈굴절화와 관련없음

스웨덴어 *-er*의 발달과 한 흥미로운 유사한 것은 현대 그리스어 접미사 *-s*(Katerika Stathi, p.c.)다. 스웨덴어 *-er*과 같이, 그리스어 *-s*는 파생명사화 접미사로서 쓰일 수 있는 한 MASC.SG.NOM 접미사다. 접미사 *-s*는 '어떤

---

32) 동시대 스웨덴어에서, -er은 비슷한 문맥에서 심지어 남성명사와 쓰인다. 예를 들어 *fnasker, puttefnasker* 'lad' (<*putte* 'little boy' 그리고 *finask* 'crumb'; Pettersson 2005: 171)가 있다.

면에서 X인 사람(남성)'을 의미하는 남성명사를 파생시키기 위해 여성형 혹은 중성명사 X에 부착될 수 있다. 예를 들면, xália-s '많은 문제 (xália(NEUT.PL) 'mess'에서)를 만드는 사람(남성)' 혹은 mápa-a 'idiot'(mápa (FEM.SG) 'cabbage; head(구어)에서)가 해당된다.

5.5. 스웨덴어 −*on*: 수 접미사에서 열매이름 접미사까지(Swedish −on: from number suffix to 'berry-name' suffix)

구 스웨덴어 복수형 접미사 −*on*의 파생표지로의 발달은 앞 절에서 논의된 예와 다르다. 왜냐하면 그 접미사는 새로운 것과 마찬가지로 원래 기능을 유지하고 있기 때문이다. 따라서 그것은 '폐기되지 않는 기능전환(non-junk exaptation)'이다(3.3.5절을 보라).

표 5.5. 스웨덴어 on의 매개변수 분석

매개변수(Parameter)	근본적 변화(들)
통합성(Integrity)	재의미화(resemanticization): ☑ ; −on 'berry'의 의미를 얻었음 음운론적 '강화'(phonological 'strengthening'): ☐ ; 음운론적 층위에서는 변화가 없음 재범주화(recategorialization)☐ ; 탈굴절화와 관련없음
계열성(Paradigmaticity)	탈계열화(deparadigmaticization): ☑ ; 파생접미사로서 −on은 굴절 어형변화의 부분을 형성하지 않음
계열적 가변성 (Paradigmatic variability)	탈의무화(deobligatorification): ☑ ;☐ ; 파생적 접미사는 일반적으로 필수적이지 않지만, berry−명사와 다른 과일 이름이 단일형태 명사로 어휘화되었기 때문에 그것들은 분명히− 무시될 리 없음
구조적 영향권 (Structural scope)	영향권 확장(scope expansion): ☐ ; 범위에서 변화는 없고, 파생접미사 −on은 단지 명사에만 첨가됨
결속(Bondedness)	단절(severance): ☐ ; −on이 비결속되었다는 증거는 없음
통합적 가변성 (Syntagmatic variability)	탈굴절화와 관련없음

고대 스웨덴어에서, -on은 a로 끝나는 약한 중성명사의 PL.NOM/ACC 표지어다. 현대 스웨덴어에서, 그것은 *öga* 'eye'(복수형태는 ögon)와 *öra* 'ear' (복수형태는 öron)의 복수형태에서 여전히 보인다. 고스웨덴어에서, *hiūpon* 'rosehip(s)'(현대 스웨덴어 nypon)과 *smultron* 'wild strawberries'와 같은 원래 복수 형태들은 'berry-접미사'로서 재해석을 낳았고, 그렇게 생산적이 되었다(Hellquist 1980: 731; Wessén 1971: 45f). 두 가지 예는 *hallon* 'raspberry'(몇몇 스웨덴 방언에서는 여전히 *hallbär*)<*hall* 'slope/stony ground' 과 *lingon* 'lingonberry'(몇몇 스웨덴 방언에선 아직 *lingbär*) <Proto- Scandi- navian *lingwa*(현대 스웨덴어 *ljung* 'heather')이다. 다시 말하면, *hallon*은 원래 'slope-berry'를 의미하고, *lingon*은 원래 'heather-berry'을 의미했다. 그러나 현대 화자들에 의해, *hallon*과 *lingon*은 단일형태소로 인식된다.

흥미롭게도, 접미사 -on은 더한 변화를 겪었다. Hallon, lingon 등은 보통 물질을 가리키고 단수로 거의 쓰이지 않는다(Wessén 1971: 45). 그러나 나중 단계에서, -on의 의미는 훨씬 더 일반화되었고 다른 과일 이름에 역시 첨가됐다. 예를 들면, *fikon* 'fig'(궁극적으로 < Lat. *figus* 'fig tree, fig'), *plommon* 'plum'(궁극적으로 < Lat. *prunum* 'plum'), 그리고 *päron* 'pear'(궁극적으로, < Lat. *pirum* 'pear')이다. berry 이름과는 다르게, 이들 명사들은 분명히 가산명사이다. 즉 그들은 단수와 복수 둘 다에서 사용된다(그것들은 소위 '복수형태가 없는' 중성명사 그룹에 속한다). 접미사 -on은 따라서 berry-이름(주로 복수용법)에서 복수접미사부터 파생접미사까지 (마지막 3개의 예에서처럼) 가산명사에서 파생접미사까지 진화했다.

5.6. 콰자어 인용구조의 굴절에서 파생으로(from inflection to derivation in Kwaza quotation constructions)

포합적 언어의 (탈)문법화에 대해 알려진 것은 거의 없다. 그래서 (탈)문법화의 매개변수가 더 친근한 굴절 유형에서처럼 이들 언어들에서 같은 방식으로 작용하는지에 대해 말하는 것은 가능하지 않다.[33] 영어나 스웨덴어와 같은 언어에서 형태소의 어형론적 위치를 확립하는 것이 충분히 복잡하다면, 이것은 긴 연속된 형태소에 의해 전 문장이 표현될 수 있는 언어에 있어서 한층 더 강력한 이유로 사실임에 틀림이 없다. 그리고 대부분 이들 언어가 역사적 기록이 부족하다는 사실이 통시적 주장을 훨씬 더 복잡하게 만든다. 그러나 이 절에서, 굴절에서 파생으로 탈문법화를 보여주는 것에 목표를 가진 연구가 포합적 언어에서 일어났다는 것에 대해 논의할 것이다.[34]

이 연구는 브라질의 론도니아(Rondônia)에서 사용하는 고립 언어 콰자어(Kwaza)의 인용 구조에서의 법 굴절 탈문법화에 관한 것이다(van der Voort 2004). 이 언어에서는 인용된 표현을 인칭과 법 굴절의 층에 끼워 넣음으로써 한 인용구조가 형성된다. 이 굴절은 비인용적 문맥에 사용되는 인칭과 법 표지와 동일하다—그것은 구조를 인용적으로 만드는 예외 층이다. 따라서 예(39a)는 1인칭 단수에 대한 '단순한' 평서문이다. 예 (39b)에서, 두 번째 *-da-ki* 배열은 인용 주어(또한 일인칭 단수)를 나타낸다. 3인칭 단수를 포함하는 예들은 (39c-d)에서 주어진다. 인용구조는 완전히 생

---

33) 고립어와 같은 것으로 1.6.4절을 보라.
34) 6.8에서 논의된 후파어의 경우에서 탈접사화 뿐 아니라 이 경우도 같은 작가에 의해 논의되었다. 그리고 증거는 재구조화에만 의존하지만 (따라서 주의 깊게 다뤄져야 함), 논쟁은 충분하다고 들리는 듯하다.

산적이고 모든 인칭과 법에서 일어난다(van der Voort 2002: 312ff).[35]

> (39) a. kukui′jỹ-da-ki[36]
> ill-1SG-DEC
> 'I am ill'
> b. kukuihỹ-da-′ki-da-ki
> ill-1SG-DEC-1SG-DEC
> 'I said I am ill'
> c. kukuihỹ-da-′ki-Ø-tsɛ
> ill-1SG-DEC-3-DEC
> 'she[i] says she[i] is ill'
> d. kukuihỹ-Ø-′ki-Ø-tsɛ
> ill-3-DEC-3-DEC
> 'she[i] says she[i] is ill'

Van der Voort에 의하면, 탈문법화가 일어났을지도 모르는 종류의 인용구조는 (40)에서 볼 수 있다. 이 예에서, 탈문법화된 그램은 -ni이다. Van der Voort에 따르면, 이(파생적) 양상 표지어((40a′))는 (탈굴절적) 권고 표지어 -ni로부터 발전했다. 왜냐하면 그 두 개는 단지 최소한 서로 다르기 때문이다(-ni와 ni의 유일한 차이는 후자에서 모음의 비음화다). 예 (40a)에서, -da-ki 순서는 한 인용을 의미하고, -ni는 청유형태소이다. (40a)가 (40a′)를 발생시켰을 수도 있다는 이유는 3인칭이 제로 형태소에 의해 표시되기 때문이다. 결과적으로, -da-ki 순서는 주어를 표시하는 '규칙'(즉, 비-인용)형태소로 해석될 수 있다. 그때 권고발화('그가 마시게 해라')를 인용하는 대신, 구조가 사역('나는 그가 마시도록 했다')으로 해석될 수 있다. 이것

---

35) 인용구조의 기원은 분명하지 않다. 그것은 '말하다'를 의미하는 동사의 또 다른 어근을 지니는 구조로부터 파생된 것 같다(van der Voort 2002: 315).
36) ⟨ ′⟩는 주 강세를 의미한다.

이 -*ni*를 포함하는 표현 중 가장 그럴싸한 것이라는 것은 예 (40b)에 의해 보인다. 왜냐하면 사람은 닭을 잠자리에 들라고 권고하거나 말할 수 없고 단지 먹이를 줘서 자게 만들 수 있기 때문이다.

    (40) a. ′ja   kui-Ø-′ni-da-ki   (인용적)
          already drink-3-EXH-1SG-DEC
          ′I already said: "Let him drink"′
       a′. ′ja   kui-′nĩ-da-ki   (비-인용적)
          already drink-CAUS-1SG-DEC
          ′I already let (him) drink′
       b. kuraku′ra ja-dy-da-ki   ui-′nĩ-da-ta
         chicken   eat-CAU-1SG-DEC lie-CAUS-1SG-CSO[37]
         ′I feed the chickens so that they can go to sleep′

Van der Voort 자신이 인정한 것처럼(2002: 320), -*ni*와 *ni*가 거의 동음이라는 것은 배제될 수 없다.

표 5.6. Kwaza *ni*의 매개변수 분석

매개변수(Parameter)	근본적 변화(들)
통합성(Integrity)	재의미화(resemanticization): ☑ –ni는 사역을 표시하는 기능을 얻음 음운론적 '강화'(phonological 'strengthening': (☑) ; 음성적 특징(비음)이 더해졌다는 면에서 약간의 변화가 있다. 재범주화(recategorialization): 탈굴절화와 관련없음
계열성(Paradigmaticity)	탈계열화(deparadigmaticization) 권고적 ni는 2인칭에 대해서는 명령법을, 1인칭에 대해선 의지를 그리고 3인칭 내지 1인칭에 대해선 권고를 포함하는 '설득' 화법 계열의 부분을 만든다.(Hein van der Voort, p.c.) 파생적 인과관계 ni는 그런 계열을 만들지 않음
계열적 가변성 (Paradigmatic variability)	탈의무화(deobligatorification): ☑ 법은 Kwaza의 동사복합어엔 의무지만 양상은 아님(Hein van Voort, p.c.)

---

37) 사역형태소 –*dy*–(결합가가 증가하는)와 인과관계 요소 *nĩ* 사이에 차이가 있다는 것을 주목하라.

매개변수(Parameter)	근본적 변화(들)
구조적 영향권 (Structural scope)	영향권 확장(scope expansion): ☒ ; 인과관계의 nĩ는 오직 동사까지 영향권을 가지는 반면, 권고의 −ni는 전체 명제까지 영향권을 가짐
결속(Bondedness)	단절(severance): ĩ가 −ni보다 덜 결속적이라는 증거는 없음. 파생과 같은 접미사를 분석하는 근본적인 이유는 형태론적인 것이 아니라 계열적인 것임(−nĩ는 패러다임에 속하지 않으며 수의적임), 게다가 −nĩ는 일차 강세를 받을 수 있고, Kwaza에서는, 항상 굴절접사 이전에 위치하는 (파생)어간의 마지막 음절로 실현됨
통합적 가변성 (Syntagmatic variability)	탈굴절화와 연관없음

그러나 콰자어가 굴절 법 형태소 혹은 파생적 양상 형태소이기도 한 몇 개의 다른 형태소를 가지고 있고 비슷한 발달이 이누이트(Inuit) 언어(de Reuse 1994)뿐 아니라 에콰도르의 퀘차(Ecuadorian Quechua)(Muysken 1977: 105)와 칼랄리수트(Kalaallisut)(Kristoffersen 1991)에서 관찰되어 왔기 때문에, 굴절형태소에서 파생형태소로의 이동은 타당성이 없지는 않다.

Chapter 6

탈결속 debonding

6.1. 도입(introduction)

이 장에서는 가장 고빈도로 나타나는 탈문법화의 유형인 탈결속의 예에 대하여 논할 것이다. 탈결속은 다음과 같이 정의할 수 있다:

> (1) 탈결속은 복합변화인데, 그 변화에 의해 특정 언어 문맥 안의 구속형 태소는 자유형태소가 된다.

위 (탈문법화와 탈굴절화와 같은) 탈문법화 유형의 정의와 같이, '특별한 언어 문맥에서가' 첨가된 것은 변화를 겪는 탈결속이 그 자체의 구조 문맥 안에서 재분석 되고, 그것들의 이전 기능을 지속하는 중요한 문법형태소이기 때문이다.[1] 일단 자유형태소가 된 것은 아마도 다른 문맥에서도 자연스럽게 출현될 수 있다(결합적 변이형의 매개변수를 따라). 예를 들어, 북

---

[1] 이것은 접사가 3인칭 단수가 동사의 어간에 s를 부가하여 형성되는 것과 같이 메타언어학적으로 사용된다는 것을 함의하며, 탈결속과 같은 것으로 간주된다는 것을 함의하지는 않는다. 접사를 포함하여, 모든 것은 명명될 수 있지만, 이것이 어떤 종류의 재분석을 포함하지는 않는다.

부 사미어의 결여(abessive) 접미사 *haga*는 우선 'behind'를 의미하는 전치사로 탈문법화 되고, 나중에 독자적으로 부사로 나타났으며, 심지어 전치사에서 나타났다(6.7절을 보라). 탈결속과 탈굴절화 사이의 원칙적인 차이는 탈결속에서 구속형태소가 자유형태소로 되는 반면, 탈굴절화에서는 구속형태소가 구속된 형태인 채로 남아 있다는 것이다. 다른 차이는 탈결속이 복합변화임에도 불구하고, 근본적인 변화는 형태론과 통사론의 층위(굴절접사와 접어의 경우에서)에 국한되는 반면, 탈굴절화는 항상 기능이나 의미의 변화가 있다. 아래 화제로 돌아가 보자.

이 장에서는 접어, 굴절접사, 또는 파생접사를 포함한 탈결속에 대하여 논의할 것이다. 6.3-5절에서는 접어에 대한 탈결속의 예를, 6.6-8절에서는 굴절접사의 탈결속을, 6.9-12절에서는 파생접사의 탈결속을 다룰 것이다. 이 세 가지는 약간씩 다르다. 즉 굴절접사는 일반적으로 접어가 행하는 것보다 좀 더 긍정적으로 받아들여진다. 이것은 놀랍지 않다. 굴절이 접어보다 문법성의 연속변이에서 후행하기 때문에 그 접사들이 자유형태소가 될 때 더 많은 것을 얻게 된다. 그러나 굴절접사나 접어도 탈결속이 일어날 때 새로운 기능이나 의미가 생기지 않는다. 반면, 굴절접사나 접어는 유사하게 파생접사의 탈결속과는 다른 부류이다. 왜냐하면 이것들은 모두 어떤 면에서 의미적으로 풍부하고, 굴절과 같은 형태 통사론적 특성을 얻기 때문이다. 그러나 탈계열적 접근화는 파생에 관여하지 않는다. 그 이유는 파생은 굴절 패러다임의 부분을 형성하지 않기 때문이다. 이러한 이유로, 탈결속은 탈문법화나 탈굴절화보다는 이질적이다.

탈결속은 가장 많이 논의되었던 탈문법화의 한 유형이다. 사실, 우리가 3.2절에서 살펴본 바와 같이, Haspelmath의 악명 높은 '반-문법화의 여덟 가지 사례들' 중 일곱 개(여기 (2)에서 반복되는)는 탈결속을 포함한다(단지 *s*-속격을 제외하고).

(2) a. 영어와 본토 스칸디나비아어의 속격 접미사 *-s* > 접어＝*s* (cf 5.3)
 b. 아일랜드 1인칭 복수 접미사 *-muid* > 자립 대명사 *muid* (cf 6.6)
 c. 일본어 부사적 종속접속사 *-ga* 'although' > 자유 연결어 *ga* 'but' (cf 6.7)
 d. 사미어 결여 접미사 *-*ptaken* > 접어＝*taga* > 자유 전치사 *taga* (cf 6.7)
 e. 에스토이아어 의문 표지 *-s* > ＝*es*> 자유 불변화사 *es*[2] (cf. 6.5)
 f. 영어 부정 접두사 *to-* > proclitic *to* (cf. 6.3.1)
 g. 현대 그리스어 접두사 *ksana-* 'again' > 자유 부사 *ksana* 'agin'[3]
 h. 라틴어의 엄격한 접두사 *re-* 'again' > 이탈리아어의 융통적인 접두사 *ri-* (예를 들어 *ridevo fare* 'I must do again')[4]

Haspelmath의 여덟 가지 사례의 극명한 논평에서, Askedal(2008: 71)[5]은 '탈문법화'처럼 그것들을 특징짓는데 거의 의미를 두지 않겠다고 결론을 낸다. (모든 굴절접사를 포함하여) 처음의 여섯 개 경우에 대하여 이렇

---

2) 왜 Haspelmath가 에스토니아어 의문 불변화사 *es*를 언급했는지는 명확하지 않지만, Campbell(2001)의 같은 논문에서 나온 의문 표지 *ep*는 비슷한 발전을 거쳤다.
3) *Ksana*(Méndez-Dosuna 1997)는 문제가 될 소지가 있는 예이다. 동사와 융합해서 나타나고, 동사를 뒤따르는 자립 부사와 같은 것이 사실이지만(*ksanamolíno / molíno ksaná* 'pollute again; Smirniotopoulos and Joseph 1998: 356), *ksana*-V가 복합어인지 또는 동사에 접두사 첨가된 것인지는 분명하지 않다(ibid.: 482; Ralli 2003: 98). 따라서 이 작업의 나머지에서 이 예에 관여하지 않기로 한다.
4) *ridevo fare*와 *devo rifare*가 같은 것을 의미하는지에 관한 의문의 여지가 있으므로, '융통성 있는(flexible)' 접두사 *re-/ri-*(프랑스어의 유사한 발전에 관한 McMillan 1970을 보라)는, Idatov(2008)이 올바로 지적한 바와 같이, 탈문법화의 예와 유사하지 않다. 두 표현은 'Again, I am obliged to do it'과 'I am obliged to do it for a second time'과 같이 다르게 양립할 수 있다. 두 경우 모두에서 접두사는 그것이 붙는 동사에만 영역을 제한한다.
5) Idatov(2008)을 보라.

게 기술한다:

It appears equally inappropriate to refer to 'degrammaticalization' when a grammatical element in the shape of a bound morpheme attains syntagmatic independence as a result of typological and/or syntactic restructuring, while retaining its grammatical function in the sense of membership in a 'closed' class or a class of elements of an 'abstract' functional or semantic nature, as seems to be the case in the other examples of, according to Haspelmath(2004), 'attested antigrammaticalization'.

Haspelmath(2004)에서 '입증된 반문법화'의 다른 예들 가운데 한 경우로 보이는 것처럼, 폐쇄 부류나 '추상적' 기능 또는 의미적 본성 부류의 구성원 관계 면에서 문법적 기능을 유지하고, 구속 형태소의 형태(모양)에서 문법적 요소가 유형론적 또는 통사적 재구조화의 결과로 결합적 자립을 얻을 때, '탈문법화'라고 지시하는 것은 적절하지 않다.

Askedal의 주요한 반대 의견은 모든 경우가 유형론적 재구조화의 결과로 보일 수 있다는 점에 관한 것이다(굴절에서 더욱 교착적인 형태론으로 가는 것처럼). 살아서 완전히 생산적인 굴절 시스템6) 안에서 기능하는 접사보다 쇠퇴해 가는 접사가 탈문법화 된다는 것이 더욱 명확하다. Askedal은 반대 의견에서 그 이유가 탈문법화는 '과정'이나 '자립적인 역학적 힘'이 아니라는 점을 보인다. 이에 대해 7장에서 논의할 것이다.

6.2. 대체와 생략(replacement and retraction)

탈문법화의 다른 유형과 마찬가지로, 표면적으로 유사한 변화로부터 탈

6) 예외는 사미의 *haga*이며, 6.7절에서 논의된다.

결속의 예를 분리하는 것은 중요하다. 그러나 면밀한 검토는 대체(3.3.6절)와 생략(3.4절), 또는 둘 다를 포함한다. 탈결속의 타당한 예에 대해 살피는 것으로 돌아가기 전에, 탈결속의 예와 무관한 탈접어화의 사례에 대해 논의할 것이다. 이러한 사례는 남부 네덜란드어 방언에서 주어 대명사의 탈접어화에 관한 것이며, Vogelaer(2005, 근간)에 의해 아주 자세히 연구되어 왔다.

남부 네덜란드(주로 브라반트)의 많은 방언과 플랑드르(벨기에)의 대부분은 (3a-b)에서 예시된 바와 같이(de Vogelaer, 근간), 다양한 방식의 주어 중복을 가진다. (3a)에서, 전접어(또는 굴절로도 가능한)[7] 대명사는 도치 어순을 가진 문장에서 강대명사[8]와 연합한다. 따라서 규칙적인 어순을 가진 (3b)에서, 후접어 대명사는 강대명사와 결합하며, (3c)에서 후접어는 자유형태소가 되기 위해 동사로부터 분리되었다. (3a-c)는 주어 중복의 역사적 변천을 보여주며 가장 흥미로운 마지막 단계이다.

(3) a. Ga-de   (gij)   naar   Brussel?
       go-2SG=you   you$_{strong}$ to   Brussels
       'Are you going to Brussels?'
    b. Ge-gaat   (gij)   naar   Brussel.
       you=go-2SG   you$_{strong}$ to   Brussels
       'You are going to Brussels'
    c. Gij   gaat   gij   naar Brussel.
       you$_{strong}$ go-2SG   you$_{strong}$ to   Brussels
       'You are going to Brussels'

---

7) Haeringen(1962〔1950〕: 55)를 보라.
8) De Vogelaer는 주어 대명사의 세 가지 유형을 구분한다. 전접어 대명사, 강세를 받을 수 있는 '강'대명사, 강세를 받을 수 없으며 간혹 축소되어서 강대명사의 변이형이 되는 것이다.

주어 중복은 중세 네덜란드어 시기로 거슬러 올라가며, (4a)와 같은 규칙 어순 문장과 2인칭 단수에서 처음 첨가되었다. 이 패턴은 점차 1인칭 단수까지 퍼져 나갔으며((4b)), 2인칭 복수와 (4c)에서처럼 다른 인칭에 대하여서는 18세기와 19세기에 처음 첨가되었다.9)

> (4) a. wil-de   ghy   zulcke   zaken   doen als ... (1496)
>   want=you   you$_{strong}$ such   things   do   as ...
>   'If you want to do things like...'
>   b. Sou'ck   ick   da   niet   wete   (17th century)
>   should=I   I$_{strong}$ that   not   know
>   'shoud I not know that?'
>   c. En   ze zit   zou   daar   thuis ...   (c. 1899)
>   and   she=sits   she$_{strong}$ there   at.home
>   'And she's sitting there at home...'

심지어 현재 방언에서, 2인칭은 여전히 이 구조로 널리 사용되고 있다 (de Vogelaer의 근간). 규칙적 어순 문장에서, 후접어 대명사를 가진 구조는 두 개의 강대명사를 가진 구조보다 지역적으로 더 널리 퍼져있는데, (3b)가 더 이전의 구조라는 것을 제시한다. de Vogelaer에 의하면, (3c)와 같은 구조의 존재는 (3b)의 *ge*가 접어로서 더 이상 인식되지 않는다는 것을 보여준다.

무엇이 주어 대명사 탈접어화의 동기가 되었는지는 그리 명백하지 않

---

9) 많은 예들이 북부 네덜란드로 이주한 브라반트인을 묘사하는 연극에서 보여진다. 이것은, 그 구조가 오늘날처럼 같은 지리적 분포를 가진다는 것을 보여주기 때문에 흥미롭다. 그 구조는 심지어 브라반트인의 발화를 놀리려고 과장되었고, 다음의 예에서 기술한 바와 같다: *Ik ben ik ik noch verchterken noch smijterken, zey den braber*(연도 미상: 'I$_{strong}$ am I$_{strong}$ I$_{strong}$ neither a fighter nor a thrower, said the Brabantic man'; de Vogelaer, 근간서적)

다. 브라반트어(Brabantic)에서는 접어 기반 인칭 표지 체계가 (자유) 대명사 기반 인칭 표지 체계로 바뀌는 발달이 대세를 이룬다. 그것은 표준어와의 융합에 부분적인 원인이 될 수 있지만, 브라반트어(Brabantic) 어순변화의 결과일 수 있다(de Vogelaer 2005: 282-4, 296-300; 근간). 요컨대 탈접어화에 관한 증거가 있기는 하지만, (3c)와 같은 구조의 확대로부터 이 변화를 분리하기는 어렵기 때문에 이것이 대체의 사례라는 점은 배제할 수 없다.

Newmeyer(1998: 270f)에서 탈접어화의 예로 인용되었듯, 남부 네덜란드어에서 탈접어화되는 사례는 영어 발달사에서 표면적으로 유사한 예와는 기본적으로 다르다는 것에 주목하라. 이것은 모든 대명사를 포함하는 구조인 *hastow*(<*hast thou* 'have you')와 같은 예와 관련된다. 중요한 차이는 접어화된 형태는 항상 수의적이다(브라반트어 주어 접어와는 다르게), 그리고 상대적으로 적은 그룹의 동사(*be, have,* 그리고 조동사 등을 포함하여)의 대체로 국한된다. 대부분 의문문에서 발견되고, 주어-동사 도치 구조와 과거형태에서도 드물게 발견된다(Brinton 2004: 232). 따라서 Brinton(p.244)이 그것들은 '진짜 접어가 아니라 단지 축소되거나 축약된 형태'라고 결론 지은 후 그것은 보통 접어보다는 '숙주어'에 대한 그들의 선택권에 있어서 더욱 선택적이다(5.2.2절과 비교).10) 그러나 그것들이 접어라고 하더라도, 탈접어화는 탈문법화의 사례가 될 수는 없을 것이다. 전접어 대명사가 같은 구조에서 자유 대명사로 대체되기 때문이다. 결론적으로 전접어 변이형의 소실은 단순한 생략의 한 사례가 될 수 있다.

---

10) Brinton(ibid)에 의하면, *thou*에서 *-tou*로의 변화는 연성규칙에 의한 것이고, 접어화의 결과가 아니다.

6.3. 부정사 표지(infinitival marker)

6.3.1. 영어(English)

규범 문법자들이 가장 좋아하는 화제 중 하나가 부정사 *to*라고 하는 것은 전혀 어색하지 않다. 소위 '분리 부정사'라고 불리는 것에 의해 증명되었듯이, 결속의 감소는 수 세기 동안 매우 큰 고민거리가 되어오고 있다. 개론서에서부터 많은 *Star Trek* 에피소드에 이르기까지, 영어에서 분리 부정사의 가장 유명한 예는 아마도 *To boldly go where no man has gone before*…일 것이다.

분리 부정사 구조는 13세기까지 거슬러 올라간다(Visser 1966: 1035). 16세기의 초부터 18세기 말까지, 분리 부정사는 거의 포착되지 않았지만, 19세기에 이르러 그 구조는 문법가들 사이에 큰 논란으로 부각될 만큼 출현 빈도가 높아졌고, *We pray you to proceed and justly and religiously unfold*(Thackeray, 1852: Visser 1966L1039에 인용)과 같은 유형의 등위 접속 부정에 관한 흥미로운 예외와 함께, 오늘날까지도 이어지고 있다. 분리 부정사는 몇 가지 유형이 되었다(확장된 논의에 관하여 Visser 1966: 1039ff를 보라.). 부정 표지는 (5a)의 *not*이나, 5(b-c)의 부사, (5-d)의 더 긴 구에 의해 동사와 분리될 수 있다. 중세 영어에서 (5e)의 구조는 매우 일반적이었지만 직접목적어는 일반적으로 동사를 뒤따르므로, 지금은 더 이상 쓸모 없게 되었다.

> (5) a. I've worked out here too long to not know how to protect myself
> b. to always keep a mare for her
> c. now he was only beginning to fully realize what a chump he'd been

     d. she wants to honestly and legally marry that man
     e. he sal þe send Angels for to þe defend
         he will you send Angels for to you defend
         'he will send angels to defend you'

an wulf ewarð asend to bewerigenne pæt heafod 'a wolf was sent to guard the head'에서, 원래 *to*는 여격을 지배하는 목적어 의미를 갖는 것에 붙는 전치사였다. Fischer(2000)에 의하면, 고대와 (초기)중세 영어에서 *to*가 부정 표지로 문법화 되기 시작하였는데, 그것은 *for*, 음성적 약화(reduction)(*to>te*)와 의미의 일반화(*to*가 비-목적 구조에서 나타나기 시작함), 그리고 *for*보다는 다른 전치사 다음에 *to*가 출현 등에 의한 *to*의 강화로 보인다. 그러나 *to*는 중세 영어 시기의 말까지 - *for*에 의한 강화(strengthen)가 중단되고, 약화된(reduced) 변이형 *te*가 사라졌으며, 두 개의 등위 연결된 동사 모두에 영역을 미칠 수 있는 - 단계를 따르는 것으로 나타나며,11) 목적의 의미는 더욱 우세해진다. 이러한 발달은 여전히 축약과 같이 보일 수 있는데 반해, 분리 부정사의 증가는 그렇지 않다. Haspelmath(2004: 29)는 접두사가 후접어화되는 변화에 대해 기술하였는데, Fischer는 그러한 주장을 하지 않음을 주목하라. 그녀의 주요 관심사는 문법화는 결정론적인 것이 아니므로 언어학적 대상은 한번 시작된 문법화 경로를 따를 필요는 없다는 것이다. 만약 고대와 중세 영어 *to/te*가 부정사로부터의 분리가 불가능했다면, 분리 부정사와 등위문 약화는 탈결속을 지시한다. 그러나 '접어'는 현대 영어의 부정사 표지에 관한 적절한

---

11) Fischer는 *you can use this shampoo to wash your hair and clean your clothes*와 같은 현대 영어 예를 등위 약화로 기술하고, 이것은 네덜란드어의 부정사 *te*에서는 불가능함을 언급한다(그녀에 의하면 이후에 문법화 된 것으로 봄). *je kunt deze shampoo gebruiken om je haar te wassen en je kleren (*te) reinigen.*

용어로 보이지 않기 때문에, Haspelmath와 다르게, 접사로부터 접어로의 전환과 같은 이러한 발달을 특징짓지는 않을 것이다. (부사와 부정사 표지는 부정사로부터 분리될 수 있기 때문이다.). 따라서 접어로부터 자유 형태소로의 전환으로 설명할 것이며, 노르웨이어에서 부정사 표지의 (유사한) 역사에 관한 Faaarlund(2007)의 분석을 따를 것이다.

Fitzmaurice(2000)은 *to*의 탈문법화가 미국 영어에서 지속적으로 일어 나고 있다고 주장하며, 분리 부정사가 출현하는 위치는 *have to, going to, want to*와 같은 준-조동사와 함께 발견되는 경우가 늘어나고 있으며, (6)(p.171,183)의 예와 같다. (6a-b)는 아동 언어의 전형적 유형이며, (6c) 는 우연히 듣게 된 여성발화의 예이다.

(6) a. You have to not say that word. ('You do not / don't have
       to say that word.' 대신)
    b. I'm going to not eat strawberries. ('I'm not going to eat
       strawberries.' 대신)
    c. You want to not be confused about whoses mother is who
       at kids' birthday parties.

표 6.1. 영어 부정사 to의 매개변수 분석

매개변수(Parameter)	근본적 변화(들)
통합성(Integrity)	재의미화(*resemanticization*) : □ ; *to boldly*와 *to go boldly* 사이에 의미 차이는 없음 음운론적 '강화'(*phonological 'strengthening'*: (□ ;) ; 약화된 변이형 *te*는 사라졌지만, 완전한 형태 *to*가 활약하기 때문에, 강화의 경우가 아닌 축약(retraction)임 재범주화(*recategorialization*) : □ ; to는 주요 (굴절된) 어휘 부류와 연합하지 않음
계열성(Paradigmaticity)	탈계열화(*deparadigmaticization*) 접어에는 무관함
계열적 가변성 (Paradigmatic variability)	탈의무화(*deobligatorification*) : □ ; *to*는 여전히 자동사와는 필수적임

매개변수(Parameter)	근본적 변화(들)
구조적 영향권 (Structural scope)	영향권 확장(*scope expansion*) : ☑ ; 확장된 영향권은 등위연결 약화(*to serve and protect*)와 분리 부정사에 의해 나타나며, *to*는 단지 자동사에 영향력을 미치는 것이 아니라, 모든 유형의 부사에도 영향권을 가짐(cf. (5)의 예)
결속(Bondedness)	단절(*severance*): ☑ ; *to*는 자유 형태소임
통합적 가변성 (Syntagmatic variability)	유연화(*flexibilization*) : ☑ ; *to*는 자동사에 인접하여 나타나기도 하고 그렇지 않기도 함

Fitzmaurice(2000: 180)에 의하면 (6)에서 기술된 구조의 출현은 화용론적으로 제공되었다. 즉 부정어 *not*은 동사에 인접할 때, 동사에 추가적인 강세가 생기게 하는 수사적인 영향력을 가진다.

6.3.2. 스칸디나비아어(Scandinavian)

스칸디나비아어의 표준 언어인 스웨덴어, 노르웨이어, 덴마크어, 아이슬란드어와 페로어는 부정사 표지의 통사적 자유와 관련하여 상당히 다르다.

스웨덴어(Teleman, Hellberg와 Andersson 1999b: 564f., 1999c: 176)에서, 부정어는 필수적으로 부정사에 선행해야 하며((7a)), 몇몇 다른 부사 역시 삽입될 수 있다((7b)):

(7) a. Ingen   försökte   ens   övertala   mig   att   inte   resa
     Nobody tried   even persuade   me   to   not   leave
     'Nobody even tried persuade me not to leave'

b. (Hon njöt av) att   efter   många   år   åter   känna
   (She enjoyed) to   after   many   year   again   feel
   fast   mark   under   fötterna
   solid ground   under   feed-DEF
   'She enjoyed feeling solid ground under her feet again, after many years'

또한 두 노르웨이어 표준 언어인 보크말어(Bokmål)와 뉘노르스크어 (Nynorsk)(Christensen 2007: 152)도 부사와 부정어가 동사로부터 부정표지 를 분리할 수 있다.

Bokmål[12)]
(8) a. Det å   være mor,   er å alltid komme for sent til avtaler
        That to be   mother is to always come   too late to appointments
        'To be a mother, is to always be late for appointments'
    b. men vi   lovet   å   ikke avsløre deres synspunkter
       but   we   promised to not   reveal their viewpoints
       'but we promised to not reveal their viewpoints'

Nynorsk
(9) a. Det er viktig å framleis   gjere det vi kan
       It   is important to continuously do   that we can
       'It is important to keep doing what we can'
    b. No   var det min tur   til å   ikkje flire
       Now   was it   my   turn   for to not   sneer
       'Now it was my turn not to sneer'

(10a)의 예에서, 동사에 직접적으로 선행하는 부정사 표지를 가진 덴마 크어(Christensen 2007: 151)는 무표적인 순서를 나타내지만, 부사는 (10b) 에서처럼 두 개의 사이에 삽입되어야 한다. (10c)에서처럼 부정어에 선행 하는 부정사 표지는 비문법적인 경계에 놓인다.

---

12) Christensen은 단지 뉘노르스크 노르웨이어에 대하여서만 논하였기 때문에, (9b)에
    서 뉘노르스크어 예뿐만 아니라 보크말어의 예를 더 인용하였다. Christnesen의 예
    보다 더 짧았기 때문이다. 예들은 노르웨이어 텍스트의 주석 말뭉치인 오슬로(Oslo)
    코퍼스에서 가져왔으며, www.tekstlab.uio.no/norsk/bokmaal/과 www.tekstlab.uio.
    no/norsk/nynorsk/에서 참조할 수 있다.

(10) Vi   overtalte   dem   til···
     We   persuaded   them   to···
     a. ikke ofte   at   prøve igen
        not often   to   try   again
     b. ikke at   ofte   prøve igen
        not to   often try   again
     c. ??at ikke   ofte   prøve igen
        not to   often try   again

아이슬란드어(Icelandic)(Christnense 2007: 153ff.; Jóhanna Baðdal, p.c.)에
서 분리된 부정사는 단지 소수만 가능하다. 몇몇 화자들 가운데, 부정사
표지가 (11a)에서와 같이 부정어에 선행하기도 하나, 부정어가 절 부사에
의해 뒤따르면 예외가 된다. 부정어와 절 부사가 모두 현재일 때에는 분리
부정사는 (11c)에서처럼 단지 절부사가 구의 마지막에 올 때만 가능하다.

(11) það   væri   vitlaust...
     it   were   stupid...
     a. ?að   ekki   lesa   þessa bók.
        to   not   read   this   book
        'It would be stupid not to read this book'
     b. *að   ekki   strax   lesa þessa bók.
        to   not   immediately   read this   book
        'It would be stupid not to read this book immediately'
     c. að   ekki   lesa   þessa bók   strax[13].
        to   not   read   this   book   immediately
        'It would be stupid not to read this book immediately'

---

13) 이 구조는 아이슬랜드인들에게 허용되지 않는다. 그러나 Jóhanna Baðdal에 의하면,
það væri ekki vitlaust að lesa þessa bók strax 'It would not be unreasonable to
read this book immediately.'와 같이 말하는 것이 더욱 자연스러울 것이다.

페로어(Faroese)에서 부정사 표지는 동사와 분리될 수 없다(Christensen 2007: 152f.):

(12) a. Hon   hevur   lovað   *ikki* *at* gera tað aftur
        She   has   promised   not   to   do   that again
     b. *Hon hevur   lovað   at   ikki gera tað aftur
        She   has   promised   to   not do   that again
        'She has promised to not do that again'

스칸디나비아 언어에서 방언의 발달이 어떻게 다른가에 관한 차이를 아는 것은 흥미로울 수 있지만, 현재 역사적 발달을 보이는 것은 극히 소수만 알려져 있다. 따라서 노르웨이어 부정사 표지의 역사적 논의에만 한정할 것이며, 이것은 탈문법화의 예로 이미 논의한 바 있다.

다음 예에서 보여주는 바와 같이, 노르웨이어 역사 내내14) 부정사 표지는 일반적으로 부정사에 직접적으로 인접해 있다(Faarlund 2007: 59).

(13) a. þeir   ætluðu   at   hengja   hann   (Old Norse)
        they   intended   to   hang   him
     b. ko   leidt   aa   dauvlegt dæ va aa vera so
        how   sad   and boring   it was to be   so
        eisemadde   (EMoNw)
        lonely
     c. Dei   ptØvde   å   finna   han   (MoNw)
        They   tried   to   find   him

---

14) Faarlund는 노르웨이어의 역사를 세 시대로 구분한다: 고대 노르웨이어(Old Norse)는 노르웨이와 아이슬랜드의 중간 지역에서 발화되고 12세기부터 14세기까지의 텍스트에 기록된 것이며, 초기 현대 노르웨이어(EMoNw)는 15세기부터 19세기 말까지 사용되었으며, 노르웨이가 19세기 중엽이전에는 표준 문어가 없었기 때문에 대부분 방언에서 기록된 것이다. 그리고 현대 노르웨이어(MoNw)는 19세기 말 이후부터 사용된 것이다.

 탈문법화 degrammaticalization

그러나 부정사절이 부정어를 포함하고 있으면, 어순은 노르웨이어의 모든 세 단계—부사에 대한 세 개의 다른 위치—에서 다르다. 고대 노르웨이어(Old Norse)에서는 직접적으로 동사에 뒤따르고, 초기 현대 노르웨이어에서는 동사에 선행하며, 현대 노르웨이어에서는 부정사 표지와 동사 사이에 삽입될 수 있다.

(14) a. at   lata   eigi   skera   hár   sitt   (Old Norse)
        to   let   not   cut   hair   his
        'not to have his hair cut'
     b. Intje aa   faa   Qvile   tyktes ham for leit (EMoNw)
        Not   to   get   rest   seemed him too hard
        'He found it too hard not to get a rest'
     c. eg   skal lova   å   ikkje seia   noko (MoNw)
        I   shall promise to   not   say   anything
        'I promise not to say anything'

생성적 관점에서, Farrlund(2007: 62)는 C를 차지하는 부정사 표지와 보문자(at 일 수 있는)15)를 가진다는 점에서 고대 노르웨이어의 부정사절과 종속절에서 유사한 구조를 가정한다. Farrlund는 왜 고대 노르웨이어의 *at*이 후접어나 동사에 접두사 첨가 된 것이 아닌지에 관한 몇 가지 논거를 제시한다: (i) at과 부정사는 결코 하나의 단어처럼 쓰이지 않는다. (ii) *at*은 등위접속 부정사 구의 전 영역에 영향권을 미친다. 그리고 (iii) *en* 'then'과 *nema* 'unless'와 같은 다른 보문자 다음에서 일반적으로 떨어진다. Faarlund(2007: 64)에 의하면 부정사 표지와 부정사가 고대 노르웨이

---

15) 우연적으로, 종속표지 *at*은 부정표지 *at*으로부터 만들어진 것이고, 이것은 장소 전치사 *at*으로부터 문법화 된 것이다. 이것의 발달에 대한 구체적이고 확실한 이해는 Heltoft 1995: 130ff)를 보라.

어에서 항상 인접한다는 사실은 다른 환경의 결과일 수 있다. 부정사 절의 문법적 표상에서, *at*은 주어를 따르게 된다. 그러나 부정사의 주어가 PRO이면, 그것은 '볼 수 없게' 된다. 원칙적으로 절 부사(부정어를 포함하여)는 중간에 올 수 있지만, 항상 동사에 뒤따르며, 부정표현 내에서 V가 I로 이동하는 것도 제안한다. 이러한 관점에서, 부정절은, 다음 예에서와 같이 종속절에 대응한다.

(15) ef   konunger   bannaði   eigi   (Old Norse)
     if   king   forbade   not
     'if the King did nit forbid it'

초기 현대 노르웨이어에서 V가 I로의 이동은 사라졌고, Faarlund에 의하면, 그것은 종속절에서 부사-한정 동사의 어순에 의해 증명된다.

(16) at   han   icke   kendhe   sseg   mectig (EMoNw)
     that he   not   felt   himself   powerful
     'that he did not feel powerful'

그러나 (14b)에서 보았듯이, 부정사절은 더 이상 종속절과 함께 쓰이지 않으며, 부정어는 필수적으로 부정표현 *at*에 선행한다.16)

Faarlund에 의하면, 이것은 부정사 표지가 동사에 관한 후접어로 재분석되고 있다. 결과적으로 *at*은 더 이상 C에서 발견되지 않는데, 그것은 보충어로 CP뿐만 아니라 IP도 택하지 않는 'seem'과 같은 '상승'동사의 보

---

16) 사실, 부사류는 항상 부정사 표지에 선행한다는 Falk와 Torp(1900: 299)의 19세기 댄-노르웨이어(Dano-Norwegian, 보크말어(Bokmål)의 초기 이름) 통사론에서 기술된 것이다.

충어와 같은 다른 구조에서 나타날 수 있다는 의미이다. 사실 (17a)와 같은 구문에서 상승된 부정사의 예가 보이며, *at*이 나타나지 않는 고대 노르웨이어로부터 유사한 구조를 비교할 수 있다((17b)).

(17) a. Jtem kiændes   ad   for^{de}   Anund oc
        thus know-PASS   also above-mentioned Anund and
        gudri att hafue opboret XV kiørlagh (EMoNw)
        Gudri to have received 15   cow.values
        'Thus the above-mentioned Aunud and Grdri are known
        to have received the value of 15 cows'
    b. þótti   honum   hon   vel   hafa   gert(Old Norse)
        seemed him-DAT   she-NOM   well have   done
        'She seemed to him to have done well'

　유사한 패턴이 소절(small clause)에서 발견되었는데, 부정사 표지가 초기 현대 노르웨이어((18a))에서 나타났지만 고대 노르웨이어((18b))에서는 나타나지 않았다.

(18) a. oc   bekende det   at vere en   velgerning (EMoNw)
        and admit   that to be   a   good.deed
        'and admit that it is a good deed'
    b. ok   kenni sik   sva hafa ast guðs (Old Norse)
        and know himself-ACC   so   have love god-GEN
        'and know that he thus has the love of God'

　후접어와 같은 초기 현대 노르웨이어 부정사 표지의 분석에 관한 두 가지 부가적인 논쟁은 방언의 문어 텍스트에서 보이는(cf. (14b)의 예) 구어에서의 *at*에서 *å*로 변하는 음운론적 약화와, (19)에서처럼 부정사 표지와 부정사가 마치 하나의 단어처럼 쓰였다는 점이다(Faarlund 2007: 71):

(19) Traust   och   bescherming   atforswara
     trust   and   safety   to.defend
     'to defend trust and safety'

Faarlund는 초기 현대 노르웨이어 부정사 표지가 부정사에 후접어로
쓰였다는 것을 보여주는 충분한 증거를 제공했다. 따라서 논의를 초기 노
르웨이어로 옮겨가 보도록 하자. (14c)에서 이미 보았듯이, 분리 부정사
는 이 단계에서 나타나 부정사 표지가 탈접어화되었다는 제안을 하고, C
로 '다시' 이동하였다.

(20a-b)에서 기술하듯이, 고대 노르웨이어에서와 같이 부정사 구문은
구조적으로 종속절과 동일하다. 그러나 (20b′)에서 기술한 바와 같이, å에
선행하는 부정어를 가진 더 오래된 구조가 현대 노르웨이어에서도 여전히
가능하다는 점을 주목하라(Faarlund 2007: 72):

(20) a. Det var best   at   du   ikke tenkte på   det (종속절)
        It was best   [that you   not thought of   it]
        'It was better that you did not think about it'
     b. Det var best   å PRO   ikke tenke   på   det (부정사)
        It was best   to PRO   not   think   of   it
     b′. det var best   ikke   å tenke på   det
        it was best   not   to think of   it
        'it was better not to think of it'

(20b)와 (20b′) 사이에는 아무런 의미적·화용적 차이가 없다. 그러나
어떤 화자들(특히 어린 화자들)에게 두 문장은 문체적인 차이가 있다. 즉
(20b′)는 보다 약간 더 문어체적이고 형식적이다. 따라서 å의 탈접어화는
진행 중인 변화의 모든 특징을 보이고 있다.

표 6.2. 노르웨이어 부정사 å의 매개 변수 분석

매개변수(Parameter)	근본적 변화(들)
통합성(Integrity)	재의미화(*resemanticization*): □; 기능의 변화가 없고, *å*는 다른 (어휘적)의미를 획득하지 않음 음운론적 '강화'(*phonological 'strengthening'*): (□;) ; 음운론적 층위에서는 변화가 없음 재범주화(*recategorialization*):□; *å*는 주요한 (굴절) 어휘 부류와 연합하지 않음
계열성(Paradigmaticity)	탈계열화(*deparadigmaticization*) 접어에는 무관함
계열적 가변성 (Paradigmatic variability)	탈의무화(*deobligatorification*): □; 부정사 표지는 여전히 부정사 구문에서 의무적임
구조적 영향권 (Structural scope)	영향권 확장(*scope expansion*): ☑ ; *å*의 영향권이 확장된 것은 분리 부정사(예(8a–b))와 등위접속 약화(예(21))에 의해 증명되었음
결속(Bondedness)	단절(*severance*): ☑ ; *å*는 더 이상 전접어가 아니라는 것은 분리 부정사와 등위접속 약화에 의해 보여짐
통합적 가변성 (Syntagmatic variability)	유연화(*flexibilization*): ☑ ; *å*는 부정사에 인접할 필요가 없음

*å*의 분석에 관한 마지막 특징은 두 개의 등위 접속된 부정사구의 두 번째 앞에서 생략될 수 있다는 것이다:17)

> (21) [lesere], som så inviteres til å se filmene og
> [readers] who then invited-PASS to to see movies-DEF and
> velge sin favoritt
> choose their favourite
> ' … who are then invited to see the films and choose their favourite'

분리 부정사와 등위접속 약화의 출현은 이 변화를 탈결속의 확실한 예로 만든다.

---

17) 이 예는 노르웨이어 텍스트의 주석 오슬로(Oslo) 코퍼스로부터 발췌한 것이다. www.tekstlab.uio.no/norsk/bokmaal/.

6.4. 일본어 연결어(Japanese connectives)

현재 일본어는 두 개 또는 그 이상 이어지는 것을 연결하기 위한 몇 가지 장치가 있고, 그것들 중 자유 연결어는 (22a)에 기술되었고, 전접어 '연결어미(connective particle)'는 (22b)에 기술되었다(Matsumoto 1988: 340).

> (22) a. Taroo-waa wakai(-yo).   *Ga*   yoku yar-u-(-yo)
>   Taroo-TOP   young(-PART).   But   well do-PRES(-PART)
>   'Taroo is young. But he does a good job'
>   b. Taroo-wa   wakai(*-yo)-ga,   yoku yar-u(-yo)
>   Taroo-TOP   young(-*PART)-but   well do-PRES(-PART)
>   'Taroo is young, but he does a good job'

연결어미(-*ga* 외에, Matsumoto는 다른 몇 개의 연결어미도 목록화하였다.)는 비-결속된 대응어와는 명백하게 다르다. 그것들은 일반적으로 운율적 단위와 함께 쓰이는 자립 형태소에 결속된다. 반면 *ga*와 같은 자유 연결어는 독립적으로 쓰일 수 있고, 명백한 휴지에 선행한다. 게다가, -*yo*와 같은 문말 어미는 자유 연결어 이전에 나타날 수 있지만 전접어 연결어 앞에는 나타나지 못한다. 자유 연결어는 새로운 문장을 시작한다는 것을 나타낸다. 결국 자유 연결어는 새로운 담화의 시작을 표시한다.

유사한 예는 'because'의 의미인 *(-)dakara*를 들 수 있는데, 연결어미가 전접어 계사 -*da*가 있는 곳에 붙는다(Matsumoto 1988: 341f.). 이 연결어 역시, (23a)에서와 같이 자립 형태로 나타나거나, (23b)에서와 같이 전접어 연결형태로 나타난다. *Dakara*는 심지어 '청자 구성원 중 일부에 관한 이해에 실패했음에도 불구하고, 화자가 그/그녀의 의견을 주장하는 발화를 도입하기 위해' 쓰인다(Matsumoto 1988: 345f.). ((23c)를 보면) 그 같은 구조는, 'because'의 의미가 사라지고, *dakara*는 자주 명백한 휴지 다음에 쓰인다. 감탄어미가 접미사화되어 첨부될 수 있다.

(23) a. Taroo-wa   mada kodomo-da. *Da-kara* sore-wa
       Taroo-TOP   still child-COP.   Therefore that-TOP
       muri-da
       unreasonable. request-COP
       'Since Taroo is still a child, he is not up to that task'
     b. Taroo-wa   mada kodomo-da-kara   sore-wa
       Taroo-TOP   still child-COP-because   that-TOP
       muri-da
       unreasonable. request-COP
       'Since Taroo is still a child, he is not up to that task'
     c. Dakara(-ne),   Ken-wa   usotsuki-na-n-da-yo
       'dakara'(-PART),   Ken-TOP   liar-COP-NOML-COP-PART
       'I'm telling you that Ken is a liar!'

절 전체의 문법화는 일반적으로 병렬문에서 종속문으로의 이행을 포함하기 때문에(Hopper와 Traugott 2003: 175ff.), 단일 방향성 주장은 전접어 연결어미가 자유 연결사에서부터 발전했다는 사실을 내포하지만, 역사적 증거는 어미가 더 오래되었다는 것을 명백하게 보여준다(Matsumoto 1988: 342f.). 예를 들어 (22a)에서 연결어미 -*ga*는, 고대 일본어의 속격과 주격 표지에서 출발했고, 18세기 말 경에 연결어미로 발전했다. 자립 형태 *ga* 는 17세기까지는 나타나지 않는다. Hopper와 Traugott(2003: 210)는 따라서 일본어 격을 절을 연합하는 단일 방향성에 관한 반례로 받아들인다.

전접어 연결어미의 분리에 관한 중요한 점은 의미적 내용에서의 증가를 동반하지 않는다는 점이다. 그 정반대로 자유 연결어 *ga* 'but'는 항상 앞 내용과 반대되는 의미를 가진다. 반면 전접어 -*ga*는 앞 내용과 반대되는 의미가 아닌 경우를 가질 수 있다(Matsumoto 1988: 347f.). 다시 말해, 독립적인 *ga*의 발달은 주어성이 증가하는 것과 밀접히 연관된 것이며(Hopper와 Traugott 2003: 211), 변화는 전형적으로 문법화에서 발견된다. (23c)의 *Dakara*는 담화 표지로 발전되었고, 따라서 잘 다져진 의미-화용론적인 방향을 따른다. Matsumoto에 의해 기술된 다른 연결어미들 또한 의미의 화용화를 보이고 의미론적 변화에서 우세한 동향을 띤다.

Matsumoto(1988: 344)에 의하면, 전접어 연결어미의 분리에 관한 가능한 설명은 그것들이 OV 언어에서 연결 형태소의 전형적인 위치인 절의 마지막에 나타난다는 것이다. 이 위치는 절-말 위치에서 다음 절의 시작 위치로의 이동을 용이하게 하고, 탈문법화에서 자주 발견되는 재괄호의 경우이다.

표 6.3. 일본어 연결어의 매개변수 분석

매개변수(Parameter)	근본적 변화(들)
통합성(Integrity)	재의미화(*resemanticization*): ☒ ; 비역접의미를 잃음 음운론적 '강화'(*phonological 'strengthening'*): (☑): 음운론적 층위에서는 변화가 없지만, 전접어 불변화사와 같지는 않고, 자유 불변화사는 강세를 받을 수 있음 재범주화(*recategorialization*): □ ; 자유 연결어는 주요한 (굴절) 어휘 부류와 연합하지 않음
계열성(Paradigmaticity)	탈계열화(deparadigmaticization) 접어에는 무관함
계열적 가변성 (Paradigmatic variability)	탈의무화(*deobligatorification*): ☑ ; 전접어를 동반하지 않는 종속절은 문법적이지 않지만, 반면 자유 연결어를 동반하지 않는 주절은 문법적임(Heiko Narrog, p.c)☑
구조적 영향권 (Structural scope)	영향권 확장(*scope expansion*): ☑ ; 전접어 연결어는 단지 종속절까지 영향권을 가지지만, 반면 자유 연결어는 전체 진술에 영향권을 가짐
결속(Bondedness)	단절(*severance*): ☑ ; 연결어는 더 이상 결속 형태소가 아님
통합적 가변성 (Syntagmatic variability)	유연화(*flexibilization*): □ ; 종속절의 맨 끝에 오는 전접어 연결어와 문장의 맨 앞에 오는 자유 연결어 모두 고정적임

6.5. 고대 에스토니아어에서 강조의 *ep*와 의문의 *es*: 접어에서 자유 불변화사[18])로(old Estonian emphatic *ep* and interrogative *es*: from clitic to free particle)

(16세기에서 18세기까지) 고대 에스토니아어는 두 개의 자유 불변화사를 갖는다. 강조의 *ep*와 의문의 *es*[19])이며, 이것들은 핀란드어(Finnish)와 카렐리아어(Karelian)와 같은 어족에서 접어에 대응된다. Nevis(1986b)와 Campbell(1991)에 의하면, 전접어 표지는 더 오래된 단계에서 나타나고, 따라서 고대 에스토니아어의 *ep*와 *es*는 탈접어화의 결과이다.[20]) 강조 표지 *ep*는 원시 핀족어(Proto-Finnic)[21]) **pa*를 직접 이어받은 것으로 간주된다(Nevis 1986b: 13ff.와 거기의 참고자료를 보라). 에스토니아어 *ep*는 대부분 같은 자리에서 나타나고, 관련 언어에서 강조의 전접어 표지와 같은 의미를 가진다. (예로 핀란드어의 *=pa/=pä*). *Ep*는 일반적으로 문장에서 첫 번째 구성요소 다음에서 발견되고, 전접어 어족에서 나타나는 두 번째 자리에 대응한다(예 24a)). 그러나 다른 위치 역시도 가능하다((24b); Nevis

---

18) 필자가 이 책의 마지막 버전을 내기 전에, Metslang, Pajusalu와 Habicht(2008)의 대안적 분석을 소개받았는데, *es*가 탈접어화가 아니라 문법화임을 함의하는 내용이었다. Metslang et al.,에 의하면 *es*는 *e-*어간 부정 동사 형태에서 발달된 것이고, 질문 접미사 *-ko*와 확인 불변화사 *-s*에 첨가되는 것이며, *ep*의 상승도 유사하게 발달된 것이라고 볼 수 있다. 이 문제의 구체적인 집필 시기에는 필자가 알지 못했지만, 그것이 옳다면, 이 절에서 논의되는 에스토니아어 예는 탈문법화의 예가 아니다.
19) *Ep*는 현대 에스토니아어에서도 여전히 발견되지만, 극단적인 고어체이며, *es*는 현재 사용하지 않는다(Cornelius Hasselblatt, p.c.).
20) Helle Metslang, Külli Habicht와 Karl Pajusalu가 필자에게 소개하였듯이, Nevis는 처음에 에스토니아어 ep와 es에 관한 전접어화 분석을 제안하지 않았었다. 공식적인 기록으로는 Ariste(1973)과 Alvre(1976)의 논문에서 더 먼저 논의되었다.
21) '핀족어(Finnic)'는 현재 이전의 'Balto-Finnic', 'Baltic-Finnic'이나 'Fennic'을 대체하는 용어로 사용되고, 에스토니아어, 핀란드어와 카렐리아어를 포함한다. (Cornelius Hasselblatt, p.c.).

1986b: 13f.):

> (24) a. selle   kivi   peal   ep   kolgitigi neid   riideid
>   this   rock   on   EMP   pounded   these   clothes
>   'on this stone one pounded the clothes'
>   b. ... ja temale   ta   ep   lilled   viibki
>   ... and her-ALLATIVE   he   EMP   flowers   brings-EMP
>   'and to her brings flowers'

다른 말로, *ep*는 단지 운율적으로 독립적일 뿐 아니라, 그 자리도 덜 고정적이 되었다.

의문의 *es*[22] 역시, 광범위하지만 배타적이지 않은 두 번째-자리 단어이다. 1686년의 신약성서 번역에서 가져온 (25a)의 예에서, 첫 번째 구성 요소의 뒤에 나타난다. 그러나 (25b)(남부 에스토니아어, 고어체)의 예에서는 세 번째 자리에 나타난다. 1686년 번역판에서는, (25c)에서의 전접어 의문표지 =*s*가 여전히 발견된다.(Nevis 1986b: 15f.):

> (25) a. Kelt   es   Se Proweet Seddä ütlep
>   whom-ABL INT the   prophet that   says
>   'About whom does the prophet say that?'
>   b. Kellega   teie   es   sin   tahate kônelda
>   whom-COMIT you   INT here want   speak
>   'With whom here do you want to speak?'
>   c. Kustas   meije Lanenni paljo Leiba Same
>   whence-INT   our   kind so much bread get
>   'From where does our kind get so much bread?'

---

22) 의문 *es*는, 어원적으로 관련이 있는, 다른 기능어들과 동음어이지만, 이들은 탈접어화 분석과는 관련이 없다. Nevis(1986: 16ff.)의 자세한 내용을 보라.

Nevis(1986b)에 의하면, 강조의 *ep*와 의문의 *es* 모두 두 번째 자리 유형의 접사인 각각 *=pa와 *=(ko)s에서 파생된 것이다. 이들 재구조화된 형태에 관한 증거는, 에스토니아어와 다른 핀족 언어에서 모두, 이들 접어를 포함하는 수많은 잔존 형태에서 발견된다. 전접어 *=pa는 에스토니아어의 *juba* 'already'와 핀란드어의 *jopa* 'even'[23] (ju/jo 'already'+강조 =pa), 또는 에스토니아어의 *Küllap* 'sure, probably'에서 예를 볼 수 있다. 전접어 *=s는 원래 '비격식적 표지'(비격식 기호)였는데, 자주 의문의 *=ko(Estonian에서 현재는 사라졌다)와 함께 출현하였다. 접어의 이러한 연속의 잔존은, 예를 들어, 핀란드어 *en=kö=s* 'don't you?'와 같은 것이다(부정 동사+의문+비격식 표지). 에스토니아어는 또한, *kunas* 'when?'에서처럼(c.f (25b)에서), 의문의 *=(ko)*에 이어지는 *=s*가 나타나는 수많은 의문문을 가진다. 이러한 예는 심지어 몇몇 에스토니아어의 잔존형에서 동시에 나타난다. 예로, *eps ta tule* 's/he'll come, won't s/he?'와 같은 문장에서 *eps*(부정 e+강조 pa+의문 s)을 들 수 있다(Cornelius Hasselblatt, p.c.).

고대 에스토니아어에서 *=s*와 *=p*와 같은 접어는 마지막 모음의 일반적인 탈락을 방해한다(*veel* 'still'와 함께하는 *veela=ks* 'still?'와 같은 예를 비교하라). 어말에서 탈락하지 않는 모음(비-어두 위치에서 *e*가 되는 *ä*)은 나중에 접어의 부분으로 재분석되었고, 자립 형태소 *ep*와 *es*에 관한 설명이 가능하게 한다.

---

23) Nevis는 에스토니아어의 *juba*를 'even'과 같이 번역하지만, Cornelius Hasselblatt (p.c.)에 의하면 이것은 옳지 않다.

표 6.4. Estonian ep와 es의 매개변수 분석

매개변수(Parameter)	근본적 변화(들)
통합성(Integrity)	재의미화(*resemanticization*): □ ; *ep*와 *es*는 새로운 기능과 (어휘적) 의미를 획득하지 못함 음운론적 '강화'(*phonological 'strengthening'*): (☑) ; *ep*와 *es*는 =*p*와 =*s*로부터 발달하였지만, 더 오랜 형태는, 접어의 부분으로서, 다수 어말 모음의 재분석 결과 재범주화(*recategorialization*): □ ; *ep*와 *es*는 주요한 (굴절) 어휘 부류와 연합하지 않음
계열성(Paradigmaticity)	탈계열화(*deparadigmaticization*): 접어에는 무관함
계열적 가변성 (Paradigmatic variability)	탈의무화(*deobligatorification*): □ ; *ep*와 *es*는 거의 의무화되어 나타나지 않음
구조적 영향권 (Structural scope)	영향권 확장(*scope expansion*): □ ; 영향권의 명백한 변화는 없음; (24)와 (25) 문장의 번역에 의하면, *ep*와 *es*는 하나의 구성요소를 강조하거나 의문으로 나타내는 것을 지속함
결속(Bondedness)	단절(*severance*): ☑ ; *ep*와 *es* 모두 자유 형태소가 됨
통합적 가변성 (Syntagmatic variability)	유연화(*flexibilization*): ☑ ; 자유 형태소로서, *ep*와 *es*는 더 이상 Wackernagel 위치에만 제약되지 않음

6.6. 아일랜드어의 *muid*: 동사의 접미사에서 대명사로(Irish *muid*: from verb suffix to pronoun)

1인칭 동사의 접미사에서 나온 아일랜드어 1인칭 대명사 *muid*의 발달은 탈문법화의 문헌에서 낡은 예들 중 하나이다. 이 형태소의 발달 가운데 두 단계가 (26)에서 기술된다: 24)

    (26) a. molfa-maid   (Early Modern Irish)
              praise-FUT.1PL

         b. molfaid   muid   (Contemporary Connemara Irish)
             praise-FUT   we
            'We will praise'

---

24) -*maid*와 *muid* 사이는 단지 하나의 철자의 차이이고, 형태론적 중요성은 없다(Aidan Doyle, p.c.).

고대 아일랜드어(Old Irish, c.600-900)에서, 인칭 표지는 배타적으로 굴절되었지만, 중세 아일랜드어(Middle Irish)시기(c. 900-1200)에는 동사의 3인칭 형태+전접어 인칭 대명사로 구성된 병렬적인 체계가 발달되었다. 초기 현대 아일랜드어(Early Mordern Irish)시기(c.1200-1600)에 동사는 두 개의 패러다임을 가졌는데, '통합적'인 것과 '분석적'인 것이며, 동사 *mol* 'to praise'의 미래 굴절에 관해 표 6.5에서 기술되었다(Doyle 2002: 68). 현대 아일랜드어에서는 분석적인 형태가 통합적 형태보다 더 일반적이며, 대폭 더욱 북쪽 방향으로 계속 이동하고 있다(Mac Congáil 2004: 117). Doyle(2002: 68f.)에 의하면, 1인칭 접미사는 처음에 미래 패러다임의 독립적인 대명사로 재분석되었다. 왜냐하면 이 형태는 표 6.5 오른쪽 칼럼의 분석적인 형태와 운율적으로 유사하기 때문이다. 이후의 단계에서, 그것은 다른 동사 패러다임으로 퍼져 나갔고, 특히 분석적 패러다임에서 대명사 *sinn*으로 대체되었다.

표 6.5. 초기 현대 아일랜드어의 통합적/분석적인 분석 패러다임

		통합적	분석적
단수	1	*molfad*	*molfaidh mé*
	2	*molfair*	*molfaidh tú*
	3	*molfaidh*	*molfaidh sé/sí*
복수	1	*molfamaid*	*molfaidh sinn*
	2	*molfaidhe*	*molfaidh sibh*
	3	*molfaid*	*molfaidh siad*

Doyle(2002: 71ff.)는 독립적인 *muid*의 상승이 가능하게 하는 두 가지 요인에 대하여 논의한다. 첫째, 아일랜드어는 PRO-drop 언어가 아니게 되는데, 그것은 주어-동사 일치가 명시적인 인칭 대명사에 의해서 의무적

으로 표시되어야 하는 것을 의미하였다. 둘째, 원래 접사 첨가 동사의 어말이 음운적으로 접어처럼 행동하기 시작하였다. 따라서 Doyle(2002: 77)는 *muid*의 자립적인 대명사로의 발달은, 초기 현대 아일랜드어(주어-동사 일치가 굴절 동사 대신에 대명사에 의해 표시되게 된)에서 '매개변수 재고정(parameter resetting)'의 결합과 중세 아일랜드어의 접어와 같은 접사의 재분석 결과인, '통사적이고 음운론적인 요인의 공모(conspiracy)'였다고 결론짓는다.

대안적인 분석은 Bybee, Perkins와 Pagliuca(1994: 13ff.)에서 보인다. 그들은 통합적 형태가 분석적 형태에 의해 대체되기 시작했을 때, 단지 1인칭 접미사는 다음의 현재 시제 패러다임에서처럼 유지되고 있다고 주장한다.(같은 책: 14):

(27) 아일랜드어 *mol* 'praise', 현재 시제

1SG	molann mé	1PL	molaimid
2SG	molann tú	2PL	molann sibh
3SG	molann sé/sí	3PL	molann siad

비-구개음화된 변이음 *muid*에서, (28 a-b)의 예에서처럼(부가적 강조 접미사 *-e*를 동반한), 접미사는 원래의 1인칭 복수 대명사 *sinn* 대신에 자립적인 대명사와 같이 나타날 수 있다:

(28) a. osclaíonn tusa   an geata agus imríonn *muide* cluifí
        open-PRES 2SG-EMP the gate and play-PRES 1PL.EMP games
        'You open the gate and we play games'
     b. Is   muide   a   rinne   é
        Be 1PL.EMP   who   do-PAST   it
        'It is we who did it'

Bybee, perkins와 Pagliuca(1994: 13)는 *muid*의 탈형태소화를 '패러다임 압력'의 사례로 여긴다. 왜냐하면 모든 다른 인칭 형태가 이미 분석적으로 나타났기 때문이다.

Bybee 외의 분석은, (27)의 패러다임에서는 증거가 없기 때문에, (Aidan Doyle p.c.에 반해) 문제의 여지가 있다. 현대 방언의 세 개 중 두 개에서, 1인칭 단수는 여전히 통합적이지만(*molaim*; 또한 Mac Congáil 2004: 120과 비교하라), 이런 이유로 1인칭 복수가 유지되고 있는 유일한 접미사는 아니었다. 즉, 만약 1인칭 복수 접미사의 탈결속이 패러다임의 압력 때문에 생겼다면, 1인칭 단수 접미사에서도 왜 일어나지 않는지가 명확하지 않다.

Askedal(2008: 54ff.) 역시 1인칭 복수가 유일하게 통합적 형태로 남아 있는 것은 아니라고 지적한다. 게다가 Askedal은 *muid*의 역사는, '교착적인 특성을 가진 분석적 동사 형태'로의 큰 발달 부분을 형성하기 때문에, 탈문법화의 경우가 아니라고 주장한다. 분석적인 것으로의 일반적이고 전형적인 전이에 관한 관점에서, Askadal은 이러한 경우에서 탈문법화를 증명하기 위해 '구조적으로 잘못 이끌어진 것'이라고 주장한다. Askadal은 따라서 전형적인 발달과 탈문법화를 경쟁하는 변화로 여기는 것 같다. 반면 그 둘이 완전히 다른 층위에서 변화하기 때문에, 그 둘은 완전히 함께 순조롭게 진행된다고 본다.[25] 굴절의 상실은 문법적 범주 층위에서의 변화이고, 많은 언어의 역사에서 발견된다. 반면 특별한 *muid*의 탈형태소화는 단지 특별한 형태에만 영향을 미치는 '미시적인 변화'이다. Norde(2001a)는 탈어미변화(deflextion)가 쇠퇴해가는 굴절의 선택적 진화

---

25) 덧붙이면 교착은 Irish 동사 형태론의 정확한 기술이 될 수 없어 보인다. Doyle(p.c.)에 의하면 여전히 굴절이다.

(3.3.5절을 보라)의 결과일 수 있다고 주장했고, 이것은 아일랜드어의 *muid*
에 관한 논의가 될 수도 있다. 즉, 아일랜드어의 동사 탈어미변화는 *muid*
의 탈문법화를 촉진시켰다. 그래서 그 둘은 Askadal이 주장한 것처럼 상
보적이다.

표 6.6. 아일랜드어 *muid*의 매개변수 분석

매개변수(Parameter)	근본적 변화(들)
통합성(Integrity)	재의미화(*resemanticization*): ☑ ; 대명사는 언어적 접미사보다 덜 추상적인 의미를 가짐 음운론적 '강화'(*phonological 'strengthening'*): □ ; 음운론적 층위에서는 변화가 없음 재범주화(*recategorialization*): ☑ ; Irish 대명사가 엄밀한 의미에서 굴절되지 않지만, 대명사들은 ((28)에서의 강조 형태, 다른 것들 사이, 등을 포함하는)패러다임을 형성함(부분적으로 보충법적이며)
계열성(Paradigmaticity)	탈계열화(*deparadigmaticization*): ☑ ; *muid*는 동사에관한 인칭 굴절의 패러다임을 어에는 무관함
계열적 가변성 (Paradigmatic variability)	탈의무화(*deobligatorification*): □ ; 1인칭 접미사와 대명사 *(-)muid*로서 모두 1인칭을 표시하기 위해 의무적임
구조적 영향권 (Structural scope)	영향권 확장(*scope expansion*): ☑ ; 접미사는 단지 그것의 어간까지 영향권을 갖지만, 대명사는 모든 술어까지 영향권을 행사함
결속(Bondedness)	단절(*severance*): ☑ ; *muid*는 자유 형태소가 됨
통합적 가변성 (Syntagmatic variability)	유연화(*flexibilization*): ☑ ; *muid*는 더 이상 동사에 인접하지 않지만, 다른 구조 유형에서는 (28b)의 예처럼 나타날 수 있음

6.7. 북부 사미어의 *haga*: 격 접미사에서 후치사로(northern Saami *haga*: from case suffix to postposition)

대부분의 핀-우그릭(Finno-Ugric)언어는, 핀란드어의 *-tta*와 같은 'without'
의 의미를 가진 결여격(abessive case) 접미사를 가진다. 그러나 북부 사미
어에서, 결여 형태소인 *haga*[26]는 후치사와 같은 형태 통사적 특징을 가

---

26) Nevis(1986a)와 그 논문의 기반인 문헌에서 이 형태는 일반적으로 *taga*와 같은 철자

진다(Nielsen 1926: 65; Nevis 1986a).27) 후치사와 같이(접사와는 다르게), 그
것은 속격을 지배하며, 강세를 받을 수 있고, 독립적으로 나타날 수 있다.
결여격이 다른 격표지를 가지면서 유사한 구조와 대조될 때, 다른 차이점
은 명백해진다. 예들 들어, 결여격은 (29a)에서처럼 접속사의 생략을 선호
하지만, 격 접미사를 가진 경우에는 불가능하다((29b)와 비교하라):

(29) a. áhči   ja Issáh-a   haga (ABBESSIVE)
        father.SG.GEN   and Issát-SG.GEN   without
        'without father and (without) Issát'
     b. áhči-in   ja Issáhi-in   / *Áhči- ja
        father-COMIT   and Issát-COMIT / father- and
        Issat-COMIT   (CASE SUFFIX)
        'with fatehr and Issát'

또한 (30a)와 같이 전접어 소유격 형태소 뒤에 따르는 반면, 격 접미사
는 (30b)에서처럼 소유격에 선행한다.

(30) a. bárdná-n   haga   (ABBESSIVE)
        son-POSS.1SG   without
        'without my son'

로 쓰이지만, 이는 실제적으로는 단지 동부 핀마르크(Eastern Finnmark) 방언권에
서 쓰이는 이전의 철자이다. 서부 핀마르크(Western Finnmark) 방언, 사미 문학 언
어에 기초하면, 두 번째와 세 번째 음절의 경계에서 *ht > *h의 규칙적 소리 변화를
겪었다.
27) 역사적 사건에 대한 Nevis의 분석이 일반적으로 옳은데도 불구하고, Ante Aikio
    (p.c.)는 나에게 그의 예들이 다뤄져야 한다고 지적했왔다. 우선, 예들은 다른 사미
    언어에서 가져온 것과 대조되었다(거기에는 10개의 공식적 사미어가 있고, 그중 문
    어체가 6개이다.). 둘째, 그 예들은 형태론적 분석과 번역에서 상당수의 오류를 포함
    한다. 따라서 여기서 주어진 예들은 다시 쓰여진 것이거나 모국어 화자인 Aikio에 의
    해 제공된 것이다.

b. áhku-i-dasa-n   (CASE SUFFIX)
   grandmother-PL-ILLATIVE-POSS.1SG
   'to my grandmothers'

*haga*가 일반적으로 현대 철자법28)에서는 분리되어 쓰이지만, 구어에서는 자주 접어화 된다. 그러나 숙주어와 함께 음운론적 상호작용이 없으므로(실제 사미어의 접어로 만드는) Nevis는 '준-접어 후치사'로 결여격을 특징화한다.

대부분의 북부 사미 방언에서, *haga*의 발달은 심지어 음운론적 자립성을 완성하는 방향으로 뻗어나갔다. 이들 방언에서 *haga*는 마치 음운론적으로 자립한 부사처럼 기능한다:

(31) mun   báhcen   haga
     I   remain-PRET.1SG   without
     'I was left ("remained") without'

노르웨이의 북부 사미어의 변이형에서, *haga*는 심지어 전치사처럼 나타난다. 이러한 사용은 규범 문법가들에 의해 비난을 받으며, 이러한 이유는 아마도 노르웨이어의 영향때문일 것이다(전치사적 언어):29)

(32) haga   skuova-id
     without   shoe-PL.GEN/ACC
     'without shoes'

---

28) Jussi Ylikoski(p.c)에 의하면, *haga*는 19세기부터 대부분의 변이형에서 분리된 단어처럼 쓰여지고 있다. 고빈도로 나타나는 연어에서는 *lobihaga* 'without permission'과 같이 *haga*와 그것에 선행하는 명사는 한 단어처럼 쓰이지만, 그것은 비-표준적인 것이다.
29) Jussi Ylikoski에게서 이 예를 구했다.

사미어 결여격의 초기 역사는 문헌화되지 않았지만, 언어-내적 증거와 비교할 만한 증거 둘 다로, 이에 따라 판단해 보건대, 결여격은 원시-핀-우그릭(Proto-Finno-Ugric) 언어에서 접미사였음이 틀림없고, 모든 핀-우그릭 언어에서 접어화와 후에 접어화를 겪은 모든 단어가 아니라 사미어에서 그러했을 것이다. 원시-핀-우그릭 언어에서 접사 연쇄체는, 즉 *-pta-k-e/i-k/n[결격-위치격-e[30])-('용어법적으로')결격]으로, 재구조화 될 수 있는데, 원시 사미어에서는 *-ptā-k-ë-k/n(⟨ë⟩는 중설 비원순 모음을 나타내는 곳)이 되었다. 첫 번째 요소인 *-pta는, 핀-우그릭어가 원래 어두 자음군을 전혀 허용하지 않기 때문에, 핀-우그릭 언어에서 절대 자립 형태소가 되지 않는다. 즉 현대 언어에서 어두 자음군의 모든 예들은 이차적 기원을 둔 계통이다. 결여격 접미사로 발달된 이러한 접사의 연쇄체는 접미사 -httá의 존재에 의해 증명되는데, 이는 더 이상 생산적이지는 않다(Nielsen 이 이미 1926년 문법 논문의 65페이지에서 기술한 바와 같이).

표 6.7. Northern Saami *haga*의 매개변수 분석

매개변수(Parameter)	근본적 변화(들)
통합성(Integrity)	재의미화(*resemanticization*): ☑ ; *haga*는 'without'의 의미를 가진 (예 (31)) 독립적 부사와 같이 기능할 수 있으며, 그것은 더 이상 명사구(결여격과 같은)를 단지 수식하지는 않는다는 의미임 음운론적 '강화'(*phonological 'strengthening'*): ☐ ; 음운론적 층위에서는 변화가 없음 재범주화(*recategorialization*): ☐ ; *haga*는 주요한 (굴절) 어휘 부류와 연합하지 않음
계열성(Paradigmaticity)	탈계열화(*deparadigmaticization*): ☑ ; *haga*는 더이상 북부사미어어의 명사 격 굴절의 패러다임의 부분을 형성하지 않음
계열적 가변성 (Paradigmatic variability)	탈의무화(*deobligatorification*): ☑ ; 후치사처럼 *haga*는 여전히 굴절 격표지와 대립하지만, 북부사미어의 몇몇 변이형에서 다른 요소에 의해 대체되었음(Ylikoski 2008: 106f.)

30) 재구조화된 형태에서, 삽입 모음은 Anto Aikio에 의해 Nevis의 재구조에 추가되었다.

매개변수(Parameter)	근본적 변화(들)
구조적 영향권 (Structural scope)	영향권 확장(*scope expansion*): ☑ ; *haga*의 확장된 영향권은 (29a)에서 공기(co-ordination) 생략과 (30a)에서 소유격을 뒤따르는 능력에 의해 반영됨
결속(Bondedness)	단절(*severance*): ☑ ; *haga*는 자유 형태소가 됨
통합적 가변성 (Syntagmatic variability)	유연화(*flexibilization*): ☑ ; haga는 독립적으로 나타날 수 있고(예 (31)), 심지어 전치사와 같이 나타날 수도 있음(예(32))

Kiparsky(2005)는 결여격으로의 변화가 수반격(commitative) 복수 *-guim*을 동반한 유추 때문이라고 언급하는데, 그것은 접어로 문법화 되었고 (*guoibme* 'fellow'으로 부터),³¹⁾ 유사하게 소유격 다음에 오지만(예 (30a)와 비교), 약간의 논의 여지가 있는 듯하다. 우선, 그것은 왜 단수 결여격이, 그리고 단수 결여격 홀로, 수반격 복수와 함께하는 패턴이어야 하는가는 분명하지 않다. 둘째, 수반격 복수는 대폭적으로 접미사화 되고 있는데, 그 예로서 접속사의 생략은 현대 언어사용에서 매우 드물다(Aikio, p.c.). 다시 말해, 접미사로 문법화 되고 있는 접어가 어떻게 접어와 후치사로 탈문법화되는 접미사에 패턴을 제공해야 하는가를 아는 것은 어렵다.

6.8. 후파어 동사 합성에서의 탈접사화(deaffixation in the Hup verbal compound)

5.6절에서 보았듯이, 포합어의 탈문법화에 관해 알려진 것은 거의 없는데, 이 절에서는 이러한 드문 예들 중 하나에 관해 논의하고자 한다. 이 연구에서는, 나다후파(Nadahup)어족에 속하는 북서 아마존 유역에서 통용

---

31) 현대 북부사미어어 철자법에서, 이들 형태는 실제로는 *-guin*과 *guoibmi*로 상당수 쓰인다(Jussi Ylikoski, p.c).

되는 후파어(Hup)(Epps 2008)의 동사 합성에서 나타나는 탈접어화를 다룬
다. 다음의 격자에서 기술되는 바와 같이, 후파어의 동사는 문법 형성에서
다수의 자리(slots)를 가진다(Epps의 앞선 논문):

(33)		Core		Periphery	
(Prefix)	-Stem	-(Inner Suffix)	-Boundary Suffix	=(Enclitic)	(Particle)
hup	-y ə d	-cɨ̃ w	-ɨ̃ y	= c u d	y æ̃ h
REFELXIVE	- hide	-COMPLETIVE	- DYNM	= INFR	FRUST

'had already hid himself, apparently, in vain'

부가적으로 동사 어간은 합성될 수 있다. 일부 매우 고빈도 어근은 '조
동사형' 동사 형태로 문법화 된다고 볼 수 있다. 예를 들어 어근 *j′ap-* 'to
break'는 한정하는 동사 어근 *j′ap-*'to stop doing V'의 원천으로 보는 것
이 가능하다.

(34) nupm′æ̃ ?   ãh   ʔəg-j′ap-yiʔ-ɨy
     at.this.time   1SG   drink-span-TEL-DYNM
     'I quit drinking at about this time (of day)'

동사의 어근을 수식하는 것은 내부 접미사(inner suffix)로 발전하였고,
그것은 실질의미보다는 문법의미를 가진다. 예를 들어, (33)에서 좌절 접
미사 *yæ̃h*는 'to request, order' 의미를 가지는 자립적인 동사 의미로도
쓰인다. 그와 같은 내부 접미사는 음운론적으로 축소되었을 것이다(일반적
으로 어말 자음의 탈락에 의해).

동사의 합성에서 비롯된 내부 접미사를 제외하고, 동사 외부의 기능어
나 접어로부터 파생된 내부 접미사도 있다. 다시, 통시적인 분석은 공시적

인 다기능성에 기초하지만, 이러한 패턴은 고립적인 문법에서라기보다는 단어군에서 발견된다. 이것은 축소가 나타난다면, 항상 더 문법적인 변이형에서 발견될 수 있다는 관찰에 의해 확증된다.

그러나 Epps(앞선 논문)에 의하면, 최소한 네 개의 형태소에서의 탈문법화 역시 발견될 수 있는데, 다음의 내용에서는 그들 중 두 개에 관한 기술이다. 우선 다기능적 형태소 *hɜh-/-hɜ* 이다. 본동사로서 (예(35a))에서와 같이, 이 어근은 'make noise, produce sound'를 의미한다. 더불어 그것은 'make noise doing V'(예(35b))를 의미하는 한정 동사로서 나타난다. 그리고 결론적으로 그것은 비가시적 증거로 기능하는 내부 접미사로 출현한다.(예 (35b)):

(35) a. tɨh   hɜh-ɜp,   nukán-ay   tán   yúw-úh
       3SG   make.SOUND-DEP   over.here-INCH   FUT.CNTR   that.DEC
       'When it (first becomes) audible, (the boat) is still over here in this direction.'
    b. yam-hɜh-nɨ́h=yɨ?   níh!
       sing-make.SOUND-NEG=TEL   be.IMP
       'Don't make (so much) noise singing!'
    c. yɨ́t-ɨ?   nɨ́ɟ   hipãh-níh-hɜ́? ?
       thus-INT   2PL   know-NEG-NONVIS-INT
       'Don't you all know that it is thus?'

이들 세 가지 예들은 아마도 문법화 연쇄에서의 성공적인 세 단계가 된다((35c)의 예에서 *hɜ*가 음운론적으로 축소되었고, 가장 문법화 된 예라는 데에 주목하라). 그러나 비가시적인 증거는 (36a)에서와 같이 접어로도 나타날 수 있다(동사 핵심의 외부에서, (33)의 격자와 비교하라). 더욱이 (36b)와 같이, 비동사적(non-verbal) 서술어에도 부착될 수 있다.

(36) a. náciya   pǽ-ǽy=hɔ̃
         boat   go.upriver-DYNM=NONVIS
         'The boat is going upriver(I can hear it).'
     b. pǽj=hɔ̃
         umari=NONVIS
         'It's umari fruit.'(speaker is smelling mess on baby's foot)

물론 접어가 내부 접미사처럼 같은 근원으로부터 자립적으로 발달했을 가능성도 있지만(예 동사 어근 *hɔ̃*-에서처럼), Epps는 왜 이것이 탈문법화의 사례가 될 수 있는지에 관한 조심스런 논쟁을 보인다. 예를 들어, 접어는 항상 축소된 형태 *hɔ̃*로 나타나고, 그것은 내부 접미사의 형태이다. 일반 후파어 음운론 규칙에 의해 모음 어두 경계 접미사가 오므로, 내부 접미사는 어말 자음을 잃는다. 즉 이 형태는 내부 접미사 내에서만 단지 나타나고, 그것은 축소된 접어가 축소된 접미사로부터 파생되어야만 한다는 의미이다.

Epp에 의해 논의된 두 번째 형태소는 한 단계 더 나아가고 있다. 이는 형태소 *yǽh*인데, 본동사나 조동사로서 'request'나 'order'를 의미한다. 조동사로서의 *yǽh* 예는 (37)에서 보인다:

(37) deh   cǎy-ǎn   tɨh   hop-yǽh-ǽh
     water   beetle-OBJ   3SG   immerse-request-DEC
     'He sent the water-beetle down into the water.'

내부 접미사처럼, *yǽh*는 '좌절격(frustrative)'의 기능을 하는데, 예측하거나 바라던 결과가 나타나지 않는 것을 가리킨다. 즉 *yǽh*는 한 단어 안에서도 또는 같은 동사 구 안에서도 동사의 어간 *yǽh*와 같이 나타날 수도 있다.:

(38) ʔɨn-ăn   b´ɨyiʔ tɨh   d´ob-yǽh-cud-yǽh-ǽh
     1pl.OBJ   only 3SG   go.to.river-request-INFER-FRUST-DEC
     'He told only us to come down (in vain - others come as
     well).'

위의 *hɔ̃*처럼 동사구((39a))와 비-동사구((39b))에 대하여 *yǽh*도 전접어 형식으로 나타날 수 있다. 그러나 *hɔ̃*와는 다르게 *yǽh*는 강세를 받을 수도 있고, 경계에서는 약간 덜 받을 수도 있다.(Epp에 의하면, 불변화사처럼 분석될 수도 있다.)

(39) a. ʔãh   j´ɔm-tú-y=hɔ̃   yǽh
        1SG   bath-want-DYNM=NONVIS   FRUST
        'I'd like to take a bath (in vain)' (즉 I won't because it is
        too cold)
     b. 〔hɔ̃p tǽh   yŏ   pay-nɨ́h   mún〕 yǽh   yúw-úh
        fish small dangle bad-NEG   INTS2 FRUST that.ITG-DEC
        'It would make a not-bad minnow-fishing-line (in vain).'

탈문법화하는 문법형태소가 일반적으로 가진 기능은 모두 담화 표지와 같은 화제성과 같은 기능을 한다는 것이다. 담화표지는 목적을 인식하기 위한 실망이나 실패, 증거를 가리킨다. 이 탈접사화의 특별한 유형은 영향권이 일반적으로 늘어나는 정확한 문맥에서 발생한다.

Epp는 동사의 어근이 내부 접미사로 문법화 되고 담화 관련 기능으로 발전되었기 때문에, 통사적이고 의미적인 영향권도 동사의 어간 층위에서 서술어의 층위로 확대되었다는 가설을 세운다. 동사의 어근은 이후에 다른 서술어로 확산되었다. 그러나 이들이 매우 다른 형태론적 구조를 가졌기 때문에(특히 그것들은 동사들 내에서 발견되는 경계 접미사가 결핍되었다), 그것들은 접어와 같이 해석되었다. 왜냐하면 비동사적 서술어는 내부 접미사를 포함하지 않기 때문이다. 그것들은 이후 동사적 술어의 주변부에 삽입되게 되었다.

후파어의 사례는 Norde의 견지[32]에서 문법형태소가 자유 형태소로 되지 않는 탈결속의 예이다. 그러나 후파어가 포합 언어이기 때문에, 문법형태소의 탈결속은 상상할 수도 없으며, 이것이 다른 포합 언어에 대하여도 유효한 지에 대해 알아내는 것은 흥미로울 것이다.

표 6.8. Hup어의 *hɔ*와 *yǽh*의 매개변인 분석

매개변수(Parameter)	근본적 변화(들)
통합성(Integrity)	재의미화(*resemanticization*): □ ; 내부 접미사와 접어 사이의 의미와 기능에서는 변화가 없음 음운론적 '강화'(*phonological 'strengthening'*): □ ; 음운론적 층위에서는 변화가 없음 재범주화(*recategorialization*): □ ; *hɔ*와 *yǽh*는 주요한 (굴절) 어휘 부류와 연합하지 않음
계열성(Paradigmaticity)	탈계열화(*deparadigmaticization*): ☑ ; *hɔ*와 *yǽh*는, 비언어적 구문에 첨부될 수 있기 때문에, 더 이상 동사적 접사로서 강한 기능을 하지 않음
계열적 가변성 (Paradigmatic variability)	탈의무화(*deobligatorification*): □ ; 의무화된 명백한 변화가 없음
구조적 영향권 (Structural scope)	영향권 확장(*scope expansion*): ☑ ; 내부 접미사로서, *hɔ*와 *yǽh*는 단지 동사의 어간에 영향권을 미치지만, (36b)와 (39b)에서 더 큰 단위까지 영향권을 가짐
결속(Bondedness)	단절(*severance*): ☑ ; *yǽh*가 *hɔ*보다 더욱더 함
통합적 가변성 (Syntagmatic variability)	유연화(*flexibilization*): ☑ ; *yǽh*가 *hɔ*보다 더욱더 함

32) 이 사례가 탈굴절화의 경우로 분석되지 못한 이유는 기능에서의 변화가 없기 때문이다.

6.9. 네덜란드어, 프리지아어, 독일어의 *tig/tich/zig:* 접미사에서 수량사로(Dutch/Frisian/German t*ig/tich/zig:* from suffix to quantifier)

네덜란드어, 프리지아어, 독일어에서[33] 영어의 수 접미사 −*ty*(*twenty*에서처럼)의 동족어는, (40a) 예처럼 'umpteen, dozens'를 의미하는 수량사가 자립적으로 쓰일 수 있다(네덜란드어에 대해서는 1985년 Marle의 논문을, 독일어에 관하여는 Drosdowski 외 1984: 281의 논문을 보라.). 서수에 해당하는 예들이 (40b)에 기술된다.

```
(40) a. Die kerel    heeft  al  tig  vriendinnen gehad        (Dutch)
        Dy krardel hat    al  tich freodinnen  hân          (Frisian)
        Der  Kerl hat schon   zig    Freundinnen  gehabt (German)
        That guy  has already dozens girlfriends     had
        'That guy has already had dozens of girlfriends'
     b. Je vraagt dat nu   al voor de   tigste  keer!   (Dutch)
        Do fregest da no   al foar de   tichste kear!  (Frisian)
        Du fragst  das jetzt schon  zum zigsten Mal!  (German)
        You ask    that now  already for the dozenth time
        'Now you are asking that for the dozenth time already!'
```

특히 *tig*의 예를 흥미롭게 하는 것은, 완전히 새로운 문법화의 경로에 들어섰던 탈문법화 항목으로서는 유일한 예라는 것이다. (41)에서 기술된 바와 같이, 이 발달은 너무 최근의 것이라서 네덜란드의 모국어 화자(나를 포함한)에게 친숙하지 않다. 이것은 (드문드문) 신문뿐만 아니라, 자주 (비

---

33) 프리지아어와 독일어에 관한 각각의 대응하는 예를 필자에게 제공해 준 Liefke와 Heike Behrens에게 감사한다.

공식적인) 인터넷 자원에서만 나타나며, 1985 초기에 Marle이 언급하기
도 했다.

> (41) maar tig   leuk dat   die in Portuga gaat voetballuh (Dutch)
>   but   very nice that he in Portugal goes play.soccer[34]
>   'But how very nice that he is going to play soccer in
>   Portugal!'

이 절에서는 네덜란드어의 *tig*에 관하여 근본적으로 논의할 것이다.[35]
네덜란드어의 *tig*이 우선 접미사에서 독립적인 수량사로 탈문법화 되었고,
후에 정도 부사로 (재)문법화 되었다는(Norde 2006b에 따른) 것을 주장할
것이다. 전-접미사(pre-suffixal) 단계를 포함하여, 그 변화는 아래와 같이
요약할 수 있다.

> (42) PIE 'ten' > PGmc 'unit of ten' > PGmc 'xio' > Du 'many' > Du 'very'
>   free   > free   > bound   > free   > free

수량 접미사 *-tig*의 어원적 선행형은 PIE **Dékm* 'ten'에서 파생된 결
과인 PGmc u-어간 **texu-/*teʒu*였다. 따라서 *veertig* 'forty'와 같은 수
사의 원래 의미는 'four units of ten.'이었다.[36] **texu-*에서 *-tig*으로의

---

34) 이 인용은 열렬한 축구 팬들의 토론으로부터 채택되었고(www.voetbalzone.nl/doc.
    asp?id=6426), 많은 인터넷 토론과 같이, 그것은 'to paly soccer'의 *voetballen*에 대
    한 *voetalluh*라는 표현과 같이 구어체 구조와 철자법으로 특징지어진다.
35) 독립적인 수량사가 모든 세 언어에서 독립적으로 발생하지 않았을 가능성이 있으나,
    Marle(1985: 147)에 의하면, 네덜란드어에 대한 독일어의 영향이 *tig* 구조가 구어에
    서 전형적으로 발견된 이후에는 있음직하지 않기 때문에, 제보자의 누구도 독일어의
    zig 구조가 더 익숙하지 않았다.(그러나 물론 그 구조는 초기 세대에 의해 차용된 것
    이다.) 프리지아어에 대한 네덜란드어의 영향은, 프리지아어 화자들이 이중 언어 사
    용자이기 때문에, 다소 더 설득력이 있다.

발전은 문법화, 자질 의미 표백, 탈범주화, 형태소화와 음운론적 축소의 표본적 예이다.

이후에 수량사로의 발전은, 역으로, 탈문법화의 모든 특징을 낳는다. *Tig*은 자립적인 의미를 가진('a few'에서 'billions'를 아우르는 아래를 참조하라) 의미적인 실체를 얻는 반면, 접미사는 단지 *ten*에 첨부되는 다중 수사 기능을 하는데, 거의 자체 의미를 갖지 않는다(모든 파생접미사와 같이) 둘째, 원래 *tigste* 형태를 갖기 때문에 어느 정도 재범주화 되었다. 셋째, 그것은 명백히 재형태소화되었다. 마지막으로 그것은 접미사 [təx]과 수량사 [tɪx] 사이에는 발음의 명확한 차이가 있기 때문에, 음성 자질을 얻었다.[37] 기수와는 다르게, 그것은 강세를 받거나 받지 않을 수 있고, *tig*가 강세를 받는 것은 변치 않는다.

대다수의 예에서, *tig*은 가산 명사의 한정사와 같은 기능을 하며((43a)의 예), 가장 고빈도의 공기 관계를 보이는 것은 *tig keer* 'dozens of times'이다.[38] (43b)와 같이 불가산 명사를 수식하는 *tig*이 보이지만, 덜 일반적이다.

(43) a. Die　Scholten woont nu　　al　　　tig　　jaar in Bloemendaal[39]
　　　　That Scholten lives　now　already dozens year in Bloemendaal
　　　　'That Scholten guy has been living in Bloemendaal for

---

36) 게르만어의 수십년과 다른 수사의 기원은 매우 복잡하다. 여기서 언급할 필요가 없는 구체적 내용은 Ross와 Berns(1992)를 보라.
37) 프리지아어에서도 같은 차이가 나타나지만, 독일어에서는 두 음의 발음이 같다.
38) 데이터는 네덜란드의 신문 코퍼스 LexisNexis에서 가져온 것이다. 1992년에서 2005년까지의 세 신문이 조사되었다. 더 자세한 내용은 Norde(2006b: 39)를 보라.
39) 네덜란드어에서, 단위, 무게, 시간 등을 지시하는 명사는 일반적으로 수사와 수량사 이후에 단수 형으로 남는다. 따라서 *tig jaren이 아닌 tig gaar, twintig jarr 'dozens of years, twenty years'이다.

dozens of years now'
b. Maar   se   verlangen   ook   tig   ervaring
   But   they   require   also dozens   experience
   'But they also require a lot of experience'

*Tig*은 단순히 수식 위치에서의 수량사로 사용될 뿐만 아니라, (44a-c)
처럼, 자립적으로 쓰이는 위치의 모든 종류의 수량 표현을 나타내거나,
(44d-e)에서처럼 합성의 부분으로 나타난다.

(44) a. Er   lopen bij Daimler-Benz tig   van dit   soort projecten
        There run   at   Daimler-Benz dozens of this kind projects
        'DB has dozens of these kinds of projects running'
     b. Suikerklontjes krijgen ze   elke   dag, een stuk of tig
        Sugar cubes   get   they   every   day, a   piece or dozens
        'They get sugar cubes every day, dozens or so'
     c. een   tig   of   wat   pilsjes
        a   dozens   or   what   beers
        'a dozen or so beers'
     d. een Dior-rok   van   tig-duizend   gulden
        a   Dior-skirt of   umpteen-thousand   guilders
        'an umpteen-thousand-guilders Dior skirt'
     e. tig-maal   ingewikkelder
        dozens-times   more.complicated
        'dozens of times more complicated'

*tig*이 (*isms*와 같은 어휘화된 접사와는 다르게) 상위어가 아니라는 것
을 관찰하는 것은 더욱 중요한데, 즉, '20과 90 사이의 어떤 양'을 의미하
지 않는다. (44)의 예에서와 같이, *tig*은 20 이상을 거의 지시하지 않으
며, 반대로 (45a-b)처럼 더 큰 수를 지시한다. 문맥에 따라 '몇몇'과 '수억'

사이의 어떤 양도 가능하다.

> (45) a. met⋯　　tig　　gigabyte　　harde　　schijf
> 　　　with⋯　　dozens　gigabyte　　hard　　disk
> 　　　'with a hard disk with dozens(~hundreds) of gigabytes'
> b. Ons　lichaam　bestaat　uit　tig　　cellen
> 　　Our　body　consists　of　dozens　cells
> 　　Our body is　made up of dozens(~billions) of cells'

언어-사용자는 자주 접미사 *-tig*에서 기원한 *tig*을 재구조화한다. 따라서 가끔 인용 표지를 부가하면서, *-tig*과 같이 쓴다.

> (46) a. Dat　geldt　ook　voor　de　-tig　　andere instanties
> 　　　That　count　also　for　the　dozens　other　authorities
> 　　　'That also holds for the dozens of other authorities'
> b. Van　Persie heeft 'tig'　　begeleiders
> 　　Van　Persie has　dozens　　coaches
> 　　'Van Persie has dozens of coaches'

*-tig*이 왜 분리되었는지는 명확하지 않다. Hamans(1993)에 의하면, 20에서 90 사이의 모든 십 배수에 사용된 독일어 접미사 *-tig*은, 'times ten'보다 덜 추상적인, 자체의 의미를 가진 '혼돈구성체(confusivum)'이다. 바로 이 모호한 함축이 그것을 자립적인 수량사의 적절한 후보로 만드는 것이다.

Van Marl(1985: 147)은 네덜란드어 *tig*의 독립적 사용은 본디 '유머러스'를 의미했다고 말한다. 이것은 또한 독일어의 *zig*에 관한 *Deutsches Wörterbuch*(J. and W. Grimm)에서 언급되었다.

독립적 수량사로서의 *tig* 사용이 비록 받아들여지지 않을 지라도, 모든 네덜란드 화자들에게 알려진다는 의미에서 잘 정립된 반면, 위에서 언급한 바와 같이, 이것은 *tig* 발달(즉 수량사에서 강화사로의)의 두 번째 단계에 관한 진실은 아니다. 수량사가 강조사의 가장 일반적인 기원이 아니라 하더라도, 수량사에서 강조사로의 발달은 일반적이다(Klein 1998: 25ff.; González-Diaz 2005). 다른 예들은 영어의 *much*, 네덜란드어의 *veel*, 이탈리아어의 *molto*와 스웨덴어의 *mycket*이고, 그것들은 약간 다른 분포를 가진다(스웨덴어의 *mycket*은 부사와 형용사 모두 강화하기 위해 사용될 수 있는 반면, 영어의 *much*는 현대에는 형용사와 부사의 비교 형태에 국한된다. 이들 부사와 *tig*의 중요한 차이는, *much*와 같은 수량사는 불가산 명사를 수식하는(*much water*, **much table*) 반면, *tig*은 근본적으로 가산 명사를 수식한다(*?tig water, tig fatels*).

강조의 *tig*(여기서는 'very'로 해석되는)은 일부 문맥에서, 형용사 강화사 ((47a)), 형용사와 부사의 비교((47b)), 부사((47c))의 강화사로 발견된다.

> (47) a. die telefoon is -tig lelijk, prolly -tig duur   en
>   that phone   is very ugly   prolly very exoensive and
>   duidelijk   -tig   overkill
>   clearly   very   overkill
>   'That phone is very ugly, probably very expensive and clearly overkill'
>
>   b. beetje jammer, middelburg is toch tig   leuker
>   bit   pity   Middelburg is still much   niver
>   'bit of a shame, (the city of) Middelburg is much nicer after all'
>
>   c. Ik heb de film zelf   ook tig   vaak   gezien
>   I   have the movie myself also very often   seen
>   'I myself have seen the movie very often also'

독일어에서는, 강조사로서의 *zig*을 동반한 대응 구조는 네덜란드어에서

그러하듯 비일반적이고 논란이 많으나, 예를 찾기는 어렵지 않다.[40]

(48) a. Ich liebe dich seit zig viel Jahren[41]
         I   love   you since very many years
         'I have loved you for many years'
     b. Ich hab mir jedes Detail zig oft angehört
         I   have my every detail very often listened.to
         'I have listened to every detail dozens of times'

독일어나 네덜란드어에서 모두 그 구조는 매우 드물게 나타나고, 네덜란드어에 영향을 주는 독일어가 일반적으로 지난 수십 년 간 상당히 감소하였기 때문에, 네덜란드어가 독일어로부터 *tig*의 사용을 차용했을 것 같지는 않다. 그러나 여기에서 주장하는 바와 같이, 강화사 *tig*의 상승이 실제로 문법화의 예라면, 이것은 문제가 되지 않는다. 왜냐하면 비슷한 문법화 과정이 다른 언어에서도 독립적으로 나타나는 것이 관찰되기 때문이다. 이런 사례에서, 강조사로서의 *tig*에 관한 재분석이 어떻게 일어나는지를 보는 것은 어렵지 않다. 가장 가능성 있는 시나리오는 강화의 *tig*이 비교에서 기원했다는 것이고, *tig*이 해석되는 곳은 수량사 또는 부사로 해석될 수 있다는 점이다. 이와 같은 중의성을 형성하는(1.5절을 보라) 연결 문맥은 (49)이다. (49)의 *tig*은 (a)처럼 수량사나, (b)처럼 비교급 형용사를 강화하는 부사가 될 수 있다.

(49) Er   zijn tig   betere systemen op de markt.
     a. there are dozens better system   on the market.

---

40) Hindrik Sijens (p.c.)에 의하면, *tich*는 프리지아어에서 강화사로 사용되지 않으며, 최소한 그는 웹에서 그 예를 발견할 수 없었다(2007, 12).
41) 예는 2008년 2월 22일 구글 검색에서 발췌하였다.

b. there are very better system on the market.
(There are dozens of better systems / much better systems
on the market.

　Brinton과 Traugott(2005: 136)은, 구체 의미에서 문법적 의미인 추상 의미로의 변환을 보여주기 때문에, 정도 부사를 탈문법화의 예로 간주한다. 그것들은 자체적으로 의미적 실체를 거의 가지지 않지만, 근본적으로 형용사나 부사에 따른 의미를 강화하기 위한 기능을 한다. 즉 Heine, Claudi와 Hünnemeyer(1991: 28)의 용어로는 '준의미적(synsemantic)'이다. 이러한 관찰에 대해 (i) 강조사 *tig*는 탈범주화되었고(격변화하지 않는 수량사 *tig*와 다르게), (ii) 단지 형용사나 부사에 선행하는 자리에 나타날 수 있게 통사적으로 고정되었으며, 반면 수량사 *tig*는 독립적으로 사용될 수 있다((44a-c)의 예와 비교하라). (iii) 그것의 영향권은 NP 전체에서 그것을 수식하는 형용사나 부사까지로 줄어들었다.

　*tig*는 우선 탈문법화된 후 (재)문법화된 문법형태소의 유일한 예이다. 이것은 7장에서 다시 논의할 것이다. 이 절의 나머지에서는 접미사 *-tig*가 탈결속 되는 지점의 단계로 돌아갈 것이다. 이것이 탈문법화의 한 예라는 것은 일반적으로 받아들여지지 않는다. 예를 들어, Haspelmath는 합성어로서의 네덜란드어 *twintig* 'twenty'와 *dertig* 'thirty'와 같은 수사와 *tig*의 자립적 사용을 역형성의 예로 간주한다. 그러나 영어 상당구 뿐만 아니라 *twintig*와 *dertig*와 같은 형태는, 'tenfold(10배)'라는 수와 의미구성 요소로 구성된 합성어 수사가 아니라는 점이 매우 명백하다. 왜냐하면 'twen'의 *twin*과 'thir'의 *der*는 독립된 형태로 존재하지 않기 때문이다. 이것은 역형성 분석을 매우 어렵게 한다.

　Lehmann(2004: 171ff) 다른 이유에서 *tig*의 예를 비판한다. Lehmann

에 의하면, *tig/zig*는 접미사를 가지되 자립적인 수량사의 역사적 단계의 증거가 없는 동시대적 관찰에 기초하여, 확신할 수 있는 예가 아니라고 한다. 그리고 '비-존재의 비-논증 가능성' 때문에 그 같은 단계가 존재했다는 것을 증명하는 것은 결코 불가능할 것이다. 물론 이것은 방어의 가치가 있지만, 언어학적 재구조화에서 문법화를 사용하기 위한 결과임을 주목하라. 왜냐하면 영어에서 *to go*는 단지 이동 동사였지 미래 사건을 나타내는 구조의 조동사로 쓰이지 않았던 단계가 있었음을 증명하는 것은 마찬가지로 불가능하기 때문이다. 확실히 비-존재의 비-논증가능성을 가지면서 *to go*가 단지 어휘적 동사로만 쓰였던 이전 시대의 문헌이 있다. 조동사 *go*가 동시에 존재하지 않았다는 것을 어떻게 알 수 있을까? Lehmann은 '특정 시기 이전의 동시대적 코퍼스에서 나타나지 않는 것은 어떤 것도 그 시기 이전 언어에서 없다' 고 동의하는 언어학자들을 위해 일부 언어가 충분히 문헌화 되었다고 주장하는 것에 대한 불일치성을 자각하는 듯하다.[42]

Lehmann은 '많은 탈문법화의 예들은 잘못 문서화된 더 초기 단계와 연관된다'고 주장하지만, 이 '잘 문서화된 것'과 '잘못 문서화된 것'의 구분 단계도 자의적인 것처럼 보인다. 더욱이 확실히 *tig/zig*는 아니지만, 탈문법화의 많은 예가 잘못 기술된 더 이전의 단계로 거슬러 올라간다는 점은 사실이 아니다. 한 예로, 이것은 권위 있는 (40번째 개정판) 네덜란드 사전인 *Woorden book der Nererlandsche taal*에서 자립적인 *tig*의 부재에 의해서도 증명된다. 거기에서는 그 발달이 매우 최근의 것이라는 점이 분명하다는 것을 제시하고 있다(*tig*이 포함된 책은 1941년에 나타난다.). 1935년에 쓰인 글에서 가져온 예로, *Deutsches Wörterbuch*의 1957년판에서

---

42) 그러나 Lehmann(2004: 156)은 또한 대폭적 또는 완전히 재구조에 기반한 문법화 사례 연구를 비판한다.

보인다. 그러나 여기에서 *zig*는 단지 '*in jüngster Zeit*'에서만 사용할 수 있음을 강조하고 있다.

그러나 Lehmann에게 이 또한 확신이 되지 못하는 듯하다. 왜냐하면 *zig/tig*는 전형적으로는 구어로 쓰이기 때문에, 문어에서는 기록될 것 같지 않다고도 주장하기 때문이다. 대신 Lehmann은 원시-독일어에서 'unit of ten'의 **teguz*는 '수십'을 지시하는 수 접미사로 축소되었고, 자립형태로서 남게 되며, 의미적으로 'unit of ten'에서 'umpteen'으로의 작은 의미 변화를 겪는다는 시나리오를 제안한다. 이것은 현실적으로 불가능한 발달이다. 사전이 이 변화가 매우 최근임을 보여줄 뿐만 아니라, 왜 자립 수량사가 풍부하게 문서화된 언어에서, 초기 천년 내외의 문헌마다 나타나지 않고, 숨겨졌어야 하는지에 대한 아무런 이유를 찾지 못했기 때문이다. 이것은 매우 사적인 신체의 부분이나 금기시되는 행위를 지시하는 것 같지는 않다.

표 6.9. 네덜란드어 *tig*의 매개변수 분석

매개변수(Parameter)	근본적 변화(들)
통합성(Integrity)	재의미화(*resemanticization*): ☑ 접미사 *−tig*는 단지 선행하는 10의 수사를 증가시키는 것에 불과한 한정의미를 가지지만, 수량사로서의 *tig*은 독립적인 의미를 가짐. 음운론적 '강화'(*phonological 'strengthening'*): ☑ ; 수량사는 실질모음([tʊx])로 발음되는 반면, 접미사는 중성모음([təx])로 발음됨 재범주화(*recategorialization*): ☑ ; *tig*은 서수 변이형(tigste)을 가지며 관사를 뒤따를 수 있음, 예(44c)
계열성(Paradigmaticity)	탈계열화(*deparadigmaticization*): 파생접사와 무관함
계열적 가변성 (Paradigmatic variability)	탈의무화(*deobligatorification*): ☑ ; 'tig-less' 형태(**twin*, **tach*, 등)는 존재하지 않기 때문에, 접미사 *−tig*는 일부 수사에서 삭제될 수 없다는 점에서 의무적임(*twintig* '20', *dertig* '30', *veertig* '40', *tachtig* '80') 자립 수량사는 수의적이지 않음. 그것은 *een boel*, *een hoop* 'a lot'과 같은 구에 의해서 대체될 수 있음

매개변수(Parameter)	근본적 변화(들)
구조적 영향권 (Structural scope)	영향권 확장(*scope expansion*): ☑ ; 접미사 *−tig*는 단지 그것이 첨부되는 수사까지 영향권을 미치지만, 수량사 *tig*는 전체 명사구까지 영향권을 가질 수 있음
결속(Bondedness)	단절(*severance*): ☑ ; *tig*은 자립 형태소가 됨
통합적 가변성 (Syntagmatic variability)	유연화(*flexibilization*): ☑ ; 수량사 *tig*는 다른 구조 유형에서 나타날 수도 있음((44)의 예와 비교)

6.10. 북부 스웨덴어 *bö−*: 접두사에서 실질 동사로(northern Swedish *bö−*: from prefix to lexical verb)

북부 스웨덴어 접두사 *bö−*의 탈결속은 오직 어떤 특정 어휘문맥에서만 나타난다는 점에서 예외적이다. 이 결론에 들어가기 전에, 우선 자료를 요약할 것이다.

스웨덴 북부에서 사용되는 Piteå 방언에서는, 표준 스웨덴어 'to need'의 *behöva*에 대응하는 두 개의 동사가 있다.[43] 동사 *böhöv*는, (50b)에서처럼 단일 형태로 쓰였거나, (50c)에서와 같이 그것으로부터 분리된 접두사로 사용된 예들이다. 두 번째 동사는 *bö*인데, (50d)에서 예이다.

```
(50) a. Det    behöver    han   inte   göra    (표준 스웨덴어)
        That   need       he    not    do

     b. Hä     behöv′n    it    djära           (Piteå 방언)
        That   need=he    not   do

     c. Hä     bö′n       it    höv   djära
        That   need1=he   not   need2 do

     d. Hä     bö′n       it    djära
        That   need=he    not   do
        'He need not do that'
```

---

43) 접두사 *be−*는 타동사화 접사이고, 중세 저지 독일어에서 스웨덴어로 차용되었다.

*bö*는 단순히 조동사 *böhöv*의 형태가 음운론적으로 축소된 것이라는 Brännström(1933)의 초기 분석을 거부하면서, Rosenkvist는 동사 *bö*가 *böhöv*의 접두사에서 나와 발전한 것이라고 확실히 주장한다.44)

Rosenkvist는 *bö*의 탈문법화를 용이하게 하는 몇 가지 요인을 지적한다. 우선, 접두사 *be*-는 동사 *böhöv*에서의 *bö*-로 발달되었다. 그리고 접두사의 탈결속은 다른 동사나 스웨덴어의 다른 변이형에서 발견되지 않는다. *be*-에서 *bö*-로의 이 독특한 발달은 아마도 다른 접두사 첨가된 동사들로부터 *böhöv*를 분리시켰을 것이다. 둘째, *bö*의 의미론은 *böhöv*보다 더 특징적이다. 즉 후자는 (51a)에서처럼 본동사로, (51b-c)에서처럼 서법 조동사로 모두 쓰일 수 있다.45) 반대로, *Bö*는 실질 동사나 인식 양상 조동사로서가 아니라, 단지 어근 양상으로만 사용될 수 있다. 이것은 *bö*가 나타날 수 있는 문맥의 수가 줄어들었음을 의미하며, 이것은 탈문법화에서 전형적으로 관찰된 문맥 확장과 완전히 반대된다.

(51) a. I   böhövd   it   öksa
       I   needed   not   axe
       'I did not need the axe'
    b. Kleda   böhöv no   twettes   väsamma
       clothes-DEF   need probably wash-PASS   immediately
       'The clothes must probably be washed immediately'
    c. Nöckeln   böhöv it   ha   köme bort
       key-DEF   need not have come away
       'The key need not have been lost'

---

44) Brännström 제안에서의 주요 문제점은 분명히 (50c)의 분절 구성을 설명하지 못한다는 것이다.

45) 인식조동사에서처럼, *böhöv*는 단지 부정 절에서만 나타날 수 있다.

*bö*의 자립적 상태에 대한 더 많은 증거는 더 이전의 화자들로부터 나온다. 그들은 (50c)와 같은 구조에서의 *höv*를 강조사로 간주한다. 그들에게 이 문장은 *he really did not need to do that*과 같이 번역된다. 그러나 동시대의 젊은 화자들은 *höv*의 이 함축의미를 잃고, *höv*없이 왜 *bö*가 나타날 수 있는지를 설명할 것이다.

마지막으로, *bö*는, 어간 말이 모음으로 된 다른 약동사를 따르면서, 강세를 받고, 규칙적으로 굴절된다. 굴절된 *bö*가 (52a)처럼 자립적으로도, (52b)처럼 뒤따르는 *höv*와도 나타남을 주목하라.

(52) a. I   bödd   it   fåra   åt   stan
       I   needed-PAST   not go   to   city-DEF
       'I did not need to go to the city'
     b. I   bödd   it   höv   öksa
       I $need_1$-PAST   not $need_2$ axe
       'I did not need the axe'

탈문법의 이 사례는 설명하기도 쉽지 않고 분류하기도 쉽지 않다. *bö*의 탈결속은 대체의 사례가 아니다(3.4절을 보라). 왜냐하면 *bö*와 혼동되는 음성적으로 유사한 어떤 동사도 없기 때문이다.[46] 관련한 한 가지 요인은, 다른 be-가 접두사 첨가된 동사와는 대조적으로, **höv*와 같은 동사는 존재하지 않는다는 것이다. (표준 스웨덴어에서) 'to touch'를 의미하는 *röra*와 beröra, 'to search'의 *söka*와 'to visit'의 *besöka*가 존재하지만, **höva*와 'to need'를 의미하는 *behöva*를 비교하라(Henrik Rosenkvisk, p.c).

---

46) 표준 스웨덴어는 *böra*와 같은 서법동사를 가지고 있지만, Brännström(1933)에 의하면 *bö*가 자립동사로 쓰이게 되었던 시기의 Piteå 방언에는 어원이 같은 동사가 없다. (Herik Rosenkvist, p.c)

이것은 böhöv의 의미론적 부분이 접두사 *bö*로의 전이를 용이하게 한다. 그러나 앞서 살핀 바와 같이 어근 양상으로 자립적인 *bö*가 쓰일 수 있음을 주목하라. 'to need'의 실질 동사로 사용되기 위해, (52b)에서처럼 *höv*는 반드시 첨가되어야 한다. 이것은 *bö*의 발달이(1.3.3절을 보라) *hood* (neighbourhood에서)와 같은 유형인 '약어(clipping)'와 같은 단순한 예는 아니었다는 것을 내포한다.

이것은 탈문법화의 독특한 유형이라고 결론짓는다. 왜냐하면 그것은 접두사로 사용될 수 있는 동사의(즉 어근 양상 동사의) 어떤 기능은 유지하면서, 접미사가 자립화 되는 유일한 변화이기 때문이다.

표 6.10. 북부 스웨덴어 bö의 매개변수 분석

매개변수(Parameter)	근본적 변화(들)
통합성(Integrity)	재의미화(*resemanticization*): ☒ 동사로서 *bö*는 의미적으로 *böhöv*보다 더 제약됨. 왜냐하면 그것은 단지 어근 양상으로 쓰일 수 있기 때문. *böhöv*는 본동사나 인식 양상으로 쓰일 수 있음. 음운론적 '강화'(*phonological 'strengthening'*): (☑) ; 음운론적 층위에서는 변화가 없지만, 접두사와 다르게 자립적인 *bö*는 강세를 받을 수 있음 재범주화(*recategorialization*): ☑ ; *bö*는 규칙적인 동사 굴절을 함. (예(52a))
계열성(Paradigmaticity)	탈계열화(*deparadigmaticization*) : 파생접사와 무관함
계열적 가변성 (Paradigmatic variability)	탈의무화(*deobligatorification*) : ☑ ; 접두사 *bö*는 삭제될 수 없지만 자립적인 *bö*는 의무적이지 않음
구조적 영향권 (Structural scope)	영향권 확장(*scope expansion*) : ☑ ; 접두사는 단지 동사 어간 *höv*까지 영향권을 갖지만, 조동사 *bö*는 문장 부사까지 영향권을 가짐
결속(Bondedness)	단절(*severance*): ☑ ; *bö*는 자립 형태소가 됨
통합적 가변성 (Syntagmatic variability)	유연화(*flexibilization*) : ☑ ; 조동사로서 *bö*는 본동사에 직접 선행하지 않음(반면 접두사는 항상 동사 어간에 선행함)

6.11. 영어 *-ish* : 접미사에서 자립 형태소로(English *-ish* : from suffix to free morpheme)

탈문법화되는 파생접미사의 다음 예는 또 다르다. 이 예는 접미사 *-ish*(Kuzmack의 근간을 보라)에 관한 것이다. 이 접미사는 (ⅰ) 나라나 민족(English, Spanish)을 지시하는 명사로부터 형용사로 파생, (ⅱ) 'X의 본질'(boyish)을 의미하는 총칭 명사 X로의 형용사 파생, (ⅲ) X가 대개 형용사(greenish)인 것에서, '다소 X 같은'과 같은 접미사 의미로 쓰일 수 있다.[47] *-ish*의 두 번째와 세 번째 유형은 의미면에서 유사하나, 강조의 면에서 다르다. 즉 '모두 비교를 담고 있지만, 비교의 *ish*는 유사성을 강조한다. 반면 성상의 *ish*는 동등성의 결여를 강조한다. 또 다른 차이점은 운율면에서이다. 즉 성상의 *ish*는 강세를 받을 수 있지만(대문자화로 지시되듯), 강세 받는 비교의 *ish*는 매우 드물다.

    (53) a. That colour is greenish.　　　〔수식어 *ish*〕
          b. That colour is greenISH, but it's more of a blue shade.
          c. John is boyish.　　　　　　　〔비교의 *ish*〕
          d. ??John is boyISH.

Kuzmack은 비교의 *ish*와 성상의 *ish*가 모두 탈문법화된 것이라고 주장하지만, 비교의 *ish*는 접어화되고 성상의 *ish*는 자립형태소가 된다고 주장한다. 비교의 *ish*를 접어로 분석한 이유는 (54)에서와 같이 그것이 전체 구에 첨부될 수 있기 때문이다.

    (54) a. And the clithes coukd be old person-ish too.

---

47) *-ish*의 세 번째 유형은 부사(snoonish)와 수사(at sixish)에도 첨부될 수 있다.

b. Am I the only person that thinks this is pretty
amateurish and all a bit duct-tape-and-superglue-ish?
c. This [book] took months to read. It's very ling and
generally not very 'can't put it down'-ish.

그러나 5.2.1절에서 본 것처럼, 파생접사가 구에 첨가되는 것은 이상한 것이 아니다. 그래서 이것이 탈굴절화의 한 사례라고 확신할 수 없다(파생접미사에서 접어로). 비교 *ish*의 행태는 *-achtig*(거의 같은 의미를 가진)와 같은 네덜란드어의 파생접미사를 연상시킨다. 이 접미사 역시 구에 첨가될 수 있다.

(55) klinkt beetje lief onschuldig kindje achtig[48]
sounds bit [sweet innicent child-DIM] like
'sounds a bit like a sweet, innocent little child'

반면 탈결속의 잠재적인 예로 만드는 성상의 *ish*는 독립적인 단어처럼 나타날 수 있기 때문에 매우 다른 문제이다.[49] 성상의 *ish*는 매우 다른 문제이다. 왜냐하면 그것을 탈결속의 잠재적 사례로 만드는 자립어로서 나타날 수 있기 때문이다.

(56) a. They have a pleasantly happy$_i$ ending (well, t$_i$ ish)
b. Is everyone excited$_i$? Iam - t$_i$ ish.
c. Can you swim well$_i$?:t$_i$ Ish.
d. If I [accept the premises]$_i$ (and from a maths viewpoint

---

48) 예는 www.weerwolvenvanwakkerdam.nl/forum/index.php?ropic=1001.585.에서 가져온 것이다.
49) 이것이 비교의 *ish*와는 불가능함에 주목하라. 예를 들어 *Sound a little [stop-and-smell-the roses]$_i$-ish?* *t$_i$ ish.*(Yes, it does sound like that).

i sort of can-t$_i$ ish)

부가적으로 성상의 *ish*는 통사적으로 더 유연하다.[50]

(57) a. I have work but it should be an easyish day.
　　 b. Tomorrow's an easy day (ish) - graduation audit, voice
　　　 lesson, CS lab…

*ish*의 탈결속은 이전의 절에서 논의한 *bö*-의 탈결속과는 다르다. 왜냐하면 자립어로서의 *ish*는 단지 그 자체의 의미를 유지하고, 'kind of, sort of'와 같은 말로 바꾸어 표현될 수 있기 때문이다. 이런 의미에서, *ism*과 같은 접사의 어휘화와는 명백히 구별된다. 그것은 -*ism*으로 끝나는 모든 단어에서 상위어로 기능한다.

성상의 *ish*는 (발음이 생략된) 개체를 수식하지 않는 구조에서도 확인되기 때문에 심지어 한 단계 더 나아간다.

(58) Hobbies : painting, photography, documentary film, skating(ish)

위의 예에서, *ish*는 skating을 수식하지 않고 hobbies를 수식한다. 이것은 'skating is kind of hobby of mine, but not serious'로 바꿔 말할 수 있다(Kuzmack, 근간).

---

50) 이것 역시 비교의 *ish*와는 불가능함에 주목하라. 예를 들면 *a clean-cravatish formality of manner*는 가능하지만, **a clean-cravat formality ish of manner*나 **a clean-cravat formality of manner ish*는 불가능하다.

6.12. 튜라어의 *LÁ*: 구속 파생 표지에서 자유 파생 표지로(Tura *LÁ*: from bound to free derivational marker)

이 장에서 논의할 마지막 예는 코트디부아르(Ivory Coast)의 동부 만데 (Eastern Mande(니제르-콩고의 지소))언어인 튜라어 파생 형태소의 탈결속이 다(Idiatov 2008). 이 언어에는 'somewhere, anywhere'를 의미하는 파생 접사 |-LÁ|를 가진 스물네 개의 동사가 있다. 약호 |LÁ|는 ɔ에 후행하는 접미사 -lɔ, 비모음에 후행하는 -ná, 그 외의 -lá로 표시된다. 주로 이동 동사에 첨부되며, (의무적으로) 처소 부사를 대체한다. (59)에서처럼 접 미사 |-LÁ|는 명사 수식어의 한정사에 의해 동사로부터 분리될 수 있다.

(59) òô   dɔ̀ dɛ̀ɛ̀ kê   lɔ́-'[51]
3SG.SBJ.NEG.TAM   stand   new a. certain -LÁ[=TR][52] \ TAM-TAM
'He did not stop again.'

이 구조는 동사가 'accomplish, do'를 의미하는 조동사 *wô*로 직접 목적 어 자리에 놓이는 구조와 같다.

(60) òô   dɔ-lɔ́   dɛ̀ɛ̀ kê   wô-'
3SG.SBJ.NEG.TAM   stand-LÁ new a. certain do[=TR] \ TAM-TAM
'He did not stop again'

Idatov에 의하면, (59)와 (60)에서 제시한 구조는 종속절의 한 유형을 제외하고 기능적으로 동일하다. 그 위치는 (61a)에서처럼 *wô*-자리 바꿈

---

51) ⟨'⟩표지는 선행모음이 고음 또는 중-고음과 같음을 표시한다.
52) 본동사의 TAM 표지가 그것으로 전이되었기 때문에 TR은 '운반자(transposer)'의 줄임 이다.

은 원인('since') 의미를 갖는다. 반면 같은 동사의 |-LÁ|-자리바꿈은 (61b)
처럼 일시적인 ('when')의 해석을 함축한다.

(61) a. é   dɔ-lɔ́-ʹ   wô-ʹ   láà
       SG.SBJ.TAM   stand-LÁ-FOC   do〔=TR〕\TAM-TAM   TM
       'Since he stopped…'
    b. é   dɔ-ʹ   lɔ́-ʹ   láà
       SG.SBJ.TAM   stand-FOC   LÁ〔or TR〕\TAM-TAM   TM

  (59)와 (61b)의 예에서 |-LÁ|는 동사에서 분리된 파생접미사이다.
Idiatov에 의하면 (62)와 같은 예는 더욱 주목할 만하다. 거기에서 |-LÁ|
는 동사의 필수 부분('to thunder, shout' 의미의 gbálá와 같은 예에서)으로 접미
사(비교의 증거는 그것이 결코 아님을 제시한다.)는 아니지만 그럼에도 자리바꿈
될 수 있다.

(62) lâ-ʹ   gbá   dɛ́ɛ̂   kê   lâ-ʹ
     rain-PM   thunder₁ new   a.certain thunder₂〔=∅=TR〕TAM-TAM

  (62)와 같은 예의 발생은 |-LÁ|의 대체 구조 분석에 대한 가능성이 원
래 분리된 형태소가 아니었던 동사라 하더라도 가능함을 암시한다. 이러
한 재해석은 |-LÁ|형태소의 의미적 탈색에 의해 용이해질 수 있으며,
|-LÁ|파생을 동반한 동사와 그것들의 '필수' 동일성은 거의 의미론적으로
일치한다.[53] 그리고 그것들은, (63b)와 (63c)의 재분석을 타당하게 하면
서, 구조적으로 wô의 자리바꿈과 매우 유사하다.

---

53) 그들이 다른 것으로 대체할 수 없는데도 불구하고 같은 것을 의미한다고 주장한다.

(63) a. òô   gwεε bân wô-ˊ   zúlú-léé bhá
   3SG.SBJ.NEG.TAM stone drop do〔=TR〕\TAM-TAM wash-place/L on
   'He did not drop the stones in thewashing place'

  b. òô   gwεε bân-nâ-ˊ   (sεε tá)
   3SG.SBJ.NEG.TAM stone drop-LÁ\TAM-TAM ground on
   'He did not drop the stones (on the ground)'

  c. òô   gwεε bân nâ-ˊ   (sεε tá)
   3SG.SBJ.NEG.TAM stone drop LÁ\TAM-TAM ground on
   'He did not drop the stones (on the ground)'

(59)처럼 다른 구성 요소에 의해 동사로부터 분리될 때, (63c)에서 분리 형태소로서 |-LÁ|가 재해석되는 것은 분명해진다. (63c)와 같은 구조가 그 언어에서 단단해지게 되면, 'to thunder, shout' 의미의 *gbálá*와 같은 동사는 확산되며, 거기서 |-LÁ|는 접미사가 아니다.

Chapter 7

결론 conclusion

7.1. Lehmann의 매개변수 재고(Lehmann's parameters revisited)

이 장에서는 탈문법화의 잠재적 예를 확인하기 위한 진단으로서 Lehmann의 매개변수와 그 중요성을 살펴보는 것뿐만 아니라, 4-6장에서 논의한 자료를 요약할 것이다. 이를 통해 이전 장에서의 사례 연구와 매개변수 자체도 평가할 것이다.

통합성 매개변수는 세 가지의 근본적인 변화로 구성된다. 재의미화, 음운론적 강화, 그리고 재범주화이다.

재의미화(의미 실체의 증가)는, 아래에서 보게 되듯이, 탈문법(degrammation)의 세부적 특징이다. 탈문법의 모든 예에서, 기능어는 실질 의미를 얻는다. 탈굴절화에서, 재의미화는 문법기능의 첨가를 나타내고, 그 후 원래 기능은 (그럴 필요는 없으나) 소실될 수 있다. 따라서 s-속격은 한정사 기능을, 고대 스웨덴어의 MASC.SG.NOM -*er*은 명사화소의 기능을, 그리고 콰자어 *ni*는 인과관계표지 기능을 얻었다. 단지 스웨덴어의 berry-접미사 (berry-suffix) -*on*의 경우에는 문법적이라기보다 어휘적인 새로운 의미가 있었다. 탈결속 변화에서 의미 변화는 종종 없다. 7.2절에서 그 문제를 다시 다룰 것이다.

음운론적 변화가 반드시 문법화 혹은 탈문법화의 부분을 형성하는 것은 아니다. 그러나 그것은 음운론적 변화가 하나의 기준으로 사용될 수 없다는 것을 의미함에도 불구하고, 매개변수 분석에 포함시키는 것이 적절하다. 왜냐하면 음운론적 변화가 탈문법화에서 일어날 때 예상대로 항상 강화를 포함하기 때문이다.

마지막으로 재범주화는 어떤 유형의 탈문법화에서만 적절한 기준이 된다. 대부분의 탈문법화의 예에서, 그것은 자연스럽게 주변 분류에서 주요 분류로의 전이를 따른다(7.2절 참고). 탈굴절화에서 그것은 문법형태소가 결속상태로 남아있기 때문에 적절하지 않다. 그리고 탈결속에서, 재범주화는 소위 강조 변이형을 가지고 있는 아일랜드어 *muid*(1PL 접미사 > 'we'), 서수 형태 *tigste*을 가진 네덜란드어 *tig*('-ty' > 'dozens'), 규칙적 동사 굴절을 가진 북부 스웨덴어 *bö*(동사 접두사 > 완전 동사 'need'), 그리고 본동사의 TAM-표지를 취할 수 있는 튜라어 |LÁ| 등의 소수 예에서만 증명된다.

계열성의 매개변수에 대해 관련된 단순한 변화는 탈계열화(deparadigmaticization)이다.

주요한 탈문법화에서 이것은 주변부류에서 주요부류로의 이동을 함축한다고 주장해왔다. 따라서 이것은 4장에서 논의된 모든 경우의 탈문법성에서 관찰될 수 있다 : 펜실베니아 독일어 *wotte* 'would', 중국어 *děi* 'should', 그리고 웨일스어 *ynol* 'after'이 실질 동사(lexical verbs)가 되었고, 불가리어 *nešto* 'something'와 웨일스어(Welsh) *eiddo* 'his'는 명사가 되었다.

굴절접사의 탈굴절과 탈결속에서, 탈계열화는 굴절 패러다임으로부터 벗어나는 것을 의미한다. 그러나 파생접사와 접어의 탈결속 경우에, 무엇보다도 이들 문법형태소가 굴절 패러다임의 부분을 형성하지 않고 주변부류에서 주요부류로의 이동도 하지 않기 때문에, 이 매개변수의 관련성을 살펴보는 것은 어렵다.

계열적 가변성(paradigmatic variability)의 매개변수에 관해, 탈문법화의 적절한 기본 변화는 탈의무화(deobligatorification)다.

탈문법에서, 문법형태소가 원래 문법적 관점에서 수의적인 어휘 항목으로(어휘소로서, 그것들은 어휘문맥에 의해 요구됨) 발전하기 때문에, 문법형태소는 언제나 덜 의무적이 된다.

탈굴절화에서도 역시 굴절이 원래 의무적이므로, 탈의무화가 발생하는 것이 관찰될 수 있다. 따라서 그들이 굴절화를 멈출 때, 그것들은 덜 의무적이게 된다. 이것은 그들이 파생적일 때 아주 분명하다. 왜냐하면, 파생접사의 비의무성이 파생과 굴절을 구분하는 주요 특성 중 하나이기 때문이다(5.2.1절 참조). 그러나 *s*-속격의 경우에도 전접어 *s*-속격이 더 이상 의무적이지 않다고 주장할 수 있다. 왜냐하면 소유를 표현하는 다른 수단들이 있고 명사는 문법적이기 위해 접어를 자신에게 부착시킬 필요가 없기 때문이다.

탈결속에서 계열적 가변성의 매개변수는 다소 복잡한 결과를 낳는다. 또 일부 사례에서 탈결속된 문법형태소가 문법적으로 의무(예, 부정사 표지어)로 남기 때문에 변화가 없다; 다시 말하면, 그들은 정말로 덜 의무적이게 된다(일본어의 연결어, 사미어의 *haga*). 파생접사의 탈결속에서 이 매개변수는 대부분 부적절하다. 왜냐하면 일반적으로 파생접사(예를 들면 영어의 -ish)가 문법적으로 의무적인 것은 아니기 때문이다. 그러나 이에 대한 몇 가지 예외가 있어 보인다. 네덜란드어 접미사 *-tig* '-ty'는 적어도 숫자 20,

30, 40 그리고 80에 의무적이라고 할 수 있다. 왜냐하면 이들 수사에 접미사가 없다면, 임시어(nonce word)(각각 twin, der, veer, 그리고 tach)가 되기 때문이다. 마찬가지로, 북 스웨덴어 *böhöv* 'to need'에서, 접미사는 생략될 수 없다. 그러나 이것은 굴절접사에서 관찰된 것과 다른 종류의 의무성이다. 여기서 발생하는 것처럼 보이는 것은, 증가하는 어휘화가(합성성 소실 포함) 이전의 구성요소가 다른 구성요소와 섞이기 때문에 더 이상 자립적으로 사용될 수 없다는 것을 의미한다는 것이다. 더 엄밀히 말하면, *twintig* 'twenty'와 같은 수사가 분석할 수 없는 단위가 되었다. 반면 *zestig* 'sixty'와 같은 수사에서, 접미사는 여전히 선행하는 수 *zes* 'six'와 분리될 수 있다.

구조적 영향권의 매개변수는 문법화에서와 (거의) 마찬가지로 탈문법화에서도 문제가 있어 보인다.

탈문법의 예에서 증거는 결정적이지 않다. 단지 실질 동사(lexical verbs)가 된 양상 조동사의 경우에서만, 범위에서 분명한 증가가 있다(이는 적어도 Lehmann에 따르면, 문법화에서 범위가 축소되기 때문에, 예상됨). 다른 경우에(예를 들면 중세 웨일스어 전치사 *ynol* 'after'에서 현대 웨일스어 동사 *nôl* 'to fetch'로의 이동에서), PP가 다른 종류의 구인 VP로 재분석되기 때문에 영향권 범위가 확대되었다는 것은 분명하지 않다.

탈굴절화에서, 영향권의 범위는 역시 결정적이지 않은 매개변수처럼 보인다. 범위는 *s*-속격구조에서 확장된다(그룹속격에서 증명됨). 그러나 둘 다 파생된 고대 스웨덴어 MASC.SG.NOM *-er*과 NEUT.PL.NOM/ACC *-on*의 경우에, 범위에 전혀 변화가 없다(굴절과 파생 둘 다 발생할 때, 이 접미사는 단지 그들이 붙는 단어에만 범위가 미침). 마지막으로 (파생)법 표지어가 (파생)권고 표지어로부터 발전한 콰자어(Kwaza)의 경우, 영향권은 확장되지 않고 감소된다.

오직 탈결속에서, 예를 들면 분리부정사의 발생과 영어와 노르웨이 부정사 표지와의 조정감소 예에서 일반적으로 증명된 영향권 확장이 있다(에스토니아어의 *es*와 *ep* 제외). 영향권 확대에 관한 또 다른 단서는 네덜란드어 *tig* 혹은 영어의 *ish*같은 구 전체에 범위가 미칠 가능성이 있다는 것이다.

결속의 매개변수는 탈문법에서 탈문법화되는 문법형태소가 처음에는 결속되지 않기 때문에 2차 탈문법화에만 적용된다. 결속과 관련된 근본적인 변화인 단절은 탈굴절화와 탈결속에서 약간 다른 변화를 나타낸다. 전자에서 그것은 'looser' 형태소 경계로 이동을 의미한다. 예를 들어, 한 숙주어-접어 경계는 어간-접사 경계보다 덜 엄격하다고 말할 수 있다. 그러나 (굴절과 파생접사의) 탈결속에서 단절은 구속형태소로부터, 7.2절에서 주장하듯이, 이 유형에 속하는 탈문법화의 결정적인 특징인 자유형태소로의 이동을 의미한다.

마지막으로 통합적 가변성의 매개변수는 탈굴절화에서 적절하지 않다고 보여 왔다. 왜냐하면 이 유형의 탈문법화에서 문법형태소는 구속된 상태이고, 따라서 그것들은 통사론적 자유(유연화)를 얻는다고 말할 수 없다. 탈문법에서, 유연화는 중국어 *děi*를 제외하고, 일반적으로 관찰된다(그러나 이것은 우선 자료의 부족에 기인함). 탈결속에서 유연화는 일본어의 연결어를 제외하고 항상 발생한다. 일본어의 연결어는 전접어와 자유 연결어가 각각 다른 것임에도 불구하고, 특정한 통사적 자리를 차지한다.

7.2. 세 유형의 탈문법화 특징(defining characteristics of the three types of degrammaticalization)

탈문법에서 중요한 매개변수는 통합성(integrity)이다. 모든 경우에서

(Pennsylvania German wotte 'would' > 'wish'; 중국어 děi 'should' > 'need'; 불가리아어 nešto 'something' > 'thing'; Welsh yn ol 'after' > nôl 'to fetch') 의미 실체와 (재의미화) 형태통사적 특성은 늘어난다(재범주화). 재의미화는 탈문법성에서 결정적이고 기본적인 변화가 되기 위해 취해질 것이다. 따라서 새로운 형태통사적 특성을 얻기만 하는(예로는 4.2절에서 논의된 법조동사) 문법형태소는 탈문법 사례로서 자격이 되지 않는다.

탈굴절화에서의 중요한 매개변수는 계열성이다. 왜냐하면 이들 사례의 가장 특징적인 것은 굴절접사가 굴절 패러다임(탈계열화)의 부분을 형성하는 것을 중단하기 때문이다. 따라서 그것들은 결속력이 덜한 유형의 형태소(단절)로 발전하고 새로운 기능 혹은 새로운 의미(재의미화)를 얻는다. 그러나 그것들은 재범주화되고 있지 않다. 왜냐하면 주요부류의 구성요소가 되지 않기 때문이다.

마지막으로 탈결속에서 중요한 매개변수는 결속성이다. 그 이유는 모든 경우에서, 구속형태소(굴절, 전접어 혹은 파생)는 자유형태소(단절)가 되기 때문이다. 이것은 그것들을 탈굴절화와 분리시키는데, 그런 경우의 문법형태소는 구속된 상태로 남기 때문이다. 재의미화는 파생접사가 탈결속될 때 완전하게 가능한 것처럼 보이지만, 굴절접사와 접어가 탈결속될 때 의미나 기능에는 전혀 변화가 없다. 우연히 이것은 굴절과 파생접사 사이에 흥미로운 차이를 드러낸다. 굴절은 가장 추상적인 문법형태소이다. 따라서 탈결속은 종종 추가되는 새로운 의미나 기능(예외. 아일랜드어 *muid* 1PL > 'we')을 낳지 않는다.

반면 파생접사는 의미가 덜 탈색되었고, 이는 새로운 의미를 유추하는 가능성을 제공할 수 있다. 굴절과 파생의 이 차이는 그들의 다른 기원 때문임이 틀림없다—문법성과 어휘성의 연속변이가 보여주듯이(2.2.1절 참고), 굴절과 파생접사 둘 다 궁극적으로 어휘 항목에서 파생되지만, 그것은 그들을 분리시키는 중간단계이다. 문법성의 연속변이를 따라, 어휘 항목이 우선 기능어로 발달한다는 것은 이들 문법형태소가 초기에 문법적 의미를 얻는다는 것을 의미한다. 그것들이 전형적으로 (의미가 충분히 담겨있는) 합성요소로 발전하기 때문에, 파생접사는 결정적으로 이 단계를 결여하고 있다.

분명한 추가적인 문제는 한 변화가 한 유형의 탈문법화로서 자격을 가질 때이다. 여기서 탈문법화와 관련된 유형에서 결정적인 초기 변화에 대한 긍정적 점수를 받았던 모든 경우를 포함하기로 했다. 따라서 탈문법의 자격을 갖기 위한 변화에 대해, 재의미화에서 긍정적 점수를 받아야한다. 다시 말하면 탈문법성은 우선 하나의 의미변화이다. 보통 중국어 *děl*을 제외한 재범주화도 역시 관찰되었다(그러나 재범주화가 고립어와의 관련여부는 의심된다, 7.4절 참고). 다른 매개변수에 관해, 탈문법은 대체로 긍정적 점수를 얻거나, 점수가 없다(표 4.1-4.6 참고). 문법화 변화 역시 종종 몇 개의 무득점을 가지기 때문에(특히 음운론적 감소), 점수 하나 두 개 정도 없는 것은 문제가 되지 않는다.

탈굴절화의 자격을 갖는 변화는, 탈계열화뿐 아니라 재의미화에서도 긍정적 점수를 가져야 했다. 왜냐하면 탈굴절의 정의는 기능이 커진다는 것을 포함하기 때문이다. 따라서 탈굴절화는 형태적 그리고 의미적 변화이다. 5장에서 논의된 예에서 다른 변화에서도 일반적으로 긍정적 점수가 있었다. 단지 콰자어(Kwaza) *ni*가 영향권 확대에서 부정적 점수였지만, 범위가 논쟁의 여지가 있는 매개변수라면, 이 하나의 부정적 점수가 콰자어 예를 탈굴절화의 타당한 예에서 제외시키는 것은 적절하지 않다.

마지막으로 탈결속 자격을 갖는 변화로, 탈결속 문법형태소의 구조적 정체성이 유지되었다면, 단절에 대한 긍정적 점수는 충분했다. 따라서 탈결속은 우선 형태론적 변화지만, 자유형태소로서 탈결속된 항목은 통사론적 자유가 커지기 때문에 보통 통사론적 변화도 포함한다. 따라서 탈결속 굴절접사 혹은 접어의 경우에, 의미에서 변화는 대체로 전혀 없다. 또한 탈의무화도 없다—자유 문법형태소로서, 탈결속된 항목은 단순하게 그들이 결속되었을 때 가졌던 문법기능을 유지한다. 그러나 탈결속 파생접사는 다르다는 것이 밝혀졌다. 왜냐하면 그것들은 종종 정말로 의미적으로 풍부해지기 때문이다. 문제가 있다고 여기는 유일한 탈결속 예는 일본어 연결어이다. 왜냐하면 이것들은 형태통사 층위에서 탈문법화의 예처럼 보이기 때문이다. 그러나 의미에서는 문법화이다. 따라서 그것은 탈문법화의 원형적 예도 아니고 문법화의 예도 아니다.

모든 탈문법화의 일반적인 요구 조건으로서, 변화는 구조—내부적일 필요가 있었다. 이것은 접사나 기능어(*isms, ifs* 그리고 *buts*)의 상위언어학적 용법이 탈결속 혹은 탈문법의 예로서 기능하지 않았다는 것을 의미한다. 어떤 결정적 그리고 중요한 관찰은 사실 부정적 점수는 없다는 것이다—이것은 대체로, 탈문법화가 문법화만큼이나 그것의 근본적 변화의 방향성에서 변화가 없다는 것을 의미한다.

이 절의 결론으로, 간단하게 Anderson의 관찰 층위(3.5.4절)와 탈문법화 변화의 분류에 대한 타당성을 다시 볼 것이다. 탈문법은 주로 내용(구성요소) 층위에서의 변화이고, 탈굴절은 주로 내용—통사 층위에서, 그리고 탈결속은 주로 형태통사론적 층위에서의 변화이다. 모든 사례가 비교될 때, 내용, 내용—통사론 그리고 형태통사에서의 변화들 사이에 함축적인 서열이 다음과 같이 존재한다는 것이 드러난다 :

(ⅰ) 내용에서의 변화는 내용-통사론과 형태-통사론에서 변화를 의미한다.

(ⅱ) 통사론에서의 변화는 형태통사론에서의 변화를 의미한다. 그러나 내용에서 필수적인 것은 아니다.

(ⅲ) 형태구문에서 변화는 내용 통사론 혹은 내용에서 변화를 의미하지 않는다.

7.3. 메카니즘과 동기부여 요소들(mechanisms and motivating forces)

1.3.6절에서 보았듯이, 형태통사적 변화에서 유추와 재분석은 주요한 메카니즘으로 보인다. 그러나 어떤 메카니즘이 문법화에서 일차적인 것인지에 대한 일반적인 동의는 없다. 탈문법화에 관한 한, 유추와 분석 둘 다 역시 관찰될 수 있다. 그리고 어떤 것이 일차적인 것인지는 취급하는 예에 달렸다. 탈문법에서 일차적인 메카니즘은 재분석이다: 기능어들은 적당한 (애매모호한) 문맥에서 내용 항목으로 재분석된다. 차후 문맥확대는 유추적으로 보일 수 있다. 왜냐하면 새로운 어휘 항목은 해당하는 굴절과 구문 특징과 함께 품사의 다른 구성요소처럼 작용하기 시작하기 때문이다. 탈굴절화에서, 재분석은 역시 일차적인 것처럼 보인다. 예를 들면, 스웨덴어 *s*-속격은 처음에는 구 표지 접사로 재분석되었다. 탈결속에서, 설명은 덜 분명하다. 아일랜드어 *muid*에 대해, 일차적인 메카니즘은 유추였다고 주장할 수 있다. 왜냐하면 동사적 패러다임에서 다른 인칭은 이미 분석적 대명사를 가졌기 때문이다. 반면 북부 사미어 *haga*에서, 어떤 구조에 유추가 기초하는지 명확하지 않기 때문에 변화는 유추적이지 않을 것이다. 오히려 형태소 경계(어간-접사 경계에서 품사 경계로)의 재분석 사례일 것 같다. 탈결속의 어떤 예들에서 유추를 초래할 것 같은 어떤 경우에서도 탈문법

화의 사례가 일반적으로 '전형적 본보기에 기반한 유추변화'(Kiparsky 2005)
라는 것은 확실히 아니다.

재분석과 유추는 변화의 메카니즘들이지만, 그들을 동기 요소라고 여기
지 않는다. 그렇다면 탈문법화의 동기는 무엇인가? 그같은 요소는 정의하
기 쉽지 않고, 어떤 의미에서는 항상 사후 관찰이 존재하지만, 그럼에도
여기서 몇가지 제안을 할 것이다.

탈문법에서, 첫 번째 단계는 항상 화용적 추론을 포함하는 것처럼 보인
다. 이런 의미에서, 탈문법화는 문법화와 유사하지만, 두 개의 중요한 차
이가 있다. 우선, 물론 변화의 방향이 있다—만약 화용적 추론이 추상성을
증가시킨다면(문법화), 다음 단계는 다른 어휘 층위에서 역시 감소를 포함
할 것이다. 그러나 어휘적 의미가 기능어에서 추론된다면(탈문법성), 다른
수준에서 역시 강화가 따를 것이다. 두 번째 차이는 빈도에 관한 것이다—
문법화는 탈문법성보다 분명히 훨씬 더 일반적이다. 이것은 부분적으로
의미변화에서 비유적 추상화로의 보편적인 경향 때문이다(2.6.1절 참조).
아마도 또 다른 이유는 적어도 굴절언어에서 어휘 항목들이 문법적 항목
들보다 더 형태적으로 보통 복잡하다는 것이다. 이것은 어휘 항목에서 문
법 항목으로의 이동이 그 반대보다 더 쉽도록 한다(2.7.4절).

요약하면, 탈문법을 일으키는 것은 하나의 문법 항목과 하나의 어휘 항
목 간의 의미적 인접성과 재범주화의 가능성이다. 펜실베니아 독일어
(Pennsylvania German) *wotte*에 대해 보면, 완곡어구(3.3.4 참조)는 부가요
소였을 수 있다. 가정법이 'wishing'의 더 직접적인 개념에 대한 완곡 표
현으로서 보여질 수 있기 때문이다.

1.6.1절에서 발생한 과정 문제로 돌아가서, 탈문법은 문법화와 대체로
같은 과정이라는 결론이다. 둘 다 (문법화에서 더 문법적이고 탈문법에서

더 의미적이라고) 추론되는 새로운 의미를 가지고 시작하고, 그 후 그 단어는 주요(문법화) 혹은 주변(탈문법)부류로 재분석되며, 그 부류(안에서 한 하위집단)의 전형적인 형태통사론적 속성을 획득한다.

탈굴절화는 다른 요소들에 의해 유발될 수 있다. *s*-속격과 고대 스웨덴어 MASC.SG.NOM *-er*의 파생적 명사 접미사로의 변화에서, 고대 스칸디나비아어 격체계의 소실이 설득력있는 요소였던 것 같다. 격이 더 이상 굴절적으로 실현되지 않았을 때, 많은 접미사들이 그 기능을 잃었고, 이것은 접미사가 특히 기능전환을 하기 쉽도록 했다(3.3.5절 참고). 이전의 MASC.SG.NOM은 어휘 속격 구조에서 소실되었으나, 한정 구조에서 유지될 수 있었다. 왜냐하면 NP 구조가 한정어의 구체적 위치가 가능해진 그런 방식으로 재구성되었기 때문이다. 이전의 접미사 *-s*는 전접어적 한정사로 재분석되었지만 그것의 소유격 기능 또한 유지했다. 이전의 MASC.SG.NOM *-er*의 경우, 탈굴절화는 남성과 여성의 융합이 통성으로 됨으로 훨씬 더 용이했을 수 있다. 결과적으로, 고대 스웨덴어 *en blinder* (a blind -MASC.SG.NOM) 'a blind person'과 같은 형용사적 명사 구조는 두 성의 명사화로 재해석될 수 있었다. 따라서 *hon är en slarver* 'she is a messy person'과 같은 구조는 현대 스웨덴어에서 완벽하게 가능하다. 요약하면 MASC.SG.GEN *-(e)s*와 MASC.SG.NOM *-er*의 탈굴절화는 영어와 본토 스칸디나비아어에서 굴절 사례의 소실에 의해 촉발되었다(Norde 2001a). 그러한 경우 때문에 Plank(1995)는 적절한 용어 Systemstörung 'disruption of the system (체계의 붕괴)'를 만들었다. 그러면, 탈굴절화의 이 두 예에서, 그것들은 분명히 주요 구조 변화의 부작용이기 때문에, 그것들이 과정이라기보다는 결과라고 주장한다.

'berry-접미사' *-on*에 관하여, *-on*이 여전히 복수접미사로 사용되고 있기 때문에, 그것이 격체계가 사라진 결과로서 나타났다는 것은 명백하지 않다. 어떤 형태의 실용적인 추론이 여기서 작용해 왔다는 것은 상상도 할 수 없다. 왜냐하면, 그 접미사는 *smultron* 'wild strawberries'와 *hiūpon* 'rosehips'와 같은 명사의 복수로 사용되었기 때문이다. 아마도 이 명사들은 자주 복수에 사용되었고, 거기서 그것들은 'berry'를 의미하는 파생접미사로서 *-on*을 가진 불가산 명사로 재해석되었을 수 있다. 또한 콰자어의 경우에도, 화용적인 추론이 어떤 역할을 했을 수 있다. 여기서 굴절 권고 접어 *-ni*가, 아마도 인용구조에서, 파생 인과 표지어 *-nĩ*로 재분석되었다. 어떻게 한 인용 권고문에서('I said "Let him drink"') 인과 의미가(as in 'I made him drink') 추론될 수 있는지 살펴보는 것은 어렵지 않다.

탈결속에 관한 한, 무엇이 동기 부여 요소인가를 정하는 것은 어렵다. 분리 부정사는 딱 들어맞는 사례이다(Fitzmaurice 2000, Faarlund 2007). 예를 들면, *I am going to not eat strawberries*과 같은 현대 미국식 영어 표현에서, 동사로부터 영어 부정사 *to*가 분리되는 것은 부정사 표지어의 탈결속을 나타내는가 아니면 부정어 위치의 변화를 나타내는가? 마찬가지로, 노르웨이어 부정사 *å*의 탈결속 경우에, 노르웨이 언어에서 이 형성을 계속되는 구문 재구성과 분리시키는 것은 불가능하다. 이것들은 더 조사될 필요가 있는 문제다.

고대 에스토니아어 *es*와 *ep*의 경우, Campbell(1991)에 의하면, 탈결속은 통사변화가 아니라 음운변화의 결과였다. 에스토니아어 역사의 한 지점에서, 모든 종성모음이 없어졌고 모음조화도 사라졌다. 접어 **-s*와 **-ps*는 그 종성 모음이 소실되는 것을 막았다. 어미음이 사라진 고빈도 어간 때문에, 형태소 경계는 나중에 그 모음이 접어의 일부가 되었다는 점에서 재해석되었고, 모음조화의 소실로 인해 *-es*와 *-ep*가 (여기서도 역시 종성

모음은 없어졌다) 음운론적으로 그것들의 숙주어에 의존했다는 증거는 더 이상 없다. 따라서 그것들은 자립어로 재해석될 수 있다.

마지막으로 아일랜드어 *muid*의 경우, 음운론적 그리고 통사론적 변화는, 초기 현대 아이랜드어(주어-동사 일치가 굴절된 동사에 의해서가 아니라 대명사에 의해 표현됨)에서 '매개변수 재고정'과 중세 아이랜드어에서 접사를 접어로 재분석하는 것을 포함하여, 1PL 동사 접미사의 탈결속의 원인이 되는 것 같다(Doyle 2002).

반면 일본어 연결어의 탈결속은 다른 변화의 결과로 보이진 않지만, 문-말 전접어 연결사에서 문-두 자유 연결어로의 재분석인 듯하다. 같은 것이 사미어 *haga*에서도 적용되는 듯하다.—자유형태소가 되는 결여 접미사가 되었을 *Systemstörung*이나 구문 재구성의 증거는 없다. 그리고 후파어 합성동사의 탈접사화 예에서, 왜 어떤 접미사는 탈결속화될 수 있었나는 분명하지 않다.

요약하면, 접어와 접사의 탈결속은 통사 혹은 음운론적 층위에서 어떤 주요한 재구성의 결과인 것처럼 보이지만, 어떤 경우에는 동기 부여가 적어도 이제껏 가능한 자료를 기초해서, 식별될 리 없다. 그러나 파생접사에 관하여는 다른 설명이 등장하는데, 굴절과 파생접사는 근본적으로 다르다는 것을 한 번 더 강조한다. 이 경우의 어떤 것에도, 음운론, 형태론, 혹은 통사론에서 탈결속이 결과가 되는 주요한 변화가 없었다. 네덜란드어 *tig* 'dozens'와 영어 *ish*에 관해서, 변화는 반드시 화용적으로 보인다—둘 다 접미사의 의미를 강화하면서 강조표지어로 사용된다. 북부 스웨덴어 *bö* 'need'는 그것이 한때 한 부분이기도 했던 동사의 의미 일부를 유지하는 탈결속 접두사로서 매우 특이한 예이다. 마지막으로, 튜라어 |LÁ| 'somewhere, anywhere'는 유추적 변화이었던 것처럼 보인다—그것의 의

미가 탈색되었고, (독립적) 조동사 *wô*와 유사한 문법형태소로 재해석되었기 때문이다. |LÁ|는 *wô*와 유사한 통사 자리에서 나타나기 시작했고 마찬가지로 (wô와 같은) 본동사의 TAM-표지어를 취할 수 있었다.

따라서 탈결속의 예들이 탈문법화의 대체 정의에(예, Askedal 2008) 따라 탈문법화의 예로서 자격이 되지 않는다는 것은 이해할 만하다. 그럼에도 불구하고 그들이 현대 연구에 포함이 된 이유는, 무엇이 그것을 초래했는지 상관없이, 여기서 적용된 범주가 관계된 근본적 변화와 방향성 때문이다. 탈문법화가 과정인지 아니면 다른 변화의(현저히 탈결속의 경우) 결과인지 정하는 것은 때때로 가능하지 않기 때문에, 변화가 과정인지 아닌지 하는 문제는 유용한 기준이 아니다.

7.4. 견해(outlook)

이 책에서 탈문법화는 몇몇 언어학적 층위에서 근본적 변이를 포함하는 복합 변이로 다뤘다. 탈문법화에 대한 이런 접근은 비록 (처음) 구조적 정의의 보존이 모든 탈문법화 세 가지 유형의 정의 부분을 구성함에도 불구하고, 근본적으로는 형태소를 기반으로 한다. 이 연구의 관점에서, Lehmman의 매개변수와 같이 엄격한 범주을 정하는 이점은 의미론적, 형태론적, 통사론적 그리고 음운론적 층위에서 문법형태소에 무엇이 일어나는지를 명쾌하게 할 수 있다는 것이다. 또 개별적 사례 연구의 변이분석을 어떻게 해석할지 설명하려고 노력해 왔지만, 이것은 그들이 다르게 해석될 수 없다는 것을 의미하는 것은 아니다. 예를 들면, 일차적 문법화를 문법화로 받아들이는 사람들은 탈문법을 '진정한' 탈문법화로 받아들일 것이다. 이 책에서 논의된 자료가 처음 세 장에서의 이론적 논의와 더불어 심화연구에 대한 길잡이가 되기를 희망한다.

더 특별하게, 심화 연구를 요구하는 연구문제들은 실증적이면서 이론적인 특징을 가지고 있다. 전자에 관해, 대부분 현재 이론화는 굴절언어(주로 인도-유럽어족)에 관한 논문에 기초한다는 점을 주시해야한다. 그런 언어에서, 접미사에 의해 표현된 범주들은 대부분 최고 높은 수준의 추상적 개념에(예. 문법적 성 혹은 격) 있는 한편, 포합어에서, 접미사는 훨씬 더 많은 기능과 의미를 포함한다. 이것은 아마 (그러나 순수하게 가정이다) 포합어에서 (어떤) 접미사는 단지 그것이 의미가 풍부하기 때문에(따라서 새로운 의미를 추론하기 더 쉬워서) 탈문법화되기 더 쉽다는 것을 의미할 것이다. 반면에 고립어에서의 탈결속과 탈계열화는 중요한 것 같지 않다. 왜냐하면 그런 언어들은 어떤 방식으로든 의무적인 어떤 형태소를 거의 가지고 있지 않기 때문이다. 다시 말하면, 이것은 추측이다. 왜냐하면 이런 유형의 언어에서 (탈)문법화에 대해 알려진 것이 거의 없고, 따라서 실증적인 연구가 몹시 필요하기 때문이다.

이제까지의 논제에 관해, 현재 가장 가능성 있는 접근은 점화(priming) 연구인데, 방향성에 대한 인지적 설명(2.7.2절 참고), (탈)문법화와 어휘화에 대한 구조문법적 접근, 그리고 형태통사론적 변화에서 유추의 역할을 연구하는 것(Fischer 2007)이라고 생각한다.

마지막으로 Kafka에게 바치는 독일의 속담을 인용하고 싶다. *Wege entstehen dadurch, dass man sie geht*('Paths are made by walking'). 의미적 그리고 형태통사적 변화에서 꽤 많은 규칙이 있음에도 불구하고, 그 경로는 예측할 수 없다. 때때로 문법형태소는 완전히 다른 그리고 예상치 못한 경로를 택할 수 있고, 왜 이것이 이 특정한 문법형태소에 일어났는지 알려지지 않은 채 존재한다. 어떤 결정론도 없고, 이것은 문법화보다 탈문법화에서 훨씬 더 사실인 것 같다. 이차적 문법화가 일차적 문법화를 따를 수 있는 곳에서, 이차적 탈문법화는 결코 일차적 탈문법화를 따르지 않는다. '탈문법화'라는 용어를 탈문법, 탈굴절화, 그리고 탈결속이라는 이름 아래 포함된 모든 변화의 상위어로서 유지했으나, 이 세 가지 유형 사이에 어떤 통시적인 연결도 존재하지 않는다는 것을 한 번 더 강조하고 싶다. 마지막으로 네덜란드어 *tig*의 역사는 우리에게 문법형태소가 'ten'을 의미하는 명사에서 수 어미 '-ty'로 처음 문법화되고 나서 자립 수량사 'dozens'로 탈문법화되고, 한 번 더 강조부사로 문법화되었다는 것을 통해 한 번 더 돌이킬 수 있다는 것을 알려준다. 탈문법화를 아주 매력적인 연구로 만드는 것은 증명된 규칙들이라기보다는 이런 변화에 대한 분명한 예측이 불가능하기 때문이다.

  탈문법화 degrammaticalization

참고문헌

Abney, Steven Paul. 1987. *The English Noun Phrase in its Sentential Aspect*. PhD dissertation, MIT.

Aijmer, Karin. 1997. *I think*-an English modal particle. In Toril Swan and Olaf Jansen Westvik (eds.) *Modality in Germanic Languages: Historical and Comparative Perspectives*, 1-47. Berlin/New York: Mouton de Gruyter.

Allen, Andrew S. 1995. Regrammaticalization and degrammaticalization of the inchoative suffix. In Henning Andersen (ed.) *Historical Linguistics 1993. Selected Papers from the 11th International Conference on Historical Linguistics*, 1-8. Amsterdam/ Philadelphia: John Benjamins.

Alien, Cynthia L. 1997. The origins of the 'group genitive' in English. *Transactions of the Philological Society* 95:1, 111-31.

_____ 2003. Deflexion and the development of the genitive in English. *English Language and Linguistics* 7:1,1-28.

Alvre, Paul. 1976. Vana kirjakeele küsisõnu. *Keel ja Kirjandus* 19, 343-50.

Amis, Martin. 1991. *Time's Arrow*. London: Penguin.

Andersen, Henning. 1987. From auxiliary to desinence. In Martin Harris and Paolo Ramat (eds.) *Historical Development of Auxiliaries*, 21-51. Berlin/New York/ Amsterdam: Mouton de Gruyter.

_____ 2001. Actualization and the (uni)directionality of change. In Henning Andersen (ed.) *Actualization: Linguistic Change in Progress*, 225-48. Amsterdam/ Philadelphia: John Benjamins.

_____ 2005. Review of Joseph and Janda 2003. *Diachronica* 22:1, 155-176.

_____ 2006. Grammation, regrammation and degrammation: Tense loss in Russian. *Diachronica* 23:2, 231-58.

_____ 2008. Grammaticalization in a speaker-oriented theory of change. In Thórhallur Evthórsson (ed.) *Grammcitical Change and Linguistic Theory: The Rosendal*

Papers, 11-44. Amsterdam/Philadelphia: John Benjamins.

Anderson, Stephen R. 1992. *A-morphous Morphology*. Cambridge: Cambridge University Press.

_______ 2005. *Aspects of the Theory of Clitics*. Oxford: Oxford University Press.

_______ 2008. The English 'Group Genitive' is a special clitic. To appear in *English Linguistics*. http://bloch.ling.yale.edu/Files/ELSJ.pdf

Andersson, Peter. 2007. *Modalitet och Förändring: En Studie av må och kunna i Fornsvenska*. Gothenburg: Institutionen för Svenska Språket.

Ansaldo, Umberto and Lisa Lim. 2004. Phonetic absence as syntactic prominence: Grammaticalization in isolating tonal languages. In Olga Fischer, Muriel Norde, and Harry Perridon (eds.) *Up and Down the Cline: The Nature of Grammaticalization*, 345-62. Amsterdam/Philadelphia: John Benjamins.

Anttila, Raimo. 1989. *Historical and Comparative Linguistics*. Amsterdam/Philadelphia: John Benjamins.

Ariste, Paul. 1973. Eesti rõhumäärsõna *ep*. *Journal de la Société Finno-ougrienne* 72, 33-7.

Askedal, John Ole. 2000. Nordisk s-genitiv: 'degrammatikalisering' eller 'regramma-tikalisering' eller ingen av delene? *Norsk Lingvistisk Tidsskrift* 18:2, 203-10.

_______ 2003. Grammaticalization and the historical development of the genitive in Mainland Scandinavian. In Barry J. Blake and Kate Burridge (eds.) *Papers from the 15th International Conference on Historical Linguistics*, 21-32. Amsterdam/Philadelphia: John Benjamins.

_______ 2008. 'Degrammaticalization' versus typology: Reflections on a strained relationship. In Thórhallur Eythórsson (ed.) *Grammatical Change and Linguistic Theory: The Rosendal Papers*, 45-77. Amsterdam/Philadelphia: John Benjamins.

Auwera, Johan van der. 2002. More thoughts on degrammaticalization. In Ilse Wischer and Gabriela Diewald (eds.) *New Reflections on Grammaticalization*, 19-29. Amsterdam/Philadelphia: John Benjamins.

_______ and Vladimir A. Plungian. 1998. Modality's semantic map. *Linguistic Typology* 2, 79-124.

Battye, Adrian and Ian Roberts. 1995. Introduction. In Adrian Battye and Ian Roberts (eds.) *Clause Structure and Language Change*, 3-28. Oxford: Oxford University press.

Bauer, Brigitte L. M. 2003. The adverbial formation in mente in vulgar and late Latin: A problem in grammaticalization. In Heikki Solin, Martti Leiwo, and Hilla Halla-aho (eds.) *Latin vulgaire: latin tardif* VI. Hildesheim, Zürich and New York:

Olms-Weidmann.

Bauer, Laurie. 1983. *English Word-formation*. Cambridge: Cambridge University Press.

Beard, Robert. 1998. Derivation. In Andrew Spencer and Arnold M. Zwicky (eds.) *The Handbook of Morphology*, 44-65. Oxford: Blackwell.

Beths, Frank. 1999. The history of *dare* and the status of unidirectionality. *Linguistics* 37 : 6, 1069-1110.

Blake, Barry J. 1994. *Case*. Cambridge: Cambridge University Press.

______ 2001. *Case*, 2nd edn. Cambridge: Cambridge University Press.

Boer, R. C. 1918. *Oergermaansch handboek*. Haarlem: H.D. Tjeenk Willink and Zoon.

______ 1920. *Oudnoorsch handboek*. Haarlem: H.D. Tjeenk Willink and Zoon.

Booij, Geert. 2002. *The Morphology of Dutch*. Oxford: Oxford University Press.

Bopp, Franz. 1816. *Über das Cortjugationssystem der Sanskritsprache, in Vergleichung mit jenem der griechischen, lateinschen, persischen und germanischen Sprache*. Frankfurt am Main: in der Andreäischen Buchhandlung. Reprinted in Chris Hutton(ed.) 1995. *18th and 19th Century German Linguistics* IV. London: Routledge/Thoemmes Press.

Börjars, Kersti. 2003. Morphological status and (de)grammaticalisation: The Swedish possessive. *Nordic Journal of Linguistics* 26 : 2, 133-63.

Boroditsky, Lera. 2000. Metaphoric structuring: Understanding time through spatial metaphors. *Cognition* 71:1, 1-28.

Brännström, Edvin. 1933. En syntaktisk egendomlighet i norrländska dialekter. *Nysvenska Studier* 13, 112-27.

Braunmüller, Kurt. 1978. Remarks on the formation of conjunctions in Germanic languages. *Nordic Journal of Linguistics* 1, 99-120.

Bree, Cor van. 2004 [1990]. *Historische taalkunde*. Leuven/Amersfoort: Acco. Revised electronic edition at http://www.dbnl.org/tekst/breeoo1histo1/.

Brinton, Laurel J. 1996. *Pragmatic Markers in English: Grammaticalization and Discourse Functions*. Berlin/New York: Mouton de Gruyter.

______ 2001. From matrix clause to pragmatic marker: The history of *look-forms*. *Journal of Historical Pragmatics* 2, 177-99.

______ 2004. Subject clitics in English: A case of degrammaticalization? In Hans Lindquist and Christian Mair (eds.) *Corpus Approaches to Grammaticalization in English*, 227-56. Amsterdam/Philadelphia: John Benjamins.

______ and Dieter Stein. 1995. Functional renewal. In Henning Andersen (ed.) *Selected Papers from the 11th International Conference on Historical Linguistics*, 33-47. Amsterdam/Philadelphia: John Benjamins.

______ and Elizabeth Closs Traugott. 2005. *Lexicalization and Language Change*. Cambridge: Cambridge University Press.

Burridge, Kate. 1995. On the trail of the Conestoga Modal: Recent movements of modal auxiliaries in Pennsylvania German. La Trobe Working Papers in Linguistics 8. http://www.latrobe.edu.au/linguistics/LaTrobePapersinLinguistics/Vol% 2008/2Burridge. pdf.

______ 1998. From modal auxiliary to lexical verb: The curious case of Pennsylvania German *wotte*. In Richard M. Hogg and Linda van Bergen (eds.) Historical Linguistics 1995, Vol. 11: *Germanic Linguistics*, 19-33. Amsterdam/Philadelphia: Benjamins.

Bybee, Joan. 1985a. Diagrammatic iconicity in stem-inflection relations. In John Haiman(ed.) *Iconicity in Syntax*, 11-47. Amsterdam/Philadelphia: John Benjamins.

______ 1985b. *Morphology: A Study of the Relation between Meaning and Form*. Amsterdam/Philadelphia: John Benjamins.

______ 2003. Mechanisms of change in grammaticization: The role of frequency. In Brian D. Joseph and Richard D. Janda (eds.) *The Handbook of Historical Linguistics*, 601-23. Oxford: Blackwell.

______, Revere Perkins, and William Pagliuca. 1994. *The Evolution of Grammar: Tense, Aspect and Modality in the Languages of the World*. Chicago and London: The University of Chicago Press.

Campbell, Lyle. 1991. Some grammaticalization changes in Estonian and their implications. In Elizabeth Closs Traugott and Bernd Heine (eds.) *Approaches to Grammaticalization* I, 285-99. Amsterdam/Philadelphia: John Benjamins.

Campbell, Lyle. 2001. What's wrong with grammaticalization? *Language Sciences* 23, 2-3: 113-61.

Carey, Kathleen. 1995. Subjectification and the English perfect. In Dieter Stein and Susan Wright (eds.) *Subjectivity and Subjectivisation*, 83-102. Cambridge: Cambridge University Press.

Carstairs, Andrew. 1987. Diachronic evidence and the affix-clitic distinction. In Anna Giacalone Ramat, Onofrio Carruba, and Giuliano Bernini (eds.) *Papers from the 7th International Conference on Historical Linguistics*, 151-62. Amsterdam/Philadelphia: John Benjamins.

Christensen, Ken Ramshøy. 2007. The infinitive marker across Scandinavian. *Nordlyd* 34, 147-65.

Comrie, Bernard. 1980. Morphology and word order reconstruction: Problems and prospects. In Jacek Fisiak (ed.) *Historical Morphology*. The Hague: Mouton.

Cristofaro, Sonia. 1998. Grammaticalization and clause linkage strategies: A typo-logical approach with particular reference to Ancient Greek. In Anna Giacalone Ramat and Paul J. Hopper (eds.) The Limits of Grammaticalization, 59-88. Amsterdam/Philadelphia: John Benjamins.

Croft, William. 2000. *Explaining Language Change: An Evolutionary Approach*. Harlow: Pearson Education.

Dahl, Östen. 1996. Discussion of grammaticalization at LINGUIST 7.1170.

_____ 2003. *Grammatik*. Lund: Studentlitteratur.

_____ 2007. Grammaticalization in the north: Noun phrase morphosyntax in Scan-dinavian vernaculars. Ms., University of Stockholm. http://www.ling.su.se/staff/oesten/downloads/Gram_north.pdf

Dalton-Puffer, Christiane. 1996. The French influence on Middle English morphology : A corpus-based study of derivation. Berlin/New York: Mouton de Gruyter.

Daniliuc, Laura and Radu Daniliuc. 2000. *Descriptive Romanian Grammar: An Outline*. Lincom Studies in Romance Linguistics 14. Munich: Lincom Europa.

Davidsen-Nielsen, Niels. 1990. *Tense and Mood in English: A Comparison with Danish*. Berlin: Mouton de Gruyter.

DeLancey, Scott. 1994. Grammaticalization and linguistic theory. In Jule Gomez de Garcia and David S. Rood (eds.) *Proceedings of the 1993 Mid-America Linguistics Conference and Conference on Siouan/Caddoan Languages*, 1-22. Boulder: University of Colorado.

Delsing, Lars-Olof. 1991. Om genitivens utveckling i fornsvenskan. In Sven Göran Malmgren and Bo Ralph (eds.) *Studier i Svensk Språkhistoria 2*, 12-30. Gothenburg: Institutionen för Nordiska Språk.

_____ 1993. *The Internal Structure of Noun Phrases in the Scandinavian Languages: A Comparative Study*. Lund: Department of Scandinavian Languages.

_____ 1999. Review of Norde (1997). *Nordic Journal of Linguistics* 22, 77-90.

_____ 2001. The Swedish genitive: A reply to *Norde*. *Nordic Journal of Linguistics* 24, 119-20.

Detges, Ulrich. 1998. Echt die Wahrheit sagen: Überlegungen zur Grammatikalisierung von Adverbmarkern. *Philologie im Netz* 4, 1-29. http://web.fu-berlin.de/phin/phin4/p4t1.htm

_____ 2004. How cognitive is grammaticalization? The history of the Catalan Perfet Perifràstic. In Olga Fischer, Muriel Norde, and Harry Perridon (eds.) *Up and Down*

the Cline: The Nature of Grammaticalization, 211-27. Amsterdam/Philadelphia: John Benjamins.

______ and Richard Waltereit. 2002. Grammaticalization vs. reanalysis: A semantic-pragmatic account of functional change in grammar. *Zeitschrift für Sprachwissenschaft* 21, 151-95.

Deutscher, Guy. 2005. *The Unfolding of Language: An Evolutionary Tour of mankind's Greatest Invention*. New York: Metropolitan Books.

Diewald, Gabriele. 1997. *Grammatikalisierung: Eine Einführung in Sein und Werden grammatischer Formen*. Tübingen: Max Niemeyer Verlag.

______ 2002. A model for relevant types of context in grammaticalization. In Ilse Wischer and Gabriela Diewald (eds.) *New Reflections on Grammaticalization*, 103-20. Amsterdam/Philadelphia: John Benjamins.

______ 2006. Context types in grammaticalization as constructions. *Constructions* SV1-9. www.constructions-online.de.

Doyle, Aidan. 2002. Yesterday's affixes as today's clitics: A case-study in degrammaticalization. In Ilse Wischer and Gabriela Diewald (eds.) *New Reflections on Grammaticalization*, 67-81. Amsterdam/Philadelphia: John Benjamins.

Drosdowski, Günter et al. 1984. *Duden Grammatik der deutschen Gegenwartssprache*, 4th edn. Mannheim/Wien/Zürich: Dudenverlag.

Ejder, Bertil. 1945. *Adjektivändelsen -er i de Nordiska Språken, särskilt i Svenskan*. Lund: Gleerupska Universitetsbokhandeln.

Elcock, W. D. 1960. *The Romance Languages*. London: Faber and Faber Ltd.

Enger, Hans-Olav. 2002. The story of Scandinavian -s(t) retold: Grammaticalising a clitic to a derivational affix. *Folia Linguistica Historica* 23:1-2, 79-105.

______ 2003. Skandinavisk -s(t) en gang til: Grammatikalisering fra klitikon til avled-ningsaffiks. In Jan Terje Faarlund (ed.) *Språk i Endring: Indre Norsk Språ khistorie*, 29-56. Oslo: Novus Forlag.

Enrique-Arias, Andrés. 2005. When clitics become affixes, where do they come to rest? In Wolfgang U. Dressler, Dieter Kastovsky, Oskar E. Pfeiffer, and Franz Rainer(eds.) *Morphology and its Demarcations: Selected Papers from the 11th Morphology Meeting*, 67-79. Amsterdam/Philadelphia: John Benjamins.

Epps, Patience. 2008. *A Grammar of Hup*. Berlin/New York: Mouton de Gruyter.

______ In prep. On directionality in language change: The case of productive deaffixation in Hup.

Faarlund, Jan Terje. 2005. From clitic to affix: On the history of Scandinavian reflexive verbs. *Nowele* 46-47, 53-72.

_______ 2007. Parameterization and change in non-finite complementation. *Diachronica* 24:1, 57-80.

Falk, Hjalmar and Alf Torp. 1900. *Dansk-norskens syntax*. Kristiania: Aschehoug and Co.

Fanego, Teresa. 2004. Some strategies for coding sentential subjects in English. *Studies in Language* 28:2, 321-61.

Fischer, Olga. 2000. Grammaticalisation: Unidirectional, non-reversable? The case of to before the infinitive in English. In Olga Fischer, Anette Rosenbach, and Dieter Stein (eds.) *Pathways of Change: Grammaticalization in English*, 149-69. Amsterdam/Philadelphia: John Benjamins.

_______ 2004. What counts as evidence in historical linguistics? *Studies in Language* 28:3, 710-40.

_______ 2007. *Morphosyntactic Change: Functional and Formal Perspectives*. Oxford: Oxford University Press.

_______ 2008. On analogy as the motivation for grammaticalization. *Studies in Language* 32:2, 336-82.

_______ in prep. An analogical approach to grammaticalization. Submitted to Ekkehard König, Elke Gehweiler, and Katerina Stathi (eds.) *What's New in Grammaticalization?* Amsterdam/Philadelphia: John Benjamins.

_______ and Anette Rosenbach. 2000. Introduction. In Olga Fischer, Anette Rosenbach, and Dieter Stein (eds.) *Pathways of Change: Grammaticalization in English*, 1-37. Amsterdam/Philadelphia: John Benjamins.

_______, Muriel Norde, and Harry Perridon. 2004. Introduction: In search of gramma-ticalization. In Olga Fischer, Muriel Norde, and Harry Perriuon (eds.) *Up and Down the Cline: The Nature of Grammaticalization*, 1-16. Amsterdam/Philadelphia: John Benjamins.

Fitzmaurice, Susan. 2000. Remarks on de-grammaticalization of infinitival to in present-day American English. In Olga Fischer, Anette Rosenbach, and Dieter Stein (eds.) *Pathways of Change: Grammaticalization in English*, 171-86. Amsterdam/Philadelphia: John Benjamins.

Fiva, Toril. 1987. *Possessor Chains in Norwegian* (= Tromsø studier i språkvitenskap 9). Oslo: Novus Forlag.

Fleischman, Suzanne. 1982. *The Future in Thought and Language: Diachronic Evidence from Romance*. Cambridge: Cambridge University Press.

Fortson, Benjamin W. 2003. Semantic change. In Brian D. Joseph and Richard D. Janda (eds.) *The Handbook of Historical Linguistics*, 648-66. Oxford: Blackwell.

Gabelentz, Georg von der. 1901. *Die Sprachwissenschaft, ihre Aufgaben, Methoden und bisherigen Ergebnisse*, 2nd enlarged and improved edn. Leipzig: Chr. Herm. Tauchnitz. Reprinted in Chris Hutton (ed.) 1995. *18th and 19th Century German Linguistics* VII. London: Routledge/Thoemmes Press.

Gelderen, Elly van. 2004. *Grammaticalization as Economy*. Amsterdam/Philadelphia: John Benjamins.

Giacalone Ramat, Anna. 1998. Testing the boundaries of grammaticalization. In Anna Giacalone Ramat and Paul J. Hopper (eds.) *The Limits of Grammaticalization*, 107-27. Amsterdam/Philadelphia: John Benjamins.

Giacalone Ramat, Anna, and Paul J. Hopper. 1998. Introduction. In Anna Giacalone Ramat and Paul J. Hopper (eds.) *The Limits of Grammaticalization*, 1-11. Amsterdam/Philadelphia: John Benjamins.

Givón, Talmy. 1971. Historical syntax and synchronic morphology: An archaeologist's field trip. *Papers from the 7th Regional Meeting, Chicago Linguistic Society*, 394-415. Chicago: Chicago Linguistic Society.

_____ 1975. Serial verbs and syntactic change: Niger-Congo. In Charles Li (ed.) *Word Order and Word Order Change*, 47-112. Austin/London: University of Texas Press.

_____ 1979. *On Understanding Grammar*. New York/San Francisco/London: Academic Press.

_____ 1991. The evolution of dependent clause morpho-syntax in Biblical Hebrew. In Elizabeth Closs Traugott and Bernd Heine (eds.) *Approaches to Grammaticalization*, vol. II: 257-310. Amsterdam/Philadelphia: John Benjamins.

Goldberg, Adele. 1995. *Constructions: A Construction Grammar Approach to Argument Structure*. Chicago: University of Chicago Press.

_____ 2006. *Constructions at Work: The Nature of Generalization in Language*. Oxford: Oxford University Press.

González-Diaz, Victorina. 2005. *Very* and *much: very much* the same thing? Paper presented at *New Reflections on Grammaticalization 3*, Santiago de Compostela, 17-20 July 2005.

Gould, Stephen Jay and Elisabeth S. Vrba. 1982. Exaptation: a missing term in the science of form. *Paleobiology* 8:1, 4-15.

Greenberg, Joseph. 1991. The last stages of grammatical elements: Contractive and expansive desemanticization. In Elizabeth Closs Traugott and Bernd Heine(eds.)

Approaches to Grammaticalization I, 301-14. Amsterdam/Philadelphia: John Benjamins.

Haeringen, C. B. van. 1962. Nieuwe synthese. In Smit, W. A. P et al. (eds.) *Gramarie*, 45-67. [Reprinted 1979: HES Publishers]

Halpern, Aaron. 1995. *On the Placement and Morphology of Clitics*. Stanford: CSLI Publications.

Hamans, Camiel. 1993. Van epicentrum tot episch centrum: enige notities over distinctieve morfologie. *Tabu* 1993, 63-73.

Hamel, A. G. van. 1923. *Gotisch Handboek*. Haarlem: H.D. Tjeenk Willink and Zoon.

Hansen, Erik. 1977. Behøver vi at? Nyt fra Sprognxvnet 19, 1-4.

Harris, Alice C. and Lyle Campbell. 1995. *Historical Syntax in Cross-linguistic Perspective*. Cambridge: Cambridge University Press.

_____ and Jan Terje Faarlund. 2006. Trapped morphology. *Journal of Linguistics* 42, 289-315.

Haspelmath, Martin. 1993. The diachronic externalization of inflection. *Linguistics* 31:2, 279-309.

__________ 1995. The growth of affixes in morphological reanalysis. In Geert Booij and Jaap van Marle (eds.) *Yearbook of Morphology* 1994, 1-29. Dordrecht/Boston/London: Kluwer Academic Publishers.

Haspelmath, Martin. 1996. Word-class-changing inflection and morphological theory. In Geert Booij and Jaap van Marle (eds.) *Yearbook of Morphology* 1995, 43-66. Dordrecht/Boston/London: Kluwer Academic Publishers.

__________ 1997a. *Indefinite Pronouns*. Oxford: Oxford University Press.

__________ 1997b. *From Space to Time: Temporal Adverbials in the World's Languages*. Munich/Newcastle: Lincom Europa.

__________ 1998. Does grammaticalization need reanalysis? *Studies in Language* 22:2, 315-51.

__________ 1999a. Why is grammaticalization irreversible? *Linguistics* 37:6, 1043-68.

__________ 1999b. Are there principles of grammatical change? *Journal of Linguistics* 35, 579-95.

__________ 1999c. Optimality and diachronic adaptation. *Zeitschrift für Sprachwissenschaft* 18:2, 180-205.

__________ 2004. On directionality in language change with particular reference to grammaticalization. In Olga Fischer, Muriel Norde, and Harry Perridon (eds.) *Up and Down the Cline: The Nature of Grammaticalization*, 17-44. Amsterdam/Philadelphia: John Benjamins.

Hawking, Stephen. 1996 [1988]. *A Brief History of Time. From the Big Bang to Black Holes*. London: Bantam Books.

Heath, Jeffrey. 1998. Hermit crabs: Formal renewal of morphology by phonologically mediated affix substitution. *Language* 74:4, 728-59.

Heine, Bernd. 1994. Grammaticalization as an explanatory parameter. In William Pagliuca (ed.) *Perspectives on Grammaticalization*, 255-87. Amsterdam/Philadelphia: John Benjamins.

_____ 1997. *Cognitive Foundations of Grammar*. Oxford/New York: Oxford University Press.

_____ 2002. On the role of context in grammaticalization. In Ilse Wischer and Gabriela Diewald (eds.) *New Reflections on Grammaticalization*, 83-101. Amsterdam/Philadelphia: John Benjamins.

_____ 2003a. On degrammaticalization. In Barry J. Blake and Kate Burridge (eds.) *Historical Linguistics 2001*, 163-79. Amsterdam/Philadelphia: John Benjamins.

_____ 2003b. Grammaticalization. In Brian D. Joseph and Richard D. Janda (eds.) *The Handbook of Historical Linguistics*, 575-601. Oxford: Blackwell.

_____, Ulrike Claudi, and Friederike Hünnemeyer. 1991. *Grammaticalization: A Conceptual Framework*. Chicago: University of Chicago Press.

_____ and Tania Kuteva. 2002. *World Lexicon of Grammaticalization*. Cambridge: Cambridge University Press.

_____ and Mechtild Reh. 1984. *Grammaticalization and Reanalysis in African Languages*. Hamburg: Buske.

Hellquist, Elof. 1980 [1922]. *Svensk Etymologisk Ordbok*. Tredje upplagan. Malmö: Liber.

Heltoft, Lars. 1995. Grammatikaliseringsprocesser i dansk syntakshistorie. In Bente Holmberg (ed.) *Sproghistorie i 90'erne*, 125-68. Copenhagen: Selskab for Nordisk Filologi.

Herlin, Ilona and Lari Kotilainen. 2004. External factors behind cross-linguistic similarities. In Olga Fischer, Muriel Norde, and Harry Perridon (eds.) *Up and Down the Cline: The Nature of Grammaticalization*, 263-79. Amsterdam/Philadelphia: John Benjamins.

Herslund, Michael. 2001. The Danish s-genitive: From affix to clitic. *Acta Linguistica Hafniensia* 33, 7-18.

Himmelmann, Nikolaus P. 2004. Lexicalization and grammaticalizaticn: Opposite or orthogonal? In Walter Bisang, Nikolaus P. Himmelmann, and Björn Wiemer (eds.) *What Makes Grammaticalization? A Look from its Fringes and Components*, 21-42.

Berlin/New York: Mouton de Gruyter.

Hock, Hans Henrich and Brian D. Joseph. 1996. *Language History, Language Change and Language Relationship: An Introduction to Historical and Comparative Linguistics*. Berlin/New York: Mouton de Gruyter.

Hoenigswald, Henry M. 1966. Are there universals of linguistic change? In Joseph H. Greenberg (ed.) *Universals of Language*, 2nd edn. Cambridge, MA: MIT Press.

Hopper, Paul J. 1987. Emergent grammar. In *Proceedings of the 13th Annual Meeting of the Berkeley Linguistics Society*, 139-57.

_______ 1991. On some principles of grammaticization. In Elizabeth C. Traugott and Bernd Heine (eds.) *Approaches to Grammaticalization*, vol. Ⅰ: 17-35. Amsterdam/Philadelphia: John Benjamins.

_______ 1994. Phonogenesis. In William Pagliuca (ed.) *Perspectives on Grammaticalization*, 29-45. Amsterdam/Philadelphia: John Benjamins.

_______ 1998. The paradigm at the end of the universe. In Anna Giacalone Ramat and Paul J. Hopper (eds.) *The Limits of Grammaticalization*, 147-58. Amsterdam/Philadelphia: John Benjamins.

_______ and Elizabeth Closs Traugott. 1993. *Grammaticalization*. Cambridge: Cambridge University Press.

_______ 2003. *Grammaticalization*, 2nd edn. Cambridge: Cambridge University Press.

Horst, Joop van der and Freek van de Velde. 2007. A second look at so odd a noun phrase. Ms., Leuven University.

Hultman, Tor G. 2003. *Svenska Akademiens Språklära*. Stockholm: Norstedts.

Hummel, Martin. 2000. *Adverbale und adverbialisierte Adjektive im Spanischen: Konstruktionen des Typs* Los niños duermen tranquillos und María corre rápido. Tübingen: Gunter Narr Verlag.

Idiatov, Dmitry. 2008. Antigrammaticalization, antimorphologization and the case of Tura. In Elena Seoane and María José López-Couso, in collaboration with Teresa Fanego (eds.) *Theoretical and Empirical Issues in Grammaticalization*, 151-69. Amsterdam/Philadelphia: John Benjamins.

Jacobsen, Henrik Galberg and Peter Stray Jørgensen. 2005. *Politikens håndbog I nudansk*, 5th edn. Copenhagen: Politikens Forlagshus.

Janda, Richard D. 1980. On the decline of declensional systems: The overall loss of OE nominal case inflections and the ME reanalysis of *-es* as *his*. In Elizabeth C. Traugott, Rebecca Labrum, and Susan Shepherd (eds.) *Papers from the 4th International Conference on Historical Linguistics*, 243-52. Amsterdam/Philadelphia:

John Benjamins.

Janda, Richard D. 1995. From agreement affix to subject 'clitic' - and bound root: *-mos* > *-nos* vs. (-)*nos*(-) and *nos-otros* in New Mexican and other regional Spanish dialects. In Audra Dainora et al. (eds.) *Papers from the 31st Regional Meeting of the Chicago Linguistic Society*, vol. Ⅱ: The Parasession on Clitics, 118-39. Chicago: The Chicago Linguistic Society.

_____ 2001. Beyond 'pathways' and 'unidirectionality': On the discontinuity of transmission and the counterability of grammaticalization. *Language Sciences* 23:2-3, 265-340.

_____ 2005. Morphemes grammatizing gradually vs. theories scientizing glacially: On pushing grammaticalization studies along the path towards science. *Logos and Language* 6:2, 45-65.

_____ and Brian D. Joseph. 2003. On language, change, and language change - Or, of history, linguistics, and historical linguistics. In Brian D. Joseph and Richard D. Janda (eds.) *The Handbook of Historical Linguistics*, 3-180. Oxford: Blackwell.

Jespersen, Otto. 1894. Progress in Language: With Special Reference to English. London: Swan Sonnenschein and Co.

_____ 1917. *Negation in English and Other Languages*. Copenhagen: Andr. Fred. Høst and Søn.

_____ 1918. *Chapters on English*. London: George Allen and Unwin Ltd.

_____ 1921. *Language: Its Nature, Development and Origin*. London: George Allen and Unwin Ltd

_____ 1924. *The Philosophy of Grammar*. London: George Allen and Unwin Ltd.

Joseph, Brian D. 2001. Is there such a thing as grammaticalization? *Language Sciences* 23:2-3, 163-86.

_____ 2003. Morphologization from syntax. In Brian D. Joseph and Richard D. Janda(eds.) *The Handbook of Historical Linguistics*, 472-92, Oxford: Blackwell.

_____ 2004. Rescuing traditional (historical) linguistics from grammaticalization theory. In Olga Fischer, Muriel Norde, and Harry Perridon (eds.) *Up and Down the Cline: The Nature of Grammaticalization*, 45-71. Amsterdam/Philadelphia: John Benjamins.

_____ 2005. How accomodating of change is grammaticalization? The case of 'lateral shifts'. *Logos and language* 6:2, 1-7.

_____ and Richard D. Janda. 1988. The how and why of diachronic morphologization and demorphologization. In Michael Hammond and Michael Noonan (eds.) *Theoretical Morphology: Approaches in Modern Linguistics*, 193-210. San Diego:

Academic Press.

_____ and Richard D. Janda (eds.). 2003. *The Handbook of Historical Linguistics*. Oxford: Blackwell.

Karlsson, Keith E. 1981. *Syntax and Affixation: The Evolution of MENTE in Latin and Romance*. Tübingen: Max Niemeyer Verlag.

Keller, Rudi. 1994 [1990]. *Sprachwandel: Von der unsichtbaren Hand in der Sprache*, 2nd edn. Tübingen and Basel: Francke Verlag.

Kemenade, Ans van. 1999. Functional categories, morphosyntactic change, grammaticalization. *Linguistics* 37:6, 997-1010.

Kiparsky, Paul. 2003. *The Germanic Weak Preterite*. www.stanford.edu/~kiparsky/ Papers/lahiri_weakpreterite.pdf

_______ 2005. *Grammaticalization as Optimization*. www.stanford.edu/~kiparsky/Papers/ yalegrammaticalization.pdf.

Klausenburger, Jurgen. 2000. *Grammaticalization: Studies in Latin and Romance Morphosyntax*. Amsterdam/Philadelphia: John Benjamins.

___________ 2002. Grammaticalization within a theory of morphocentricity. In Ilse Wischer and Gabriela Diewald (eds.) *New Reflections on Grammaticalization*, 31-43. Amsterdam/Philadelphia: John Benjamins.

Klein, Henny. 1998. *Adverbs of Degree in Dutch and Related Languages*. Amsterdam/ Philadelphia: John Benjamins.

Koch, Harold. 1996. Reconstruction in morphology. In Mark Durie and Malcolm Ross (eds.) *The Comparative Method Reviewed: Regularity and Irregularity in Language Change*, 218-63. Oxford: Oxford University Press.

Krahe, Hans and Wolfgang Meid. 1969. *Germanische Sprachwissenschaft*, II: *Formen-lehre*, 7th edn., revised by Wolfgang Meid. Berlin: Walter de Gruyter and Co.

Kranich, Svenja. 2008. Subjective progressives in seventeenth and eighteenth century English: Secondary grammaticalization as a process of objectification. In Maurizio Gotti, Marina Dossena, and Richard Dury (eds.) *English Historical Linguistics 2006*, vol. I: Syntax and Morphology, 241-56. Amsterdam/Philadelphia: John Beniamins.

_______ in prep. Grammaticalization, subjectification and objectification. Submitted for review to Ekkehard König, Elke Gehweiler, and Katerina Stathi (eds.) *What's New in Grammaticalization?* Amsterdam/Philadelphia: John Benjamins.

Kreidler, Charles W. 1989. *The Pronunciation of English: A Course Book in Phonology*. Oxford/New York: Basil Blackwell.

Kristoffersen, Lars. 1991. *Verbal Derivation and Inflection in a Functional Grammar of West Greenlandic*. MA thesis, University of Copenhagen.

Krug, Manfred G. 2000. *Emerging English Modals: A Corpus-based Study of Grammaticalization*. Berlin/New York: Mouton de Gruyter.

Kruisinga, Etsko. 1932. *A Handbook of Present-day English*, II: *English Accidence and Syntax*. Oxford/New York: Basil Blackwell.

Kuryłowicz, Jerzy. 1966 [1945-9]. La nature des procès dits 'analogiques'. Acta Linguistica 5, 121-38. Reprinted in E. P. Hamp et al. 1966. *Readings in Linguistics*, vol. II: 158-74. Chicago: University of Chicago Press.

__________ 1975 [1965]. The evolution of grammatical categories. In *Esquisses Linguistiques* II, J. Kuryłowicz, 38-54. Munich: Wilhelm Fink Verlag.

Kuteva, Tania. 2001. *Auxiliation: An Enquiry into the Nature of Grammaticalization*. Oxford: Oxford University Press.

Kuzmack, Stefanie. in prep. Ish: A new case of antigrammaticalization. Ms., University of Chicago.

Lahiri, Aditi. 2003 [2000]. Hierarchical restructuring in the creation of verbal morphology in Bengali and Germanic: Evidence from phonology. In Aditi Lahiri (ed.) *Analogy, Levelling, Markedness*, 71-123. Berlin: Mouton de Gruyter.

Lakoff, George. 1974. Syntactic amalgams. *Papers from the Tenth Regional Meeting of the Chicago Linguistic Society*, 321-44.

Langacker, Ronald W. 1977. Syntactic reanalysis. In Charles N. Li (ed.) *Mechanisms of Syntactic Change*, 57-139. Austin, TX/London: University of Texas Press.

__________ 1990. Subjectification. *Cognitive Linguistics* 1:1, 5-38.

Lass, Roger. 1990. How to do things with junk: Exaptation in language evolution. *Journal of Linguistics* 26, 79-102.

____ 1997. *Historical Linguistics and Language Change*. Cambridge: Cambridge University Press.

____ 2000. Remarks on (uni)directionality. In Olga Fischer, Anette Rosenbach, and Dieter Stein (eds.) *Pathways of Change: Grammaticalization in English*, 207-27. Amsterdam/Philadelphia: John Benjamins.

Lausberg, Heinrich. 1972. *Romanische Sprachwissenschaft*, III: *Formenlehre*. Berlin/ New York: Walter de Gruyter.

Lehmann, Christian. 1985. Grammaticalization: Synchronic variation and diachronic change. *Lingua e stile* 20:3, 303-18.

__________ 1989. Grammatikalisiernug und Lexikalisierung. *Zeitschrift für Phonetik, Sprach-*

wissenschaft und Kommunikationsforschung 42, 11-19.

________ 1995 [1982]. *Thoughts on Grammaticalization*. Munich/Newcastle: Lincom Europa.

________ 2002. New reflections on lexicalization and grammaticalization. In Ilse Wischer and Gabriela Diewald (eds.) *New Reflections on Grammaticalization*, 1-18. Amsterdam/ Philadelphia: John Benjamins.

________ 2004. Theory and method in grammaticalization. *Zeitschrift für Germanistische Linguistik* 32:2, 152-87.

Levander, Lars. 1909. *Älvdalsmålet i Dalarna. Ordböjning och Syntax*. Stockholm: P.A. Norstedt and Söner.

Lightfoot, David W. 1979. *Principles of Diachronic Syntax*. Cambridge: Cambridge University Press.

________ 1999. *The Development of Language: Acquisition, Change and Evolution*. Oxford: Blackwell.

________ 2002. Myths and the prehistory of grammars. *Journal of Linguistics* 38, 113-36.

Lightfoot, Douglas J. 2005. Can the lexicalization/grammaticalization distinction be reconciled? *Studies in Language* 29:3, 583-615.

Lindström, Therese. 2004. Lexicalised grammaticalization? In Gerda Haßler and Gesina Volkmann (eds.) *History of Linguistics in Texts and Concepts*, vol. II : 835-51. Münster: Nodus Publikationen.

Lødrup, Helge. 1989. *Norske Hypotagmer. En LFG-beskrivelse av Ikke-verbale Hypotagmer*. (= Oslo-studier i språkvitenskap 4). Oslo: Novus Forlag.

Lorenz, Gunter. 2002. Really worthwhile or not really significant? A corpus-based approach to the delexicalization and grammaticalization of intensifiers in Modern English. In Ilse Wischer and Gabriela Diewald (eds.) *New Reflections on Grammaticalization*, 143-61. Amsterdam/Philadelphia: John Benjamins.

Luraghi, Silvia. 2005. Does a theory of language change need unidirectionality? *Logos and Language* 6:2, 9-17.

Lyons, John. 1977. *Semantics*, vol. II. Cambridge: Cambridge University Press.

Mac Congáil, Nollaig. 2004. *Irish Grammar Book*. Indreabhán: Cló Iar-Chonnachta.

Marle, Jaap van. 1985. Bij de woordvorming van *tig*. *De nieuwe taalgids* 78, 145-8.

_____ 1996. The unity of morphology: On the interwovenness of the derivational and inflectional dimension of the word. In Geert Booij and Jaap van Marle (eds.) *Yearbook of Morphology* 1995, 67-82. Dordrecht/Boston/London: Kluwer Academic

Publishers.

Matsumoto, Yo. 1988. From bound grammatical markers to free discourse markers: History of some Japanese connectives. *Proceedings of the Fourteenth Annual Meeting of the Berkeley Linguistics Society*, 340-351.

McMillan, D. 1970. Note de syntaxe médiévale: La particule *re-* en ancien francais. *Revue de Linguistique Romane* 34, 1-15.

Meillet, Antoine. 1926 [1912]. L'évolution des formes grammaticales. In Antoine Meillet, *Linguistique Historique et Linguistique Générale*, Ⅰ: 130-48. Paris: Edouard Champion.

Mendez-Dosuna, Julian. 1997. Fusion, fission, and relevance in language change: De-univerbation in Greek verb morphology. *Studies in Language* 21:3, 577-612.

Mengden, Ferdinand von. 2008. The modules of grammatical change. Paper presented at *New Reflections on Grammaticalization* 4, Leuven, 16-19 July 2008.

Metslang, Helle, Karl Pajusalu, and Külli Habicht. 2008. Developmental paths of Estonian question particles. Paper presented at the *41st Annual Meeting of the Societas Linguistica Europaea*, Forly (Italy), September 2008.

Mithun, Marianne. 1988. The grammaticization of coordination. In John Haiman and Sandra A. Thompson (eds.) *Clause Combining in Grammar and Discourse* 331-59. Amsterdam/Philadelphia: John Benjamins.

Moreno Cabrera, Juan C. 1998. On the relationships between grammaticalization and lexicalization. In Anna Giacalone Ramat and Paul J. Hopper (eds.) *The Limits of Grammaticalization*, 211-27. Amsterdam/Philadelphia: John Benjamins.

Muysken, Pieter. 1977. *Syntactic Developments in the Verb Phrase of Ecuadorian Quechua*. Lisse: Peter de Ridder Press.

Narrog, Heiko. 2007. Exaptation, grammaticalization and reanalysis. *California Linguistic Notes* 23:1. http://hss.fullerton.edu/linguistics/cln/pdf/Exaptation_Narrog.pdf.

Nesse, Agnete. 2002. *Språkkontakt mellom Norsk og Tysk i Hansatidens Bergen*. Oslo: Novus Forlag.

Nevis, Joel A. 1986a. Decliticization and deaffixation in Saame: Abessive taga. In Brian D. Joseph (ed.) *Studies on Language Change* (= The Ohio State University Working Papers in Linguistics 34), 1-9.

_____ 1986b. Decliticization in Old Estonian. In Brian D. Joseph (ed.) *Studies on Language Change* (= The Ohio State University Working Papers in Linguistics 34), 10-27.

Newmeyer, Frederick J. 1998. *Language Form and Language Function*. Cambridge, MA:

MIT Press.

_________ 2001. Deconstructing grammaticalization. *Language Sciences* 23:2-3, 187-229.

Nielsen, Konrad. 1926. *Lœrebok i Lappisk I: Grammatik*. Oslo: A.W. Brøggers Boktrykkeris Forlag.

Norde, Muriel. 1997. *The History of the Genitive in Swedish: A Case Study in Degrammaticalization*. PhD thesis, University of Amsterdam.

_____ 2000. The grammaticalization of adpositions in the history of Swedish. In Guðrú n Þórhallsdóttir (ed.) *Proceedings of The 10th Conference of Nordic and General Linguistics*, 177-87. Reykjavik: Institute of Linguistics.

_____ 2001a. Deflexion as a counterdirectional factor in grammatical change. *Language Sciences* 23: 2-3, 231-64.

_____ 2001b. The loss of lexical case in Swedish. In Jan Terje (ed.) *Grammatical Relations in Change*, 241 –72. Amsterdam/Philadelphia: John Benjamins.

_____ 2002. The final stages of grammaticalization: Affixhood and beyond. In Ilse Wischer and Gabriela Diewald (eds.) *New Reflections on Grammaticalization*. Amsterdam/Philadelphia: John Benjamins, 45-65.

_____ 2005. Adverb och adjektiv på -vis i svenskan. *Svenskans Beskrivning* 27, 233-45. Växjö: Växjö University Press.

_____ 2006a. Demarcating degrammaticalization: The Swedish s-genitive revisited. *Nordic Journal of Linguistics* 29:2, 201-38.

_____ 2006b. Van suffix tot telwoord tot bijwoord: Degrammaticalisering en (re) grammaticalisering van *tig*. TABU 35:1/2, 33-60.

_____ 2007. Epistemic adverbs at the interface of lexicalization and grammaticalization. Paper presented at TIN-dag [Linguistics in the Netherlands Day], University of Utrecht, 3 February 2007. http://odur.let.rug.nl/~norde/TIN07%20epistemix.ppt.

_____ 2008. East Scandinavian *på*: A preposition of the 'third kind'. In Kees Dekker, Alasdair MacDonald, and Hermann Niebaum (eds.) *Northern Voices: Essays on Old Germanic and Related Topics Offered to Professor Tette Hofstra* (= Germania Latina VI), 383-98. Leuven: Peeters.

_____ Forthcoming. Review of Brinton and Traugott (2005). To appear in *Language*.

_____ In prep. Degrammaticalization: Three common controversies. Submitted to Ekkehard König, Elke Gehweiler, and Katerina Stathi (eds.) *What's New in Grammaticalization?* Amsterdam/Philadelphia: John Benjamins.

Ocampo, Francisco. 2006. Movement towards discourse is not grammaticalization: The evolution of claro from adjective to discourse particle in spoken Spanish. In Nuria

Sagarra and Almeida Jacqueline Toribio (eds.) *Selected Proceedings of the 9th Hispanic Linguistics Symposium, 308-19. Somerville*, MA: Cascadilla Proceedings Project.

Perridon, Harry. 1989. *Reference, Definiteness and the Noun Phrase in Swedish*. PhD thesis, University of Amsterdam.

_______ 1994. The Scandinavian article systems: Unity in diversity. In Jens Alwood, Bo Ralph, Paula Andersson, Dora Kós-Dienes, and Åsa Wengelin (eds.) *Proceedings of the XVIth Scandinavian Conference of Linguistics and the VIIIth Conference of Nordic and General Linguistics, General Session*, vol. Ⅱ: 323-33. Gothenburg: Institutionen för Nordiska Språk.

Pettersson, Gertrud. 2005. *Svenska Språket under Sjuhundra År: En Studie om Svens-kan och dess Utforskande*. Lund: Studentlitteratur.

Picard, Marc. 1990. More on the English genitive plural. *Folia Linguistica* 24:3-4, 373-6.

Pinkster, Harm. 1987. The strategy and chronology of the development of future and perfect tense auxiliaries in Latin. In Martin Harris and Paolo Ramat (eds.) *Historical Development of Auxiliaries*, 193-223. Berlin/New York/Amsterdam: Mouton de Gruyter.

Plank, Frans. 1985. The interpretation and development of form alternations conditioned across word boundaries: The case of Wife's, Wives and Wives'. In Roger Eaton, Olga Fischer, Willem Koopman, and Frederike van der Leek (eds.) *Papers from the 4th International Conference on English Historical Linguistics*, 205-33. Amsterdam/Philadelphia: John Benjamins.

_____ 1992. From cases to adpositions. In Nicola Pantaleo (ed.) *Aspects of English Diachronic Linguistics: Papers Read at the Second National Conference of History of English*, 19-61. Fasano: Schena.

_____ 1995. Entgrammatisierung: Spiegelbild der Grammatisierung? In Norbert Boretzky et al. (eds.) *Natürlichkeitstheorie und Sprachwandel*, 199-219. Bochum: Universitätsverlag Brockmeyer.

_____ 2003 [2000]. Morphological re-activation and phonological alternations. In Aditi Lahiri (ed.) *Analogy, Levelling, Markedness*, 171-91. Berlin: Mouton de Gruyter.

Platzack, Christer. 1998. *Svenskans Inre Grammatik - det Minimalistiska Programmet: En Introduktion till Modern Generativ Grammatik*. Lund: Studentlitteratur.

Pottelberge, Jeroen van. 2005. Review of Fischer, Norde and Perridon 2004. *Logos and Language* 6:2, 37-44.

Prokosch, E. 1939. *A Comparative Germanic Grammar*. Philadelphia: Linguistic Society of America.

Ralli, Angela 2003. Morphology in Greek linguistics: The state of the art. *Journal of Greek linguistics* 4:1, 77-129.

Ramat, Paolo. 1981. *Einführung in das Germanische*. Tübingen: Max Niemeyer Verlag.

______ 1992. Thoughts on degrammaticalization. *Linguistics* 30, 549-60.

Ramat, Paolo. 2001. Degrammaticalization or transcategorization? In Chris Schaner-Wolles, John Rennison, and Friedrich Neubarth (eds.) *Naturally! Linguistic Studies in Honour of Wolfgang Ulrich Dressler*, 393-401. Torino: Rosenberg and Sellier.

Reuse, Willem J. de. 1994. *Siberian Yupik Eskimo: The Language and its Contacts with Chukchi*. Salt Lake City: University of Utah Press.

Ricca, Davide. 2005. Cumulative exponence involving derivation: Some patterns for an uncommon phenomenon. Wolfgang U. Dressler, Dieter Kastovsky, Oskar E. Pfeiffer, and Franz Rainer (eds.) *Morphology and its Demarcations*, 197-213. Amsterdam/Philadelphia: John Benjamins.

Rietveld, Toni and Vincent van Heuven. 2001. *Algemene fonetiek: Tweede aangevulde druk*. Bussum: Uitgeverij Coutinho.

Ringmar, Martin. 2006. Älvdalska - en önordisk språkö på fastlandet? www.nordiska.uu. se/arkiv/konferenser/alvdalska/konferensbidrag/Ringmar.pdf.

Roberts, Ian and Anna Roussou. 1999. A formal approach to 'grammaticalization'. *Linguistics* 37:6, 1011-41.

______ 2003. *Syntactic Change: A Minimalist Approach to Grammaticalization*. Cambridge: Cambridge University Press.

Rosenbach, Anette. 2004. The English s-genitive: A case of degrammaticalization? In Olga Fischer, Muriel Norde, and Harry Perridon (eds.) *Up and Down the Cline: The Nature of Grammaticalization*, 73-96. Amsterdam/Philadelphia: John Benjamins.

________ and Gerhard Jäger. Forthcoming. Priming and unidirectional language change. *Theoretical Linguistics*.

Rosenkvist, Henrik. 2004. *The Emergence of Conditional Subordinators in Swedish: A Study in Grammaticalization. (= Lundastudier i nordisk språkvetenskap* A62).

________ 2008. A case of degrammaticalization in Northern Swedish. Paper presented at the *Continuity and Change in Grammar workshop*, University of Cambridge, March 2008.

Ross, Alan S. C. and Jan Berns. 1992. Germanic. In Jadranka Gvozdanović (ed.) *Indo-European Numerals*, 555-715. Berlin/New York: Mouton de Gruyter.

Rostila, Jouni. 2004. Lexicalization as a way to grammaticalization. In Fred Karlsson (ed.) *Proceedings of the 20th Scandinavian Conference of Linguistics*. www.ling.helsinki.fi /kielitiede/20scl/Rostila.pdf.

Seppänen, Aimo. 1997. The genitive and the category of case in the history of English. In Raymond Hickey and Stanisław Puppel (eds.) *Language History and Linguistic Modelling: A Festschrift for Jacek Fisiak on his 60th Birthday*, vol I : 193-214. Berlin/ New York: Mouton de Gruyter.

Smirniotopoulos, Jane C. and Brian D. Joseph. 1998. Syntax versus the lexicon: Incorporation and compounding in Modern Greek. *Journal of Linguistics* 34:2, 447-88.

Söderberg, Ragnhild. 1971. *Svensk Ordbildning: Andra Upplagan*. Stockholm.

SRB = 2005. *Språkriktighetsboken: Utarbetad av Svenska Språknämnden*. Stockholm: Norstedts Akademiska Förlag.

Stein, Dieter. 1995. Subjective meanings and the history of inversions in English. In Dieter Stein and Susan Wright (eds.) *Subjectivity and Subjectivisation*, 129-50. Cambridge: Cambridge University Press.

Stoett, F. A. 1923. *Middelnederlandse Spraakkunst: Syntaxis*. s-Gravenhage: Martinus Nijhoff.

Stump, Gregory T. 1998. Inflection. In Andrew Spencer and Arnold M. Zwicky (eds.) *The Handbook of Morphology*, 13-43. Oxford: Blackwell.

Tabor, Whitney and Elizabeth Closs Traugott. 1998. Structural scope expansion and grammaticalization. In Anna Giacalone Ramat and Paul J. Hopper (eds.) *The Limits of Grammaticalization*, 229-72. Amsterdam/Philadelphia: John Benjamins.

Taeymans, Martine. 2004. An investigation into the marginal modals DARE and NEED in British present-day English: A corpus-based approach. In Olga Fischer, Muriel Norde, and Harry Perridon (eds.) *Up and Down the Cline: The Nature of Grammaticalization*, 97-114. Amsterdam/Philadelphia: John Benjamins.

Teleman, Ulf, Staffan Hellberg, and Erik Andersson. 1999a. *Svenska Akademiens Grammatik*, II: Ord. Stockholm: Norstedts.

_______ 1999b. *Svenska Akademiens Grammatik*, III: Fraser. Stockholm: Norstedts.

_______ 1999c. *Svenska Akademiens Grammatik*, IV: Satser och Meningar. Stockholm: Norstedts.

Tomasello, Michael. 2003. *Constructing a Language: A Usage-based Theory of Language Acquisition*. Cambridge, MA: Harvard University Press.

Tops, Guy. 1974. *The Origin of the Germanic Dental Preterit*. Leiden: E.J. Brill.

_____ 1978. The origin of the Germanic dental preterit: Von Friesen revisited. In Jacek Fisiak (ed.) *Historical Phonology*, 349-71. The Hague: Mouton Publishers.

Torner, Sergi. 2005. Spanish adverbs in *-mente*. *Probus* 17:1, 115-44.

Torp, Arne. 1992. Der sogenannte 'Garpegenitiv': Ursprung, Alter und Verbreitung im heutigen Norwegisch. In Lennart Elmevik and Kurt Erich Schöndorf (eds.) *Niederdeutsch in Skandinavien*, III: 151-66. (= Beihefte zur Zeitschrift für deutsche Philologie 6).

Traugott, Elizabeth Closs. 1982. From propositional to textual and expressive meanings: Some semantic-pragmatic aspects of grammaticalization. In Winfred P. Lehmann and Yakov Malkiel (eds.) *Perspectives on Historical Linguistics*, 245-71. Amsterdam/ Philadelphia: John Benjamins.

_______ 1989. On the rise of epistemic meanings in English: An example of subjectification in semantic change. *Language* 65:1, 31-55.

_______ 1995. Subjectification in grammaticalisation. In Dieter Stein and Susan Wright (eds.) *Subjectivity and Subjectivisation*, 31-54. Cambridge: Cambridge University Press.

_______ 1997a. The role of the development of discourse markers in a theory of grammaticalization. www.stanford.edu/~traugott/papers/discourse.pdf.

_______ 1997b. Subjectification and the development of epistemic meaning: The case of *promise* and *threaten*. In Toril Swan and Olaf Jansen Westvik (eds.) *Modality in Germanic Languages: Historical and Comparative Perspectives*, 185-210. Berlin/ New York: Mouton de Gruyter.

Traugott, Elizabeth Closs, 2001. Legitimate counterexamples to unidirectionality. Paper presented at Freiburg University, 17 October 2001. www.stanford.edn/~traugott/ papers/Freiburg.Unidirect.pdf.

_______ 2002. From etymology to historical pragmatics. In Donka Minkova and Robert Stockwell (eds.) Studies in the History of the English Language, 19-49. Berlin/New York: Mouton de Gruyter.

_______ 2003. Constructions in grammaticalization. In Brian D. Joseph, and Richard D. Janda (eds.) The Handbook of Historical Linguistics, 624-47. Oxford: Blackwell.

_______ 2004. Exaptation and grammaticalization. www.stanford.edu/~traugott/papers/Traugott.Exapt.pdf.

_______ 2007. The concepts of constructional mismatch and type-shifting from the perspective of grammaticalization. *Cognitive Linguistics* 18:4, 523—57.

_______ 2008. Grammaticalization, constructions and the incremental development of language: Suggestions from the development of degree modifiers in English. In Regine Eckardt, Gerhard Jäger, and Tonjes Veenstra (eds.) *Variation, Selection, Development: Probing the Evolutionary Model of Language Change*, 219-50. Berlin/New York: Mouton de Gruyter.

_______ and Richard B. Dasher. 2002. *Regularity in Semantic Change*. Cambridge: Cambridge University Press.

_______ and Bernd Heine. 1991. Introduction. In Elizabeth C. Traugott and Bernd Heine(eds.) *Approaches to Grammaticalization*, vol. I: 1-14. Amsterdam/Philadelphia: John Benjamins.

_______ and Ekkehard König. 1991. The semantics-pragmatics of grammaticalization revisited. In Elizabeth Closs Traugott and Bernd Heine (eds.) *Approaches to Grammaticalization*, vol. I:189-218. Amsterdam/Philadelphia: John Benjamins.

_______ and Graeme Trousdale. 2008. Gradience, gradualness and grammaticalization. Paper presented at *New Reflections on Grammaticalization* 4, University of Leuven, 16-19 July 2008.

Trosterud, Trond. 2001. The changes in Scandinavian morphology from 1100 to 1500. *Arkiv för Nordisk Filologi* 116, 153-91.

Trousdale, Graeme. 2008a. Constructions in grammaticalization and lexicalization: Evidence from the history of a composite predicate construction in English. In Graeme Trousdale and Nikolas Gisborne (eds.) *Constructional Approaches to English Grammar*, 33-67. Berlin/New York: Mouton de Gruyter.

_______ 2008b. A constructional approach to lexicalization processes in the history of English: evidence from possessive constructions. *Word Structure* 1:2, 156-77.

_______ In prep. Issues in constructional approaches to grammaticalization in English. Ms., University of Edinburgh.

Tsangalides, Anastasios. 2004. Unidirectionality in the grammaticalization of modality in Greek. In Olga Fischer, Muriel Norde, and Harry Perridon (eds.) *Up and Down the Cline: The Nature of Grammaticalization*, 193-209. Amsterdam/Philadelphia: John Benjamins.

Vangsnes, Øystein Alexander. 1998. Double definiteness and possessive constructions in an Eastern Swedish dialect. In Timo Haukioja (ed.) *Papers from the 16th Scandinavian Conference of Linguistics*, 425-39. Turku: Department of Finnish and General Linguistics.

Venås, Kjell. 1989. Review of Fiva 1987. *Norsk Lingvistik Tidsskrift* 1/1989, 90-109.

Verhagen, Arie. 1995. Subjectification. syntax, and communication. In Dieter Stein and

 탈문법화 degrammaticalization

Susan Wright (eds.) *Subjectivity and Subjectivisation*, 103-28. Cambridge: Cambridge University Press.

Vincent, Nigel. 1980. Iconic and symbolic aspects of syntax: Prospects for reconstruction. In Paolo Ramat (ed.) *Linguistic Reconstruction and Indo-European Syntax*, 49-68. Amsterdam: John Benjamins.

______ 1987. The interaction of periphrasis and inflection: Some Romance examples. In Martin Harris and Paolo Ramat (eds.) *Historical Development of Auxiliaries*, 237-56. Berlin/New York/Amsterdam: Mouton de Gruyter.

______ 1995. Exaptation and grammaticalization. In Henning Andersen (ed.) *Historical Linguistics 1993: Selected Papers from the 11th International Conference on Historical Linguistic*, 433-45. Amsterdam/Philadelphia: John Benjamins.

Visconti, Jacqueline. 2004. Conditionals and subjectification: Implications for a theory of semantic change. In Olga Fischer, Muriel Norde, and Harry Perridon (eds.) *Up and Down the Cline: The Nature of Grammaticalization*, 169-92. Amsterdam/Philadelphia: John Benjamins.

Visser, F. T. 1966. *An Historical Syntax of the English Language, vol. II: Syntactical Units with One Verb (continued)*. Leiden: E.J. Brill.

Vogelaer, Gunther de. 2005. *Subjectsmarkering in de Nederlandse en Friese Dialecten*. PhD thesis, University of Ghent.

______ Forthcoming. (De)grammaticalisation as a source for new constructions: The case of subject doubling in Dutch. In Alexander Bergs and Gabriele Diewald (eds.) *Constructions and Language Change*. Berlin: Mouton de Gruyter.

Voort, Hein van der. 2002. The quotative construction in Kwaza and its (de-)grammaticalisation. In Mily Crevels, Simon van de Kerke, Sérgio Meira, and Hein van der Voort (eds.) *Selected Papers from the 50th International Congress of Americanists in Warsaw and the Spinoza Workshop on Amerindian Languages in Leiden*, 307-28. Leiden: Research School of Asian, African and Amerindian studies (CNWS).

______ 2004. *A Grammar of Kwaza*. Berlin/New York: Mouton de Gruyter.

Wessén, Elias. 1965. *Svensk Språkhistoria*, vol. III: Grundlinjer till en Historisk Syntax. Reprinted 1992. Edsbruk: Akademitryck.

______ 1968. *Svensk Språkhistoria*, vol. I: Ljudlära och Ordböjningslära. Reprinted 1992. Edsbruk: Akademitryck.

______ 1971. *Svensk språkhistoria*, vol. II: Ordbildningslära. Reprinted 1992. Edsbruk: Akademitryck.

Willis, David. 2007. Syntactic lexicalization as a new type of degrammaticalization. *Linguistics* 45:2, 271-310.

______ Forthcoming. Degrammaticalization and obsolescent morphology: Evidence from Slavonic. In Ekkehard König, Elke Gehweiler, and Katerina Stathi (eds.) *What's New in Grammaticalization?* Amsterdam/Philadelphia: John Benjamins.

Wischer, Ilse. 2000. Grammaticalization versus lexicalization: 'Methinks' there is some confusion. In Olga Fischer, Anette Rosenbach, and Dieter Stein (eds.) *Pathways of Change: Grammaticalization in English*, 355-70. Amsterdam/Philadelphia: John Benjamins.

WNT = *Woordenboek der Nederlandsche Taal*. Available online at http://gtb.inl.nl/?owner=WNT.

Yap, Foong Ha, Stephen Matthews, and Kaoru: Horie. 2004. From pronominalizer to pragmatic marker: Implications for unidirectionality from a crosslinguistic perspective. In Olga Fischer, Muriel Norde, and Harry Perridon (eds.) *Up and Down the Cline: The Nature of Grammaticalization*, 137-68. Amsterdam/Philadelphia: John Benjamins.

Ylikoski, Jussi. 2008. Non-finites in North Saami. Ms., University of Oulu. http://cc.oulu.fi/~jylikosk/080216.pdf.

Ziegeler, Debra. 2004. Redefining unidirectionality: Is there life after modality? In Olga Fischer, Muriel Norde, and Harry Perridon (eds.) *Up and Down the Cline: The Nature of Grammaticalization*, 115-35. Amsterdam/Philadelphia: John Benjamins.

Zola Christensen, Robert and Lisa Christensen. 2005. *Dansk grammatik*. Odense: Syddansk Universitetsforlag.

Zwicky, Arnold M. 1987. Suppressing the Zs. *Journal of Linguistics* 23, 133-48.

______ 1988. Direct reference to heads. *Folia Linguistica* 22:3-4, 397-404.

______ and G. K. Pullum. 1983. Cliticization vs inflection: English *n't*. *Language* 59:3, 502-51.

인명 찾아보기

A

B

C

Pajusalu, Karl 327

Perkins, Revere 23, 62, 74, 103, 124,
    332, 333

Perridon, Harry 65, 118, 118, 270

Pettersson, Gertrud 297

Picard, Marc 287

Pinkster, Harm 80, 81, 83, 139, 140

Plank, Frans 110, 112, 132, 179, 193,
    275, 284, 289, 375

Platzack, Christer 270

Pottelberge, Jeroen van 100, 180

Prokosch, E. 142

Pullum, Geoffrey K. 263, 264, 276,
    282, 283, 284

R

Ralli, Angela 307

Ramat, Paolo 16, 35, 74, 79, 131,
    135, 142, 193, 194, 197, 198, 213

Reuse, Willem J. de 303

Ricca, Davide 259

Rietveld, Toni 148

Ringmar, Martin 272

Roberts, Ian 168, 169, 170, 171, 172,
    173

Rosenbach, Anette 24, 121, 162, 163,
    164, 165, 167, 187, 211, 270, 291

Rosenkvist, Henrik 127, 128, 171,
    355, 356

Ross, Alan S.C. 346

Rostila, Jouni 38

Roussou, Anna 168, 169, 170, 171,
    172, 173

S

Seppänen, Aimo 275

Smirniotopoulos, Jane C. 307

Söderberg, Ragnhild 296

Stein, Dieter 151, 202

Stoett, F.A. 161

Stump, Gregory T. 256

T

Tabor, Whitney 47, 220, 291, 292

Taeymans, Martine 234, 235

Teleman, Ulf 236, 277, 315

Tomasello, Michael 67

Tops, Guy 141, 142, 143

Torner, Sergi 83, 84, 86

Torp, Alf 320

Torp, Arne 73

Traugott, Elizabeth Closs 16, 17, 24,
    26, 28, 29, 30, 31, 32, 35, 36, 39,
    40, 41, 42, 43, 46, 47, 48, 49, 51,
    53, 54, 57, 58, 62, 63, 64, 65, 72,
    79, 81, 83, 91, 92, 101, 102, 103,
    107, 122, 123, 127, 129, 131, 136,
    138, 139, 149, 150, 151, 153, 158,
    173, 174, 175, 184, 190, 197, 198,
    199, 202, 206, 207, 211, 212, 217,
    220, 222, 253, 258, 265, 266, 291,
    292, 293, 325, 326, 351

Trosterud, Trond 74, 272

Trousdale, Graeme 39, 57, 58, 294

Tsangalides, Anastasios 65

지은이

뮤리엘 노드 Muriel Norde

Muriel Norde는 University of Amsterdam에서 Scandinavian and General Linguistics를 전공하였고, 1997년 "The history of the genitive in Swedish : a case study in degrammaticalization."으로 박사 학위를 취득하였다.

현재 네덜란드 University of Groningen의 Scandinavian Languages and Cultures학과의 교수로 재직하고 있다. 2007~2008년에는 "Degrammaticalization"에 관한 프로젝트를 수행하였고, 현재는 "Constructional approaches to grammaticalization and lexicalization"에 관한 연구를 수행하고 있다.(http://www.murielnorde.com/index.html 참조)

옮긴이

김진수 Kim Jinsoo ｜충남대학교 국어국문학과 교수(kimjs@cnu.ac.kr)

박미자 Park Mija ｜충남대학교 국어국문학과 박사과정(parkmmja7@naver.com)

이숙의 Lee Sukeui ｜충남대학교 국어국문학과 강사(jayou@cnu.ac.kr)

이연옥 Lee Yeonok ｜충남대학교 국어국문학과 박사과정(eyko@chol.com)

탈문법화 Degrammaticalization

초판 인쇄 2013년 2월 25일 | **초판 발행** 2013년 3월 4일
지은이 뮤리엘 노드
옮긴이 김진수 박미자 이숙의 이연옥
펴낸이 이대현 | **편집** 이소희
펴낸곳 도서출판 역락 | **등록** 제303-2002-000014호(등록일 1999년 4월 19일)
주소 서울시 서초구 반포4동 577-25 문창빌딩 2층
전화 02-3409-2058(영업부), 2060(편집부) | **팩시밀리** 02-3409-2059
전자우편 youkrack@hanmail.net
ISBN 978-89-5556-038-1 93700

정가 30,000원
■ 잘못된 책은 교환해 드립니다.